Karin Flaake

Körper, Sexualität und Geschlecht

»edition psychosozial«

Karin Flaake

Körper, Sexualität und Geschlecht

Studien zur Adoleszenz junger Frauen

Psychosozial-Verlag

Bibliografische Information der Deutschen Nationalbibliothek
Die Deutsche Nationalbibliothek verzeichnet diese Publikation
in der Deutschen Nationalbibliografie; detaillierte bibliografische Daten
sind im Internet über http://dnb.d-nb.de abrufbar.

Studienausgabe der Ausgabe von 2001 (Psychosozial-Verlag)

E-Mail: info@psychosozial-verlag.de
www.psychosozial-verlag.de

Umschlagabbildung: »Im Fallen wachsen Dir Flügel!« Ulrike Körbitz, 1974
Umschlaggestaltung: Hanspeter Ludwig, Gießen
www.imaginary-art.net
Lektorat: Claudia Koppert
Satz: sos-buch.de, Mainz
ISBN 978-3-8379-2174-8

Inhaltsverzeichnis

Zur Studie

Im Zentrum der Untersuchung stehen mit Körperlichkeit und Sexualität verbundene Veränderungs- und Entwicklungsprozesse von Mädchen und jungen Frauen in der Adoleszenz, der lebensgeschichtlichen Phase des Übergangs von der Kindheit zum Erwachsensein. In einer Vielzahl von Kulturen bezeichnet dieser Übergang zugleich auch einen Prozeß erneuter Vergeschlechtlichung, des Zur-Frau- oder Zum-Mann-Werdens. Die meist unter dem Begriff Pubertät gefaßten körperlichen Wandlungsprozesse[1]– das Wachsen der Brüste und die übrigen Veränderungen der Figur und des Aussehens, die Veränderungen der Genitalien, die erste Menstruation, die neue Qualität und Intensität sexueller Wünsche und Erregungen – sind keine neutralen, rein biologisch oder anatomisch zu betrachtenden Umgestaltungen, sondern immer schon eingebunden in kulturelle Bedeutungszusammenhänge und damit immer schon sozial geprägt und gesellschaftlich vermittelt. In den Verarbeitungsformen der Mädchen und jungen Frauen sind innerpsychische Konstellationen – Wünsche, Phantasien und Ängste, die geknüpft sind an die körperlichen Veränderungen und das auf neue Weise sich Ausdruck verschaffende sexuelle Begehren – unlösbar verbunden mit sozialen Definitionen und Bewertungen dieser Veränderungen, mit Bedeutungszuschreibungen, in denen gesellschaftliche Weiblichkeitsbilder ihren Ausdruck finden.

In allen lebensgeschichtlichen Phasen kommt es zu einer sozialen Ausgestaltung von Körperlichkeit und Sexualität. Es gibt jedoch biographische Stationen mit besonderer Prägekraft; zu diesen gehört die Adoleszenz. Die körperlichen Veränderungen in dieser Zeit erzwingen eine Auseinandersetzung mit den gewandelten leibbezogenen Möglichkeiten und den auf neue Weise wirksam werdenden gesellschaftlichen Geschlechterbildern. Ob sie es sich wünschen oder nicht, Mädchen und junge Frauen müssen sich auseinandersetzen mit den veränderten Potentialen ihres Körpers: der Möglichkeit zu genitaler Sexualität und dazu, schwanger werden und Kinder gebären zu können. Zugleich sind die körperlichen Veränderungen eingebunden in die gesellschaftliche Organisation und symbolische Repräsentation der Geschlechter, die in westlich-industriellen Gesellschaften nur die eindeutige und endgültige Zuordnung zu einem und nur einem Geschlecht vorsieht und Mädchen damit konfrontiert, jetzt unwiderruflich dem weiblichen und ausschließlich dem weiblichen Geschlecht anzugehören. Damit werden auch gesellschaftliche Bilder weiblicher Körperlichkeit und Sexualität auf neue Weise wirksam. Sie greifen strukturierend in die Erfahrungen und Wahrnehmungen ein und fördern Prozesse der Ausgestaltung von Erlebensweisen gemäß kulturellen Vorgaben und gesellschaftlichen Strukturen des Geschlechterverhältnisses.

Auf Körperlichkeit und Sexualität bezogene soziale Deutungen und Definitionen finden sich in unterschiedlichen gesellschaftlichen Kontexten: in Weiblichkeitsbildern von Werbung und Medien, in Inhalten schulischen Unterrichts, in den von erwachsenen Personen – insbesondere Müttern, Vätern, Lehrerinnen und Lehrern – vermittelten Vorstellungen, in Normen und Bewertungen unter Gleichaltrigen. Wesentliche Botschaften über Körperlichkeit und Sexualität sind in Alltagsinteraktionen enthalten, in den Reaktionen der sozialen Umgebung der Mädchen und jungen Frauen auf die mit Körperlichkeit und Sexualität verbundenen Veränderungen. In diesen Reaktionen finden sich Bedeutungszuschreibungen, die Ausdruck gesellschaftlicher Definitionen, aber auch individueller Verarbeitungsmuster sind. Die Umgestaltungen der Pubertät lösen nicht nur bei Mädchen und jungen Frauen Verunsicherungen und Erschütterungen bisheriger psychischer Balancen aus, sie sind auch für Erwachsene mit Irritationen, Verwirrung und Konflikten verknüpft. Dabei spielen unbewußte Strebungen und damit eine Dimension menschlichen Verhaltens und Handelns jenseits intentionaler und rationaler Erwägungen eine große Rolle. Sie wird gespeist aus Wünschen und Affekten, die im Laufe der lebensgeschichtlichen Entwicklung verdrängt, aus dem Bewußtsein ausgeschlossen worden sind, weil sie als anstößig, verboten und bedrohlich erlebt wurden. Dadurch haben sie ihre Wirksamkeit jedoch nicht verloren. Unbewußtes drängt immer wieder in die Gestaltung der Realität, geht immer wieder ein in aktuelles Verhalten und Handeln.[2] Soziale Interaktionen sind immer auch geprägt von unbewußten Motiven. Eine besondere Bedeutung haben sie, wenn es um kulturell Tabuisiertes, insbesondere um libidinöse, d.h. erotisch-sinnliche und aggressive Strebungen geht. Die adoleszenten Entwicklungen berühren beide Bereiche, sind also in starkem Maße eingebunden in unbewußte Dynamiken, die sowohl innerpsychisch bei den Mädchen und jungen Frauen selbst und den Erwachsenen in ihrer Umgebung als auch in Beziehungen – unter Gleichaltrigen ebenso wie zwischen Erwachsenen und den Mädchen und jungen Frauen – eine Rolle spielen.

Mit der Adoleszenz werden Beziehungen außerhalb der Familie – insbesondere zu Freundinnen und den Personen, mit denen die ersten sexuellen Erfahrungen gemacht werden – zunehmend bedeutsam. Zugleich beeinflussen Botschaften, die die bisher wichtigen Bezugspersonen – Mutter, Vater, Stiefvater – den Mädchen und jungen Frauen über ihre Körperlichkeit und Sexualität vermitteln, die für diese Veränderungen notwendigen Aneignungsprozesse und die Art und Weise, wie Wege in die außerfamiliale Welt gestaltet werden können. Dabei spielen Ambivalenzen, Widersprüchliches und Konflikthaftes auf beiden Seiten eine Rolle. Die mit der Pubertät der Tochter verbundenen Veränderungen lösen bei Müttern, Vätern und Stiefvätern eine Vielzahl oft widersprüchlicher Gefühle aus, die das Verhalten jenseits bewußter Vorstellungen und Intentionen prägen. Zugleich ist auch das Verhalten der Mädchen und jungen Frauen in unbewußte Dynamiken und Konflikte eingebunden.

Die Studie richtet sich insbesondere auf die mit Körperlichkeit und Sexualität verbundenen familialen Interaktionen und die in ihnen enthaltenen Dynamiken und Botschaften: die mit Körperlichkeit und Sexualität verbundenen Wünsche, Phantasien und Ängste der Mädchen und jungen Frauen, die bei Müttern und Vätern bzw. Stiefvätern durch die Pubertät der Tochter ausgelösten Gefühle und Phantasien, die emotionale Dynamik zwischen Tochter und Mutter, Tochter und Vater bzw. Stiefvater und in der Erwachsenenpaarbeziehung.[3] Ergänzend werden zentrale Bereiche der außerfamilialen Welt einbezogen: gesellschaftliche Definitionen weiblicher Körperlichkeit und Sexualität, die Beziehungen zu Freundinnen, die ersten erotisch-sinnlichen Erfahrungen, die Bedeutung von erwachsenen Frauen außerhalb der Familie. Dabei steht das Bemühen im Vordergrund, innerpsychische Prozesse – Phantasien, unbewußte Wünsche und Konflikte – und soziale Gegebenheiten als miteinander verschränkte zu sehen, ohne ihre jeweilige Eigenbedeutung und -dynamik zu übergehen und den Schwerpunkt einseitig auf Innerpsychisches oder soziale Prägungsprozesse zu legen. Soziologische und psychoanalytische Perspektiven lassen sich auf diese Weise als miteinander verbunden, jedoch nicht zu einer Seite hin auflösbar verstehen.

Die Untersuchung basiert auf Interviews mit 13- bis 19jährigen Mädchen und jungen Frauen, ihren Müttern und Vätern bzw. Stiefvätern.[4] Diese Interviews wurden nach einem Verfahren psychoanalytisch orientierter Textinterpretation ausgewertet. Auf diese Weise konnte Latentes, d.h. nicht bewußte, aber dennoch handlungsleitende Motive und Phantasien, herausgearbeitet werden.[5] Ergänzt werden diese Auswertungen durch die Interpretation literarischer Texte, in denen auf adoleszente Entwicklungen bezogene kulturell tabuisierte Gehalte besonders deutlich zum Ausdruck kommen.

Die Interpretation der Interviews und literarischen Texte gibt Aufschluß über Problem- und Konfliktkonstellationen, mit denen Mädchen und junge Frauen und die Personen in ihrer Umgebung durch die mit Körperlichkeit und Sexualität verbundenen Veränderungen konfrontiert sind. Zugleich wird das Spektrum möglicher Verarbeitungsformen deutlich. Die geringe Zahl der Interviews läßt jedoch keine Aussagen über die Häufigkeit bestimmter Muster zu. Wenn quantitativ orientierte Studien oder andere Untersuchungen zu Themenbereichen vorliegen, wurden sie in die Interpretationen einbezogen. Die Darstellungen beziehen sich auf Personen in einem westdeutschen, städtischen und sozial eher privilegierten Umfeld, andere kulturelle Kontexte und Migrationserfahrungen wurden nicht berücksichtigt.

Danksagung

Die Interviews mit Mädchen und jungen Frauens, ihren Müttern und Vätern beziehungsweise Stiefvätern, auf denen die vorliegende Arbeit wesentlich basiert, sind das Ergebnis mehrerer studienbegleitender Forschungsprojekte im Rahmen meiner Lehrtätigkeit an der Freien Universität Berlin und der Carl von Ossietzky Universität Oldenburg. Die Mehrzahl der ausführlichen Interpretationen bezieht sich auf Interviews, die 1998 im Kontext eines gemeinsam mit Mechthild Blanke und Heike Fleßner durchgeführten mehrsemestrigen Studienprojekts an der Universität Oldenburg entstanden sind. Studentinnen haben die Interviews durchgeführt und sie transkribiert. Über mehrere Semester haben wir diese Interviews gemeinsam ausgewertet. Ich danke all denen, die längere Zeit an dem Projekt mitgearbeitet und sich weit über die Erfordernisse des Studiums hinaus beteiligt und engagiert haben: Annegret Allmers, Jeanette Brossog, Maria Brüggemann, Mechthild Frenking, Claudia Ganster, Martina Graunitz, Martina Kavelmann, Anke Kleyda, Doris Kuhlmann, Inge Märkle, Ute Nunnenmacher, Annette Rasch, Jutta Schilling, Micaela Schnitter, Ilana Scholz, Uschi Siemers und Monika Zschoche.[6] Herzlichen Dank vor allem auch den Interviewpartnerinnen und -partnern für ihre Bereitschaft zum Gespräch, für ihre große Offenheit und für den Mut, sich auf die oft sehr persönlichen Fragen einzulassen.

Weitere Auswertungen fanden in Interpretationsgruppen statt. Ich danke den Teilnehmerinnen und Teilnehmern des Frankfurter Arbeitskreises »Tiefenhermeneutik und Sozialisationstheorie« sowie einer privat organisierten Arbeitsgruppe, zu der Ira Bergs, Angela Federlein, Martina Ritter und Beate Schnabel gehörten, für die anregenden Diskussionen, durch die sich immer wieder neue Facetten des in den Interviews Geschilderten erschlossen. Teile des Manuskripts gelesen und kommentiert haben Mechthild Blanke, Margrit Brückner, Martina Christlieb, Petra Christian-Widmaier, Heike Fleßner, Johanna Schäfer und Claudia Weber-Deutschmann. Ihnen herzlichen Dank für die hilfreichen und ermutigenden Kommentare. Petra Menze vom Institut für Soziologie und Sozialforschung an der Universität Oldenburg danke ich für die engagierte und kompetente Erstellung des Manuskripts, Claudia Koppert für ihre hilfreichen Lektoratsarbeiten.

Die erste Menstruation

Erlebensweisen und Gefühle

Die erste Regelblutung hat im Rahmen der körperlichen Veränderungen der Pubertät eine besondere Bedeutung. Das Wachsen der Brüste und die Veränderungen der inneren und äußeren Genitalien vollziehen sich kontinuierlich, über einen längeren Zeitraum, die erste Menstruation dagegen ist ein Ereignis, das plötzlich eintritt und unübersehbar auf anstehende Veränderungen hinweist. Entsprechend erleben die meisten der von uns befragten Mädchen und jungen Frauen sie als einschneidend und aufwühlend. Die Gefühle können dabei unterschiedliche, auch widersprüchliche Facetten haben. So gibt es Freude und Stolz, jetzt endlich »dazuzugehören«, »kein Kind mehr zu sein«, Gefühle, die besonders bei denjenigen eine Rolle spielen, deren Freundinnen und Klassenkameradinnen ihre erste Menstruation schon hatten. Deutlich werden aber auch Gefühle tiefer Beunruhigung und Verunsicherung, die in Formulierungen wie: »Es war ein Schock«, »schlimm«, »schrecklich« zum Ausdruck kommen. Dieses Erleben hat sich trotz kognitiver Aufgeklärtheit, des Wissens um die Bedeutung der Regelblutung eingestellt. In vielen Schilderungen überwiegt ein negatives Erleben, Gefühle wie Freude und Stolz werden vergleichsweise selten beschrieben.

Es gibt nur wenige Untersuchungen, auf deren Basis eine Einschätzung der Verallgemeinerbarkeit dieser Tendenzen vorgenommen werden kann. In einer zu Beginn der achtziger Jahre in Westberlin durchgeführten medizinpsychologischen Studie kommt Erica Mahr (1985) zu dem Ergebnis, daß bei jungen Frauen häufiger ein positives Erleben der ersten Regelblutung feststellbar ist als bei den älteren: In der Gruppe der 15- bis 20jährigen haben ein Drittel ihre erste Menstruation als nur unangenehm erlebt, ein Drittel äußern sich uneindeutig und ebenfalls ein Drittel positiv. Bei den älteren, den bis zu 49jährigen, berichten dagegen fast die Hälfte von einem eindeutig negativen Erleben der ersten Regelblutung. Für die jungen Frauen – die Altersgruppe der 14- bis 17jährigen – zeigen sich ähnliche Tendenzen in einer 1994 durchgeführten, für die Bundesrepublik Deutschland repräsentativen Untersuchung: Ein Drittel der Befragten fanden ihre erste Regelblutung »unangenehm«, 20 Prozent hatten »gute und schlechte Gefühle dabei« (Schmid-Tannwand/Kluge 1998, S. 62).[1]

Die erste Menstruation greift auf vielfältige Weise in das Leben und die bisherigen psychischen Balancen von Mädchen ein, sie ist mit einer Reihe sozialer und innerpsychischer Bedeutungen verknüpft, die sie auch für diejenigen, die Freude und Stolz mit ihr verbinden, zu einem aufwühlenden Ereignis werden läßt. Im folgenden werden Bedeutungsgehalte der ersten Regelblutung zunächst exemplarisch am Erleben einer 16jährigen jungen Frau beschrieben. Daran anknüpfend werden die Schilderungen der übrigen Mädchen und jungen Frauen einbezogen.

Bedeutungsgehalte exemplarisch: Katrin Abel

Katrin Abel besucht die 10. Klasse eines Gymnasiums, sie ist 16 Jahre alt und hat ihre erste Menstruation mit zwölfeinhalb Jahren bekommen. Sie lebt zusammen mit ihren Eltern, einer 13jährigen Schwester und einem 21jährigen Bruder.

Katrin beschreibt ihre erste Menstruation so:

»Da war ich bei Bekannten zu Besuch und hab' da geschlafen. Erst habe ich es, dachte ich, ach Scheiße. Also ich hab' schon kapiert, was es ist, aber dann war ich völlig fertig irgendwie und wollt' es nicht sagen. Dann habe ich es doch gesagt, und dann bin ich absolut in einen Heulkrampf verfallen, also ich war wirklich fertig mit der Welt. Die Mutter, also ich kenn' die sehr gut, die hat mich dann wirklich aufgebaut und getröstet, hat's mit mir gefeiert. Weiß nicht, die erste Zeit habe ich das irgendwie nicht akzeptiert, und es hat mich total genervt, aber jetzt finde ich, irgendwie kann man schon fast ein bißchen stolz drauf sein, so weil wenn, wenn, man selber weiß das ja, ob man es hat oder nicht, und, weiß nicht, ist man selber größer, oder man kann von sich schon behaupten, daß man älter ist, aber da muß man sich wirklich erst dran gewöhnen, das ist erst echt Scheiße, und ich könnt's auch wohl mal abschaffen, denk' ich… Ich mocht's auch meiner Mutter erst nicht sagen, das hat dann die Mutter von dem anderen Mädchen gemacht, ich weiß nicht, es war für mich einfach schlimm, das war 'ne Katastrophe irgendwie, und ich konnt' da auch erst mal nicht darüber sprechen.«

Katrin beschreibt eine Diskrepanz zwischen ihrem Wissen – »ich hab' schon kapiert, was es ist« – und ihrem Erleben der ersten Menstruation als »schlimm«,

»eine Katastrophe«. Sie berichtet, »völlig fertig«, »wirklich fertig mit der Welt« gewesen und in einen »Heulkrampf verfallen« zu sein. Eine positive Bedeutungsfacette der Menstruation – »stolz drauf sein..., weil... man selber größer oder.. älter ist« – scheint erst später für sie als Möglichkeit des Erlebens erkennbar geworden zu sein und ist noch fragil: »Ich könnt's auch wohl mal abschaffen«, beschreibt sie ihre gegenwärtige Haltung zur Regelblutung. In Verbindung mit anderen Interviewpassagen können Bedeutungsgehalte der ersten Menstruation herausgearbeitet werden, die Aufschluß darüber geben, was als »schlimm«, als »Katastrophe« erlebt wurde.

Ein Aspekt dieser Bedeutungsgehalte bezieht sich auf die mit der ersten Menstruation verbundene Konfrontation mit dem Frausein, mit der Tatsache, jetzt endgültig und unwiderruflich dem Geschlecht der Mutter und nicht dem des Vaters anzugehören. Katrin berichtet, daß sie »früher immer für 'nen Jungen gehalten« wurde, und sie die körperlichen Veränderungen der Pubertät – »der Busen wächst, man kriegt Schambehaarung und... breite Hüften..., eine Taille« – abgelehnt habe: »Oh Scheiße. Was ist denn das, das will ich nicht!« In Katrins Schilderungen gibt es keine weiteren Hinweise auf die dem zugrundeliegenden Ängste und Phantasien, aus dem Interview mit Katrins Mutter wissen wir jedoch, daß Katrin bis zur Pubertät das bevorzugte Kind des Vaters war, der ältere Bruder dagegen das bevorzugte Kind der Mutter. Möglicherweise hat Katrin sich dem Vater gegenüber nicht als Mädchen gefühlt – sie wurde »immer für 'nen Jungen gehalten« –, sondern als Junge, als Sohn des Vaters. Diese Phantasie wird endgültig mit der ersten Menstruation zerstört. Die neue Situation – nicht der Sohn des Vaters, sondern eindeutig Tochter, nicht männlich, sondern unwiderruflich weiblich zu sein, nicht das Geschlecht des Vaters, sondern endgültig das der Mutter zu haben – könnte dann als »schlimm«, als »Katastrophe« empfunden worden sein.

Die Phantasie einer geschlechtlichen Nähe zum Vater schien jedoch nicht unproblematisch gewesen zu sein. Katrin beschreibt für ihre aktuelle Situation als »eher angenehm« an ihrer Regel, daß durch sie eine klare Geschlechtszugehörigkeit angezeigt wird: »Dann weiß man, daß man eine Frau ist. Das Gefühl ist eigentlich ganz gut, daß man es weiß.« Katrin scheint sich in den vier Jahren seit ihrer ersten Menstruation mit ihrer jetzt eindeutigen Geschlechtszugehörigkeit arrangiert zu haben und auch deren positive Aspekte – das Ende von Diffusität und Uneindeutigkeit – wahrnehmen zu können.

Mit der eindeutigen Zugehörigkeit zum weiblichen Geschlecht verändert sich nicht nur die Selbstdefinition, sondern auch das Verhältnis zum Vater. Mit der ersten Menstruation tut sich ein Graben zum Vater auf, der eine Neuorientierung notwendig macht: »Der hätte mir ja nicht irgend etwas davon (von der Menstruation, K.F.) erzählen können, weil er ein Mann ist.« »Weil« sie jetzt eine Frau ist, ist Katrin auf die Mutter verwiesen, die Orientierung am Vater, am »Mann« erweist sich in wichtigen Bereichen als begrenzt, vielleicht ist auch das »schlimm«, »eine Katastrophe« in Katrins Erleben.

Weitere Bedeutungsfacetten der ersten Menstruation hängen zusammen mit Phantasien, Wünschen und Ängsten, die an das Menstruationsblut geknüpft sind. Auffällig an Katrins Schilderungen ist, daß sie ihre Menstruation während des gesamten Interviews, trotz der in den Fragen vorgegebenen Bezeichnung »die Regel«, nur einmal mit dem entsprechenden »sie« benennt. Sie spricht fast nur von »es«, einige Male von »das« und benutzt selbst nie ein Substantiv, d.h. eine direkte Bezeichnung. »Es« und »das« deuten hin auf etwas Unausgesprochenes, etwas, das nicht direkt benannt werden kann, dessen Sinn sich jedoch erschließt, wenn man nach dem grammatikalisch passenden Begriff sucht, auf den »es« und »das« hinweisen. Es ist das Menstruationsblut, das Katrin zwar indirekt bezeichnet, aber nicht direkt anspricht, es ist das Blut, das für sie so bedrohlich zu sein scheint, daß es durch indirekte Bezeichnungen zum Verschwinden gebracht werden soll, das sich zugleich aber Bahn bricht durch entsprechende Signale: »es« und »das«. Facetten des für Katrin mit der ersten Menstruation verbundenen Schlimmen, mit der »Katastrophe«, hängen zusammen mit unbewußten Bedeutungsgehalten, die an das Blut der ersten Regel geknüpft sind.

Einer dieser unbewußten Bedeutungsgehalte bezieht sich auf eine Verknüpfung des Menstruationsblutes mit einer als verboten erlebten sexuellen Lust. In Katrins Antwort auf die Frage, ob sie Selbstbefriedigung schon »einmal ausprobiert« habe, wird deutlich, wie schambesetzt und verboten eine solche von ihr selbst gewollte und aktiv hergestellte Lust ist. In ihren Schilderungen scheinen Verbote und Triebe miteinander zu kämpfen:

»Ich würd' sagen, nicht so, nicht richtig, 'n bißchen, eben viel gestreichelt, oder so, aber eigentlich nie, irgendwie muß man das nicht haben... Wenn man dann einen Freund hat, oder so, denke ich, daß das effektiver ist... Also, ich finde, man braucht das eigentlich nicht... Ich mein', eigentlich ist's ganz angenehm, aber

eigentlich finde ich's blöd, muß ich schon sagen, vor allem im nachhinein ist es blöd... Das braucht man eben nicht, finde ich. Und dann, wieso hast du das denn jetzt überhaupt gemacht, ist doch scheißegal, eigentlich total bescheuert und darum überflüssig.... Vor mir selbst, glaube ich, wär's mir peinlich... Irgendwie am meisten glaube ich, würde ich das für mich selbst so am bescheuertsten finden.«

Katrin schwankt zwischen Leugnen und Zugeben – »nie« und »viel gestreichelt« –, sie ist hin und her gerissen zwischen Lust und Verurteilung – »ganz angenehm« und »blöd«, »total bescheuert«, »überflüssig«, »peinlich«. Eine eigene innere Instanz verbietet ihr diese Lust: »Vor mir selbst... wär's mir peinlich ... Ich würde... das für mich selbst so am bescheuertsten finden.« Mit der wiederholten Feststellung, das »muß man... nicht haben«, »man braucht das eigentlich nicht«, »das braucht man eben nicht«, scheint sie sich selbst gut zuzureden, daß eine solche Lust nichts für sie Wichtiges ist. Die Delegation lustverschaffender Aktivitäten an eine andere Person, »einen Freund«, ist für sie entlastend. Dann ist nicht sie selbst verantwortlich für ihre Lust, dann wird nicht so eindeutig, wie es bei der Selbstbefriedigung der Fall ist, sichtbar, daß sie selbst diese Lust gewollt und sie sich aktiv bereitet hat. Katrin hatte bisher noch keinen »Freund«, sie hat noch nicht mit einem Jungen geschlafen, bezieht sich also auf eine mögliche zukünftige Perspektive.

Zugleich scheint Katrin die Phantasie zu haben, daß es etwas Problematisches, Schlimmes, Böses in ihrem weiblichen Körper gibt. Sie berichtet, daß sie »bald mal« zum »Frauenarzt« gehen »muß«. Einerseits will sie »da gar nicht hin«. Sie hat Angst vor dem »blöden Stuhl da..., der verfolgt einen ja schon fast«. Andererseits wünscht sie sich aber Beruhigung und Kontrolle über ihr Inneres: Sie will »Gewißheit, daß alles in Ordnung ist, oder eben auch nicht..., daß man die Gewißheit hat, daß alles in Ordnung ist, daß wenn nicht, daß man das auch beheben kann, wenn es denn noch zu beheben ist«. Katrin scheint die Befürchtung zu haben, daß etwas nicht »in Ordnung« ist in ihrem weiblichen Körper, etwas, das möglicherweise nicht mehr »zu beheben ist«. Eine Beruhigung scheint nur von einem Mann, dem »Frauenarzt« – in der Frageformulierung waren beide Geschlechter genannt, Katrin bezieht sich jedoch nur auf das männliche – kommen zu können. Möglicherweise zeigt sich darin eine Höherbewertung des Männlichen, durch die die Regelblutung als Ausdruck der Tatsache, jetzt dem weiblichen Geschlecht anzugehören, auch zum Symbol einer ›narzißtischen Wunde‹, einer Kränkung wird, die nur ein Mann mildern kann.

Sieht man die Passagen über die »Katastrophe« der ersten Menstruation, über das zugleich Verbotene und Lustvolle der Selbstbefriedigung und über den Wunsch nach Gewißheit über die »Ordnung« im Inneren durch einen Besuch beim »Frauenarzt« in einem Zusammenhang, so kann vermutet werden, daß Katrin das Menstruationsblut unbewußt als Strafe erlebt hat für eine verbotene selbstbezogene Lust und vielleicht auch für damit verbundene sexuelle Phantasien. Eine unbewußte Verknüpfung könnte so lauten: ›Weil ich mir selbst sexuelle Lust bereitet habe, ist jetzt etwas in mir zerstört und ich blute. Ich habe mich damit selbst innen beschädigt. Das ist die Strafe dafür, daß ich das Verbot – vielleicht das der Mutter – übertreten habe.‹ Vor diesem Hintergrund wird auch verständlich, warum Katrin »es« zuerst nicht sagen wollte, weder der Mutter der Freundin noch ihrer eigenen Mutter. Sie scheinen Repräsentantinnen für das Verbot sexueller Lust zu sein. Besonders die eigene Mutter wird als eine solche verbietende Instanz erlebt. So berichtet Katrin ihr nicht selbst von der ersten Regelblutung, sondern überläßt das der Mutter der Freundin. Im Erleben von Katrin versteht ihre Mutter die sexuelle Bedeutung der ersten Menstruation und reagiert darauf mit einer Mischung aus Mißbilligung und Anzüglichkeit: »Was muß ich denn von dir hören?« habe die Mutter gesagt, eine Äußerung, die Katrin zweimal zitiert, einmal mit dem Zusatz: »und grinste mich an«. Die von Katrin wiedergegebene Reaktion der Mutter: »Was muß ich denn von dir hören?, und grinste mich an«, ließe sich ergänzen durch: ›Du machst jetzt also auch so was Unanständiges, etwas, das man eigentlich nicht tut, das aber doch Spaß macht.‹ Kurz wird hier eine weitere Facette der unbewußten Bedeutung des Menstruationsblutes sichtbar: Das Blut als Zeichen für sexuelle Lust und Erregung. Auch diese Facette der mit dem Menstruationsblut verbundenen Gefühle, Wünsche und Phantasien scheint für Katrin bedrohlich zu sein.

Die Beunruhigung über das Körperinnere, die in Katrins Befürchtung zum Ausdruck kommt, etwas darin könne nicht »in Ordnung« sein, kann noch eine andere Bedeutung haben. Die erste Menstruation zeigt auch die Möglichkeit an, schwanger werden zu können, sie bedeutet den Beginn potentieller weiblicher Fruchtbarkeit. Die damit verbundene Beunruhigung und zugleich das Bemühen, sich diese innere Möglichkeit anzueignen, werden in Katrins Schilderungen deutlich, mit denen sie ihr langsames Sich-an-die-Menstruation-»Gewöhnen« beschreibt. Ihre vorsichtige Annäherung an positive Aspekte der Menstruation – »kann man schon fast ein bißchen stolz drauf sein« – begründet sie mit »weil wenn, wenn, man selber weiß das ja, ob man es hat oder nicht«. Selber zu wissen, ob man die Regelblutung »hat oder nicht«, bedeutet auch zu wissen, ob man schwanger ist oder nicht. Dieses Wissen scheint Katrin zu erleichtern, weil es mit der Vorstellung verbunden ist, auf diese Weise die neuen als bedrohlich erlebten inneren Potenzen unter Kontrolle halten zu können. Die Regelmäßigkeit der Wiederkehr der Regelblutung wäre dann für Katrin auch Quelle von Beruhigung.

Das Beängstigende der ersten Menstruation war dagegen auch stark mit dem Unkontrollierbaren dieses körperlichen Vorgangs verbunden, das Symbol zu sein scheint für Kontrollverlust generell. Katrin betont immer wieder ihr Erschrecken über das Unkontrollierbare des Eintretens der ersten Menstruation.

»Also irgendwie hatte ich da im Traum nicht daran gedacht, daß ich das – da war ich überhaupt nicht drauf vorbereitet. Ich mein', ich wußte, ich wußt' wohl, daß ich sie kriegen werde und so, natürlich. Aber doch nicht an dem Tag und überhaupt. Es war einfach, es hat mich überrumpelt. Ich dachte, so mit 14 wär' ja ganz nett, aber nicht mit zwölfeinhalb da... Ich wußte wirklich Bescheid und so, aber daß es dann an dem Tag... ich mein, da rechnet man ja wirklich nicht mit, das kann einem ja jeden Tag dann passieren... Ich hab' mir da gewünscht, das es im Leben immer so ist, daß es einen Tag gibt, zum Beispiel, wenn man jetzt meinetwegen zwölf Jahre und drei Tage alt ist, und daß es dann an diesem Tag kommt, daß man das ganz genau weiß vorher, und das nicht so wirklich 's über einen hereinbricht.«

Für Katrin war die Eigenmächtigkeit ihres Körpers bedrohlich und beängstigend. »Wirklich Bescheid« zu wissen und »informiert« gewesen zu sein über die Menstruation – bewußte und rationale Strategien also – haben ihr nichts genützt, das Eintreten der ersten Menstruation ließ sich nicht festlegen, es ist etwas, das »ja jeden Tag dann passieren« kann, das sie »überrumpelt« hat und über sie »hereinbricht«. Es geschieht etwas mit ihr, das sie nicht beeinflussen und kontrollieren kann, dem sie ausgeliefert ist. Dieses im Erleben der ersten Regelblutung vorherrschende Gefühl verknüpft sich in ihren Phantasien mit anderen entsprechenden Situationen: Es werden frühere mit Kontrollverlust und Ausgeliefertsein verbundene Erfahrungen wiederbelebt, es entsteht ein enger Bezug zur Sexualität, die ebenfalls mit einem als beängstigend empfundenen Kontrollverlust verbunden wird und zu im Inneren aufgestauten Affekten, deren Unkontrollierbarkeit in der Phantasie mit destruktiven Folgen verknüpft zu sein scheint.

Katrin verbindet mit dem Unkontrollierbaren des Blutes der ersten Menstruation möglicherweise das unkontrollierbare Ausfließen von Körperflüssigkeiten generell. »Laufende Wasserhähne, die regen mich dermaßen auf«, berichtet sie in einer anderen Passage des Interviews, vielleicht ergeht es ihr mit dem Laufen des Menstruationsblutes ebenso. Das Unkontrollierbare des fließenden Blutes der ersten Menstruation könnte in ihren Phantasien eine als überwältigend erlebte Mutter aus der Phase der Sauberkeitserziehung wiederbelebt haben, eine Mutter, die »überrumpelt« und über die Tochter »hereinbricht«, um die Kontrolle der Körperfunktionen durchzusetzen. Phantasien und Erlebensweisen, die aus früheren Entwicklungsphasen stammen, verknüpfen sich dann mit den adoleszenten Regungen, in denen sexuelle Wünsche und Phantasien eine große Bedeutung haben.

Auch sexuelle Wünsche und Phantasien sind bei Katrin eng mit der Angst vor Kontrollverlust verknüpft. So verbindet Katrin Küssen mit der Befürchtung, »daß es so plötzlich kommt..., das passiert einem einfach«, ein Erleben, das dem der ersten Menstruation ähnlich ist. In einer anderen Interviewpassage wird deutlich, wie stark in ihrem Inneren Lust und Verbote miteinander kämpfen und wie bedrohlich ein Aufgeben der Kontrolle durch eine verbietende innere Instanz in ihrem Erleben ist. So wünscht sie sich, »daß ich mich selbst überwinde, etwas zu machen,... was man eigentlich nicht machen sollte«. Sie nennt als Beispiel einen nächtlichen Schwimmbadbesuch ihrer »Freunde«, zu dem sie »eigentlich schon Lust hätte... aber dann tue ich's trotzdem nicht, weil ich dann mir selbst gegenüber ein Scheißgewissen hab'«. Katrin spaltet sich hier in zwei Teile: Sie »selbst«, die etwas Lustvolles, auch sexuell Besetztes machen möchte wie mit »Freunden« verbotenerweise nachts in ein Schwimmbad gehen, und das »Scheißgewissen«, die verbietende Instanz, die etwas Fremdes zu sein scheint, etwas, das nicht sie »selbst«, aber doch in ihr ist. Dabei scheint ein Aufgeben der Kontrolle in Katrins Phantasien mit Tod verbunden zu sein: »Da stirbt ja keiner von, da passiert ja nichts«, versucht sie sich in bezug auf den nächtlichen Schwimmbadbesuch selbst gut zuzureden. Hier wird eine Verknüpfung von Lockerung der Kontrolle, Lust und Sterben deutlich – wobei offen bleibt, ob der eigene Tod oder der Tod anderer gemeint ist –, die möglicherweise auch das Verhältnis zur ersten Menstruation betrifft: Das Unkontrollierbare dieses körperlichen Vorgangs – intellektuelle Qualitäten wie Wissen und Informiertsein haben sich als wirkungslos erwiesen – steht dann für das Unkontrollierbare des Inneren generell, für das immer mögliche Versagen innerer Kontrollinstanzen, die in Katrins Phantasien mit der Gefahr des Todes verbunden zu sein scheinen.

Vielleicht ist das unkontrollierte Laufenlassen der inneren Regungen für Katrin nicht nur mit der Vorstellung einer dann ungehemmten, aber als verboten erlebten sexuellen Lust verbunden, sondern auch mit der Phantasie, daß damit zugleich ihre Wut, eine mörderische Wut herauskommen könnte und dann doch jemand davon »stirbt«. In Katrins Schilderungen wird deutlich, daß in der Familie ihre mit Enttäuschungen und Kränkungen verbundenen Gefühle – Trauer oder Wut – wenig Raum haben. Auch im Interview gesteht sie sich solche Empfindungen nicht zu, wenn sie von den ironischen Kommentaren in ihrer Familie über ihre körperlichen Veränderungen berichtet. Sie übernimmt die Schuld für ihre Gefühle in diesen Situationen selbst: Sie hatte »schlechte Laune« oder Bemerkungen »zu ernst genommen«. Ihre Verzweiflung kommt nur indirekt und abgewehrt durch die Übernahme der Position anderer, möglicherweise der Mutter, zum Ausdruck. Sie berichtet, daß sie die Tür zu ihrem Zimmer nicht abschließt, denn »dann denkt man, lebt die überhaupt noch, da drin, oder ist die aus dem Fenster gesprungen«. Ein Versprecher, »Atomloch«, ist möglicherweise Indiz für ihre in der Phantasie mörderische Wut, eine Wut, die wie eine Atombombe einschlägt und ein Loch hinterläßt, wo vorher Leben war. So steht die erste Menstruation in Katrins Erleben möglicherweise auch für das Unkontrollierbare des Inneren mit den darin aufgestauten aggressiven Affekten, die – wenn sie so unkontrollierbar austreten wie das Blut der ersten Menstruation – zu einer »Katastrophe« führen, dazu, daß etwas »passiert«, daß jemand »stirbt«, andere und vielleicht auch sie selbst, daß dabei möglicherweise auch Blut fließt.

Das Erleben der ersten Menstruation hat bei Katrin unterschiedliche Facetten, denen vielfältige, auch unbewußte Bedeutungsgehalte, unbewußte Wünsche, Phantasien und Ängste, zugrunde liegen:

– die erste Menstruation als Ereignis, durch das sich unwiderruflich die Zugehörigkeit zum weiblichen Geschlecht, dem Geschlecht der Mutter zeigt. Damit wird die Phantasie zerstört, der Sohn des Vaters zu sein;
– die erste Menstruation als Zeichen für eine notwendige Neuorientierung im Verhältnis zu Vater und Mutter: die innere Nähe zum Vater wird brüchig, denn er erweist sich eindeutig als Vertreter des anderen Geschlechts, ein neuer Bezug zur Mutter wird erforderlich;

- das Blut der ersten Menstruation als Strafe für eine sexuelle Lust, die selbst gewollt und selbst aktiv geschaffen wurde;
- das Blut der ersten Menstruation als Symbol für sexuelle Lust und Erregung;
- das Blut der ersten Menstruation als Zeichen für die mit Verunsicherung und Beunruhigung über das Körperinnere verbundene Möglichkeit, schwanger werden zu können;
- das Unkontrollierbare des Austretens des Blutes der ersten Menstruation als Auslöser für die Wiederbelebung der mit der Phase der Sauberkeitserziehung verbundenen Mutterbilder;
- die erste Menstruation als Symbol für das Unkontrollierbare des Inneren und damit auch der im Inneren aufgestauten Strebungen: der als verboten erlebten sexuellen Lust und Erregung ebenso wie der aggressiven Affekte.

Unterschiedliche Ausgestaltungen und Gewichtungen

Die in Katrins Schilderungen enthaltenen Bedeutungsfacetten der ersten Menstruation finden sich bei den übrigen befragten Mädchen und jungen Frauen in unterschiedlicher Ausgestaltung und sehr verschiedener Gewichtung wieder. Besonders bei denjenigen, die ihre Regelblutung, verglichen mit Freundinnen und Klassenkameradinnen, relativ spät bekommen haben, spielt Erleichterung und Freude darüber, jetzt »dazuzugehören« – bei den meisten bleibt offen, wozu, ob zu den Größeren, den Erwachseneren oder den Frauen –, eine größere Rolle als bei Katrin. So beschreibt Lisa Busch, eine 15jährige junge Frau, ihre erste Menstruation, die sie mit 13 Jahren bekam: »Ich hab' seit 'nem halben Jahr immer ein Tampon und Binden in meiner Schultasche mit mir rumgeschleppt und dann, als ich das gemerkt hab', hab' ich das gleich Katrin erzählt, und dann war ich willkommen im Club, das war dann das erste, was gesagt wurde.« Bei denjenigen, die ihre erste Menstruation, verglichen mit Freundinnen und Klassenkameradinnen, früh bekamen, können dagegen Verwirrung und Scham dominieren. So berichtet Birgit Esch, eine 19jährige junge Frau, die ihre erste Menstruation als »schrecklich« erlebte: »Bei mir fing das mit der Regel auch ziemlich früh an, mit zwölf Jahren, und da wußte ich überhaupt noch nicht, was das ist. In der Schule, da hatten wir Schwimmen, und dann mochte ich das nicht sagen.« Besonders bei denjenigen, die ihre erste Menstruation früh bekamen oder es so empfanden, kann das

Erleben vorherrschen, zu früh erwachsen werden zu müssen. »Am liebsten wär' ich immer klein geblieben«, erklärt Birgit ihre Abneigung gegen die körperlichen Veränderungen der Pubertät und drückt ihre Trauer über das für sie zu frühe Ende der Kindheit aus.[2]

Trotz des Wartens auf die erste Menstruation und der Freude, sie wie Freundinnen und Klassenkameradinnen zuvor dann selbst bekommen zu haben, empfanden auch die Mädchen, die ihr Eintreffen als vergleichsweise spät erlebt haben, die erste Regelblutung als einschneidendes und verunsicherndes Ereignis. So berichtet Lisas Mutter, wie verwirrt und aufgelöst ihre Tochter bei der ersten Menstruation war; bei Lisa selbst wirken die Gefühle wie eingefroren.

Dabei hängt das Erleben der ersten Menstruation als »früh« oder »spät« auch stark von inneren Bedingungen ab. So berichtet eine 18jährige junge Frau, daß sie die letzte in ihrer Klasse war, die ihre Regel noch nicht hatte. Dennoch habe sie »immer gehofft, daß ich sie nicht kriege, und ich hab' nicht darauf gewartet«. Die erste Menstruation habe sie dann »so geärgert«, sie erlebte sie als »eklig und dreckig«.

Für einige Mädchen ist – wie auch für Katrin – die mit der ersten Menstruation verbundene Erkenntnis, jetzt endgültig und unwiderruflich nur einem Geschlecht, dem weiblichen anzugehören, mit Erschrecken verbunden. Dabei kann die erste Regelblutung als Zerstörung eines kindlichen bisexuellen Selbstbildes erlebt werden, aber auch das Ende der Phantasie bedeuten, wie der Vater männlich zu sein, der Sohn des Vaters zu sein. Besonders bei denjenigen Mädchen, die von sich berichten, vor der Pubertät wie ein Junge ausgesehen zu haben, scheinen solche Phantasien eine Rolle gespielt und, wie bei Britta Fischer, einer 16jährigen jungen Frau, zu dem Erleben der ersten Menstruation als »totalem Schock« beigetragen zu haben.

Eine 19jährige junge Frau schildert ihre Wut und Ablehnung , als die Mutter auf ihre erste Regelblutung mit der Äußerung reagiert habe, nun sei sie »zur Frau« geworden. »Diese Reaktion fand ich total bekloppt. Nicht nur bekloppt, ich hab' das geradezu als widerwärtig empfunden, irgendwie ekelhaft jetzt diese Definition, ich soll jetzt 'ne Frau sein.« Als »widerwärtig« und »ekelhaft« wurde vielleicht auch die Tatsache empfunden, jetzt eine Frau wie die Mutter zu sein.[3]

In den Schilderungen einiger Mädchen zeigt sich, daß für sie – ähnlich wie für Katrin – die mit der ersten Menstruation verbundene Notwendigkeit einer Neuorientierung im Verhältnis zu Vater und Mutter schmerzhaft war. Die innere Nähe zum Vater wird brüchig, Gemeinsamkeiten erweisen sich als begrenzt durch die Differenz der Geschlechtszugehörigkeit.[4] Birgit Esch beschreibt die Veränderungen im Verhältnis zum Vater mit der ersten Menstruation so: »Ich konnte mit meinem Vater nicht so reden, weil ich mich jetzt so verändert hab', daß ich dann einfach so gedacht hab', ja ich bin 'ne Frau jetzt, daß mir... der Unterschied mehr bewußt geworden ist.« Es wird eine Nähe zur Mutter erkennbar, die von denjenigen als problematisch empfunden wird, die vor der Pubertät ein besseres Verhältnis zum Vater als zur Mutter hatten.

In zahlreichen Schilderungen wird deutlich, daß das Menstruationsblut, wie bei Katrin, unbewußt mit Sexualität verknüpft und mit einer Mischung aus Lust und Angst verbunden ist. Dabei sind die Gewichtungen von Lust und Angst unterschiedlich. Nur selten zeigt sich in den Interviews eine so deutliche Verknüpfung von sexueller Lust und erster Menstruation, wie Katharine Dalsimer (1993) sie auf der Basis einer psychoanalytisch orientierten Interpretation des Tagesbuchs von Anne Frank herausgearbeitet hat. »In Annes Tagebuch ist der Beginn der Menstruation mit den ersten Regungen sexueller Gefühle verbunden. Nachdem sie Kitty (ihrem Tagebuch, K.F.) mitgeteilt hat, daß sie nun menstruiert, beschreibt Anne ihren Wunsch, ihre eigenen Brüste und die einer Freundin zu berühren« (ebd., S. 60). Zugleich entfalten sich auch auf das andere Geschlecht bezogene Phantasien: »Am selben Tag noch – dem Tag also, an dem Anne über ihre sexuellen Sehnsüchte berichtet – fand sie einen Vorwand, um mit Peter allein zusammen zu sein« (ebd.). Die Menstruation löst erregende und lustvolle Empfindungen aus, die inneren und äußeren Geschlechtsorgane werden sinnlich erlebbar und die Blutung stimuliert sexuelle Empfindungen (vgl. auch Groddeck 1923; Kestenberg 1961; Poluda-Korte 1992; Waldeck 1988). Damit liegt eine Verknüpfung mit auf den eigenen Körper bezogenen, homoerotischen und auf das andere Geschlecht gerichteten Wünschen nahe.

In einigen Interviews deutet sich der Zusammenhang von erster Menstruation und Sexualität in bestimmten Formulierungen an. Beschreibungen wie: »Dann war alles rot«, »plötzlich war da ein riesengroßer roter Fleck«, sprechen für die Nähe der ersten Menstruation zu einer sexuellen Erregung – symbolisiert durch die Farbe rot –, die zugleich Lust und Angst macht, zum Beispiel vor dem Überschwemmenden – »alles rot« – und dem Verlust von Kontrolle – »plötzlich... riesengroß«. Der Aspekt des Verbotenen der sexuellen Empfindungen klingt an in der

Verknüpfung von erster Menstruation mit Gefühlen wie »eklig und dreckig« und spielt ebenfalls eine Rolle in einer Schilderung, in der die erste Menstruation im Zusammenhang mit dem Thema »Strafe« beschrieben wird: »Mußte Strafe stehen in der Schule, mußte Strafe stehen, und dann bin ich nach Hause gekommen, bin aufs Klo gegangen, oh mein Gott, und dann hab' ich's erst nicht gesagt.« Direkt anschließend berichtet die 13jährige junge Frau als Beleg dafür, »total aufgeklärt« gewesen zu sein, daß sie gemeinsam mit Freundinnen »Pornofilme« angesehen habe und sie die Phantasie hatten, »wenn ich 'nen Freund kriege, schlaf' ich mit dem«. So ist das Menstruationsblut möglicherweise als »Strafe« für diese Wünsche und die mit den »Pornofilmen« verbundene sexuelle Erregung erlebt worden.

Ähnlich wie bei Katrin scheint bei Anna Cramer, einer 14jährigen jungen Frau, mit der ersten Menstruation die Phantasie verbunden gewesen zu sein, daß sie die Strafe ist für eine als verboten erlebte Selbstbefriedigung[5], allerdings mit einer besonderen Facette: In Annas Phantasien bei der Selbstbefriedigung scheint eine »Entjungferung« – möglicherweise durch den jungen Stiefvater – eine Rolle gespielt zu haben. Das Menstruationsblut wäre dann der Beweis für eine solche »Entjungferung« und ihre Reaktion auf die erste Menstruation – »ich voll Panik, oh Gott, was ist jetzt los?« und: »ich bin nicht zu meiner Mutter gegangen« – vor diesem Hintergrund plausibel. Erst nach der Erkundigung bei einer Freundin über die Ursache des Blutes – »was kann das sein?« – und der Vergewisserung, daß es sich um die »Tage« – es ließe sich ergänzen: und nicht um das Zeichen einer »Entjungferung« – handelt, kann sie der Mutter davon berichten. So ist die erste Regelblutung auch verknüpft mit auf den Vater oder Stiefvater gerichteten sexuellen Wünschen und Erregungen.[6]

Die Mehrzahl der Mädchen hat die erste Menstruation als Ereignis erlebt, das ihnen »passiert«, das »plötzlich«, »auf einmal« in ihr Leben gekommen ist. Sie haben sich passiv einem unvorhergesehenen körperlichen Geschehen ausgeliefert gefühlt. Es wird – ähnlich wie bei Katrin – eine Spaltung zwischen einem rationalen, zur Kontrolle des Lebens fähigen Selbst und der Eigendynamik des Körpers deutlich, die passiv erlitten und als bedrohlich erlebt wird. Das Selbst erscheint als vom Körper getrennt[7] und der Körper zunächst als Quelle von Erschreckendem, Beängstigendem. Die pubertäre Reifung mit der ihr zugehörigen ersten Menstruationsblutung ist kein Prozeß, der von den Mädchen als komplexe, auch selbst gestaltbare Veränderung erlebt wird, deren Subjekte sie sein können.[8] Insbesondere die mit der ersten Regelblutung verbundene Möglichkeit, schwanger werden zu können, der mit ihr bezeichnete Beginn potentieller weiblicher Fruchtbarkeit ist zunächst verunsichernd und für einige auch mit als bedrohlich erlebten Phantasien über das eigene Körperinnere verbunden. Die innere Genitalität – Gebärmutter, Eierstöcke, Eileiter –, auf die die erste Regelblutung verweist, muß erst sukzessive psychisch verarbeitet und angeeignet werden. »Der Beginn der Menstruation liefert dem Mädchen den ersten greifbaren Beweis für die Existenz des unsichtbaren, nicht spürbaren Uterus – es kommt erstmals mit ihm in ›Kontakt‹... Die Menarche (läßt)... dem Mädchen sukzessive die *subjektive Realität* (Hervorhebung im Original, K.F.) seiner inneren Geschlechts- und Fortpflanzungsorgane erkennbar werden« (Dalsimer 1993, S. 59). Erforderlich wird eine Veränderung der psychischen Repräsentanz des Körpers, des eigenen Körperbildes.

Das Gefühl eines passiven Ausgeliefertseins an die Veränderungen des Körpers hat sich bei einigen trotz der durch die Eltern oder die Schule vermittelten Informationen eingestellt. Diese Mädchen beschreiben, daß Informationen sie innerlich nicht erreicht haben. »Dann hab' ich gesagt, ja, o.k., gut. Und dann hab' ich's auch gleich wieder vergessen«, beschreibt Anne Cramer ihre Reaktion auf den Hinweis ihrer Mutter auf ein mögliches Eintreten der ersten Menstruation. Katrin Abel schildert ihre innere Abwehr gegen ein Wissen über ihren Körper: »Ich fand's einfach nicht interessant, und dann hatte ich auch nicht Lust, das zu wissen, war eben absolut kein Thema vorher.« Deutlich wird, daß die erste Menstruationsblutung eingebunden ist in einen komplexen Zusammenhang psychischer und sozialer Bedeutungen, in denen das Verhältnis zum Frausein und zur potentiellen weiblichen Fruchtbarkeit, sexuelle Wünsche und Phantasien und wiederbelebte Konflikte aus früheren Entwicklungsphasen eine Rolle spielen.[9]

Welche Bedeutungsfacetten der ersten Menstruation bei den einzelnen Mädchen im Vordergrund stehen – ob eher Trauer und Wut über das Ende der Kindheit oder Freude über die neuen Möglichkeiten des Erwachsenwerdens, ob Ablehnung, Akzeptanz oder positive Bewertung des Frauseins, ob Lust, Erregung und sexuelle Aufbruchswünsche oder eher Strafphantasien und -ängste – hängt von einer Vielzahl von Faktoren ab: von gesellschaftlich nahegelegten Bewertungen, den Bildern von Frau- und Mannsein und den Beziehungen zwischen den Geschlechtern, wie sie von Müttern und Vätern gelebt werden, von den bisherigen Erfahrungen mit Körperlichkeit, Sinnlichkeit und Erotik, von den mit Sexualität verbundenen Wünschen und Phantasien. Für alle Mädchen bedeutet die erste Menstruation jedoch eine starke Erschütterung und eine Zerstörung bisheriger psychischer Balancen.[10] Die erste Menstruation bringt Verunsicherungen und Beunruhigungen über das eigene Innere mit sich, die auch mit Sexualität verknüpft sind. Es bilden sich Vorstellungen über das »innere Geschlecht« (King 1995), in denen es als Quelle von Erregungen, Lust und Potenz, aber auch von Angst, Bedrohung und Verletzung erlebt werden kann. In welche Richtung diese Vorstellungen im Laufe der weiteren Entwicklungen ausgestaltet werden – ob hin zur Betonung von Erregung, Lust und Potenz oder aber zur Dominanz von Angst, Bedrohung, Verletzung – hängt auch ab von den Botschaften, die in den Reaktionen der sozialen Umgebung auf die erste Menstruation der jungen Frau enthalten sind: Ob sie gewährenden, beruhigenden, ermutigenden Charakter haben oder aber eher Strafängste und Bedrohlichkeitsphantasien verstärken. Vera King spricht von einem »geschützten Raum«, innerhalb dessen Mädchen und junge Frauen »in Ruhe, ohne Angst vor Übergriffen und Funktionalisiertwerden, ihre eigenen Erregungen und Empfindungen in ihrem Geschlecht erleben und schrittweise integrieren« (King 1995, S. 158) können, ein Raum, der ein schrittweises neues Ausbalancieren des Zulassens von Lust und Erregung einerseits und innerer Kontrolle andererseits ermöglicht.

Mütter, Töchter und Menstruation

Bedeutung der Menstruation in der Mutter-Tochter-Beziehung

In der Mutter-Tochter-Beziehung hat die erste Menstruation eine große Bedeutung: Sie ist Zeichen dafür, daß der Körper der Tochter sich dem der Mutter annähert, daß Mutter und Tochter sich ähnlicher werden, sie macht zugleich aber auch die Notwendigkeit einer Abgrenzung der Tochter von der Mutter und der Mutter von der Tochter deutlich, denn sie ist auch Symbol für den Schritt in ein eigenes erwachsenes Leben.

›So sein wie die Mutter‹ und ›Selbstsein‹ und damit auch anders sein als die Mutter bezeichnen Pole, zwischen denen in der Adoleszenz Veränderungsprozesse stattfinden. Für Mütter stellt sich die Frage: Kann ich der Tochter erlauben, daß sie anders wird als ich selbst, daß sie ein von mir unabhängiges lustvolles, auch lustvolleres Leben hat als ich es selbst hatte? Im Erleben der Menstruation verdichtet sich das emotionale Geschehen, das die lebensgeschichtliche Phase der Adoleszenz kennzeichnet, es spielt sich dabei ab auf einer oft dem Bewußtsein nicht unmittelbar zugänglichen Ebene: der von Körperlichkeit und mit ihr verbundener Phantasien und Gefühle. So durchzieht das Thema ›Gemeinsamkeit‹ und ›Anerkennung von Unterschieden‹, ›Verbundenheit‹ und ›Trennung‹ die Schilderungen von Müttern und ihren Töchtern bezogen auf die erste Menstruation und das Menstruationserleben generell.

Für Mütter bedeutet die Pubertät der Tochter zugleich eine Wiederbelebung der eigenen Gefühle, der Wünsche, Hoffnungen, Ängste und Kränkungen dieser Zeit, es wird die Beziehung zur eigenen Mutter innerlich aktualisiert. Die Verarbeitung dieser eigenen Mutterbeziehung geht ein in Verhaltensmöglichkeiten gegenüber der Tochter, sie beeinflußt, ob als positiv Empfundenes weitergegeben werden kann und ob als kränkend und einengend Erlebtes gegenüber der eigenen Tochter wiederholt werden muß oder aber neu gestaltet werden kann.

Mütter, Töchter und Menstruation exemplarisch – Einzelstudien

»Da bin ich erst mal drum rumgekommen«: Frau Abel und Katrin

Frau Abel ist 42 Jahre alt, sie ist seit der Geburt der Kinder nicht mehr erwerbstätig gewesen. Der Ehemann arbeitet als Ingenieur. Zur Familie gehören ein 21jähriger Sohn, eine 13jährige Tochter und die 16jährige Katrin. Beide Töchter besuchen das Gymnasium. (Zur ausführlichen Interpretation der Familieninteraktionen aus Anlaß der ersten Menstruation von Katrin vgl. Brüggemann 1999.)

Frau Abel ist ihre eigene erste Menstruation innerlich noch sehr präsent: »Das weiß ich noch genau«, unterstreicht sie diese Präsenz mehrfach. Dabei scheint die eigene erste Menstruation in der Erinnerung mit der der Tochter zu verschmelzen: »Da war ich auch ungefähr 14«, berichtet sie. Katrin selbst hatte als Alter ihrer ersten Menstruation »zwölfeinhalb« angegeben und sich gewünscht, sie erst mit 14 zu bekommen. Für Frau Abel war die erste Menstruation mit einer Enttäuschung über die Mutter verbunden. »Das ist mir in der Schule passiert..., dann bin ich nach Hause gegangen, hab' das gesagt, meine Mutter hat mir was gegeben, und dann hatte ich sie gebeten, das keinem zu erzählen,... und ich merkte dann abends..., daß sie es doch alle wußten.« Sie beschreibt die häusliche Situation als eine, in der wenig Möglichkeiten für emotional nahe Beziehungen bestanden: »Wir hatten einen Geschäftshaushalt, Laden, Kneipe, Post, meine Mutter hat sich nicht so ganz viel um uns gekümmert, die hatte nie Zeit.« Vielleicht hatte Frau Abel gehofft, über die erste Menstruation – die sie ähnlich wie Katrin als erschrekkend und überwältigend erlebt zu haben scheint, denn »das« ist ihr »passiert« – eine vertraute Nähe zur Mutter herstellen zu können. Sie erlebt jedoch die für einen »Geschäftshaushalt« typische Vermischung von öffentlich und privat und damit das Fehlen einer intimen und engen Beziehung zur Mutter. »Da war nicht viel«, faßt sie ihre entsprechende Enttäuschung an der Mutter zusammen. Auch deren Reaktion auf die Mitteilung der ersten Menstruation wird in der Dimension des »nicht viel« beschrieben: »Die hat nicht viel gesagt. Also ich wußte wohl auch, das hat sie mir auch gesagt, daß ich irgendwann meine Regel kriege, aber das war auch schon bald alles, was ich erfahren habe. Also sie hat nicht viel gesagt.« Ihr gegenwärtiges Verhältnis zur Regelblutung beschreibt Frau Abel als wenig positiv: »... daß es mich auch immer gestört hat bis heute, am liebsten würde ich sie nicht kriegen.« Diese negative Darstellung wird jedoch gleich wieder zurückgenommen:

»Aber ich leb' da ganz gut mit, ich hab' da keine Probleme mit.« Möglicherweise gibt es für Frau Abel einen normativen Druck, »keine Probleme« zu haben.

Frau Abel ist bemüht, sich anders zu verhalten als die eigene Mutter, indem sie »nicht arbeiten« geht und dadurch »mehr für die Kinder da« ist. Bezogen auf das Umgehen mit der ersten Menstruation der Tochter sind die Grenzen ihrer Verhaltensmöglichkeiten jedoch deutlich. So berichtet sie über ihre Erleichterung, daß Katrin die erste Regel bei einer Freundin bekommen hat und die Mutter der Freundin »ihr das dann alles bis ins wirklich klitzekleinste Detail erklärt (hat), was nun mit ihr passiert und so weiter, da bin ich erst mal drum rumgekommen.« »Ich hab' mich gefreut, daß ich da erst mal drum rumgekommen bin, muß ich ganz ehrlich sagen«, betont sie noch einmal in einer späteren Passage des Interviews. Die Formulierung »drum rumgekommen« zeigt, wie belastend und drückend der Anspruch empfunden wurde, mit der Tochter über die mit der Menstruation verbundenen körperlichen Vorgänge zu reden. »So ganz grob eigentlich nur« habe sie mit der Tochter über »körperliche Veränderungen und die Menstruation« gesprochen, »daß man dann eben Kinder bekommen kann, irgendwann.« Zur Rechtfertigung wird auf die Bedeutung außerfamilialer Instanzen verwiesen: »Irgendwie läuft das dann über Freunde und Schule und Bravo und solche Sachen mehr ab.« So beschreibt Frau Abel eine Sprachlosigkeit zwischen sich und ihrer Tochter, wenn es um Menstruation und die körperlichen Veränderungen der Pubertät geht, die der von ihr geschilderten bezogen auf die eigene Mutter ähnelt. Auch gegenüber der jüngeren Tochter ist diese Sprachlosigkeit nach ihren Darstellungen bestimmend. Eigene entsprechende Tabuisierungen scheinen ein anderes Verhalten, als es bei der Mutter erlebt wurde, schwerzumachen.

In Katrins Schilderungen wird deutlich, daß sich auch die Enttäuschung an der Mutter wiederholt und dabei ähnliches eine Rolle gespielt hat wie zwischen Frau Abel und ihrer Mutter: Sprachlosigkeit und das Vermeiden emotionaler Nähe. Katrin – die ihre erste Menstruation als bedrohliches und überwältigendes Geschehen erlebt hat – beschreibt die Reaktion der Mutter der Freundin, bei der sie ihre Regel bekam, als sehr unterstützend. Diese Mutter habe sie »wirklich aufgebaut und getröstet, hat's mit mir gefeiert«. Ihre Mutter habe dagegen »ganz beiläufig«, »so im Vorübergehen« reagiert, »dann war das also irgendwie auch schon wieder erledigt«. »Das werde ich nicht vergessen, das war wirklich«, beginnt Katrin eine Schilderung ihrer damit verbundenen Gefühle – ihre eigene Mutter hatte die Schilderungen der Reaktion ihrer Mutter ähnlich mit: »Das weiß ich noch genau«

begonnen –, formuliert ihre Enttäuschung oder Wut aber nicht zu Ende, sondern verweist statt dessen noch einmal auf »die andere Mutter«: »Weil, die andere Mutter, wir haben da also wirklich, wir haben bestimmt 'ne Stunde da so erst mal darüber geredet und dann… dann war ich erst mal aufgeklärt.« Möglicherweise kann Katrin sich ihre Gefühle gegenüber der Mutter nicht zugestehen, weil es für sie zu schmerzhaft wäre, die eigenen Wünsche und deren Enttäuschung wirklich wahrzunehmen. Vielleicht spielen auch Loyalitätskonflikte eine Rolle – die Frage, ob es erlaubt ist, eine »andere Mutter« verständnisvoller zu finden als die eigene. Katrin beschließt ihre Schilderungen so, daß Kritik am Verhalten der Mutter nicht mehr auftaucht und sie selbst zur aktiven Gestalterin der Situation geworden ist: »Ich fand das erst mal ganz okay, daß wir da erst mal nicht drüber geredet haben, weil ich das nicht wollte.«

Katrin übernimmt hier die Schuld für eine zuvor von ihr – zumindest in Andeutungen – als problematisch geschilderte Situation selbst, sie schützt so die Mutter vor Kritik und hat selbst das Geschehen in der Hand: Denn »weil ich das nicht wollte«, beinhaltet auch: ›Wenn ich gewollt hätte, wäre es anders gekommen.‹ Eine ähnliche Zurücknahme von Gefühlen findet sich auch in Frau Abels Schilderungen der Reaktion ihrer Mutter auf die erste Regel: »Das hat mich dann ein bißchen sauer gemacht, aber das war dann irgendwann auch wieder vorbei.« Danach gefragt, ob sie sich »eine andere Reaktion der Mutter gewünscht« habe, wird Anpassung ans Gegebene deutlich: »Nein, hab' mir nicht viel Gedanken drüber gemacht, zu der Zeit.«

In Katrins Schilderungen der Reaktion der Mutter zeigt sich eine sexuelle Dimension: »Was muß ich denn von dir hören?« habe die Mutter gesagt, eine Äußerung, die Katrin zweimal zitiert, einmal mit dem Zusatz »und grinste mich an«. Katrin schildert die Reaktion der Mutter als Mischung aus Mißbilligung und Einverständnis über etwas Lustvolles und zugleich Verbotenes, das mit der ersten Menstruation verbunden ist. Ob es zwischen Mutter und Tochter ein unbewußtes Einvernehmen über die sexuelle Bedeutung der ersten Menstruationsblutung gegeben hat – bei Katrin lassen sich Verbindungen zu als verboten erlebten sexuellen Wünschen und Phantasien und zu einer selbst gewollten und aktiv geschaffenen sexuellen Lust vermuten –, ist nicht eindeutig festzustellen. Auch in Frau Abels Schilderungen werden jedoch Befürchtungen bezüglich der Sexualität der Tochter deutlich. Ihr ist es wichtig, daß Katrin »auf alle Fälle… kein Flittchen« wird. Möglicherweise ist diese Befürchtung – Flittchen könnte dabei stehen für eine ungehemmt ausgelebte Sexualität – auch in die Reaktion auf die erste Regelblutung eingegangen, so daß Mutter und Tochter sich auf einer unbewußten Ebene getroffen haben: Das Blut der ersten Menstruation war dann für beide Symbol für eine als verboten erlebte sexuelle Lust und die von beiden beschriebene Sprachlosigkeit dann eher Bestätigung von Verboten denn Ermutigung, sie aufzulockern.

Sowohl von Frau Abel als auch von Katrin werden Gemeinsamkeiten im Erleben der Menstruation beschrieben. Besonders Frau Abel betont diese Gemeinsamkeit: »Das ist lästig«, beschreibt sie Katrins Verhältnis zur Regel, »das empfinde ich aber genauso.« Sie schildert als weitere Gemeinsamkeit: »Man merkt ganz genau, daß sie so ein paar Tage vorher unheimlich launisch ist, dann..., dann ist sie mit sich selbst nicht zufrieden,... ist man ja selber dann auch nicht.« Katrin beschreibt dagegen ein widersprüchliches Verhältnis zur Menstruation. Einerseits berichtet sie: »Ich könnt's auch wohl mal abschaffen« – ähnlich wie die Mutter, die von sich sagt, »am liebsten würde ich sie nicht kriegen.« Wie die Mutter – die diese negative Darstellung relativiert mit: »Ich hab' da keine Probleme mit« – schränkt auch Katrin ihre negative Schilderung ein. »Stört mich eigentlich nicht mehr. Ich mein', natürlich... das ist nervig, weil irgendwie ist man... 'n bißchen gehindert ... Manchmal bin ich eben ein bißchen auch stolz darauf, schon, aber eigentlich ist es mir egal jetzt.« Ähnlichkeiten mit der Mutter beschreibt auch sie. Diese beziehen sich jedoch darauf, daß die Mutter – ebenso wie sie selbst – »offen« mit ihrer Menstruation umgehe, sich »auch wohl schon daran gewöhnt« und »eigentlich wohl auch keine Probleme« damit habe. Während Frau Abel eher die Gemeinsamkeit im Leiden – »lästig«, »unheimlich launisch«, »mit sich selbst nicht zufrieden« – darstellt, hebt Katrin die Gemeinsamkeit im Sich-Arrangieren und dem Bemühen, »keine Probleme« zu haben, hervor. Im deutlichen Unterschied zum Erleben der Mutter und zur Darstellung ihres eigenen Erlebens durch die Mutter beschreibt Katrin jedoch auch eine vorsichtige Annäherung an positive Seiten der Menstruation: »Manchmal« sei sie »ein bißchen auch stolz« darauf, eine Feststellung, die sie ähnlich vorsichtig auch in einer anderen Passage des Interviews formuliert. Möglicherweise haben die unterstützenden Gespräche mit der »anderen Mutter« aus Anlaß der ersten Menstruation Katrin die Perspektive eines positiven Bezugs zur Menstruation eröffnet. Diese Unterschiedlichkeit in den Empfindungen von Mutter und Tochter wird jedoch von beiden nicht thematisiert, besonders Frau Abel betont eine Gemeinsamkeit des negativen Erlebens.

In Katrins Schilderungen wird die Abhängigkeit des Menstruationslebens von Prozessen der Auseinandersetzung mit sexuellen Wünschen und Phantasien und sexuellen Erfahrungen deutlich. Bis vor einem halben Jahr hatte Katrin starke Menstruationsbeschwerden, »wirklich derbe Rückenschmerzen..., da konnte ich in der Schule überhaupt nicht mehr mitmachen..., das konnte ich kaum aushalten«. Vor einem halben Jahr hat Katrin »einen Jungen geküßt..., so richtig..., das erste Mal«. Die Bedingungen dieser Beziehung waren so, daß sie Katrin – die mit Küssen, ähnlich wie mit der ersten Menstruation, einen als bedrohlich empfundenen Verlust von Kontrollmöglichkeiten verbindet – eine wenig beängstigende Annäherung an Sexualität gestattet haben. »Der hat sich sehr in mich verliebt und ich..., so richtig in ihn verliebt kann ich nicht sagen, aber er war sehr nett.« So kann Katrin emotional die Kontrolle über die Situation behalten, denn sie ist nicht »richtig... verliebt«, kann zugleich aber genießen, daß ein Junge »sich sehr« in sie »verliebt« hat, der »sehr nett« ist. Auch die Tatsache, daß es ein Austauschschüler mit einer auf sechs Wochen begrenzten Aufenthaltsdauer in Deutschland war, schuf Begrenzungen, die für Katrin wahrscheinlich entlastend gewesen sind. So konnte möglicherweise eine in den »Rückenschmerzen« sich artikulierende Spannung zwischen sexuellen Wünschen und Verboten[1] durch eine vorsichtige und durch emotionale und zeitliche Grenzen entlastete Annäherung an Sexualität aufgelöst werden. Zu dieser Entlastung beigetragen hat wahrscheinlich auch der wohlwollende Blick der Mutter: »Ich hab' mich gefreut«, beschreibt Frau Abel ihre Gefühle bei dieser ersten Beziehung ihrer Tochter zu einem jungen Mann, die auch in ihren Schilderungen durch zeitliche und bei Katrin auch emotionale Begrenzungen gekennzeichnet war.

Wie schon bei den durch die erste Menstruation ausgelösten Gefühlen wird deutlich, daß das Erleben der Regelblutung bei Katrin eng mit Sexualität – mit der Spannung zwischen Wünschen und Verboten – verbunden ist. Möglicherweise sind in der Sprachlosigkeit und Vermeidung von emotionaler Nähe zwischen Mutter und Tochter nach der ersten Menstruation – die bei Frau Abel eine Wiederholung des Verhaltens der eigenen Mutter darstellen – Botschaften über sexuelle Lust enthalten, die Strafängste und Bedrohlichkeitsphantasien eher verstärken und sich in »Rückenschmerzen« Ausdruck verschaffen, als daß sie beruhigenden und ermutigenden Charakter hätten. Zugleich werden aber mit der Adoleszenz außerfamiliale Beziehungen zunehmend bedeutsamer für Entwicklungsprozesse. So scheint die Mutter der Freundin, bei der Katrin ihre erste Menstruation bekam, eine Funktion übernommen zu haben, die Frau Abel aufgrund innerer Barrieren nicht übernehmen konnte: eine positive Wertschätzung von weiblicher Körperlichkeit, die »Stolz« als eine mögliche Erlebensweise zumindest hat sichtbar werden lassen. Auch die Katrins inneren Möglichkeiten entsprechende Art der Beziehung zu einem jungen Mann eröffnet neue Erfahrungsräume.

Nur zu vermuten ist, welche Bedeutung innere Bindungen zwischen Mutter und Tochter haben, wie sie im geschilderten Erleben der Menstruation zum Ausdruck kommen. Frau Abel scheint es schwerzufallen, das Andere, Positivere im Erleben der Tochter anzuerkennen, die Unterschiede zwischen sich und der Tochter wahrzunehmen. Aber auch Katrin betont diese Unterschiede nicht, möglicherweise versteckt sie den vorsichtig sich zeigenden Stolz auch vor der Mutter. Während Frau Abel eine Gemeinsamkeit des negativen Selbstgefühls, des Mit-sich-selbst-nicht-Zufriedenseins, formuliert, schwächt Katrin dieses Negative etwas ab und beschreibt eine Gemeinsamkeit im Sich-Arrangieren. Deutliche Abgrenzungen werden von beiden jedoch nicht vorgenommen.

Vielleicht fällt es Frau Abel schwer, der Tochter ein lustvolleres Verhältnis zum Körper zuzugestehen, als sie es selbst hatte: Katrin soll kein »Flittchen« werden. Vielleicht soll sie dann auch während der mit sexueller Erregung verbundenen Menstruation »mit sich selbst nicht zufrieden« sein, ebenso wie sie selbst es möglicherweise auch nicht gewesen ist. »Ich bin Hausfrau..., sonst eigentlich mach' ich nichts«, stellt Frau Abel sich zu Beginn des Interviews vor und zeichnet damit eine sie wenig erfüllende Lebenssituation, deren Leere sie vielleicht über die Bindung an die Kinder zu mildern versucht, zu der dann auch die mit Katrin gemeinsame Unzufriedenheit mit dem monatlich sich zeigenden körperlichen Frausein gehört.

Für Katrin besteht die Voraussetzung dafür, sich ein lustvolleres Leben als die Mutter schaffen zu können, in der inneren Abgrenzung von ihr. Dazu ist auch Aggression erforderlich. Katrin vermeidet es offensichtlich, sich Enttäuschungen an der Mutter einzugestehen und damit auch Wut zuzulassen, bei Frau Abel scheinen früher ähnliche Muster eine Rolle gespielt zu haben. Ohne die Umsetzung von Wut in die zur Abgrenzung notwendige Aggression liegt jedoch eine Lösung der adoleszenten Probleme nach dem Muster der ›Identifikation mit dem Aggressor‹[2] nahe: Aus der Position elterlicher Macht wird dann später an der Tochter genau das wiederholt, was selbst erlebt wurde. In Frau Abels Darstellung verschwimmt die eigene, innerlich noch sehr präsente erste Menstruation mit der der Tochter:

14 Jahre alt seien beide gewesen. In Frau Abels Erleben wird Katrin damit zu dem Kind, das sie selbst früher war. Damit kann sie – jetzt selbst Mutter – ihre eigene frühere Abhängigkeit und Bedürftigkeit noch einmal in der Tochter abwehren. Bei Katrin sind ähnliche Tendenzen feststellbar, wenn sie das Erleiden von Enttäuschungen durch die Wendung zur Aktivität – »weil ich das nicht wollte« – aus ihrem Fühlen und Bewußtsein ausschließt. Der Preis für eine solche Lösung ist jedoch, daß in der Identifikation mit der Mutter auch die Lust verhindernden Seiten übernommen werden. Es fehlt der zur inneren Abgrenzung notwendige aggressive Impuls, der den Schritt in ein eigenes Leben erst möglich macht.[3]

»... ein bißchen netter, ja, als was ganz Tolles, worauf sie stolz sein kann«: Frau Busch und Lisa

Frau Busch ist 38 Jahre alt und arbeitet als Lehrerin, ihr Mann ist gleich alt und ebenfalls Lehrer. Lisa ist 15 Jahre alt und besucht das Gymnasium. Ihre erste Menstruation bekam sie mit 13.

Auch für Frau Busch ist die Pubertät der Tochter mit einer Wiederbelebung eigener früherer Gefühle und Erfahrungen verbunden, »ganz, ganz viele Erinnerungen« habe sie »eigentlich bis jetzt«. Auch Lisas erste Menstruation hat für sie »sehr viel Erinnerung« bedeutet. Anders als Frau Abel hat sie ihrer Tochter bei der ersten Menstruation versucht weiterzugeben, was sie bei der eigenen Mutter als positiv erlebte, zugleich aber auch – anders als die eigene Mutter – die Tochter durch viele Gespräche, die sich auch auf das Erleben der Menstruation und Möglichkeiten, darauf Einfluß zu nehmen, bezogen haben, »gut vorbereitet«: »... daß es auch viel... an der Haltung dazu liegt,... wie man die Regel empfindet.« Menstruation, die körperlichen Veränderungen der Pubertät und mögliche sexuelle Erfahrungen waren »Monate vorher schon ein Dauerbrenner..., immer wieder Thema in den Alltagsgesprächen«. Frau Busch berichtet von Lisas großem Interesse an »Mädchenheften« und ihrem Bemühen, die darin enthaltenen sexuellen Normen in Gesprächen mit der Tochter zu entkräften: »Es war ein unheimlicher Druck entstanden, wie man denn nun zu sein hat, und wann man 'nen Freund zu haben hat..., und das habe ich schon versucht, ihr zu nehmen.« Lisa habe mit ihr »das Gespräch oft auch... gesucht« und sie »nach Erfahrungen gefragt«.

Frau Busch betont in der Schilderung ihrer eigenen ersten Menstruation die Ähnlichkeit zwischen ihrem Erleben und dem der Tochter. »Ich denke, es ist so ähnlich«, beginnt sie und fügt mehrfach ein »auch« in ihre Erzählung ein: »Ganz stolz« sei sie gewesen, erläutert sie die zu Beginn benannte Ähnlichkeit, »auch nicht eine der ersten« in der Klasse, »auch eher die zweite Hälfte«, »und die Bauchschmerzen hatte ich auch«, »war auch so, daß meine Mutter – also ich hab's ihr denn auch gleich erzählt«. »Ganz einschneidend« sei es gewesen, das »begleitet dich jetzt dein Leben lang... und jetzt theoretisch Kinder kriegen zu können«, seien ihre »Gedanken« gewesen. Von besonderer Bedeutung war für sie die über die erste Menstruation geschaffene Nähe zur Mutter: »So dieses Nahe, also so das, was so zu Hause war und nah war und Bauchschmerzen haben oder nicht.« Die als positiv empfundene Nähe zur Mutter und das Leiden an der Menstruation scheinen miteinander verbunden gewesen zu sein: »Ab da hab' ich dann immer von meiner Mutter Kaffee serviert bekommen. So als richtige Zeremonie,... das... hat mir auch geholfen und hilft dir bestimmt auch, und das tut ganz gut.« Sie habe das »als sehr schön empfunden« und »auch so übernommen«, »dieses Behüten und dieses bißchen Schönmachen«. Zugleich scheint die erste Menstruation aber auch eine Nähe über vorher nicht mögliche Gespräche zwischen Mutter und Tochter geschaffen zu haben: »Ich war eher so positiv überrascht, daß sie das fertiggebracht hat, über solche Themen mit mir zu sprechen. Ich hatte das Gefühl, es fiel ihr schwer... Sie hat dann viel von sich erzählt, das... hab' ich als ganz toll empfunden.« Diese gute Erinnerung an das Verhalten der Mutter wird jedoch getrübt durch die weiteren Erfahrungen: »Aber als ich die Regel selber ein bißchen länger hatte und auch noch zu Hause wohnte, auch noch in der Pubertät war, hab' ich sie eigentlich nicht als so negativ erfahren, wie meine Mutter sie dann doch immer mehr beschrieben hat.« Für die Einschränkung des »als so ganz schön«-Empfundenen ist die Erfahrung von Bedeutung gewesen, daß die Mutter die Regel »doch als ziemlich negativ verarbeitet hat«. Sie scheint aus Anlaß der ersten Menstruation der Tochter ein anderes Bild der Menstruation gezeichnet zu haben, als es ihrem eigenen Erleben entsprochen hat: »Anfangs alles ganz lieb und nett, aber so nach 'ner Zeit doch als was Lästiges.« Dabei kann Frau Busch ihr im Vergleich zur Mutter problemloseres Verhältnis zur Regelblutung – die Mutter habe sich sehr »eingeschränkt«, sie selbst dagegen »wenig gehindert« gefühlt – für sich nicht positiv besetzen, vorherrschend scheint die Enttäuschung über das widersprüchliche Verhalten der Mutter.

Auffallend ist, daß die Schlußfolgerung, die Frau Busch aus ihrer Erfahrung mit der Mutter bezogen auf die eigene Tochter zieht, genau jene Überbetonung des

Positiven enthält, die sie von der eigenen Mutter aus Anlaß der ersten Menstruation erfahren zu haben scheint. Sie habe bei Lisa »besonders viel Wert darauf zu legen« versucht, »das nicht allzu negativ zu empfinden... Ich hab' versucht, ihr das 'nen bißchen netter, ja, als was ganz Tolles, worauf sie stolz sein kann..., daß wir die Kinder kriegen können und das was wahnsinnig Tolles ist..., daß sie... sich da doch drüber freuen soll.« In dieser Abfolge der Bewertungen der Menstruation von einem »nicht allzu negativ« Empfundenen über ein »bißchen netter« zu etwas »ganz« Tollem bis zum »wahnsinnig« Tollen wird eine Überbetonung des Positiven vorgenommen, die keinen Raum mehr läßt für Ambivalenzen, Widersprüchlichkeiten und Probleme. Es scheint so, als könnte Lisa in Frau Buschs Vorstellungen nur dann ein positives Verhältnis zur Menstruation entwickeln, wenn sie selbst eindeutig und vehement dieses Positive formuliert. Das Menstruationserleben von Frau Busch entspricht diesem eindeutig und unambivalent Positiven jedoch so wenig wie das der eigenen Mutter: »Mir geht es ja auch nicht immer gut«, berichtet sie. Auch Lisa erlebt ihre Mutter, wenn sie die Regel hat, nicht so, als würde es sich um etwas eindeutig Positives handeln: »Sie sagt dann entweder, daß sie Bauchschmerzen hat... oder sie hat eine Woche vorher totale Schokoladenanfälle... und manchmal ist sie dann ein bißchen gereizt eben wegen Bauchschmerzen.«

Die Beziehung von Frau Busch zu Lisa zeigt, wie schwierig Abgrenzungen zwischen Mutter und Tochter sind: Nur auf der Basis einer ihrem eigenen Erleben nicht entsprechenden uneingeschränkt positiven Sichtweise der Menstruation scheint sie der Tochter einen positiven Bezug zur Regelblutung eröffnen zu können. Nicht in den Blick gerät die Möglichkeit, der Tochter zu vermitteln, daß sie, anders als die Mutter und damit deutlich von ihr unterschieden, ein positives – und damit besseres – Verhältnis zur Menstruation haben kann.

Die Schilderungen der ersten Menstruation von Lisa sehen bei Mutter und Tochter sehr unterschiedlich aus. Lisa betont das Unspektakuläre dieses Ereignisses:

»Ja, also das war in der Schule, ich hab' mit meinen Freundinnen und mit meinen Eltern auch offen darüber geredet. Und dann hatte ich ein bißchen Bauchschmerzen... Ich hab' sowieso schon seit 'nem halben Jahr immer 'n Tampon und Binden in meiner Schultasche mit mir rumgeschleppt, und also war's auch nicht das Problem. Und dann, als ich das gemerkt hab', hab' ich das gleich Katrin erzählt, und dann war ich willkommen im Club.«

Ihre Gefühle bei der ersten Menstruation beschreibt sie als »eigentlich so wie sonst auch..., nicht irgendwie besonders«. An die Reaktion der Mutter kann sie sich nicht mehr gut erinnern. »Das weiß ich gar nicht mehr so genau. Ich glaub', wir haben direkt dann noch mal darüber geredet. Und sonst eigentlich nichts Besonderes«, betont sie auch hier das Unspektakuläre. »Also sie hat mir einige Sachen erzählt..., ich wußte das meiste schon, und dann, ja war es eigentlich erledigt, und dann wurde ich erst mal verwöhnt, weil ich Bauchschmerzen hatte.« In dieser Darstellung wird nahegelegt, daß es einen Informationsteil in der Reaktion der Mutter gab – sie hat »einige Sachen erzählt«, wobei Lisa wenig Neues erfuhr, denn sie »wußte das meiste schon« – und, nachdem dieser Teil »erledigt« war, das für sie Wichtige geschah: Sie wurde »dann... erst mal verwöhnt«, weil sie »Bauchschmerzen« hatte. Dieses Verwöhntwerden scheint sie genossen zu haben. In ihrem Erleben ist es abgetrennt von der über Gespräche sich vermittelnden Reaktion der Mutter erfolgt, erst als »es« – möglicherweise die auf ein Erwachsenwerden bezogenen Facetten der ersten Menstruation – »erledigt« war, wurde sie »verwöhnt«, eine vielleicht für sie wichtige Form der kindlichen Nähe zur Mutter, die daran gebunden ist, daß es ihr nicht gut geht, die es gab, »weil« sie »Bauchschmerzen« hatte.

In Frau Buschs Schilderungen findet sich eine ganz andere Darstellung der ersten Menstruation der Tochter als bei Lisa selbst. Frau Busch beschreibt ein dramatisches, tiefe Verunsicherung und Erschütterung der Tochter ausdrückendes Geschehen. Allerdings beginnt auch sie, wie Lisa selbst, ihre Erzählung zunächst so, als könne sie sich nicht genau erinnern und als sei alles unspektakulär verlaufen. »Erst mal nachdenken. Ich glaub', sie hat die in der Schule bekommen, unvorbereitet sozusagen. Ist dann nach Hause gefahren und war ziemlich –« Hier unterbricht Frau Busch ihre Darstellung und fängt an, eine andere Geschichte zu erzählen, an die sie sich erst jetzt zu erinnern scheint. »Genau«, beginnt sie ihre zweite Erzählung:

»Sie hatte die erste Regel in der Schule und mit ganz, ganz vielen Bauchschmerzen. Und in der Schule hat sie das auch so als etwas so Elementares wahrgenommen, daß es sie völlig umgehauen hat.«

Hier wird eine Erschütterung der Tochter durch die erste Menstruation beschrieben, die an einen Einbruch von Naturgewalten erinnert: etwas »Elementares«, das »völlig umgehauen« – also überwältigt – hat und mit sehr großen Schmerzen verbunden gewesen ist. »Irgendwie war das was ganz Besonderes, und ich denke, sehr gemischt auch bei ihr«, berichtet Frau Busch weiter. Eine nachdrückliche Betonung des Positiven – »was ganz Besonderes« – wird dabei ergänzt durch eine Einschränkung – »sehr gemischt« –, ein Muster, das sich in Frau Buschs Erzählungen mehrfach findet.

Das ganz Besondere wird dann verknüpft mit der Tatsache, daß Lisa »die Jüngste in der Klasse« war und »es nur noch drei oder vier« gewesen sind, die ihre Regel noch nicht hatten. In einer späteren Passage des Interviews berichtet Frau Busch, daß ein »absoluter Stolz, dazuzugehören endlich,... und auch 'ne unendliche Beruhigung, sie jetzt so gekriegt zu haben und jetzt... gleichwertig danebenzustehen«, für Lisa »ganz wichtig« waren, eine emphatisch positive Darstellung, die sie sofort selbst einschränkt mit »ja, eher positiv«.

Frau Busch scheint selbst ein ambivalentes Verhältnis zu dem aus ihrer Sicht bei Lisa vermuteten Erleben der ersten Menstruation als »was ganz Besonderes« zu haben: »Und mußte das auch was ganz Besonderes sein«, berichtet sie anknüpfend an die Feststellung, daß Lisa »die Jüngste in der Klasse« war, »es mußte ihr auch so schlecht gehen, daß sie sich erst mal hinlegen mußte, ins Krankenzimmer und ihre beste Freundin dabei«. Hier wird eine leicht ironisch-distanzierte Sichtweise auf Lisas ›Besonderheit‹ deutlich. Vielleicht sind Verwirrung, Bedürftigkeit und Leiden für Frau Busch problematisch, so daß sie sie auch bei der Tochter nicht gut ertragen kann, möglicherweise kommt aber auch eine Rivalität zwischen Mutter und Tochter zum Ausdruck, in der es für die Mutter schwierig ist, zu sehen, daß die Tochter als »Jüngste« sich als »was ganz Besonderes« in den Mittelpunkt der Aufmerksamkeit stellt. Das Leiden der Tochter mildert möglicherweise diese kurz aufscheinende Rivalität: »Es ging ihr auch wohl schlecht«, berichtet Frau Busch weiter. Lisa habe sie dann von der Schule aus angerufen und »gesagt, ich soll sie abholen, es ginge ihr nicht gut.« Auch hier wird kurz zunächst Distanz deutlich: »und war irgendwie auch wohl was«, berichtet Frau Busch, bevor sie dann ihre Reaktion beschreibt:

»Ich hab' also bei mir in der Schule alles stehen und liegen lassen und hab' mich abgemeldet für den Tag, bin dahingefahren, hab' sie abgeholt. Ja und dann war es unterwegs eigentlich... auch schon besser, sie mußte das auch sofort erzählen, und es war eben doch was ganz Einschneidendes und Neues. Und da jetzt immer begleitet zu werden von dieser Geschichte.«

Mit fast den gleichen Worten beschreibt Frau Busch ihre eigene erste Menstruation: »ganz einschneidend, ... begleitet dich jetzt dein Leben lang.« Auch das bei der eigenen Mutter erlebte »Behüten und dieses bißchen Schönmachen« beschreibt sie als eigenes Verhalten gegenüber Lisa: »Zu Hause hat sie sich hingelegt, und ich hab' ihr Tee gekocht und sie betüdelt und bemuttert, und das fand sie richtig gut, auch daß ich so Zeit hatte.« Ähnlich wie Lisa beschreibt Frau Busch eine von beiden als positiv empfundene Nähe auf der Ebene der Mutter-Kind-Beziehung, die vielleicht auch deshalb von beiden besonders wertgeschätzt werden kann, weil damit Konflikte zeitweise stillgestellt werden. So wird in den Schilderungen aller drei Familienmitglieder – Tochter, Mutter und Vater – die Rivalität zwischen Mutter und Tochter deutlich, wenn es um Lisas Sich-nackt-Präsentieren im Badezimmer geht (vgl. S. 187ff). Diese Rivalität zwischen zwei Frauen wird unsichtbar gemacht durch die Wiederbelebung der befriedigenden Seiten einer kindgemäßen Beziehung.

Auffallend sind die einander fast konträr entgegengesetzten Darstellungen von Lisas erster Menstruation durch sie selbst und durch die Mutter: Lisa berichtet von ein »bißchen Bauchschmerzen«, die Mutter von »ganz, ganz vielen«; Lisa beschreibt, daß sie kein »Problem« hatte, die Mutter, daß »es sie völlig umgehauen« habe; Lisa berichtet, sich »nicht irgendwie besonders« gefühlt zu haben, die Mutter schildert die erste Menstruation als »was ganz Besonderes« für die Tochter; Lisa »weiß gar nicht mehr so genau«, wie die Mutter reagiert hat und berichtet nur von Gesprächen und einem Verwöhntwerden zu Hause, Frau Busch schildert dagegen zusätzlich, daß Lisa sie aus der Schule angerufen und gebeten habe, sie abzuholen, weil es ihr »nicht gut« gehe. In der Schilderung von Frau Busch stehen emotionaler und körperlicher Aufruhr, Verunsicherung sowie ein Nebeneinander von Sich-als-»was-ganz-Besonderes«-Fühlen und Bedürftigkeit im Vordergrund, während Lisa in ihrer Darstellung so wirkt, als habe sie Gefühle und Körper völlig unter Kontrolle gehabt, als sei sie »ziemlich cool« gewesen – eine Formulierung, die Frau Busch benutzt, um Lisas Erwartungshaltung vor der ersten Menstruation zu kennzeichnen, allerdings wieder mit einer Einschränkung: »Oder doch eigentlich ängstlich« sei Lisa »darangegangen«.

Lisas Leben ist – ungefähr mit der Zeit nach ihrer ersten Menstruation beginnend – wesentlich bestimmt durch intellektuelle Interessen – »nachzudenken«, auch über sich selbst und ihre Entwicklungen, ist ihr wichtig – sowie künstlerische Tätigkeiten: Sie malt und macht Musik. Diese Interessen können auch verstanden werden als Versuche, die mit der Pubertät verbundenen Gefühle – deren verunsichernder und überwältigender Charakter möglicherweise in den Schilderungen der Mutter zum Ausdruck kommt – durch Sublimierung und Intellektualisierung[4] zu verarbeiten. Die affektiv neutrale Darstellung der ersten Menstruation ist dann ein Ergebnis dieser Form der Verarbeitung.

Möglicherweise hat Frau Busch bei der Schilderung von Lisas erster Menstruation aber auch eigene frühere Gefühle in die Schilderung des Erlebens der Tochter übertragen. Zweimal spricht sie von »auch« und deutet damit eine Gemeinsamkeit zwischen Lisa und sich an, wenn es um die erste Menstruation als »etwas so Elementares« geht, das sie »völlig umgehauen« hat. Auffallend ist, daß Frau Busch in einer späteren Passage des Interviews davon spricht, nicht genau zu wissen, wie Lisa ihre erste Regel erlebt hat: »Ja, wie sie es selbst erlebt hat, kann ich eben nur vermuten, kann ich nicht genau sagen, ich weiß es nicht. Ich denk', das ist sehr ähnlich«, formuliert sie dann ihre Vermutung einer Gemeinsamkeit zwischen Lisa und sich selbst. In diesen Schilderungen geht sie von der Tochter als anderer, von ihr getrennter Person aus, über deren Erleben sie nur Vermutungen anstellen kann. Möglicherweise ist Frau Busch bei der Schilderung von Lisas erster Regel das eigene Menstruationserleben innerlich so präsent gewesen, daß es die Erzählung bestimmt und die Grenzen zwischen Mutter und Tochter verschwimmen. Die affektive Neutralität, die auch bei Frau Busch zunächst deutlich wird, wenn sie die Schilderung von Lisas erster Regel sachlich und unspektakulär beginnt, wird vielleicht durch die Erinnerung an den eigenen emotionalen Aufruhr aus Anlaß der ersten Regel durchbrochen, ein emotionaler Aufruhr, der für sie selbst möglicherweise schambesetzt war, so daß die ironisch-distanzierenden Momente der Schilderung dann auch das eigene frühere Erleben wiedergeben.

Auch in das Verhalten gegenüber Lisa ist möglicherweise die Dynamik des früheren Erlebens und die darin eingebundene Beziehung zur eigenen Mutter eingeflossen: das Bemühen, als negativ Empfundenes – und damit auch Verwirrung und Verunsicherung – zu verdecken und das Erleben zu verkehren in etwas eindeutig und unambivalent Positives. Die Grenzen zwischen den Generationen scheinen im Erleben der ersten Menstruation und seiner Verarbeitung zu verschwimmen. Frau Busch erlebt eigene Gefühle wieder über die erste Menstruation der Tochter und reagiert zugleich wie die eigene Mutter auf das emotional Verwirrende, vielleicht auch Beschämende und Bedrohliche der ersten Regel: mit der Überbetonung des Positiven der Menstruation als etwas »wahnsinnig Tollem«, die ihren Ausgangspunkt hatte in dem Wunsch, »das nicht allzu negativ zu empfinden«.

Lisa scheint sich gegenüber diesen Tendenzen der Mutter abgrenzen zu können und sich einen eigenen Raum zu schaffen, indem sie die unambivalent positiven Sichtweisen der Mutter nicht übernimmt – für sie war es »nicht irgendwie besonders« – und sich eine eigene intellektuelle und künstlerische Welt schafft. Möglicherweise bleibt abgetrennt von dieser körperlosen Welt aber eine unbewußte Bindung an die Mutter auf der Ebene des Körperlichen erhalten: in den Bauchschmerzen, die Lisa ebenso wie ihre Mutter während der Regel hat. Zudem wird ein Bezug auf die Mutter deutlich, wenn es um den Zyklus geht: Lisa führt »keinen Kalender dadrüber«, sondern orientiert sich an der Mutter. »So auch wenn meine Mutter die hat und denn ungefähr eine Woche danach,... so schätze ich das dann immer.« Die Orientierung am Zyklus der Mutter fungiert möglicherweise als ›Übergangsobjekt‹[5], als Zwischenschritt von der Bindung an die Mutter zur Unabhängigkeit, zum ›eigenen Kalender‹ für den Zyklus, sie zeigt aber auch eine innere Nähe zur Mutter über den Körper.

Die Schilderungen von Frau Busch machen deutlich, wie stark der Sog zur Gemeinsamkeit, zum Vermeiden des Wahrnehmens von Unterschieden zwischen Mutter und Tochter ist, wenn es um das deutlichste körperliche Zeichen des Zur-Frau-Werdens geht, die erste Menstruation. Frau Busch kann das bei der eigenen Mutter als positiv Erlebte an die Tochter weitergeben – diese mütterlich-versorgende Haltung kommt auch bei Lisa gut an –, ihr gelingt es auch, anders als die eigene Mutter ein offenes Gesprächsklima mit der Tochter über mit Körperlichkeit und Sexualität zusammenhängende Themen zu schaffen. Problematisch scheint es zu werden, wenn es um das Erleben der Menstruation geht. Frau Busch bleibt innerlich an die eigene Mutter gebunden, indem sie, wie diese, auf die emotionale Erschütterung der Tochter mit einer Überbetonung des Positiven reagiert. Dieses unambivalent Positive steht unverbunden neben dem durchaus vorhandenen Anderen, das in einem zweiten Schritt auch benannt wird: Als »sehr gemischt« werden Lisas Gefühle bei der ersten Regel dann beschrieben, »ängstlich« sei sie gewesen. Besonders auffallend ist der Gegensatz zwischen positiver Darstellung und nachfolgend beschriebenen Problemen in der Schilderung des Verhältnisses zum Frausein im Zusammenhang mit Lisas erster Regel: »So dieses Frausein, das fand sie ganz toll..., sie hat 'ne ganz positive Haltung zu ihrem Frausein. Aber, na ja, also bei diesen Regelschmerzen hat sie dann doch ganz schön gelitten und gesagt, so 'n Scheiß, was soll ich damit immer?« In einer späteren Passage des Interviews findet sich eine ähnliche Argumentationsweise: »Sie ist mit dem Frausein auch ganz einverstanden« und »stolz, sie zu haben,... trotzdem erlebt sie sie häufig als ein totales Handicap..., das stört sie einfach doch sehr..., mit vielen Bauchschmerzen meistens..., so daß sie auch richtige Krämpfe hatte und nach Tabletten gegriffen hat, weil sie sagt, das halt' ich sonst nicht aus.« Lisa selbst spricht nicht von Stolz und einem positiven Verhältnis zum Frausein, sie beschreibt lediglich die mit der Regel verbundenen Beschwerden: »Ich hab' Bauchschmerzen meistens, das ist nicht so gut, und ich bin immer froh, wenn's vorbei ist.« Sie scheint den nur positiven Darstellungen ihrer Mutter nicht ganz zu glauben, bezogen auf positive Bestätigungen ihres Aussehens meint sie: »Da setz' ich nicht so viel drauf..., weil sie einem sowieso nicht sagt, was sie nicht gut findet.«

Auffallend ist, daß Frau Busch kein Bedauern äußert über den Widerspruch zwischen ihrem Wunsch, Lisa möge ihren weiblichen Körper »als was ganz Tolles..., was wahnsinnig Tolles« erleben, und den starken Regelschmerzen der Tochter. Möglicherweise gibt es einen unbewußten Wunsch, der Tochter kein ›schmerzloseres‹ Frausein zuzugestehen, als es ihr selbst möglich war. In der Gemeinsamkeit im Leiden werden dann wechselseitige Aggression, Rivalität und damit verbundene innere Abgrenzungs- und Trennungsprozesse vermieden. Die Strategie der nur positiven Darstellung des Frauseins und der Menstruation hätte dann jenseits bewußter Intentionen den unbewußt erwünschten Effekt, eine Trennung zwischen Mutter und Tochter zu verhindern, die möglich wäre auf der Basis eines mütterlichen Signals im Sinne eines: ›Ich habe Schmerzen bei meiner Menstruation und finde sie unangenehm, aber ich wünsche dir, daß es dir damit besser geht.‹ Lisas Zweifel an der Aufrichtigkeit der nur positiven Bestätigungen der Mutter lassen vermuten, daß diese unbewußte Strategie erfolgreich war und sich möglicherweise die Botschaft durchgesetzt hat, daß etwas, das so vehement und unambivalent positiv dargestellt wird, eine unaussprechliche dunkle Kehrseite haben muß.

Die Reaktionen von Müttern auf die erste Menstruation der Tochter sind eingebunden in ein komplexes Beziehungsmuster, in dem eine Vielzahl von Faktoren eine Rolle spielen: die Beziehung zur eigenen Mutter, die bisherige Beziehung zur Tochter, das Verhältnis zu Prozessen der Abgrenzung und Trennung, die Möglichkeiten des Umgehens mit Rivalität. Diese Einbindungen können eine Dynamik schaffen, durch die als hilfreich und unterstützend Gemeintes mit den zuwiderlaufenden Botschaften verknüpft wird. Auch Töchter sind in spezifische Beziehungsdynamiken mit ihren Müttern verstrickt. So kann ein Verhalten von Müttern, das bei der eigenen Tochter nicht gut ›angekommen‹ zu sein scheint, bei anderen jungen Frauen eine ganz andere Wirkung haben. So war Frau Busch die »andere Mutter«, die bei Katrin Abels erster Menstruation von ihr als sehr hilfreich erlebt wurde. Die positiven Darstellungen des Frauseins haben Katrin eine Haltung zur Menstruation eröffnet, in der »Stolz« als Empfindung möglich wurde. Anders als Lisa kann sie – da sie mit Frau Busch nicht in eine Mutter-Tochter-Dynamik eingebunden ist – die unterstützende Haltung dieser »anderen Mutter« uneingeschränkt positiv schildern und wertschätzen und auch den ihr vermittelten »Stolz« auf die Regel aufgreifen.

Auch wenn in Lisas Schilderungen wenig des von der Mutter gewünschten »Stolzes« auf die Menstruation und den weiblichen Körper zu spüren ist, so scheint die sowohl von Frau Busch als auch Lisa beschriebene Offenheit gegenüber Themen von Körperlichkeit und Sexualität doch auch Wirkungen gehabt zu haben: Lisa ist eine der wenigen jungen Frauen, die ein positives Verhältnis zur Selbstbefriedigung haben und ihre Gefühle so beschreibt: »Es war schön.«

»Dann haben wir halt entsprechend eingekauft, Slipeinlagen, die sie haben wollte«: Frau Cramer und Anna

Frau Cramer ist 40 Jahre alt und ganztags als Angestellte im kaufmännischen Bereich tätig. Sie hat zwei Töchter aus erster Ehe, die 14jährige Anna und die 12jährige Sabine, und ist seit einigen Jahren wieder verheiratet mit einem 29jährigen Mann, der freiberuflich in der Computerbranche arbeitet. Beide Töchter besuchen das Gymnasium. Anna hat ihre erste Regel mit 13 Jahren bekommen, Sabine hatte ihre erste Menstruation noch nicht.

Frau Cramer ist – ebenso wie Frau Abel und Frau Busch – ihre eigene erste Menstruation sehr präsent: Sie kann sich an sie besser erinnern als an die der Tochter Anna. »Soweit ich mich erinnere«, beginnt sie die Schilderung der Situation, als sie von Annas erster Menstruation erfahren hat, »ja, das weiß ich noch ganz genau«, antwortet sie auf die Frage nach den Gefühlen bei ihrer eigenen ersten Menstruation. Sie berichtet weiter:

»Also, ich wußte nicht, also ich wußte nicht, was mich erwartet und war total erschreckt. Also, ich dachte, jetzt da ist irgendwie, jetzt bin ich irgendwie krank

und blute, und da ist jetzt was Furchtbares passiert. Und ich hab' meiner Mutter das dann auch gesagt, und die hat halt mir dann Binden in die Hand gedrückt und mir gesagt, das käme jetzt jeden Monat, so. Das war dann alles... Ich war ja nicht vorbereitet, ich wußte ja überhaupt nicht, was das ist. Ich dachte ja, ich wäre jetzt irgendwie krank, aber sie hat überhaupt gar nichts gesagt. Also ich hab' aus ihrem Verhalten schließen können, daß ich also nicht krank bin. Und sie hat mir gesagt, das wäre normal und das käme jetzt alle vier Wochen, damit wußte ich dann, daß ich nicht irgendwie schwer verletzt bin oder irgendwie so was. Aber das war eigentlich alles.«

Frau Cramer beschreibt eine Situation, in der sie völlig unvorbereitet – »ich wußte nicht, was mich erwartet«, »ich war ja nicht vorbereitet«, »ich wußte überhaupt nicht, was das ist« – ihre erste Menstruation bekommt und »total erschreckt« ist. »Bin... krank und blute« und »da ist jetzt was Furchtbares passiert«, sind ihre Assoziationen. Die erste Ansprechpartnerin war die Mutter, deren Reaktion als wenig verständnisvoll beschrieben wird. »Binden in die Hand gedrückt« und Sprachlosigkeit – »sie hat überhaupt gar nichts gesagt« – sowie knappe Sachinformationen haben die Situation bestimmt: »Das käme jetzt... jeden Monat«, »das wäre normal und das käme jetzt alle vier Wochen«. »Das war dann alles«, »das war eigentlich alles«, faßt Frau Cramer ihre Erinnerung an die Reaktion der Mutter zusammen. Nachdrücklich betont sie, sich eine andere Reaktion der Mutter gewünscht zu haben, ein Wunsch, der argumentativ an die fehlende Vorbereitung geknüpft wird: »Weil ich ja überhaupt gar nicht... vorbereitet« war. In einer späteren Passage des Interviews beschreibt Frau Cramer noch einmal ihre Probleme mit der »Regelblutung«: »Das wollte ich eigentlich nicht.« Die zugrunde liegenden Gefühle und Konflikte bleiben unthematisiert, deutlich ist jedoch, daß die Mutter nicht als unterstützend in dieser als sehr einschneidend erlebten Krise erlebt wurde. Frau Cramer beschreibt auch ihr gegenwärtiges Verhältnis zur Menstruation als wenig positiv: »Ich find's immer noch lästig,... weil's auch mit Beschwerden verbunden ist,... ich fühl' mich dann schon immer beeinträchtigt.« In diese Schilderungen eingebunden benennt sie eine möglicherweise für sie positive Facette der Menstruation: »Es ist halt die Voraussetzung dafür, Kinder zu bekommen.«

Frau Cramer ist sehr bemüht, sich bezogen auf die Themen Körperlichkeit und Sexualität anders zu verhalten als die eigene Mutter. Dabei werden Möglichkeiten und Grenzen eines solchen Bemühens deutlich. Es finden sich Elemente von Wiederholung des mütterlichen Verhaltens, aber auch deutliche Veränderungen. Elemente von Wiederholung zeigen sich in der Schilderung der Reaktion auf die Mitteilung der Tochter, daß sie ihre erste Menstruation bekommen habe: Sprachlosigkeit und der Verweis auf »Binden« kennzeichnen auch ihr Verhalten. »Dann haben wir halt entsprechend eingekauft, Slipeinlagen, die sie haben wollte, bestimmte, die sie von ihren Freundinnen kannte. Und sonst haben wir... nicht weiter darüber gesprochen.« Sie habe »das einfach... zur Kenntnis genommen, also ich war jetzt nicht irgendwie erschrocken oder betroffen oder begeistert«. Anders als die eigene Mutter, die ihr »Binden in die Hand gedrückt« habe, geht Frau Cramer mit Anna jedoch die »Slipeinlagen« kaufen, die sie gerne haben möchte – vielleicht eine Form der Nähe zwischen Mutter und Tochter und der Anerkennung der töchterlichen Wünsche, die noch möglich ist in der durch starke Abgrenzungsbemühungen von Anna und große, auch zeitliche berufliche Beanspruchungen von Frau Cramer gekennzeichneten Beziehung.

Auch das bei der eigenen Mutter erlebte Nichtsprechen bei der ersten Menstruation ist modifiziert durch ein deutlich anderes Verhalten. Frau Cramer scheint für sich einen Weg gefunden zu haben, trotz eigener Hemmungen den Töchtern das in ihren Augen nötige Wissen zu vermitteln. Darüber zu sprechen scheint ihr schwerzufallen: »Es ist... nie so gewesen, daß solche Sachen... so richtig Thema sind hier.« Sie scheint entsprechende Informationen wie Köder in der Wohnung ausgelegt zu haben: »Daß ich ihnen halt entsprechend Bücher kaufe und ihnen die zur Verfügung stelle oder Broschüren, die ich habe, hier in der Wohnung verstreue und liegen lasse in der Hoffnung, daß sie die irgendwann einmal nehmen und lesen.« Diese Strategie scheint erfolgreich gewesen zu sein: »Peter, Ida und Minimum, das war ihr Lieblingsbilderbuch..., das ist ein Aufklärungsbuch für Kinder.«

Frau Cramer betont mehrfach, daß sie nicht mit den Töchtern über Körperlichkeit und Sexualität gesprochen habe, weil ihr Gefühl sei, daß die Töchter »das nicht wollen«. Auch bei Annas erster Menstruation habe sie »das Gefühl« gehabt, »daß sie das auch nicht wollte«. Frau Cramer geht davon aus, daß Anna »weiß, daß sie... kommen kann, wenn sie... Fragen hat«. Sonst gehe sie »davon aus, daß sie das schon alleine geregelt bekommt und daß es richtig ist so«. Sie faßt ihre Haltung zusammen: »Ich versuche..., ein Klima zu schaffen, in dem man darüber reden kann, wenn man darüber reden möchte..., ich beginne nicht unbedingt Gespräche darüber, aber ich versuche, ihnen zu vermitteln, daß sie jederzeit fragen können.«

Anna beschreibt ein ähnliches Muster von ›Reden können, wenn man will, aber es nicht tun‹. »Ich glaube, meine Mutter ist immer davon ausgegangen, daß ich zu ihr kommen würde, wenn irgendwas ist, und das wäre wahrscheinlich auch so, also wenn... irgendwas komisch sein würde, so an mir... würd' ich, glaub' ich, auch zu ihr hingehen und das weiß sie, glaub' ich, auch, und deswegen wird da nicht großartig drüber geredet.« Anna übernimmt hier zunächst die Perspektive der Mutter, nennt dann als eigenen möglichen Anlaß für Gespräche Probleme mit dem Körper – »wenn irgendwas komisch sein würde so an mir« – und rechtfertigt das Nichtreden wieder mit einer Übernahme der Perspektive der Mutter: Sie wisse, daß die Tochter mit solchen Problemen zu ihr käme und rede »deswegen... nicht großartig drüber«. Mögliche Gespräche mit der Mutter werden von Anna nur an Probleme mit dem Körper gebunden, eine andere Ebene – die eines Sprechens über Gefühle, Erfahrungen, Ängste und Wünsche – gerät nicht in den Blick. Für Anna hat das Nichtsprechen mit der Mutter auch die Funktion der Abgrenzung von ihr: »Irgendwie will man's ja auch alleine dann schaffen und nicht unbedingt immer, daß die Mutter dann immer hinterherrennt und so, hast du Bauchschmerzen, hast du Rückenschmerzen und so... also war schon besser mit Freundinnen als mit Eltern.« Auch hier werden Gespräche mit der Mutter an Probleme – an »Bauchschmerzen« und »Rückenschmerzen« – gebunden und das Bedürfnis betont, »alleine« zurechtzukommen oder »mit Freundinnen« darüber zu sprechen. So scheint durch ›Nichtsprechen‹ ein eigener, von der Mutter abgeschirmter Bereich zu entstehen.

Zugleich zeigt sich bei Anna, bezogen auf die erste Menstruation, aber auch ein Bedürfnis, mit der Mutter zu reden, und eine Diskrepanz in den entsprechenden Wahrnehmungen zwischen Mutter und Tochter. »Soweit ich mich erinnere, hat sie das beiläufig erwähnt«, schildert Frau Cramer die Situation, als sie von Annas erster Regel erfahren habe. Anna selbst beschreibt dagegen eine Situation, in der es sie gedrängt hat, der Mutter zu berichten, und in der sie gerne alleine mit ihr gewesen wäre. Sie habe sich gewünscht, daß die »Schwester nicht unbedingt daneben saß«, und berichtet: »Wir waren in der Küche so und irgendwie, ich konnt' das aber auch nicht mehr, ich wollt' das jetzt unbedingt sagen.«

Auch von Annas Gefühlen bei ihrer ersten Menstruation hat Frau Cramer ein anderes Bild, als die Tochter selbst vermittelt. Frau Cramer geht davon aus, daß ihre Tochter durch das Wissen um die Menstruation und ihre körperliche Bedeutung nicht so »erschreckt« war, wie sie selbst es gewesen ist: »Es war für sie nicht irgendwie erschreckend... weil sie auch gewußt hat, daß es irgendwann kommt. Und sie hat gewußt, was das bedeutet, also was damit zusammenhängt, was da in ihrem Körper auch vorgeht und was das nun genau ist.« »Das hat sie gewußt, und ich hab' das alles nicht gewußt«, beschreibt sie den Unterschied zwischen ihrem eigenen Erleben und dem der Tochter. Anna berichtet jedoch von genau diesem »Erschreckt«-Sein, obwohl sie »gewußt« hat: »Ich hab' 'nen Schreck bekommen... obwohl ich das wußte, daß... das jetzt irgendwann kommen muß.« »Voll Panik, oh Gott, was ist jetzt los«, habe sie, sagt sie zuvor, ihre beste Freundin angerufen, um zu fragen, »was das ist.« Sie sei »erst« nicht zu ihrer »Mutter gegangen«. Auch hier wird eine Spannung zwischen Wünschen nach Distanz zur Mutter und nach Nähe zu ihr deutlich. Einerseits gibt es die eigenständige, von der Mutter abgegrenzte Verarbeitung des Problems: »Dann hab' ich erst mal bei meiner besten Freundin angerufen und hab' gefragt, was das ist.« Andererseits berichtet Anna aber auch, daß die Mutter »genau in der Situation... nicht da« war und formuliert damit möglicherweise nicht nur eine Rechtfertigung für die Hinwendung zur Freundin, sondern auch eine Enttäuschung über die fehlende Verfügbarkeit der Mutter: »Ich bin nicht zu meiner Mutter, also ich bin erst nicht zu meiner Mutter gegangen, weil die war genau in der Situation, war sie genau nicht da.«

So haben einerseits Autonomie und Eigenständigkeit für Mutter und Tochter eine große Bedeutung. Frau Cramer gibt der Tochter deutliche Impulse zur Selbständigkeit – sie geht davon aus, daß Anna mit Körperlichkeit und Sexualität verbundene Probleme »schon alleine geregelt bekommt« –, und diese Impulse werden von Anna auch positiv aufgenommen: »Irgendwie will man's ja auch alleine dann schaffen.« Zugleich sind bei Anna aber auch Wünsche nach Nähe zur Mutter deutlich, wenn es um das für sie erschreckende Ereignis der ersten Menstruation geht, Wünsche, die von der Mutter nicht so deutlich wahrgenommen zu werden scheinen, wie sie von Anna formuliert werden. Vielleicht mindert der mit einer belastenden Lebenssituation zusammenhängende Wunsch von Frau Cramer, möglichst schnell eine erwachsene Tochter zu haben, die Bereitschaft, auch die Bedürftigkeit von Anna wahrzunehmen. Möglicherweise werden aber auch eigene frühere, mit dem Blut der ersten Menstruation zusammenhängende Beunruhigungen noch einmal in der Tochter abgewehrt, indem sie bei ihr nicht gesehen werden.

Eine ausführliche Interpretation des Interviews mit Anna (vgl. Siemers 1998) spricht dafür, daß der »Schreck« und die »Panik« bei der ersten Regel sich auf Phantasien bezogen haben, die um Sexualität kreisen. Möglicherweise hat Anna das Blut der ersten Menstruation in der Phantasie erlebt als Zeichen einer »Entjungferung«, ein Thema, das im Interview verknüpft ist mit »Tampons« und »Selbstbefriedigung« und assoziativ verbunden wird mit dem jungen Mann der Mutter, der von ihr in der ersten Passage des Interviews nicht als väterliche Person, als Stiefvater, vorgestellt wird, sondern als Mann: »der neue Mann von meiner Mutter«. Vor diesem Hintergrund wird es plausibel, daß Anna zunächst die Freundin und nicht die Mutter nach der Ursache des Blutes befragt und sich bei ihr vergewissert hat, daß es sich um die »Tage« und nicht um das Zeichen einer »Entjungferung« gehandelt hat. Dennoch scheint es aber auch einen Wunsch gegeben zu haben, der Mutter das als erschreckend Erlebte mitteilen zu können und von ihr eine beruhigende Reaktion zu erfahren.

Auffallend ist, daß Anna die Reaktion der Mutter auf ihre erste Regel positiver beschreibt als diese selbst. Frau Cramer hatte den gemeinsamen Slipeinlagenkauf geschildert, zudem, daß »nicht weiter darüber gesprochen« wurde und sie »nicht begeistert« war. Anna dagegen spricht von Freude der Mutter: »Und sie so, oh ja, ist ja schön und so. Hat sich auch gefreut.« Diese Freude interpretiert Anna so: »Ja, hat sich gefreut. Also, daß sie jetzt, war wohl 'n Zeichen dafür, daß ich jetzt nicht mehr so 'n Kind bin und so, daß sie mit mir jetzt auch über mehr, also über andere Sachen reden kann. Also mich nicht mehr so als Kind behandeln muß.« »Das habe ich irgendwie gemerkt«, erläutert sie auf die Nachfrage, ob die Mutter sich so geäußert habe. Anna übernimmt hier die Perspektive der Mutter, fühlt sich in sie ein und vermutet, daß der Mutter ihr Erwachsenerwerden entgegenkommt. Anna scheint dabei ein Bedürfnis der Mutter zu spüren, denn Frau Cramer äußert sich bezogen auf das Heranwachsen der Tochter ähnlich.

Möglicherweise war Frau Cramers Reaktion auf die erste Regel der Tochter getragen von einer Wärme und Zuneigung, die bei Anna als »ist ja schön« ankam. Vielleicht hat Annas Wahrnehmung, mit der ersten Regel etwas Erfreuliches für die Mutter getan zu haben, aber auch die Funktion einer Wiedergutmachung für die auf den jungen Stiefvater, den Mann der Mutter, bezogenen sexuellen Phantasien gehabt. Die Phantasie vom Blut der ersten Regel als Beweis für die Erfüllung des Wunsches nach einer »Entjungferung« durch den jungen Mann der Mutter würde dann quasi zurückgenommen durch die Umdefinition des Blutes der ersten Menstruation zum Zeichen eines besseren Für-die-Mutter-Daseins.

Daß eine auf den jungen Mann in der Familie bezogene sexuelle Dimension zwischen Mutter und Tochter eine Rolle spielt, läßt sich auch aufgrund einer Schilderung von Frau Cramer vermuten. Sie beschreibt eine Situation, in der sie »in einem Streit zu ihr Flittchen gesagt« habe. Anna – bei der sich auch nach den Darstellungen der Mutter in bezug auf Jungen »bis jetzt... noch nichts getan« habe – sei »sehr getroffen«, »völlig schockiert und gekränkt« gewesen. Frau Cramer kann sich ihre Wortwahl selbst nicht erklären, sie »meinte das gar nicht«, habe sich »versprochen«, sich »völlig vergriffen im Begriff«. Möglicherweise hat sie unbewußt reagiert auf Annas sexuelle Phantasien bezogen auf ihren Mann. Ihre Äußerung habe ihr »sehr leid getan«, sie würde sie »gerne wieder rückgängig machen«. Sie konnte Anna ihr Bedauern zeigen: »Wir haben darüber geredet, und ich hab' ihr gesagt, daß es mir leid tut und daß ich das nicht... wollte.«

Zwischen Anna und ihrer Mutter gibt es eine von beiden formulierte Ähnlichkeit im Erleben der Menstruation, Anna schildert aber auch einen deutlichen Unterschied. Frau Cramer beschreibt ihre eigene Befindlichkeit während der Regel als »genauso, mit den gleichen Erscheinungen« wie bei Anna, von der sie annimmt, »daß sie das störend empfindet oder hinderlich«, mit »ein bißchen Bauchziehen und ein bißchen Rückenweh und so ein bißchen Unwohlsein und schlechter Laune, die man ihr dann immer anmerkt«. Anna betont dagegen eine Gemeinsamkeit und eine deutliche Differenz zur Mutter. Sie finde die Regel »nicht angenehm«, aber »unangenehm« sei es ihr auch nicht, »es gehört halt dazu... und ich kann's ja sowieso nicht ändern«, beschreibt sie ihre Haltung als ein Akzeptieren des Unvermeidlichen. Anders als die Mutter habe sie aber keine Beschwerden: »Und das hat nämlich meine Mutter auch so gewundert, weil sie nämlich immer... Bauchschmerzen... hat..., und ich hab' gar nichts.« Anna scheint sich nicht ganz sicher zu sein, ob es ihr erlaubt ist, im Unterschied zur Mutter keine Schmerzen zu haben, denn sie überlegt, ob Schmerzen nicht besser seien, weil sich damit die Regel bemerkbar mache, während sie »immer rumrechnen« müsse und oft überrascht werde: »Auf einmal ist es dann doch schon da und ich, oh Mist.« Sie kommt dann aber zu dem Ergebnis, daß es »schon besser« sei ohne Schmerzen,

»daß ich nicht irgendwie Beschwerden habe«. Diese Abgrenzung von der Mutter durch ein Es-»besser«-Haben wird jedoch wieder zurückgenommen, indem Anna direkt anschließend eine Gemeinsamkeit mit der Mutter beschreibt: die zeitliche Überschneidung der Regel und eine Gemeinsamkeit im »motzig« sein. »Ich bin dann nur immer total motzig in der Zeit. Dann kann man überhaupt nichts mit mir anfangen. Dann reg' ich mich wegen jeder Kleinigkeit auf.... Das ist dann vor allem auch so, daß meine Mutter..., unsere Tage überschneiden sich immer, und dann ist sie auch immer so motzig, und ich bin dann auch noch motzig.« Hier entsteht das Bild zweier unzufriedener und diffus aggressiver Frauen, die weder mit sich selbst noch miteinander etwas Positives anzufangen wissen. »Und dann... ist sowieso alles, dann immer die Woche... geht alles nach hinten los«, beschreibt Anna die Situation weiter. »Nach hinten los« gehen nach einem verbreiteten Bild Schüsse, denen der Weg nach vorne, zum Ziel des Angriffs verwehrt wird. Möglicherweise ist die zeitliche Gemeinsamkeit der Regel zwischen Mutter und Tochter auch verbunden mit einer besonderen Aggressivität untereinander, die jedoch ihr Ziel nicht erreichen darf und statt dessen »nach hinten los« geht. Offen bleibt, ob in dieser Aggressivität auch Wut auf das gemeinsame Frausein eine Rolle spielt, darauf, daß man es »sowieso nicht ändern« kann, daß es »immer noch lästig« ist und beide zu dem Geschlecht gehören, das so »beeinträchtigt« ist. Möglicherweise spielt auch Rivalität bezogen auf den in der Familie lebenden Mann – Annas jungen Stiefvater – eine Rolle. In der Gemeinsamkeit als Frauen, die in der Menstruation deutlich wird, wäre dann auch die Aggression auf die andere, die Rivalin enthalten, die – wenn sie sich zeigen würde – im Wunsch, die andere zu verdrängen, ihren Ausdruck fände, eine Phantasie, die zu bedrohlich ist, als daß die mit ihr verbundenen aggressiven Impulse offen gezeigt werden können: Sicherheitshalber gehen sie dann »nach hinten los«. So scheint das fast zeitgleiche gemeinsame negative Erleben der Menstruation für Mutter und Tochter eine Form der Bindung aneinander zu sein, die offene Aggressivität und Rivalität verhindert: das »Flittchen« ist dann eine schlecht gelaunte Person, mit der »man überhaupt nichts... anfangen« kann und der Wunsch nach »Entjungferung« durch den jungen Stiefvater in der Gemeinsamkeit mit der Mutter entschärft.

Bei Frau Cramer sind Tradierungen mütterlichen Verhaltens, aber auch deutliche Veränderungen erkennbar. Dieses gegenüber der eigenen Mutter veränderte Verhalten, das sich wesentlich auf die Ebene sachbezogener Informationen bezieht, kann für die Töchter einen Rahmen schaffen, in dem die in der Adoleszenz wichtiger werdenden außerfamilialen Beziehungen – etwa zu Freundinnen – produktiv genutzt werden. So war es Anna möglich, sich – anders als die Mutter – durch den Anruf bei einer Freundin über die Ursachen des Blutes zu vergewissern und zu beruhigen, eine Handlungsfähigkeit, die vielleicht erst gegeben war, weil sie sich informiert fühlte über das mögliche Eintreffen und die Bedeutung der Menstruation. Zugleich wiederholt sich aber eine Sprachlosigkeit zwischen Mutter und Tochter und eine Betonung von Hygienemaßnahmen in der Reaktion auf die erste Menstruation, die die Botschaft enthalten kann, daß Menstruation etwas Schmutziges ist. Für die Bedeutung einer solchen Botschaft spricht die Antwort von Annas Schwester, der zwölfjährigen Sabine, auf die Frage, ob sie auf ihre erste Regel vorbereitet sei: »Ja, ich weiß, was man machen muß..., sich frische Unterwäsche anziehen, waschen, wenn man die bekommt, und halt Binden oder Tampons benutzen.« In dieser Antwort wird die enge Verbindung von Menstruation und Verschmutzung deutlich, eine Verbindung, die Frau Cramer möglicherweise auch der Reaktion ihrer Mutter – »Binden in die Hand gedrückt« – entnommen hat. So haben Bearbeitungen der eigenen Erfahrungen bei Frau Cramer zu einem betont sachlichen, wesentlich über das Bereitstellen von Informationsmaterialien vermittelten Umgang mit Themen von Körperlichkeit und Sexualität geführt, dem Schritt hin zu einem positiv bestätigenden Verhältnis zur weiblichen Körperlichkeit der Töchter scheinen die in der eigenen Sozialisation erfahrenen Begrenzungen entgegenzustehen.

Mütter, erste Menstruation und die Schwierigkeit, es anders zu machen als die eigene Mutter – Die Beharrlichkeit des Psychischen

Die erste Menstruation der Tochter ist auch für die übrigen befragten Mütter ein Ereignis, das in besonderem Maße eigene frühere Gefühle und die mit der eigenen Mutter verbundenen Empfindungen wiederbelebt, das in besonderem Maße innerlich die eigene Pubertät und das Verhältnis zur Mutter präsent werden läßt. So erinnern sich fast alle der von uns befragten Frauen sehr gut an ihre eigene erste Menstruation und die Reaktion der Mutter, zum Teil sind – wie bei Frau Cramer – die Erinnerungen daran deutlicher und präsenter als die an die erste Menstruation der Tochter, bei einigen verschwimmt – wie bei Frau Abel und Frau Busch – in den Schilderungen das Erleben der eigenen ersten Regelblutung mit dem der Tochter. Die Reaktion gegenüber der eigenen Tochter hängt stark davon ab, welche Qualität die wiederbelebten Gefühle haben und wie mit ihnen umgegangen werden kann. Bei der eigenen Mutter als positiv Erlebtes ist – wie bei Frau Busch – eine gute Basis, um auch der Tochter dieses selbst als gut und hilfreich Empfundene weiterzugeben.

Schwierig scheint es jedoch zu sein, die bei der eigenen Mutter erlebten Beschränkungen und die damit verbundenen Enttäuschungen und Kränkungen so zu verarbeiten, daß gegenüber der eigenen Tochter ein anderes Verhalten möglich wird. In der Tochter treten Müttern noch einmal ihre eigenen früheren Wünsche, Hoffnungen, Phantasien und Ängste entgegen. Wenn Enttäuschungen und die damit verbundenen schmerzlichen Gefühle so dominierend waren, daß sie nicht noch einmal zugelassen und neu gestaltet werden können, liegt ein Verarbeitungsmuster nahe, durch das in der Tochter noch einmal die eigenen früheren Empfindungen abgewehrt werden – diesmal aus der Position der Stärke, der Identifikation mit selbst erlebter Härte oder Verständnislosigkeit. Aus der Position elterlicher Macht wird dann genau das an der Tochter wiederholt, was selbst erlebt wurde und die eigene frühere Abhängigkeit und Bedürftigkeit auf diese Weise erneut abgewehrt. Eine solche dem Muster der ›Identifikation mit dem Aggressor‹ folgende Verarbeitung der durch die erste Menstruation der Tochter ausgelösten Gefühle wurde für Frau Abel beschrieben, sie findet sich besonders deutlich auch bei Frau Esch. Für sie ist die Pubertät der Töchter stark geprägt von der Erinnerung an die eigenen Belastungen und Kränkungen dieser Zeit: »Ich mußte sowieso immer am meisten einstecken«, beschreibt sie ihre Situation als Älteste von sechs Geschwistern auf eine Frage, die eigentlich auf die Pubertät der Töchter zielte. Die emotionale Erschütterung, die ihre Tochter Birgit für die erste Menstruation schildert, scheint ihr nicht präsent zu sein. Ebenso wie sie es selbst bei ihrer Mutter erlebt hat, dominieren Abwehr und Sprachlosigkeit. Birgit hatte ihre erste Regelblutung bei Frau Eschs Schwiegermutter bekommen, die ihr bei einem Telefonat darüber berichtete. Frau Esch schildert, daß sie mit Birgit »selbst gar nicht gesprochen« habe. »Und dann, ja nachher... wurde eigentlich auch nicht darüber geredet«, beschreibt sie ihre Distanz zur ersten Menstruation der Tochter. Birgit berichtet, daß sie sich mehr Gespräche mit der Mutter gewünscht habe: »Ich hätte gern 'nen bißchen mehr mit ihr darüber gesprochen, wie es auch bei ihr so war.« Sich mit der zu Hause erlebten Härte identifizierend, wehrt Frau Esch die eigene frühere Bedürftigkeit in der Tochter ab: »Aber so betüdelt, das hab' ich noch nie gemacht. Das kenn' ich auch von zu Hause nicht, betüdelt werden und so.« Frau Esch scheint die innere Position ihrer Mutter bruchlos übernommen zu haben und sich auf dieser Basis gegenüber den Töchtern auch nicht anders verhalten zu wollen, als sie es selbst erlebt hat.

Eine dem Muster der ›Identifikation mit dem Aggressor‹ genau entgegengesetzte Strategie, die durch die erste Menstruation der Tochter wiederbelebten eigenen früheren Empfindungen zu verarbeiten, kann in einer ›Identifikation mit dem Opfer‹ bestehen. Dabei wird die Tochter an die Stelle des Kindes gesetzt, das die Mutter selbst früher war, und mit ihr genau das gemacht, was die Mutter früher selbst gewünscht hätte. So wird aus den Interviews mit einer 36jährigen Mutter und ihrer 14jährigen Tochter deutlich, daß die Wiederbelebung eigener früherer Wünsche so heftig war, daß über die Tochter versucht wurde, die eigene erste Regelblutung noch einmal besser zu erleben. Frau Becker schildert ihre große Enttäuschung über die Reaktion ihrer Mutter und den damaligen Wunsch, »so ein Gefühl zu kriegen,... daß es was ganz Tolles ist und daß man sich darauf ganz toll freuen kann«. Die erste Regelblutung der Tochter entdeckte sie – in den Ferien an einem Strand – eher als diese selbst und gestaltete sie, ohne auf die Befindlichkeit der Tochter zu achten, so wie sie sich ihre eigene gewünscht hätte: mit öffentlich bekundeter Freude und Feiern. »Indem ich überall ganz stolz erzählt habe, was jetzt mit meiner Tochter ist.« Damit übergeht sie das Erleben und die Wünsche der Tochter, die ihr Unbehagen so beschreibt: »Es war mir doch 'n bißchen... zuviel des Guten.« Im aktuellen Erleben der Regelblutung von Mutter und Tochter deutet sich an, daß der Versuch einer besseren Wiederholung der eigenen ersten Menstruation über die Tochter problematisch war: Bei beiden, Mutter und Tochter, ist die Regelblutung mit sehr starken Schmerzen verbunden.[6]

Bei den meisten der befragten Frauen findet sich eine Mischung aus Identifikationen mit selbst als problematisch erlebten Verhaltensweisen der Mutter und Neugestaltungen. Dabei ist der Spielraum für Neugestaltungen unterschiedlich groß, deutlich ist jedoch auch bei denjenigen, die sich anders verhalten möchten als die eigene Mutter, die große Bedeutung einer Tradierung mütterlichen Verhaltens. Besonders schwierig scheint es zu sein, der Tochter ein besseres Verhältnis zur Menstruation und damit zu ihrer körperlichen Weiblichkeit zu wünschen, als es selbst bisher erlebt wurde.

Veränderungen im eigenen Verhalten verglichen mit dem der Mutter beziehen sich insbesondere auf die Vermittlung von Informationen über die Bedeutung der Menstruation: entweder, wie bei Frau Busch, in offenen Gesprächen mit der Tochter, in denen auch andere Aspekte von Körperlichkeit und Sexualität Raum haben, oder, wie bei Frau Cramer, der aufgrund eigener Tabuisierungen Gespräche mit der Tochter schwerfallen, durch Weitergabe entsprechender Materialien und Bücher. Diese bessere Vorbereitung auf die erste Regelblutung scheint zwar nicht das Erschrecken und die tiefe Verunsicherung und Erschütterung zu mildern, von der die Töchter ebenso wie die Mütter berichten, sie ermöglicht jedoch einen anderen Umgang mit diesen Gefühlen. So ist die Mutter für Lisa Busch und Anna Cramer zwar eine sehr wichtige Ansprechpartnerin und emotionale Bezugsperson aus Anlaß der ersten Menstruation, beiden Mädchen gelingt es jedoch, zunächst über Gespräche mit einer Freundin Beruhigung und Entlastung zu finden – eine Möglichkeit, mit der eigenen Verunsicherung umzugehen, von der weder Frau Busch noch Frau Cramer berichten.

Dabei ist die von Frau Busch und Lisa geschilderte große Offenheit in den Gesprächen über Körperlichkeit und Sexualität selten. In vielen Mutter-Tochter-Beziehungen scheint ein Muster vorzuherrschen, das dem zwischen Frau Cramer und Anna entspricht: Mutter und Tochter betonen, daß sie, wenn sie es wollten, über Themen bezogen auf Körperlichkeit und Sexualität reden könnten, zu solchen Gesprächen kommt es aber nicht. Das Reden über die erste Menstruation betrifft meist die Ebene der körperlichen Vorgänge, die damit verbundenen Gefühle und Empfindungen scheinen kein Thema zu sein. So berichtet Frau Duden, daß sie sich vorgenommen habe, mit den »körperlichen Veränderungen« der Tochter »positiv umzugehen«, dann aber bezogen auf die erste Menstruation doch eher

»über technische Sachen... gesprochen« habe, über »Gefühle... eigentlich nicht«. Auch ihre Reaktion auf die erste Menstruation der Tochter ist – ähnlich wie die von Frau Cramer – gekennzeichnet durch knappe Sachinformationen – »hab' ihr dann das noch mal gesagt, daß es eben alle vier Wochen... wiederkommt« – und den Bezug auf Tampons und Binden: »Hab' ihr... OBs besorgt, aber die hat sie denn natürlich erst noch nicht genommen, sondern... Binden.«

Die von Müttern und Töchtern beschriebene Hemmung, sowohl vor der ersten Menstruation als auch aus Anlaß der ersten Regelblutung über Körperlichkeit so zu sprechen, daß auch Gefühle, Erfahrungen, Ängste und Wünsche Raum haben, kann unterschiedliche Facetten haben. So gibt es den deutlichen Wunsch vieler Mädchen, sich gerade aus Anlaß der ersten Menstruation von der Mutter abzugrenzen. Ähnlich wie Anna Cramer betont Katrin Abel ihren eigenen Bereich gegenüber der Mutter: »Die muß nicht alles wissen.« Die mit der ersten Menstruation sich zeigende körperliche Nähe zur Mutter kann als bedrohlich erlebt werden und Abgrenzungsprozesse auslösen, zugleich ist die erste Regelblutung auch deutlichstes Zeichen für das körperliche Erwachsenwerden und den Schritt in ein eigenes Leben. So dient das Nichtsprechen mit der Mutter oft dazu, sich einen abgegrenzten Bereich zu schaffen, in dem eine eigenständige Auseinandersetzung mit Körperlichkeit und Sexualität stattfinden kann.[7] Die Vorstellung, mit der Mutter reden zu können, wenn man es nur wolle, könnte dann so etwas wie eine Rückversicherung, ein stabilisierender Rahmen sein für die verunsichernden und beängstigenden Prozesse der Aneignung der körperlichen Veränderungen der Pubertät.

Zugleich kann die Sprachlosigkeit zwischen Müttern und Töchtern – die bei den meisten neben einer Betonung der Offenheit in bezug auf Körperlichkeit und Sexualität besteht – aber auch Ausdruck von Tabuisierungen sein, auf die sich Mütter und Töchter unbewußt einigen. Manuela du Bois-Reymond und Yolanda te Poel (1998) sprechen in diesem Zusammenhang auf der Basis einer in den Niederlanden durchgeführten Studie von einer »Wartezimmerkultur, in der Mütter und Töchter im Familienrahmen leben« (ebd., S. 270), die durch Scham der Mütter und Einfühlung der Töchter gekennzeichnet ist. Die Töchter versetzen »sich empathisch in ihre Mütter hinein... und verstehen, daß diese Hemmungen haben, über Sexualität zu reden. Sensibel erfühlen die Töchter diese mütterliche Scham und sind dadurch ihrerseits gehemmt, offen über ihre eigene Sexualität oder gar die ihrer Mutter zu reden« (ebd., S. 270). So wird von diesen Töchtern »zumindest ein Teil der mütterlichen Hemmungen in ihre eigene... Genderidentität introjiziert« (ebd.).

Bei den meisten der von uns befragten Frauen gibt es einen starken normativen Druck zur Offenheit gegenüber Themen von Körperlichkeit und Sexualität. »Ganz normal« über »alles reden zu können« ist eine häufig wiederkehrende Formulierung. Der damit verbundene Druck wird bei Frau Busch deutlich, als sie davon spricht, daß sie »versuche..., möglichst wenig Tabus in unserer Familie zuzulassen«. In einem anderen Interview zeigt sich das Bemühen, die erste Regelblutung der Tochter »völlig normal« zu finden, gleichzeitig drückt die Formulierung aber das Wissen darum aus, daß diese »völlig normal«-Haltung nur etwas oberflächlich Aufgesetztes ist: »Das war eigentlich völlig normal. Wir haben so getan, als ob das eben völlig normal ist.« Nur wenige Frauen sprechen offen über ihre Scham, sie wird bei einigen eher zufällig Thema wie bei Frau Duden im Zusammenhang mit der Bravo-Lektüre ihrer Tochter: »Das sind ja Fragen, da könnt' ich ja glatt heute noch rot werden, solche Fragen beantworten die da.« So scheinen sich im Nichtsprechen über Körperlichkeit und Sexualität Tabuisierungen zwischen Müttern und Töchtern zu tradieren, ohne daß zugrundeliegende Gefühle wie Scham, Unsicherheit, Unbehagen bezüglich des eigenen Körpers oder sexuelle Hemmungen thematisiert und zum Ausgangspunkt für eine Verständigung zwischen Mutter und Tochter werden können, in der mögliche Unterschiedlichkeiten Raum haben.

Manuela du Bois-Reymond und Yolanda te Poel weisen auf die starken Unterschiede in den Bedingungen des Aufwachsens von Müttern und Töchtern, auf den »kulturellen Bruch« (ebd., S. 269) in bezug auf die mit Körperlichkeit und Sexualität verbundenen normativen Vorstellungen hin, der auch für die von uns befragten Mütter und Töchter gilt[8] und es Müttern schwermacht, den in Westdeutschland seit den 70er Jahren zunehmend bedeutsamen Normen von sexueller Liberalität und Offenheit auch innerlich zu entsprechen. Insofern ist die Übernahme von bei der eigenen Mutter als problematisch erlebten Verhaltensweisen gegenüber der Tochter, die für viele der von uns befragten Frauen feststellbar ist, auch Ausdruck der relativen Unbeweglichkeit innerpsychischer Bedingungen und der mit ihnen verbundenen Möglichkeiten und Grenzen im Verhältnis zu Körperlichkeit und Sexualität, die über Generationen hinweg nur langsame Veränderungsprozesse zuläßt.[9]

Zugleich kann die Schwierigkeit, sich von den bei der eigenen Mutter als problematisch erlebten Verhaltensweisen zu lösen, auch hinweisen auf eine andere

Dimension in der Mutter-Tochter-Beziehung: die einer Bindung aneinander, in der eine Gemeinsamkeit im Leiden, im negativen Erleben der Menstruation im Zentrum steht, eine Bindung, in der es für Mütter schwierig ist, der Tochter zu signalisieren, daß diese ein besseres, lustvolleres Verhältnis zu ihrem weiblichen Körper haben darf, als es ihr selbst bisher möglich war, und in der Töchter Probleme haben, sich zu freuen über einen unproblematischeren, vielleicht auch lustvolleren Bezug zur Regelblutung, als es bei der Mutter erlebt wurde.

Leibliche Bindungen zwischen Mutter und Tochter – Zur Bedeutung von Leiden, Lust, Neid und Rivalität

In allen Mutter-Tochter-Konstellationen zeigt sich die starke Bindung aneinander im Erleben der ersten Menstruation und der folgenden Blutungen. Es scheint von beiden Seiten – der der Mütter und der der Töchter – jenseits aller intentionalen und bewußten Abgrenzungen eine leibliche Verbundenheit miteinander zu geben, die auf einer Gemeinsamkeit des Leidens, des negativen Erlebens der Menstruation beruht.[10] Von beiden Seiten sind Impulse zu einer Abgrenzung hin zum Besseren schwierig: Müttern fällt es schwer, der Tochter zu vermitteln, daß sie, anders als sie selbst, ein positives Verhältnis zur Regelblutung haben darf, für Töchter ist es schwierig, anders als die Mutter ein problemloseres, besseres Verhältnis zur Menstruation zu haben und sich darüber zu freuen. Besonders deutlich zeigt sich eine solche Verbundenheit zwischen Müttern und Töchtern auf der Ebene der Leiblichkeit bei Frau Busch und ihrer Tochter Lisa. Frau Busch konnte als Tochter die Erfahrung, selbst ein problemloseres Verhältnis zur Regelblutung gehabt zu haben als ihre Mutter, für sich nicht positiv besetzen – sie war enttäuscht von der Mutter, die ihr aus Anlaß der ersten Menstruation ein besseres Verhältnis dazu vermittelt hatte, als es ihrem eigenen Erleben entsprach. Dieses Verhalten wiederholt Frau Busch gegenüber Lisa: mit der bewußten Intention, der Tochter ein positives Verhältnis zum Frausein zu vermitteln, aber der unbewußten Wirkung, daß die Tochter, ebenso wie sie selbst, starke Regelschmerzen hat. Bei Anna Cramer wurde deutlich, wie schwierig es für Töchter ist, im Vergleich zur Mutter weniger Menstruationsbeschwerden zu haben und sich darüber zu freuen: Sie bettet die Schilderung dieser eigentlich erfreulichen Tatsache ein in eine Darstellung von Gemeinsamkeiten mit der Mutter im negativen Erleben. Frau Cramer selbst benennt diese Differenz zwischen sich und ihrer Tochter nicht und betont lediglich die Gemeinsamkeiten im negativen Erleben. Ein ähnliches Muster – allerdings mit einer sehr viel vorsichtigeren Darstellung auch positiver Momente der Menstruation durch die Tochter – findet sich bei Katrin Abel und ihrer Mutter.

Besonders prägnant formuliert Frau Esch das Leiden an der Menstruation als Schicksal der Frauen, das Mütter und Töchter verbindet und in das auch die Interviewerin einbezogen wird. Auf die Frage, wie ihre Töchter ihrer Einschätzung nach die Regel derzeit erleben, antwortet sie: »Wie wir alle, mit: Scheiße, schon wieder dran,... das ist genau wie bei uns auch, ... mit Bauchschmerzen.« Birgit selbst beschreibt die gleichen Symptome, betont aber, daß sie wenig über das Erleben der Mutter wisse, denn sie erzähle »sonst nichts« darüber, eine Sprachlosigkeit, die Birgit bedauert, die zugleich aber verbunden ist mit einer Gemeinsamkeit von Mutter und Tochter im negativen Erleben der Regelblutung.

Das Verschwimmen der Grenzen zwischen Mutter und Tochter im Erleiden der Menstruation wird aus der Tochterperspektive sehr deutlich in der Formulierung der 14jährigen Conny Jürgens, die das Gemeinsame der Menstruationsbeschwerden mit den Worten beschreibt: »ihre Schmerzen, wie ich sie hab'.« Der Tochter sind die Grenzen zur Mutter bewußt – es gibt ein »ich« und ein »ihre« –, sie scheint in ihrem Erleben jedoch keine eigenen Schmerzen zu haben, sondern die der Mutter übernommen zu haben, vielleicht in der Phantasie als Unterstützung der Mutter, die sich in einer sehr belastenden Lebenssituation befindet und als Wiedergutmachung für die eigenen heftigen Abgrenzungstendenzen.

Eine leibliche Verbindung zwischen Mutter und Tochter über die Menstruation wird auch deutlich in der Überschneidung der Regelzeiten, wie sie von Anna Cramer und auch von Birgit Esch beschrieben wird. Eine Bindung von Tochterseite zeigt sich bei denjenigen, die sich, wie Lisa Busch, aber auch Britta Fischer, in ihrem Zyklus an dem der Mutter orientieren, weil sie keinen eigenen »Kalender« führen. Die 16jährige Britta Fischer berichtet, daß sie ihren »Kalender irgendwie verbummelt« habe und jetzt den der Mutter mitbenutze.

Über das Erleben der Menstruation besteht eine enge und leiblich verankerte Bindung zwischen Müttern und Töchtern, die auch dann Verbundenheit schafft, wenn im manifesten Verhalten der Töchter – wie bei Anna Cramer, Birgit Esch, Britta Fischer und Conny Jürgens – Abgrenzungsbemühungen und Distanzierungen vorherrschen. Dabei besteht die Verbundenheit zwischen Müttern und Töchtern in einer Gemeinsamkeit des negativen Erlebens der Regelblutung, in gemeinsamen Beschwerden oder Verstimmungen. Diese Form der Nähe zwischen Müttern und Töchtern wird gesellschaftlich nahegelegt durch Verknüpfungen der Menstruation mit Krankheit, Leiden und Schwäche, nicht jedoch mit Kraft, Lust und Potenz (vgl. Hohage 1998).

Für einige Mutter-Tochter-Beziehungen läßt sich vermuten, daß die Gemeinsamkeit im Leiden und Mißgelauntsein der Vermeidung von offener Aggressivität und Rivalität dient. So ermöglichen die Menstruationsbeschwerden von Lisa, an denen sie ebenso wie ihre Mutter leidet, die Aufrechterhaltung einer von beiden als positiv empfundenen Nähe auf der Ebene der Mutter-Kind-Beziehung, die die

Rivalität zwischen den beiden Frauen bezogen auf den Vater unsichtbar macht. Ähnlich kann das auch zeitlich sich überschneidende diffus aggressive Mißgestimmtsein von Frau Cramer und Anna verstanden werden als Vermeiden offener Konkurrenz um den in der Familie lebenden jungen Partner der Mutter. So kann eine unbewußte Bedeutung des gemeinsamen Leidens von Mutter und Tochter an der Regelblutung, dem deutlichsten Zeichen des gemeinsamen Frauseins, darin bestehen, offene Rivalität und Aggressivität zu vermeiden: Diese aktiv nach außen gewandten und trennenden Impulse werden quasi nach innen umgeleitet und verwandelt in Schmerzen und Mißbehagen, die wieder eine Gemeinsamkeit, allerdings keine als positiv empfundene, herstellen.

Eine andere Facette der leiblichen Bindung von Mutter und Tochter über ein negatives Erleben der Regelblutung bezieht sich auf die sexuellen Bedeutungsgehalte der Menstruation. Das Blut der ersten Menstruation ist bei vielen Mädchen und jungen Frauen unbewußt mit Sexualität verknüpft und mit einer Mischung aus Lust und Angst verbunden. Zudem kann jede Regelblutung erregende und lustvolle Empfindungen auslösen. Botschaften über das Erleben der Menstruation enthalten von daher immer auch Botschaften über sexuelle Lust. Bei Frau Abel und Katrin sowie Frau Cramer und Anna finden sich Hinweise darauf, daß es zwischen Mutter und Tochter ein unbewußtes Einvernehmen gab über die sexuelle Bedeutung der ersten Regelblutung: über ihren Signalcharakter bezogen auf sexuelle Wünsche, Phantasien und Aktivitäten, die als zugleich lustvoll und verboten erlebt wurden. Von daher ist für eine Mutter mit der Menstruation der Tochter auch die Frage verbunden, ob sie ihr ein lustvolleres Leben, als es ihr bisher selbst möglich war, zugestehen kann, ob sie der Tochter innerlich die Erlaubnis geben kann, ihren Körper und ihre Sexualität mehr zu genießen, als sie es selbst konnte. Für Töchter steht der Schritt in ein eigenes Leben an, zu dem auch ein Sicheinlassen auf das Beängstigende, Beunruhigende der eigenen Lust gehört, ein Schritt, der die Übernahme von Verantwortlichkeiten aus den Händen der Mutter in die eigenen erfordert und zunächst mit einem großen Maß an Verunsicherung und Einsamkeit verbunden ist. Die Gemeinsamkeit im Leiden und negativen Erleben der Regelblutung kann dann symbolisch auch die Bedeutung eines Verzichts auf Lust haben. Die Schwierigkeit von Müttern, der Tochter ein problemloseres Erleben der Menstruation zuzugestehen, wäre dann Ausdruck einer inneren Hemmung, der Tochter zu signalisieren: ›Ich habe meinen Körper und meine Sexualität nicht so genießen können, wie ich es mir gewünscht habe, als ich so alt war wie du, aber ich wünsche dir, daß du ein lustvolleres Leben haben wirst.‹ Die Schwierigkeiten von Töchtern, sich zu freuen über ihr weniger problembelastetes Erleben der Menstruation kann dann auch verstanden werden als Botschaft an die Mutter: ›Ich trenne mich nicht wirklich von dir, ich behalte meine Rivalität und Aggressivität für mich und verzichte auf meine Lust, damit bleibe ich bei dir und muß die Verantwortung für mein Leben nicht wirklich selbst übernehmen.‹

Mit der ersten Menstruation spitzt sich in der Mutter-Tochter-Beziehung das emotionale Geschehen um die Themen Abgrenzung, Neid und Rivalität in besonderer Weise zu: Für die Tochter ist die erste Menstruation das Signal dafür, daß sie ihr erwachsenes Leben jetzt vor sich hat, die Mutter wird dagegen mit den durch das Älterwerden gesetzten Grenzen konfrontiert. Besonders deutlich wird diese Problemkonstellation bei Frau Duden. Kurz nach der ersten Menstruation der Tochter bleibt ihre eigene Regelblutung aus, die Wechseljahre beginnen, für Frau Duden ein beängstigendes Signal für den Verlust von Sexualität – »das ist alles weg« – und das Ende der Möglichkeiten, ihr Leben befriedigend zu gestalten: »daß denn praktisch der Zug... abgefahren ist.«[11]

Von Tochterseite wird die mit der ersten Menstruation veränderte Situation deutlich in der Schilderung einer 15jährigen jungen Frau, die berichtet, ihre erste Regelblutung zunächst im Schlafzimmer der Mutter bekanntgegeben zu haben mit den Worten: »Mutti, ich bin jetzt auch eine Frau«, und dann im Schlafzimmer des Vaters mit: »Vati, ich bin jetzt auch eine Frau.« Diese Szene kann interpretiert werden als Ankündigung einer neuen Rivalität mit der Mutter um den Vater: »Ich bin jetzt auch eine Frau« signalisiert dem Vater eine neue mögliche Ebene der Beziehung: »auch« eine wie die zur Mutter. Bezogen auf die Mutter kann die Aussage »ich bin jetzt auch eine Frau« ergänzt werden mit: ›und kann jetzt auch meine erotische Ausstrahlung auf Männer, zum Beispiel den Vater wirken lassen.‹ So kann sich mit der ersten Menstruation eine Rivalität zwischen Mutter und Tochter ergeben, die altersmäßig auf einer ungleichen Basis stattfindet: der der Jugend der Tochter und des Älterwerdens der Mutter.

Vor diesem Hintergrund – der Spannung zwischen der Jugend der Tochter, die ihr erwachsenes Leben noch vor sich hat, und dem Alter der Mutter, das eine Auseinandersetzung mit Begrenzungen erzwingt – wird die Komplexität des innerpsychischen Geschehens deutlich, in das die Reaktionen von Müttern auf die erste Menstruation der Tochter und das Verhältnis zu den folgenden Regelblutungen eingebettet sind. So ist die in der Regelblutung sich fokussierende Problematik von Neid und Rivalität der Mutter bezogen auf die Tochter, wie sie besonders prägnant bei Frau Duden sichtbar wird, möglicherweise ein Motiv dafür, daß sich – trotz entgegengesetzter Intentionen – ein negatives Erleben der Regelblutung tradiert. Frau Duden wollte – trotz eigener negativer Haltung zur Menstruation – der Tochter ein besseres Verhältnis dazu vermitteln. Die Tochter leidet jedoch an ihrer Regelblutung, findet sie sehr unangenehm und hat starke Beschwerden – eine Diskrepanz zu Frau Dudens Intentionen, über die kein Irritiertsein oder Bedauern geäußert wird. Diese fehlende Problematisierung des Auseinanderklaffens von bewußten Vorstellungen und eingetretener Realität – die sich ähnlich auch bei Frau Busch findet – kann darauf hindeuten, daß eben jene wenig positive Befindlichkeit der Tochter während ihrer Regelblutung unbewußt gewünscht wurde. Dies könnte für die Mutter eine Befriedigung enthalten, etwa: ›Du bist zwar jung und schön, und du hast alle Möglichkeiten noch vor dir, aber an dem, was dir monatlich dein Frausein zeigt und wodurch du vielleicht auch das Lustvolle, Erregende von Berührungen an deinen Genitalien spürst, sollst du genauso leiden wie ich, es soll dir keine Freude und keine Lust bereiten, sondern, ebenso wie mir, Schmerzen und schlechte Laune über die körperlichen Seiten des Frauseins.‹

Nicht zufällig ist es eine Mutter-Tochter-Beziehung, in der der Neid der Mutter auf die Jugend der Tochter gering zu sein scheint, die es zuläßt, daß sowohl die Tochter als auch die Mutter zu der Unterschiedlichkeit des Erlebens der Regelblutung stehen kann. So betont die 16jährige Britta Fischer den Unterschied zwischen der Mutter und sich: »Sie sagt, mir geht's so schlecht, ich hab' meine Regel… Ich würd' sagen, ich bin ganz gut weggekommen.« Auch Frau Fischer berichtet, daß die Tochter, anders als sie selbst, keine Beschwerden habe. Britta kann dieses bessere Erleben der Menstruation positiv wertschätzen: »Ich bin ganz gut weggekommen.« In Frau Fischers Schilderungen wird deutlich, daß sie den jugendlichen Körper der Tochter neidlos bewundern kann. Auf die Frage, was sie empfinde, wenn sie den Körper der Tochter ansehe, antwortet sie: »Als sehr schön, sie hat die Figur, ich hatte früher eine ähnliche, und ich denke jetzt manchmal, 'n paar Kilo weniger würden mir auch gut tun, wenn ich ihre Figur sehe.« Der Körper der Tochter erinnert Frau Fischer an den eigenen in ihrer Jugend, diese Erinnerung wird jedoch nicht gegen die Tochter gewendet. Nicht die Tochter soll so sein wie die Mutter, sondern die Mutter muß etwas verändern, wenn sie ähnlich »schön«

sein will wie die Tochter. Die Unterschiedlichkeit zwischen Mutter und Tochter, die Jugend und das »schön«-Sein der Tochter, scheinen von Frau Fischer genutzt werden zu können für eine Reflexion der eigenen Situation. Das eröffnet der Tochter Möglichkeiten für Entwicklungen. Obwohl Frau Fischer aufgrund des eigenen negativen Verhältnisses zur Regelblutung mit Britta anläßlich der ersten Menstruation nicht feiern konnte, wie sie es sich eigentlich vorgenommen hatte, wird doch deutlich, daß sie der Tochter Raum für die Entwicklung eines eigenen Verhältnisses zu Körperlichkeit und Sexualität läßt.

Die Einbettung der ersten Regelblutung in die für die Adoleszenz spezifische, mit besonderen Widersprüchlichkeiten und Ambivalenzen verbundene Beziehungsdynamik zwischen Mutter und Tochter kann es beiden schwermachen, die auf der Ebene bewußter Vorstellungen vorhandenen Wünsche umzusetzen in Verhaltensweisen, die nicht auch dem zuwiderlaufende Botschaften enthalten.[12] Vor diesem Hintergrund gewinnen Beziehungen zwischen Mädchen und anderen erwachsenen Frauen – wie Müttern von Freundinnen, Verwandten und Pädagoginnen – ihre Bedeutung: Diese Frauen können die Rolle einer affektiv weniger ambivalent besetzten und gerade dadurch wichtigen Bezugsperson übernehmen. So hatte Frau Busch für die Freundin ihrer Tochter bei deren erster Regelblutung eine unterstützende und hilfreiche Funktion, während das Verhalten gegenüber der eigenen Tochter und deren Reaktion darauf wesentlich widersprüchlicher und ambivalenter waren.

Das große Bedürfnis junger Frauen, eine erwachsene Gesprächspartnerin für Körperlichkeit betreffende Themen zu haben und die Bedeutung familienexterner Personen für eine Auflockerung entsprechender Tabuisierungen zwischen Mutter und Tochter wird deutlich in einem Brief, den eine 14jährige junge Frau der Interviewerin aus den Ferien, die sie mit Mutter und Vater verbrachte, schrieb. Im Interview hatte sich eine starke Tabuisierung von Körperlichkeit und Sexualität in der Mutter-Tochter-Beziehung gezeigt und eine deutlich negative Bewertung der Menstruation als etwa Schmutziges, mit dem man sich »einsaut«.

»Ich schreibe Dir, weil ich Dir unbedingt etwas Wichtiges mitteilen muß. Nämlich habe ich wieder meine Tage bekommen und konnte natürlich nicht mit baden gehen. Das fand ich echt ganz schön doof! Und da habe ich mich an unseren Nachmittag erinnert und habe es einfach mal gesagt. Es war eigentlich gar nichts dabei, so wie Du es gesagt hattest. Und ich war hinterher auch sogar ein

bißchen stolz auf mich. Und weißt Du, Mutti ist sogar mit mir einkaufen gegangen, und wir haben Tampons gekauft. Und dann hat sie mir gezeigt, wie ich die benutzen muß, und abends im Bad habe ich es dann selbst ausprobiert. Ich konnte dann immer mit baden gehen. Zum Schluß hat es dann zwar ein bißchen weh getan, aber das hat mir nichts ausgemacht.«

Sexualität, Schuld und das Blut der Menstruation in der Mutter-Tochter-Beziehung: Slavenka Drakulić' Roman »Marmorhaut«

Besonders deutlich kommt die von der Mutter an die Tochter weitergegebene Verknüpfung des Blutes der Menstruation mit einer als schuldhaft erlebten Sexualität in Slavenka Drakulić' Roman »Marmorhaut« (1998)[13] zum Ausdruck. Wie ein Leitmotiv durchzieht diesen Roman eine Verbindung des Menstruationsblutes mit einer als verboten empfundenen sexuellen Lust. Es wird als Ausdruck von Schmutz, Schuld und Strafe gesehen, Botschaften, die die Mutter an die Tochter weitergibt. Das Menstruationsblut darf nicht sichtbar werden, es ist mit »Ekel, Angst« (ebd., S. 46) verbunden und Zeichen einer »Schuld, die nie ganz... abfließen würde« (ebd., S. 48).

Das Blut fließen zu lassen ist Symbol für »das Trunkensein vom eigenen Körper«, für die »gefährliche Last... eine Frau zu sein« (ebd., S. 46). Diese Passagen über das Blut der Menstruation schließen an eine Schilderung der erregenden Gefühle und Phantasien an, die die jugendliche Ich-Erzählerin bezogen auf ihren Stiefvater hat (ebd., S. 42). »Ekel« und »Schuld« beziehen sich auch auf die sexuelle Rivalität mit der Mutter. Der »Gedanke an Sauberkeit« (ebd., S. 52f), die von der Mutter vermittelte Verpflichtung, daß »Blutflecke zuerst mit der Hand ausgewaschen werden« müssen, haben den Charakter von »Buße und Strafe«. »Es ist wie eine Buße. Als würde sie mich auch heute so bestrafen« (ebd., S. 53). Mit »diesem grausamen, unnötigen Reiben, dem unbewußten Wunsch des Körpers, die Spuren zu vernichten« (ebd., S. 53), ist auch die »Buße« für die verbotenen sexuellen Phantasien und Erregungen, die sich auf den Partner der Mutter richten, gemeint.

Auch in der Schilderung der ersten Menstruation wird das Blut verbunden mit einer als verboten erlebten Lust. Beschrieben werden das Bemühen der Mutter, das

Blut als Symbol für die sich zeigende Sexualität der Tochter wegzuwaschen, aber auch die Trauer von Mutter und Tochter über die anstehenden Trennungsprozesse.

»Der Körper als Fluch.

Es begann mit dem Duft der Lindenblüten. Als ich in einem Freiluftkino saß, spürte ich zum ersten Mal ein dumpfes Unbehagen im Bauch, ein Stechen... vermischt mit dem süßlichen, berauschenden Duft der Linden. Den ganzen Weg vom Kino nach Hause ging ich allein mit jenem kleinen, feuchten, verräterischen Mal hinten auf meinem Kleid... Im Badezimmer war das erste, was sie zu mir sagte: ›Das Blut mußt du sofort mit kaltem Wasser ausspülen, später geht es schwerer raus.‹ Sie nahm mein Höschen vom Rand der Badewanne, ließ Wasser ins Waschbecken und tauchte es ein... Als sie dann den Blick auf mich richtete, spürte ich ihr Schwanken zwischen Zärtlichkeit und Härte...

›Komm, laß dich waschen.‹

Das hatte sie seit Jahren nicht mehr getan. Trotzdem wehrte ich mich nicht. Ich hockte mich in die Badewanne. Sie nahm die Dusche und spülte mir zuerst mit einem warmen Strahl das Gesicht ab. Sie ließ den Strahl eine Zeitlang fließen, daß er ganz ruhig übers Gesicht, über den Mund, den Hals lief... So konnte ich weinen, ohne daß sie es sah. Dann nahm sie vom Wannenrand die runde Kinderseife und begann mich einzuseifen. In dem Halbdunkel, in das ich meinen Kopf gesteckt hatte, sah ich das Blut zwischen den Knien auf den Boden der Wanne tropfen und mit dem Wasser verschwinden. Von diesem Anblick wurde mir leichter.

Nun glitt sie mit der ganzen Hand über meinen Hals, die Schultern, die Arme, den Rücken. Sie dachte, dies ist das letzte Mal. Sie dachte, ich würde ihr das nicht mehr gestatten. Ihre Hände fahren zärtlich das Rückgrat und die Hüften hinab: Die Kleine muß gewaschen werden, heute muß sie gut gewaschen werden. Langsam. Ein Körperteil nach dem anderen, mit Kinderseife, mit der ich sie vom ersten Tag an gewaschen habe. Danach muß ich sie ihrem Schicksal überlassen. Es ist zu Ende, zu Ende. Sie wird sich abstoßen wie ein Boot, das man zu Wasser läßt. Sie stößt sich schon jetzt ab, unwiederbringlich, das sehe ich. Ihre helle, weiche Haut, ihr schweres, glänzendes, rotes Haar sagen es mir. Die geschwungene, aufgeworfene Oberlippe – als hätte sie schon einen Kuß geschmeckt... Ich kann ihr nicht helfen, denkt sie, wie traurig ist dieser Tag.

Mir ist die Trauer dieses Tages in Erinnerung geblieben – wie lange sie mich wusch, bis ihre Hände auf meinen Schultern immer schwerer wurden« (ebd., S. 48–52).

In der ersten Regelblutung verknüpft sich erotische Sinnlichkeit – symbolisiert im »süßlichen, berauschenden Duft der Linden« – mit dem unbehaglichen Gefühl, daß etwas bisher Verborgenes, Verbotenes mit dem Blut sichtbar geworden ist: »ein dumpfes Unbehagen im Bauch... mit jenem kleinen, feuchten, verräterischen Mal hinten auf meinem Kleid«. Vielleicht verrät das »Mal« mit seiner Feuchtigkeit eine sexuelle Erregung und erotische Phantasien, die auch auf den Stiefvater gerichtet waren. Das »Blut... sofort... ausspülen« – die »erste« Reaktion der Mutter – soll dann auch diese sexuellen Wünsche und Phantasien zum Verschwinden bringen, wegwaschen. Es gibt noch einmal eine enge Verbundenheit zwischen Mutter und Tochter, die möglich ist, weil die Tochter wieder – »das letzte Mal« – Kind, »die Kleine«, ist: Die Mutter wäscht die Tochter »zärtlich« mit »Kinderseife«, und beide – jede für sich und voneinander getrennt – spüren ihre »Trauer« um die jetzt endende Zeit einer auch körperlichen Nähe. Die erste Regelblutung ist Symbol für die anstehende Trennung: »Der Körper« wird dabei zum »Fluch«, zum Zeichen für das Verderbenbringende der Sexualität.

Erotik und Sinnlichkeit zwischen Mutter und Tochter

In neueren psychoanalytischen Diskussionen ist eine Dimension in der Mutter-Tochter-Beziehung wiederentdeckt worden, die schon in den 20er Jahren Bedeutung hatte, die dann aber aus theoretischen Überlegungen verschwand: die Erotik in der Mutter-Tochter-Beziehung (Schäfer 1999). In Entwicklungsprozessen von Mädchen spielen nicht nur heterosexuelle Phantasien, Wünsche und Ängste eine Rolle, sondern ebenso homoerotische Strebungen. In diesem Rahmen hat auch die Menstruation eine Bedeutung. Für einige der Mädchen und jungen Frauen und für einige der Mütter ließ sich zeigen, daß die erste Regelblutung unbewußt mit Sexualität – mit entsprechenden Wünschen, Phantasien, Ängsten und Empfindungen – verknüpft ist. Dabei können auch homoerotische Anteile eine Rolle spielen.

Helga Haase (1992) hat auf der Basis einer psychoanalytisch orientierten Interpretation eines Interviews mit einer 45jährigen Mutter hingewiesen auf die Möglichkeit einer mit der Menstruation verbundenen erotischen Anziehung zwischen Mutter und Tochter. Beschrieben wird eine Szene, in der die Tochter sich vor der Mutter mit den Worten »guck doch mal« auf ein Bett legt, um Hilfe beim Einführen eines Tampons zu erhalten. »Die adoleszente Tochter verlangt von der Mutter, sie möge sich ihren – nun nicht mehr kindlichen – Leib ›angucken‹, das Weibliche und Erotische ihres Körpers wahrnehmen« (Haase 1992, S. 178). Diese erotisch getönte Ebene der Beziehung verunsichert die Mutter so sehr, daß sie sich abrupt abwendet und eine »rigide heterosexuelle Norm als etwas drittes, fremdes zwischen sich und die Tochter« (ebd., S. 183) schiebt: Bei der ersten Menstruation wird der Vater – entgegen dem Wunsch der Tochter – hinzugeholt. Helga Haase vermutet eine potentiell mit dem Blut der Menstruation »fließende Erotik« (ebd., S. 180) zwischen Mutter und Tochter, die für beide aufgrund der inneren Nähe bedrohlich sein kann. Grenzen zwischen Mutter und Tochter und bei der Mutter zwischen erwachsenem Frausein und eigenem früheren Tochtersein können aufweichen, Ängste vor inzestuösen Übergriffen eine homoerotische Bestätigung der Tochter verhindern, die nur möglich ist auf der Basis einer inneren Abgrenzung der Mutter von der Tochter.

In den Schilderungen der Mutter einer 15jährigen Tochter[14] wird der Strudel der Gefühle deutlich, der mit einem Sicheinlassen auf die erotische Seite des Menstruationsblutes verbunden sein kann. Geschildert wird eine ähnliche Szene wie die von Helga Haase beschriebene. Die Tochter möchte gern Tampons benutzen, kommt aber mit dem Einführen nicht zurecht und bittet die Mutter um Hilfe. Anders als in der von Helga Haase geschilderten Konstellation kann Frau Zander sich auf diese Ebene der Beziehung einlassen. Sie erinnert sich zunächst an den Strudel der Gefühle, in den sie gerät, und beschreibt erst dann die genaue Szene.

»Ich war völlig verwirrt und irgendwie durcheinander und völlig aufgeregt und so aufgewühlt und glücklich und, ja irgendwie, ja ich weiß nicht, es war ein ganz komischer Gefühlszustand, ich kann's echt kaum beschreiben weil – ein total irres Erlebnis, also da ist richtig in mir was passiert, also ich hab's gemerkt, also es war irgendwie ein unbeschreibliches Gefühl, also es ist so, wie der erste Orgasmus oder irgendwie so was, also von der Bedeutung her, nicht das gleiche Gefühl, aber so von dieser Bedeutung her, es war total irre, daß da irgendwie, es war so, als ob irgendwas in mir aufreißt und irgendwie jubelt oder irgendwie so was, also so 'n Gefühl war das, so ganz seltsam, und es war gleichzeitig auch schmerzhaft.

(Auf die Nachfrage nach der Situation) *Wir saßen zusammen im Zelt und überlegten, ob wir an den Strand gehen. Melanie druckste irgendwie rum, und dann überlegte sie, wie sie das mit ihrer Binde macht. Da hab' ich denn gesagt, ja also ist echt etwas unpraktisch, willst es nicht noch mal versuchen. Und sie dann, ja klar. Ich hab' sie dann gefragt: Ja soll ich rausgehen? Ich war gerade zufällig in ihrem Zelt, wegen, weiß ich nicht, ich hab' mich ganz gern auch mal zu ihr ins Zelt gehockt, weil ich es bei ihr gemütlicher fand, wie junge Mädchen so sind, die richten sich das dann so ein und machen sich das richtig schön mit Bildchenaufstellen und so, wenn du nachher älter bist, bist du dann doch eher pragmatisch orientiert und so. Aber ich find' das doch immer schön, bei ihr drin zu sitzen, und ich mag auch gern in ihrem Zimmer sitzen, in dieser Atmosphäre Jungmädchenzimmer und so. So kam das, daß ich sie dann gefragt habe, ja, soll ich rausgehen solange, möchtest du das lieber alleine tun? Und sie: Nee, nee, bleib' mal hier, und, guck doch mal, und dann, ja genau, da habe ich noch den Vorschlag gemacht, du hast doch 'n Spiegel mit, leg' ihn dir doch unter, dann kannst du auch gleichzeitig sehen, was du tust. Dann haben wir zusammen in diesen Spiegel geguckt, das war total irre, das war echt total witzig, das war wirklich ein schönes, eine schöne Atmosphäre. Also das war, ja ich weiß nicht, das sind so Augenblicke, da lohnt es sich, Kinder zu haben, da lohnt es sich auch, Mutter von einer Tochter zu sein, also manchmal verfluche ich's und manchmal find' ich's irre. Ja und was für 'n Gefühl noch dabei war, das war dieses Schmerzgefühl. Das war, glaub' ich, auch irgendwie ein Abschiedsgefühl. Du merkst dann doch, daß es irgendwie auch Abschied ist. Es ist irre irgendwie. Auf der einen Seite wünsch' ich mir das immer so herbei, dann denk' ich, ah ja, hoffentlich ist sie bald selbständig und hat ihr Leben in der eigenen Hand und ja, denn ist es irgendwie auch traurig, irgendwie ist es auch traurig, es ist schön traurig... Ich fand das dann auch irgendwie unheimlich intim und unheimlich nah und gleichzeitig eben hab' ich halt auch gemerkt, daß es was mit Erwachsenwerden zu tun hat und auch mit Abnabelung, also gerade durch diese Nähe, die da war, war eben auch dieser Gedanke des Abnabelungsprozesses da.«*

Frau Zander beschreibt einen Gefühlszustand, den sie selbst in die Nähe eines Orgasmus – des ersten Orgasmus – rückt. Aufgelöst sein, Glück und zugleich Schmerz spielen eine große Rolle. Sie war »verwirrt«, »durcheinander«, »aufgeregt«, »aufgewühlt«, »glücklich«, es war ein »irres Erlebnis«, »da ist... in mir was passiert«, ein »unbeschreibliches Gefühl«, »wie der erste Orgasmus... von der Bedeutung her«, »total irre«, als »ob irgendwas in mir aufreißt und... jubelt«, und »gleichzeitig auch schmerzhaft«. Die Grenzen zwischen ihr und der Tochter verschwimmen: Das Erleben der Tochter wird zu ihrem eigenen, sie erlebt so etwas wie den ersten Orgasmus und ist so aufgelöst, wie es der Situation einer jungen Frau zu Beginn der Menstruation und der damit verbundenen Auseinandersetzung mit ihrer Lust und der Berührung der Genitalien – symbolisiert im Einführen des Tampons – entspricht. Innerlich ist Frau Zander selbst wieder das Mädchen zu Beginn der Adoleszenz, hat eine Nähe zur eigenen Jugend, die sich auch äußert in ihrer Vorliebe für das »Jungmädchenzimmer« der Tochter, das sie »gemütlicher« findet als ihre »pragmatisch orientiert« eingerichteten Räume, die dem »älter«-Sein entsprechen.

In diesem »Jungmädchenzimmer« ereignet sich dann eine Szene von großer emotionaler Intensität, in der Mutter und Tochter als Frauen mit dem gleichen Geschlecht sich ihrer Weiblichkeit vergewissern. In diesen Schilderungen ist die Grenze zwischen Mutter und Tochter wieder aufgerichtet und auf dieser Basis eine auch erotische Beziehung möglich. Ähnlich wie in der von Helga Haase beschriebenen Szene fordert die Tochter die Mutter auf, ihre Genitalien zu betrachten: »Guck doch mal.« Frau Zander kann darauf eingehen und – vermittelt über ein Drittes, den Spiegel – der Tochter Unterstützung geben. »Dann haben wir zusammen in diesen Spiegel geguckt, das war total irre, das war echt total witzig, das war wirklich ein schönes, eine schöne Atmosphäre.« Über die Grenzsetzung durch dieses Dritte, den Spiegel, stellt sich eine für beide – Mutter und Tochter – aushaltbare Nähe her, in der dann der Spiegel zugleich genutzt werden kann als Medium der Bestätigung der körperlichen Weiblichkeit der Tochter. Durch den gemeinsamen Blick auf die Genitalien der Tochter im Spiegel und die »schöne Atmosphäre« kann die Mutter der Tochter spiegeln, daß ihr Geschlecht etwas »schönes« ist. »Total irre«, aber auch »witzig« sei es gewesen – Formulierungen, die den ergreifenden, aber auch spielerisch-leichten Charakter der Situation kennzeichnen. Eine weitere Bedeutungsfacette dieser Szene bezieht sich auf das Einführen des Tampons durch die junge Frau unter dem durch den Spiegel vermittelten Blick der Mutter. Möglicherweise kann damit auch der innergenitale Raum auf eine Weise erschlossen werden, die geprägt ist durch den beruhigenden Rahmen, der durch die spiegelnde Rückversicherung der Mutter gegeben ist. Vielleicht steht unbewußt der Tampon auch für den Phallus und ermöglicht eine spielerische Annäherung an die Vorstellung eines eindringenden Penis.[15]

Zugleich wird Frau Zander mit der intensiven Nähe zur Tochter auch die anstehende Trennung von ihr – die »Abnabelung« – bewußt: »Das war dieses Schmerzgefühl«, ein »Abschiedsgefühl«. Sie schildert die Ambivalenz ihrer Gefühle: Einerseits den Wunsch, daß die Tochter bald »selbständig« ist und »ihr Leben in der eigenen Hand« hat, andererseits aber auch die damit verbundene Trauer, eine Widersprüchlichkeit, die sie zusammenbringt in der Formulierung: »es ist schön traurig.« In der Abfolge der Schilderungen von Frau Zander wird eine emotionale Dynamik deutlich, die möglicherweise kennzeichnend ist für Prozesse des intensiven Sicheinlassens auf die Körperlichkeit der Tochter: eine Bewegung von der Verschmelzung mit der Tochter, in der die Mutter über die Tochter ihre eigene Pubertät wiedererlebt, hin zur Wiederaufrichtung der Grenzen zwischen Mutter und Tochter und der nur auf dieser Basis möglichen Bestätigung des weiblichen Körpers der Tochter durch die Mutter und schließlich – im Gefolge des Anerkennens der Generationengrenze, der Tatsache, daß sich Mutter und Tochter gegenüberstehen – die Einsicht in die Notwendigkeit einer Trennung zwischen Mutter und Tochter.

In einigen Interviews deutet sich an, daß die Frage ›Binden oder Tampons?‹ und das Problem des Einführens des Tampons eine Rolle zwischen Mutter und Tochter spielen. Einige der jungen Frauen scheinen sich – ähnlich wie Frau Zanders Tochter und die in Helga Haases Studie beschriebene – mit entsprechenden Fragen an die Mutter zu wenden. In diesen Fragen kann auch der Wunsch enthalten sein, »von der Mutter in die Sexualität eingeführt zu werden« (Bell 1991, S. 120). Die in Gesprächen über die Verwendung von Binden oder Tampons und Möglichkeiten des Einführens von Tampons – über die Frau Fischer, Frau Duden und Birgit Esch berichten – implizit enthaltenen Anfragen an die Mutter könnten so lauten: ›Darf ich meine Genitalien berühren und Lust dabei spüren, darf ich entdecken, was mir Lust bereitet? Genießt du an dir diese Berührungen auch? Das würde mir zeigen, daß mein Körper, der jetzt wie deiner ist, schön und erregend ist.‹ Helga Haase faßt den Wunsch der Tochter auf der Basis ihrer Studie zusammen: »Du sollst mir bestätigen, daß ich diese Erregungen haben darf und als meine eigene Sinnlichkeit und Lust in mein Selbstverständnis als Frau integrieren kann« (Haase 1992, S. 179).

Ein solcher Wunsch nach Anerkennung der erotisch-sinnlichen Körperlichkeit durch die Mutter ist eingebettet in die für die Adoleszenz spezifische widersprüchliche Spannung zwischen Bedürfnissen nach Nähe und Verbundenheit zur Mutter und Tendenzen der Distanzierung und Abgrenzung von ihr. Auch das kann es für Mütter schwierig machen, darauf einzugehen.

Erste Menstruation, Mutter-Tochter-Beziehung und die Verkehrung von Erotik und Sinnlichkeit in Leiden: Audre Lordes Autobiographie »Zami«

Audre Lorde (1993)[16] beschreibt eine enge Verknüpfung ihrer ersten Regelblutung mit Erregung, Erotik und Sinnlichkeit, die durch die abwehrende Reaktion der Mutter in Leiden verkehrt werden. Zunächst scheinen Erregung, Erotik und Sinnlichkeit ebenso frei wie das Blut zu fließen: Sie beziehen sich auf die Lust am eigenen Körper, richten sich auf die Mutter und sind verbunden mit dem Symbol eines Penis.

»Ich fühlte den leicht reibenden Wulst der Wattebinde zwischen meinen Beinen, und ich roch den zarten Geruch von Brotfrucht, der mir vorne aus der bedruckten Bluse in die Nase stieg; es war mein eigener Frauengeruch, warm, verschämt, doch insgeheim ganz und gar köstlich. Jahre später, als ich erwachsen war, kam mir immer, wenn ich mich auf meinen Geruch an jenem Tag besann, ein Tagtraum von meiner Mutter; die Hände vom Seifenwasser abgetrocknet, die Schürze abgebunden und ordentlich beiseitegelegt, sah sie auf mich nieder, wie ich auf der Couch lag, und dann berührten wir uns langsam, gründlich und streichelten unsere geheimsten Stellen « (ebd., S. 110).

Der Geruch des Blutes der ersten Menstruation – »mein eigener Frauengeruch« –, der als »ganz und gar köstlich« erlebt wird, ist eng verknüpft mit erotischen Wünschen an die Mutter: »Dann berührten wir uns langsam, gründlich und streichelten unsere geheimsten Stellen.« Diese phantasierte erotisch-sinnliche Gemeinsamkeit mit der Mutter, die tagträumerisch vorgestellten wechselseitigen Berührungen der beiden Frauen, gehen über in die Schilderung einer mit orgiastischen Erregungen verbundenen Tätigkeit, in der das Zerstampfen von Gewürzen mit einem Stößel Assoziationen an das lustvolle Hantieren mit einem Phallus nahelegt.

»Der Abwärtsstoß des Holzstößels verlangsamte sich bei der Berührung, er kreiste langsam hin und zurück und änderte dann sanft seinen Rhythmus, schlug nun auch auf und nieder. Hin und her, rundherum, auf und nieder, hin her, rundherum, auf und nieder. In meinem Innersten lag eine schwere Fülle, die erregend und gefährlich war.

Während ich so die Gewürze zerstampfte, schien eine lebendige Verbindung zwischen den Muskeln meiner Finger, die sich um den glatten Stößel schmiegten, der entschlossen nach unten stieß, und dem schmelzflüssigen Kern meines Leibes zu entstehen, dessen Quelle aus einer neuen, reifen Fülle gerade unterhalb meines Bauches strömte. Die unsichtbare Schnur, gespannt und so empfindlich wie eine entblößte Klitoris, erstreckte sich durch meine gekrümmten Finger meinen runden, braunen Arm hinauf bis in die feuchte Wirklichkeit meiner Achselhöhlen... Die Schnur lief über meine Rippen und mein Rückgrat entlang, prickelte und sang, bis hinein in eine Schale zwischen meinen Hüften, die sich nun gegen das niedrige Küchenbord preßten, vor dem ich stand und Gewürze zerstieß. Und in der Schale war ein wallendes Meer von Blut, das begann, für mich wirklich und für Kraft und Erkenntnis zugänglich zu werden.

Die bebenden Erschütterungen des samtig gesäumten Stößels, die auf das Bett aus Gewürzen herabstießen, wanderten einen unsichtbaren Weg an der Schnur entlang hinauf bis in mein Innerstes. Und die Heftigkeit der wiederholten Stöße wurde zusehends unerträglicher. Die flutende Schale zwischen meinen Hüften erschauerte bei jeder Wiederholung der Schläge, die ich nun wie Angriffe empfand. Ohne meinen Willen wurden meine Abwärtsstöße mit dem Stößel immer sanfter, bis seine samtige Oberfläche beinahe die flüssig werdende Masse am Boden des Mörsers zu streicheln schien.

Der ganze Rhythmus meiner Bewegungen wurde sanfter und ausgedehnter, bis ich wie in einem Traum mit einer Hand fest um den geschnitzten Mörser geschmiegt dastand und ihn gegen meine Körpermitte hielt; während meine andere Hand am Stößel das feucht werdende Gewürz mit einer schwingenden, kreisenden Bewegung rieb und preßte, bis es fertig war... Mein Körper fühlte sich stark und voll und offen an« (ebd., S. 110ff).

Die sinnlich-sexuellen Empfindungen werden als »schwere Fülle, die erregend und gefährlich« ist, als Elemente einer »neuen, reifen Fülle« erfahren, die mit dem Blut der Menstruation verknüpft sind: »Ein wallendes Meer von Blut, das begann, für mich wirklich und für Kraft und Erkenntnis zugänglich zu werden.« Dieser positive Bezug zu Erotik, Sinnlichkeit und Sexualität und zum Blut der Menstruation als Quelle von Kraft und Erkenntnis – »Mein Körper fühlte sich stark und voll und offen an« – wird zerschnitten durch die Mutter. Sie kritisiert die Langsamkeit der Tochter, sieht sie als gegen sich gerichtet und schafft Versöhnungsangebote durch die Definition der Menstruation als Krankheit und damit Ursache der Langsamkeit.

»›Willst du mir etwa sagen, daß das Fleisch nicht fertig ist?... Hast den ganzen Abend Zeit, hier zu stehen und mit dem Essen zu spielen? Ich lauf' den ganzen Weg zum Laden und zurück, und du kannst in der Zeit nicht mal ein paar Knoblauchzehen zerdrücken und das Fleisch würzen? Aber du kannst es doch eigentlich! Warum mußt du mich denn so ärgern?... So wird's gemacht, so!‹ Sie stieß mit Macht den Stößel in den Mörser hinab und zerdrückte das letzte bißchen Knoblauch. Ich hörte den dumpfen Schlag, als Holz schwer auf Holz traf, und fühlte den harten Aufprall durch den ganzen Körper hindurch, als ob etwas in mir zerbrochen war. Bumm, bumm ging der Stößel, zweckmäßig in der altvertrauten Art auf und nieder... ›Was ist los mit dir, hm? Bist du krank? Willst du ins Bett?‹ ›Nein, ich fühl' mich gut, Mutter.‹ Aber da fühlte ich ihre kräftigen Finger an meinem Oberarm, die mich herumdrehten; die andere Hand unter meinem Kinn, blickte sie mir ins Gesicht. Ihre Stimme wurde weich.

›Macht dich deine Periode heute so langsam?‹ Sie gab meinem Kinn einen kleinen Stups, als ich ihr in die grauen Augen mit den schweren Lidern sah, die nun fast sanft wurden. Die Küche war plötzlich bedrückend heiß und still, und ich spürte, wie ich am ganzen Körper zu zittern begann.

Tränen, die ich nicht verstand, sprangen mir aus den Augen, als mir klar wurde, daß meine Freude an der knochenkrachenden Art, in der ich gelernt hatte, die Gewürze zu zerstampfen, für mich von nun an anders sein würde. Gleichzeitig begriff ich, daß es in der Küche meiner Mutter für alles nur eine richtige Methode gab... ›Ich mache das Abendessen fertig.‹ Sie lächelte mich an, und in ihrer Stimme lag eine Zärtlichkeit und ein Fehlen von Verärgerung, das mir zwar willkommen, aber nicht vertraut war.

›Komm jetzt rein und leg' dich auf die Couch, ich mach' dir 'ne heiße Tasse Tee.‹

Ihr Arm um meine Schultern war warm und ein bißchen feucht. Ich ließ meinen Kopf an ihrer Schulter ruhen, und als sie mich in die kühle, abgedunkelte Stube führte, bemerkte ich plötzlich erfreut und überrascht, daß ich fast so groß wie meine Mutter war« (ebd., S. 112 ff).

Die Härte der Mutter löst einen Absturz aus der sinnlich-erotischen Stimmung aus, einen »harten Aufprall«, der »durch den ganzen Körper hindurch« spürbar ist. Etwas war damit »in mir zerbrochen«, vielleicht die Phantasie einer mit der Mutter gemeinsamen Lust am Frausein. Eine Wiederannäherung an die Tochter wird der Mutter möglich durch die Interpretation der Menstruation als Krankheit. »Bist du krank? Willst du ins Bett?« Die Tochter widerspricht, versucht sich ihre kraftvollen, sinnlich-erotischen Empfindungen zu erhalten: »Nein, ich fühl' mich gut, Mutter.« Aber diese Stimmung kann von der Mutter nicht aufgegriffen werden. Sie wird »weich« und »sanft«, voller »Zärtlichkeit«, weil sie die Tochter als durch die Regelblutung Geschwächte sieht: »Macht dich deine Periode heute so langsam?« Die Tochter beginnt zu »zittern« und weint: »Tränen, die ich nicht verstand, sprangen mir aus den Augen«, vielleicht Tränen über dieses Mißverständnis zwischen Mutter und Tochter, über die Unmöglichkeit einer lustvollen, sinnlich-erotischen Gemeinsamkeit, vielleicht auch Tränen, weil die oft unerfüllte Sehnsucht nach der Zärtlichkeit der Mutter spürbar wird – »eine Zärtlichkeit«, die »willkommen«, aber »nicht vertraut« war – und zugleich die Notwendigkeit einer Trennung sich andeutet: »Gleichzeitig begriff ich, daß es in der Küche meiner Mutter für alles nur eine richtige Methode gab.«

Die eigene »richtige Methode« zu finden erfordert den Abschied von der Mutter und auch den von der Phantasie einer Gemeinsamkeit mit ihr. Zunächst stellen sich Nähe und Vertrautheit jedoch her über eine Einigung von Mutter und Tochter auf die Regelblutung als Quelle von Schwäche: »Leg' dich auf die Couch, ich mach' dir eine heiße Tasse Tee.« Anders als in der phantasierten Couchszene zu Beginn der Schilderungen, in der zwei erwachsene Frauen sich Lust bereiten durch die Berührung ihrer Genitalien, wird hier eine Mutter-Kind-Beziehung wieder hergestellt, in der die Mutter die Versorgende und die Tochter die Bedürftige ist, die die so geschaffene Nähe genießt: »Ich ließ meinen Kopf an ihrer Schulter ruhen.« Zugleich deuten sich jedoch auch die Verheißungen eines eigenen Lebens, das Ende der töchterlichen Rolle an: »Und als sie mich in die kühle, abgedunkelte Stube führte, bemerkte ich plötzlich erfreut und überrascht, daß ich fast so groß wie meine Mutter war.«

Kulturelle Hygienegebote und Einschreibungen in den Körper

Das Thema ›Binden und Tampons‹ zwischen Mutter und Tochter kann mit den beschriebenen erotischen Komponenten verbunden sein, es kann aber auch – wenn der Aspekt ›Hygiene‹ im Vordergrund steht – andere Botschaften enthalten, die gerade auf das Vermeiden von Lust zielen. Gesellschaftliche Definitionen der Menstruation verbinden sich mit individuellen Verhaltensweisen, so daß bestimmte Bilder von weiblicher Körperlichkeit tradiert werden.

Mutter-Tochter-Gespräche aus Anlaß der ersten Menstruation scheinen sich schnell auf den Aspekt der ›Hygiene‹ bei der Benutzung von Binden und Tampons zu konzentrieren. Solche Tendenzen wurden beschrieben für Frau Cramer, sie finden sich auch in den Schilderungen von Frau Duden und ihrer Tochter, bei Frau Fischer und Frau Jürgens und der Tochter Conny. So schildert Conny die Reaktion ihrer Mutter auf die erste Regelblutung: »Also sie... hat gleich angefangen mit was ich jetzt nehmen sollte, Tampons oder Binden.« Entsprechendes berichtet Frau Jürgens: »Ja, sie hat's mir gesagt, ich hatte denn... mit ihr, also ihr alles... gezeigt, also Binden und so.« Mit solchen hygieneorientierten Antworten auf die erste Regelblutung[17] wird angeknüpft an gesellschaftliche Bewertungen der Menstruation, über die sich kulturelle Botschaften über weibliche Körperlichkeit vermitteln.

Wie gesellschaftliche Definitionen der Menstruation eingreifen in das Körpererleben und die Körperwahrnehmung läßt sich verdeutlichen durch Materialien einer ethnologischen Studie, die auf den ersten Blick wenig mit unseren Verhältnissen zu tun haben, bei genauerer Betrachtung jedoch Ähnlichkeiten aufweisen. Berichtet wird über Okani, eine junge Frau in einer Stammeskultur im Hochland Neuguineas, die ihre erste Menstruation so beschreibt:

»Ich verspürte etwas Eigenartiges in mir – ich konnte es gar nicht glauben: eine starke Blutung setzte ein. Ich bekam meine erste Periode. Riyos Frau gab mir sofort etwas Moos, damit ich das Haus nicht verunreinigte. Eine andere Frau lief sofort hinaus auf den Dorfplatz und posaunte das freudige Ereignis in alle Himmelsrichtungen... Der Sitte gemäß verbrachte ich die Tage der Blutung abgesondert und verborgen jenseits des Dorfes im Menstruationshäuschen... Es war mir strengstens verboten, die Hütte allein zu verlassen. Mußte ich einem dringenden menschlichen Bedürfnis folgen, so trug mich die Alte auf ihrem Rücken hinaus in den Busch und wieder zurück. Es war mir verboten, den Boden mit den Füßen zu berühren, um nichts zu verunreinigen. Tag und Nacht mußte ich in Hockstellung vor der Feuerstelle sitzen, denn Wärme würde schneller alles schlechte Blut abfließen lassen. Deshalb bemühte sich die alte Frau, stets ein starkes Feuer zu unterhalten. – Mindestens ein dutzendmal am Tag wechselte sie mir die Einlage. Das verschmutzte Moos wurde sofort verbrannt und durch neues ersetzt« (Bogner, zit. nach Waldeck 1988, S. 338f).

In dieser Schilderung wird das Eingreifen kultureller Definitionen der Menstruation in das Erleben der jungen Frau deutlich. Ehe Okani dem »Eigenartigen« in sich nachspüren kann, ehe sie ihren Körperempfindungen und Gefühlen nachgehen kann, ehe sie ein eigenes Gefühl für das Neue in ihrem Körper entwickeln und den damit verknüpften Phantasien, Wünschen und Ängsten Raum geben kann, setzen kulturelle Deutungsprozesse ein und kanalisieren das Erleben in eine bestimmte Richtung. Vermittelt werden die kulturellen Deutungen über die Menstruation durch das Verhalten der erwachsenen Frauen: »Sofort« gibt eine dieser Frauen Okani »Moos«, um zu verhindern, daß sie das Haus »verunreinigt«. »Sofort« wird Okani also mit der kulturellen Definition der Menstruation als etwas Verunreinigendem, etwas Schmutzigem, dessen Fluß zu stoppen ist, konfrontiert, eine Botschaft, die im Laufe des Rituals immer wiederkehrt. Die erste Menstruation wird zwar als »freudiges Ereignis« öffentlich gemacht, ist zugleich aber mit Absonderung und Isolation verbunden. Sie ist nicht Anlaß für ein aktives, lustvolles In-die-Welt-Gehen, für neue, nach außen gewandte Energien, sondern – ganz im Gegenteil – für regressive Prozesse: Okani wird wieder zum Kind, indem ihr eigene Bewegungen, sich auf die eigenen Füße zu stellen, untersagt werden. Statt Selbständigkeit also Abhängigkeit, statt neuer Bewegung Bewegungslosigkeit, statt erwachsenem, selbstbewußtem Frausein Fixierungen an eine Kindrolle, statt Stolz auf die neuen körperlichen Potenzen Scham über das Schmutzige des Blutes.

In diesem Ritual, dieser sozialen Inszenierung, sind Elemente erkennbar, die Parallelen aufweisen zu Formen des Umgangs mit der ersten Menstruation in westlichen, sehr viel komplexeren und hochindustrialisierten Gesellschaften. So lassen sich die Fokussierungen in den Gesprächen zwischen Müttern und Töchtern aus Anlaß der ersten Regelblutung auf das Thema ›Binden und Tampons‹ und die entsprechenden Handlungen – Mütter geben ihren Töchtern Binden oder gehen entsprechend mit ihnen einkaufen – verstehen als verborgene Rituale zwischen Mutter und Tochter, die den von Okani beschriebenen ähneln: »Sofort« – so hatte Okani berichtet – gibt eine der erwachsenen Frauen ihr »Moos«, um zu verhindern, daß sie das Haus »verunreinigt«. Sofort – so lassen sich eine Reihe von Mutter-Tochter-Interaktionen kennzeichnen – konfrontieren Mütter ihre Töchter mit dem kulturellen Gebot der Hygiene, mit Binden und Tampons. Es scheint – wie bei Okani – nur wenig Raum und Ermutigung zu geben für ein Entdecken des »Eigenartigen« der neuen Empfindungen und Gefühle, für ein Sicheinlassen auf das Beängstigende und Verunsichernde, aber zugleich auch Lustvolle und Erregende der körperlichen Veränderungen. So sind – ähnlich wie bei Okani – mit der

Menstruation kaum progressive Potenzen, kein aktives, lustvolles In-die-Welt-Gehen verbunden, sondern regressive Momente wie Leiden und Rückzug dominieren, regressive Momente, die bei Okani symbolisiert sind durch die zusammengekauerte Hockstellung, in der sie ausharren muß. Diese regressive Haltung wird bei Okani erzwungen durch kulturelle Vorgaben. Bei Mädchen und jungen Frauen in unserer Kultur ist ein Rückzug während der Menstruation – der oft von einer ähnlich zurückgenommenen Körperhaltung wie bei Okani begleitet ist – dagegen nicht Resultat äußerer Zwänge, sondern Ergebnis innerpsychischer Prozesse, die sich in körperlichen Schmerzen und Beschwerden Ausdruck verschaffen.

Wie bei Okani sind auch bei uns erwachsene Frauen, meist die Mütter, die Überbringerinnen der kulturellen Definitionen von Menstruation. Besonders deutlich werden diese kulturellen Definitionen in der Tampon- und Bindenwerbung: Das Blut nicht riechen, nicht sehen, nicht fühlen ist die zentrale Aussage.[18] So ist die Tatsache des Menstruierens in den letzten drei Jahrzehnten zwar aus dem Privaten, Verschwiegenen hervorgeholt worden in die Öffentlichkeit, wenig verändert hat sich jedoch daran, daß das, was Mädchen, auch ihrer eigenen Aussage nach, zur Frau macht, kaum etwas ist, das öffentlich wertgeschätzt wird, das also stolz hergezeigt werden kann. Zwar wird nicht mehr – wie es Okani geschah – die menstruierende Frau isoliert, ein entsprechendes Schicksal ist jedoch dem Menstruationsblut beschieden. Das Gebot der Isolation, des Versteckens, ist nicht aufgehoben, Frauen haben es verinnerlicht und vollziehen es individuell an ihrem Körper (Waldeck 1988, S. 342).

Durch die enge Verbindung von erster Menstruation und Sexualität enthalten die an die Menstruation geknüpften Bewertungen zugleich immer auch latente Botschaften über ein lustvolles Verhältnis zum eigenen Körper. Die Reduzierung der Menstruation auf ein Hygieneproblem – die gesellschaftlich nahegelegt und von Müttern oft vermittelt wird – bedeutet dann: ›Kümmere dich nicht um deine Lust, die du spürst, sie ist etwas Unsauberes, und du bringst sie am besten zum Verschwinden.‹ In der Schilderung einer 18jährigen jungen Frau deutet sich die Verknüpfung des Menstruationsblutes mit etwas Schmutzigem und die entsprechende Funktion von Tampons an: »Die ersten Male fühlte ich mich dann immer so eklig und dreckig irgendwie und hab' andauernd geduscht. Aber dann hab' ich ziemlich schnell Tampons benutzt, und dann war das in Ordnung.« Sich »eklig und dreckig« fühlen könnte sich auf mit der Menstruation verbundene, als problematisch erlebte sexuelle Phantasien und Lustgefühle beziehen, die durch hygienische Maßnahmen – Duschen und dann Tampons – zum Verschwinden gebracht werden sollen.

Eine wesentliche latente Funktion der Reduzierung von Menstruation auf ein Hygieneproblem besteht in einer Tabuisierung sexueller Lust – einer Lust, die zunächst den eigenen Körper, das eigene Geschlecht zum Zentrum hat und Ausgangspunkt sein könnte für eine den eigenen Empfindungen, Wünschen und Phantasien folgende Aneignung des Körpers und der Sexualität. So scheint eine wesentliche Funktion offener und verborgener Rituale rund um die erste Menstruation darin zu bestehen, Frauen Körperlichkeit und Sexualität nicht als Quelle von Potenz und Kraft zugänglich werden zu lassen (Friebertshäuser 1995). Für Mädchen und junge Frauen fehlt dann der Raum, in dem sie sich mit ihren durch die Regelblutung ausgelösten, zugleich als lustvoll und bedrohlich erlebten sexuellen Phantasien, Gefühlen und Empfindungen auseinandersetzen und sie sukzessive in ihr Selbstbild integrieren können.

»Da war nur der unbewußte Drang, mich von ihr zu befreien« – Mütter, Töchter und die Unmöglichkeit einer schmerzlosen Trennung

Angelika Schrobsdorff hat in ihrer Autobiographie »Du bist nicht so wie andere Mütter« die harte, auch körperliche Abgrenzung von der Mutter beschrieben, die für sie mit der ersten Menstruation notwendig wurde. Sie bekam ihre erste Regelblutung mit 16 Jahren auf der Flucht durch Bulgarien und schildert den Abend des Tages ihrer ersten Menstruation:

»In dieser Nacht blieben wir in dem Dorf W. und fanden in einem der kleinen dürftigen Häuser Unterkunft. Meine Mutter und ich bekamen sogar eine Kammer mit einem ziemlich großen Bett... Sie zog sofort Mantel, Rock und Schuhe aus und legte sich hinein.... Ich schaute auf sie hinab und plötzlich überkam mich das Gefühl, mich unter keinen Umständen neben sie legen zu können. Es war ein so unerhörtes und unerwartetes Gefühl, daß ich nicht wußte, wie ich es mir, geschweige denn ihr erklären sollte... Ich war verzweifelt. Der Widerstand, mich neben sie zu legen, war unüberwindlich. Ich hätte mich neben Stella (die Schwester, K.F.) legen können, vielleicht sogar neben eines der Bauernmädchen, aber nicht neben meine Mutter...

›Ich kann nicht‹, sagte ich.

›Was kannst du nicht?‹

›Mich neben dich legen.‹

›Weißt du, Angelika, du warst schon immer ein sehr merkwürdiges Kind, aber das, was sich jetzt hier abspielt, ist schlicht und einfach unnormal. Kannst du mir erklären, was mit dir los ist?‹

›Nein.‹

Ich habe es mir erst viele Jahre später erklären können, weiß aber bis heute nicht, ob meine damalige Reaktion normal war oder, wie meine Mutter mir vorwarf, unnormal. Sie muß in direkter Verbindung zu meiner ersten Menstruation gestanden haben. Jetzt konnte ich Kinder kriegen, jetzt war ich Frau, und mein Leben, das bis dahin auf Gedeih oder Verderb mit meiner Mutter verwachsen war, gehörte mir allein. Es war kein allmählicher Ablösungsprozeß, sondern ein brutaler Schnitt, mit dem ich den Menschen, den ich am unabdingbarsten geliebt, von dem ich 16 Jahre lang in totaler Abhängigkeit gelebt hatte, von mir abtrennte. Da war keine Feindseligkeit wie bei meiner Schwester, nicht einmal Ressentiment, da war nur der unbewußte Drang, mich von ihr zu befreien und damit nicht mehr unter ihr leiden zu müssen. Denn sie lieben hieß leiden... Ich legte mich neben sie, aber in der verkehrten Richtung – meinen Kopf neben ihre Füße« (Schrobsdorff 1994, S. 442f).

Hier wird der Impuls der Tochter deutlich, ein eigenes Leben leben zu wollen und sich mit der ersten Menstruation von der Abhängigkeit, aber auch der Liebe zur Mutter zu befreien, eine Liebe, die für Angelika Schrobsdorff immer auch Teilhabe am Leid der Mutter bedeutete. Diese Abgrenzung ist zunächst nur als »brutaler Schnitt« möglich, mit dem sie die Mutter wie einen Teil von sich selbst »abtrennte«. Angelika Schrobsdorffs Autobiographie zeigt, daß die innere Lösung von der Mutter ein lebenslanger Prozeß ist, für den die erste Regelblutung ein wichtiger Auslöser ist. Die damalige Lösung – sich in »verkehrter Richtung« neben die Mutter zu legen – kann auch als bildhafte Darstellung adoleszenter Abgrenzungsbemühungen verstanden werden: sich zunächst so vehement von der Mutter zu distanzieren, daß alles, was sie macht, in »verkehrter Richtung«, also genauer Umkehrung, getan wird. Dabei gibt jedoch die Mutter die Richtung vor, und die Tochter folgt ihr – zwar in Umkehrung zu dem, was die Mutter macht, aber doch an sie fixiert. Zugleich wird – aus der Tochterperspektive – die Verständnislosigkeit der Mutter deutlich, die die Autorin bis in die Gegenwart daran zweifeln läßt, ob ihr Verhalten »normal« war.

Aus der Mutterperspektive wird der Schmerz und die Kränkung, die die vehemente Abgrenzung der Tochter bedeuten kann, im Interview mit der 36jährigen Frau Jürgens, Mutter der 14jährigen Tochter Conny deutlich. Den Beginn der geschilderten Abgrenzungstendenzen beschreibt Frau Jürgens als zeitgleich mit der ersten Menstruation der Tochter.

»Sonst war sie sehr sanft, sehr lieb, sehr liebevoll zu mir auch. Und da war dann so 'ne Oppositionshaltung, die ich aber eben sehr gut verstehen kann, eben auch von mir noch kenne... Es war wirklich, als wenn plötzlich ein anderes Kind da ist... Also es ging wirklich ganz abrupt... Ich glaube, daß sie im Moment ihre Probleme mehr mit ihrer Freundin bespricht. Was ich auch für ganz natürlich halte..., weil, sie muß sich da irgendwie abnabeln und zeigen, also ich bin 'ne eigene Persönlichkeit. Also es kommt auch vor, daß ich merke, sie hat ein Problem, und sie will dann nicht sprechen. Selbst wenn ich sie dann anspreche: Nee, will ich nich', lass' mich in Ruhe, ich will allein sein. Also sie blockt ab, nabelt sich ab und zeigt ganz deutlich, ich will nicht... Also ich leide dann ziemlich drunter, weil ich ihr schon helfen möchte, aber sie stößt mich dann wirklich richtig weg... Meine mütterliche Liebe will sie nicht dann, ja, sie stößt mich wirklich weg. Und das ist schon schwer... Also ich hab' schon manchmal so Gefühle, ach, war das noch schön, als sie noch klein war und eben, Mami war das Tollste für sie.«

Frau Jürgens ist sich der Notwendigkeit einer Ablösung der Tochter von ihr bewußt, und sie erinnert sich auch an eigene entsprechende Tendenzen, das mildert jedoch nicht den Schmerz über die Zurückweisung durch die Tochter, die für Frau Jürgens zwei Facetten hat: die der Ablehnung als Mutter – ihre »mütterliche Liebe« wird zurückgewiesen – und die der Kränkung, von der Tochter nicht mehr als »Tollste« wahrgenommen zu werden, sondern – im Prozeß der für die Adoleszenz spezifischen Entidealisierung der Eltern – auf alle Mängel und Fehler hingewiesen zu werden.[19]

Karin Bell (1997) betont die Unmöglichkeit einer schmerzlosen Trennung zwischen Mutter und Tochter und damit das notwendigerweise Konflikthafte und für beide Seiten Schmerzliche dieser Prozesse in der Pubertät:

»So gibt es die Phantasie, daß sich alles ganz harmonisch entfalten würde, wenn die Mutter ihre Tochter nur immer bestätigt und ihr hilfreich zur Seite steht. Das glaube ich nicht. Die Tochter wird erwachsen, und sie muß sich ein Stück von der Mutter lösen. Die Ablösung kann nicht stattfinden, wenn die Mutter zu sehr

an der Tochter klebt. Ich habe gerade in einem Buch eine Szene beschrieben gefunden, die die Problematik der Mutter-Tochter-Beziehung ganz gut auf einen Punkt bringt: Die Tochter befindet sich im Badezimmer und sagt: ›Mutter hilf mir‹ und die Mutter hilft nicht, wobei die Tochter, während sie ›Mutter hilf mir‹ sagt, denkt, ›hoffentlich kommt sie nicht rein‹. Dieser Zwiespalt zwischen ›Mutter hilf mir‹ und ›Mutter lass' mich‹ steckt in beiden, sie müssen damit leben und umgehen lernen und verstehen, daß das etwas Spezifisches ist« (ebd., S. 60).

Karin Bell bezieht sich auf eine Szene im Badezimmer – sie könnte passen zu der schon zitierten, von Helga Hase (1992) beschriebenen Situation, in der eine Tochter die Mutter einige Wochen nach der ersten Menstruation um Hilfe beim Einführen eines Tampons bittet. In dieser Szene sind töchterliche Wünsche nach Hilfe und Bestätigung durch die Mutter bezogen auf den weiblichen Körper ebenso enthalten wie die Notwendigkeit zur Abgrenzung, zur eigenständigen Aneignung des Körpers – eine Ambivalenz, die viele Mutter-Tochter-Beziehungen während der Adoleszenz kennzeichnet.

So ist der Ablösungsprozeß vieler Töchter geprägt durch starke Widersprüchlichkeiten: Harte Abgrenzungen, zum Beispiel durch Entwertung der Mutter, stehen neben Wünschen nach Nähe und Verbundenheit. Von entsprechenden Brüchen im Verhalten der Tochter berichtet auch Frau Jürgens: »So was kommt immer noch vor, daß sie... so ankommt und kuschelt und mit mir irgendwie balgen will und mit mir quatschen will oder mit mir was machen will.« Die Ablösung der Tochter und die dadurch veränderte Beziehung bleiben jedoch für sie spürbar: »Aber es ist nicht mehr so wie's früher war.«

Die Trennung der Tochter von der Mutter ist nicht möglich ohne aggressive Impulse.[20] Aggressionen, die sich speisen aus Enttäuschungen an der Mutter, spielen eine große Rolle. Weil die Mutter sich als fehlerhaft und begrenzt erweist, ist für die Tochter der Anstoß gegeben für den Schritt in ein eigenes Leben.[21] Solche Tendenzen werden in der Schilderung der 15jährigen Franka Duden deutlich: »Ich hab' gar nicht viel Lust, mit meinen Eltern viel zu machen, weil jetzt merk' ich, daß sie eigentlich gar nicht so toll sind, wie ich früher gedacht hab'. Ich mein', meine Mutter zum Beispiel, die ist ziemlich blöd.«

Heftige Aggressionen sind jedoch keine Garantie für innere Ablösungsprozesse, in ihnen kann auch eine Verkehrung der alten Abhängigkeiten in ihr Gegenteil zum Ausdruck kommen. Diese »Wendung ins Gegenteil bedeutet... nicht Freiheit, sondern bindet um so mehr, da in dieser scheinbaren Lösung kein wirklich eigener Weg gefunden wird, sondern die alten Gefühle unerkannt konserviert werden« (Musfeld 1997, S. 187; vgl. auch Christian-Widmaier 2000; Christlieb 1995). Für eine innere Ablösung von der Mutter müssen Aggressionen gegen sie konstruktiv zur Auflösung von Abhängigkeiten und für Autonomiebestrebungen verwendet werden können, zum Beispiel zur Suche nach neuen Bindungen außerhalb der Familie (vgl. Konrad 1999). Zugleich müssen sich auch Mütter von der Tochter abgrenzen und innerlich ablösen[22], um den Schritt in einen neuen Lebensabschnitt gehen und gemäß den eigenen Interessen gestalten zu können. »In keiner anderen Entwicklungsphase wird so deutlich wie in der Adoleszenz, daß die Individuation der Kinder ebenso eine Art Individuation und Ablösung der Eltern erfordert, damit Ablösung nicht lediglich zu Trennung oder Verlassen-Werden, sondern zu einer neuen, nun deutlich gleichberechtigteren Form von Autonomie und Bindung wird – für alle Beteiligten. Hier liegt die große Chance auch für die Erwachsenen, aus der Bewegung ihrer Kinder einen eigenen Gewinn zu haben, der über die ihnen entgegengebrachten bloßen Liebesbezeugungen hinausgeht« (Musfeld 1997, S. 189).

Die Möglichkeiten, aber auch das Schmerzliche und die Verunsicherungen und Widersprüchlichkeiten, die solche Prozesse der Individuation und Ablösung für Mütter bedeuten, werden in der Schilderung von Frau Jürgens deutlich:

»Ich genieße auch meine neue Freiheit, also finde es gut, daß sie groß ist und daß sie das auch gut findet. Manchmal denke ich, ich müßte vielleicht mehr für sie tun… Ich hab' dann ein schlechtes Gewissen, wenn ich manche Tage… nichts für sie getan habe… Ich hab' Angst, daß sie das nicht aushält, aber im Grunde genommen hab' ich Angst, daß ich es nicht aushalte… Weil ich ja nun auch irgendwie in so 'ner Phase bin, wo ich selbst irgendwie versuche, neu zu, ja, empfinden, mich eben wirklich richtig zu begreifen.«

Das Genießen neuer Freiheiten ist ebenso vorhanden wie Schuldgefühle, nicht genug für die Tochter zu tun, Versuche, sich neu zu bestimmen, ebenso wie die Angst, damit nicht zurechtzukommen. Die enge Bindung zwischen Mutter und Tochter zeigt sich in der Verknüpfung, die Frau Jürgens vornimmt zwischen sich selbst und der Tochter, wenn es um die Einschätzung des »groß«-Seins geht: Sie findet es gut, daß die Tochter »groß ist« und findet »gut«, daß die Tochter »das auch gut findet«. Möglicherweise ist nur auf dieser Basis ein Genießen der neuen

»Freiheit« möglich. Wäre die Tochter nicht mit ihrem »groß«-Werden einverstanden, würden Frau Jürgens trennende Impulse von ihrer Seite aus wohl schwerfallen. Ein »schlechtes Gewissen« hat sie dennoch, das Gefühl, »vielleicht mehr für sie tun« zu müssen, »manche Tage... nichts für sie getan« zu haben. Ihr ist dabei klar, daß ihre Angst, daß die Tochter »das nicht aushält«, eigentlich die eigene »Angst« ausdrückt, »daß ich es nicht aushalte«. Das Tiefgreifende der Veränderungen, die für Frau Jürgens mit der Trennung von der Tochter verbunden sind, wird in Formulierungen deutlich, die eine die ganze Person umfassende Neuorientierung ausdrücken: »neu zu... empfinden, mich eben wirklich richtig zu begreifen.« »Mich eben wirklich richtig zu begreifen« weist auch hin auf einen Zustand, in dem sie nicht »wirklich« bei sich war, in dem sie möglicherweise stark für und über die Tochter gelebt hat und ein »Begreifen« des Eigenen darin wenig Raum hatte. So gerät Frau Jürgens mit der Trennung von der Tochter in eine Krisensituation, die sie als sehr schmerzlich, aber auch produktiv beschreibt. Sie denkt über die Lösung aus einer schon lange als unbefriedigend erlebten Partnerschaft nach, plant eine berufliche Neuorientierung und hat eine Psychotherapie begonnen.

Väter, Töchter und die erste Menstruation

Verunsicherungen, Trennungsschmerzen und Neuorientierungen

Auch für Väter ist die erste Regelblutung der Tochter oft mit als verwirrend und schmerzlich empfundenen Gefühlen verbunden, die insbesondere zusammenhängen mit den sich ankündigenden Trennungsprozessen und den erotischen Gehalten der ersten Menstruation.

Ebenso wie für die jungen Frauen ist auch für Väter mit der ersten Regelblutung der Tochter eine Neuorientierung und Umgestaltung der Beziehung erforderlich. Durch die jetzt eindeutige Differenz der Geschlechtszugehörigkeit erweisen sich eine innere Nähe zwischen Vater und Tochter und entsprechende Gemeinsamkeiten als nur begrenzt möglich, begrenzt durch die Tatsache, daß Vater und Tochter unterschiedlichen Geschlechtern angehören.

Für einige Väter ist es schmerzlich und kränkend zu sehen, daß mit der ersten Regelblutung ein Raum zwischen Mutter und Tochter entsteht, aus dem sie ausgeschlossen sind, eine Gemeinsamkeit, an der sie nur aus der Distanz teilhaben können. Für fast alle der von uns befragten Mädchen ist die Mutter die für die Regelblutung zuständige Bezugsperson, über sie lassen die meisten dem Vater auch die Information über ihre erste Menstruation zukommen, nur selten berichtet eine junge Frau dem Vater selbst davon. Einige schildern – wie Jana Imroth –, daß ihnen die positiv unterstützend gemeinte Reaktion des Vaters unangenehm war: »Na ja, er hat mich umarmt, aber ich fand' das gar nicht so toll, wollte erst mal alleine sein.«

In den Schilderungen von Herrn Busch deutet sich an, daß der Ausschluß aus der Gemeinsamkeit zwischen Mutter und Tochter aus Anlaß der ersten Regelblutung für ihn schmerzlich war. »Das haben mehr die beiden gemacht, also die beiden haben gesagt, jetzt müssen wir essen gehen.« Diese mit der ersten Regelblutung von Lisa einsetzende größere Distanz zwischen Vater und Tochter – von Herrn Busch als »Trennung« bezeichnet – bestimmt auch im weiteren ihr Verhältnis zueinander. »Es gibt 'ne Trennung, sozusagen die intimen Sachen mit der

Mutter.« Herr Busch scheint dabei eine neue Form der Beziehungsgestaltung, eine neue Brücke zwischen Lisa und sich entwickeln zu können. Er intensiviert das mit der Tochter geteilte Interesse an Musik. Die entsprechenden Gespräche und Aktivitäten werden von beiden geschätzt, so daß eine neue Form der Verbundenheit – und eine andere als die, die Lisa mit der Mutter hat – entstehen kann.

Besonders für Väter, die die Tochter bis zur Pubertät weniger als Mädchen, sondern geschlechtsneutrales ›Kind‹ oder Sohnersatz wahrzunehmen versucht haben, sind mit dem Zur-Frau-Werden der Tochter starke Verunsicherungen verbunden. Die Trauer über die mit dem Erwachsenwerden der Tochter anstehenden Ablösungsprozesse vermischt sich mit der über die Trennung von einer spezifischen Form von Gemeinsamkeit und Nähe: einer Form, in der geschlechtliche Grenzen nicht vorhanden zu sein scheinen. Entsprechende Erschütterungen und Konflikte zeigen sich besonders prägnant bei Herrn Duden (vgl. Kleyda/Kuhlmann 1999).

Herr Duden beschreibt bis zur Pubertät der Tochter Franka ein sehr enges Verhältnis zu ihr, das durch zahlreiche gemeinsame Aktivitäten, wie handwerkliche Tätigkeiten, sportliche Betätigungen und Hausarbeiten für die Schule – bei denen beide gemeinsam etwas zu lernen scheinen –, kennzeichnet ist. Es entsteht das Bild einer kumpelhaften Beziehung zwischen Vater und Tochter, in der der Vater die Interessen der Tochter und die Tochter die des Vaters teilt und Trennendes nicht zu existieren scheint. Möglicherweise war Franka in Herrn Dudens Phantasien eher Sohn als Tochter. Mit ihrer ersten Menstruation muß eine solche Illusion ebenso wie die Vorstellung einer auch geschlechtlich ungetrennten Beziehung zur Tochter zerbrechen. Im Interview wie ein Leit- und Leidmotiv wiederkehrend, schildert Herr Duden seine Enttäuschung darüber, daß Franka zunächst nur der Mutter und nicht ihm von ihrer ersten Regelblutung berichtet habe.

»Ich hatte das gar nicht von ihr selber, weil sie's mir nicht gesagt hat. Nee, die hat das, also darüber war ich enttäuscht, daß sie mir das nicht auch gesagt hat, sondern meiner Frau, und das war eigentlich so der Tag, wo ich dann auch enttäuscht war. Ich hab' auch nichts gesagt, ich hab' gewartet, bis sie mal, sie wollte das sagen, meine Frau hat mir das gesagt, ich soll ruhig bleiben, sie wird irgendwann mal mir das selber sagen. Das hat sie dann auch gemacht, also Tage später, nur in dem Moment hab' ich gedacht, wieso sagt sie mir das eigentlich nicht? Das war so 'n Vertrauensbruch eigentlich gewesen für mich... Warum, frage ich mich, warum sagt sie mir das nicht? Also es war schon für sie wohl ein besonderer Moment, aber den sie mir jedenfalls nicht mitgeteilt hat.«

Für Herrn Duden ist es ein »Vertrauensbruch« gewesen, daß Franka ihm nicht – wie der Mutter – sofort von ihrer ersten Regelblutung erzählt hat, sondern erst ein paar Tage später. Er scheint nicht akzeptieren zu können, daß es für Franka ein »besonderer Moment« gewesen ist, der sie in eine neue Nähe zur Mutter und deutliche Grenzziehung zu ihm als Vater gebracht hat. »Das hat sie an mir vorbei gemacht, das Ganze da«, beschreibt er seine Sichtweise. Er scheint Frankas erste Regelblutung als persönliche Kränkung erlebt zu haben. Nicht mehr er selbst, sondern die Mutter ist jetzt eine wichtige »Vertraute« für Franka, wenn es um »persönliche Empfindungen« geht. »Ich bin nicht diese Vertrauensperson«, beschreibt er seine Enttäuschung über die veränderte Beziehung Frankas zu ihm. Zugleich scheint er die Illusion zu haben, daß – hätte Franka sich nur anders verhalten – eine Trennung nicht notwendig gewesen wäre und er an Frankas erster Menstruation hätte beteiligt sein können: Sie hat »das Ganze da« an ihm »vorbei gemacht«. Nahegelegt wird, daß sie es auch mit ihm hätte machen können, daß geschlechtliche Grenzen unbedeutend sind. So wird der Tochter die Schuld zugewiesen für das Trennende der mit der ersten Regelblutung deutlich werdenden unterschiedlichen Geschlechtlichkeit von Vater und Tochter.

In Frankas Schilderungen zeigt sich, wie schwierig die Trennung vom Vater – bei ihr ebenfalls am deutlichsten symbolisiert durch die erste Regelblutung – auch für sie ist. Sie scheint – den väterlichen Vorstellungen entsprechend – bis zur Pubertät die Phantasie gehabt zu haben, weniger Tochter denn Sohn des Vaters zu sein. Die erste Regelblutung hat sie – ebenfalls den väterlichen Einschätzungen entsprechend – als gegen den Vater gerichtet erlebt: »Meinem Vater hab' ich das gar nicht erst erzählt, der hat das erst Monate später rausgekriegt.« Sie scheint das Gefühl zu haben, mit der ersten Regelblutung etwas Verbotenes getan zu haben, etwas, das der Vater dann »rausgekriegt« hat. Die Distanz, die sie mit ihrer ersten Regelblutung zum Vater beschreibt, ist dabei noch größer als die in den Schilderungen von Herrn Duden dargestellte. Franka berichtet von Monaten, die der Vater nichts von ihrer ersten Menstruation gewußt habe, Herr Duden von Tagen. Herr Duden schildert, daß Franka ihm dann davon berichtet habe, Franka weist dagegen ihm die Aktivität zu: Er hat es »rausgekriegt«. Deutlich wird Frankas Bedürfnis, den Bereich ihrer sich entwickelnden weiblichen Körperlichkeit vom Vater getrennt zu halten.

Sie scheint die damit für den Vater verbundene Kränkung jedoch zu verstehen: *»Dann ist er schon ein bißchen gekränkt... Ich kann das schon verstehen. Ich mei-*

ne, wenn mein Kind das erst nicht mir erzählen würde, sondern meinem Partner, dann finde ich das auch ein bißchen komisch. Ich mein', das hört sich so an, als ob das Kind kein Vertrauen zu mir hätte. Und das hat sich mein Vater bestimmt auch gedacht. Vielleicht auch, weil er dann merkt, daß er halt nicht sozusagen die Nummer eins dann ist. Daß ich nicht gleich mit allem zu ihm gehe.«

Sie übernimmt die Position des Vaters und auch seine Worte: Von der ersten Regelblutung nicht zu berichten, wird als fehlendes »Vertrauen« interpretiert. Das Bewußtsein, ein Recht auf einen vom Vater abgegrenzten Bereich zu haben, scheint noch fragil zu sein. Deutlich benennt Franka jedoch einen Grund für die väterliche Kränkung: daß er für sie nicht mehr »die Nummer eins« ist. Die stärkere Orientierung an der Mutter ist für sie jedoch nicht unproblematisch. Einerseits beschreibt sie die Mutter als hilfreiche Begleiterin auf dem Wege zum Zur-Frau-Werden – sie hat ihr Verhalten bei der ersten Regelblutung ebenso positiv erlebt, wie den mit ihr gemeinsamen Kauf des ersten BHs und möchte mit ihr zur Gynäkologin gehen, um sich die Pille verschreiben zu lassen –, zugleich sind jedoch deutliche Tendenzen einer Entwertung der Mutter feststellbar. »Sie ist wie meine Oma, sie ist naiv, sie redet und fragt nur Scheiße, ihre ganze Art ist widerlich, abstoßend.« Möglicherweise drückt sich in diesen Schilderungen Frankas Abneigung dagegen aus, wie die Oma und die Mutter zur Frau zu werden. Damit scheint sie Dummheit zu verbinden: Naivität und »nur Scheiße« zu reden. Möglicherweise werden intellektuelle Qualitäten vom Vater als Mann repräsentiert. Mit ähnlichen Bezeichnungen wie »widerlich« und »abstoßend« hat Franka auch das Wachsen ihrer Brüste kommentiert. Diese Abneigung gegen den weiblichen Körper wird möglicherweise auf die Mutter übertragen: Sie als Vertreterin des Geschlechts mit Brüsten ist dann »widerlich« und »abstoßend«. Die Mutter scheint Repräsentantin aller als negativ erlebten Aspekte der Weiblichkeit zu sein und der Vater weiterhin wichtige Orientierungen zu repräsentieren. So berichtet Herr Duden, daß Franka während ihrer Regelblutung nicht »leidet«, sie »da keine besondere Sache draus« mache und weiterhin ohne Probleme und selbstverständlich am Sportunterricht teilnehme: »Wenn sie Sport hat, hat sie Sport.« Frau Duden beschreibt dagegen Frankas Bauchschmerzen, deretwegen sie ihr eine Entschuldigung für den Sportunterricht schreibt. Franka hat einen Kompromiß gefunden zwischen ihrem Leiden an der Regelblutung – »Bauchschmerzen oder so« – und der Orientierung am Vater, der zu ihr sage: »Stell' dich nicht so an.« Der Kompromiß geht allerdings auf Kosten der Mutter und der von ihr repräsentierten Erlaubnis, während der Regelblutung schwach sein zu dürfen. Franka berichtet, unabhängig von ihrer Regelblutung nicht beim Sportunterricht mitmachen zu wollen und die Mutter zu täuschen, um von ihr ein Entschuldigungsschreiben zu bekommen: »Ja, schreib' mir 'ne Entschuldigung. Bauchweh oder so, lüg' ich irgendwas vor.« Die Verachtung für das eigene Leiden an der weiblichen Körperlichkeit wird zur Verachtung für die Mutter, der man etwas ›vorlügen‹ kann.

Franka scheint hin und her gerissen zu sein zwischen der durch den Vater repräsentierten Welt und der durch die Mutter symbolisierten. Aus der Welt des Vaters und der Männer wurde sie mit der ersten Regelblutung ausgestoßen und der Welt der Mutter und der Frauen zugewiesen. Die notwendige Neuorientierung scheint für sie nicht leicht zu sein: Neben der Wertschätzung der Unterstützung der Mutter auf dem Wege zur Weiblichkeit gibt es eine Entwertung der Frauen, die Frankas Schwierigkeit zeigt, sich ihren weiblichen Körper als etwas Gutes, Positives anzueignen.

Frankas Konfliktsituation – hin und her gerissen zu sein zwischen idealisierter väterlicher und als unterstützend erlebter, aber zugleich entwerteter mütterlicher Welt – kann als kennzeichnend angesehen werden für ein Adoleszenzdilemma von Mädchen und jungen Frauen, die, unter gesellschaftlichen Bedingungen einer Höherbewertung des Männlichen und Geringerbewertung des Weiblichen, bis zur Pubertät mit der vom Vater ihnen angesonnenen Phantasie gelebt haben, geschlechtlich nicht festgelegt oder eher Sohn denn Tochter des Vaters zu sein[1], zumindest aber nicht das eindeutig weibliche Geschlecht der Mutter zu besitzen. Mit den körperlichen Veränderungen der Pubertät werden dann Umorientierungen erforderlich, die nicht selten zunächst eingebunden bleiben in die gesellschaftlich nahegelegte Höherbewertung des Männlichen und Entwertung des Weiblichen, die auch das Verhältnis zur eigenen Körperlichkeit betrifft.

Auch für Mädchen und junge Frauen, deren Orientierung am Vater bis zum Eintreffen der Regelblutung nicht so ausgeprägt wie bei Franka gewesen ist, wird mit der ersten Menstruation eine Neugestaltung der Beziehung zu ihm notwendig. Gemeinsamkeiten erweisen sich durch die jetzt unübersehbare Differenz der Geschlechtszugehörigkeit als begrenzt, dafür kommt eine neue sexuelle Dimension in die Beziehung zum Vater. Dadurch kann sich auch das Verhältnis zur Mutter verändern. Einerseits gibt es eine neue Nähe zwischen Mutter und Tochter – der

Körper der Tochter ist dem der Mutter ähnlicher geworden –, andererseits aber auch eine mögliche Rivalität bezogen auf den Vater und Partner der Mutter.

Sexuelle Wünsche, Phantasien und Ängste der Väter

Die erste Regelblutung der Tochter ist für fast alle Väter mit großen Verunsicherungen verbunden, die nicht nur ausgelöst werden durch das sich ankündigende Erwachsenwerden der Tochter und die damit anstehenden Ablösungsprozesse, sondern wesentlich auch zusammenhängen mit den an sie geknüpften, zugleich als erregend und bedrohlich erlebten sexuellen Wünschen und Phantasien. Ebenso wie für Mädchen und junge Frauen hat das Blut der ersten Menstruation auch für Väter eine sexuelle Bedeutung, die mit einer Mischung aus Lust und Angst verbunden sein kann.

Besonders deutlich wird die Irritation durch die erste Regelblutung bei Herrn Busch. Er führt das Thema ›Menstruation‹ mehrfach ungefragt selbst ein, um dann seine Bedeutung zu negieren. Es scheint, als zeige er unaufgefordert etwas, um dann zu sagen: ›Da ist nichts.‹

(Auf die Frage, ob sich mit der Pubertät die Interessen von Lisa verändert haben) *»Ja. Wobei, man müßte erst mal klären, wann die Pubertät eingetreten ist, das kann ich gar nicht genau beantworten... Ich weiß ja nicht, wann die Pubertät nun sozusagen mit dem Stichpunkt angefangen ist.«*

In den weiteren Schilderungen taucht die Bezeichnung »eingetreten« mehrfach im Zusammenhang mit Lisas erster Menstruation auf. Herrn Buschs Intention zu klären, »wann die Pubertät eingetreten ist«, verweist damit auf die erste Regelblutung, allerdings in der Negation, mit der Betonung, nicht zu wissen, wann die »Pubertät... angefangen ist«. Die Bezeichnung »Stichpunkt« für den Beginn der Pubertät legt Assoziationen nahe an einen Stich bezogen auf einen Punkt, möglicherweise wie die Defloration durch einen Penis.

Auch in den folgenden Schilderungen wird die »erste Regel« von Herrn Busch selbst eingeführt, um dann ihre Bedeutung zu negieren.

(Auf die Frage, woran er gemerkt habe, daß Lisa in die Pubertät kommt) *»Weiß ich nicht..., weiß ich nicht. Stichwort erste Regel, hab' ich schon vergessen, wann das war, aber das macht ja nicht die Pubertät aus.«*

Deutlich ist Herrn Buschs Verwirrung. Nach einer wiederholten Betonung, nicht zu wissen, woran er gemerkt habe, daß Lisa in die Pubertät kommt, wird die erste Menstruation kurz eingeführt – »Stichwort erste Regel« –, aber gleich wieder unsichtbar gemacht – »hab' ich schon vergessen, wann das war« – und in ihrer Bedeutung zurückgenommen: »Das macht ja nicht die Pubertät aus.« Wieder wird kurz unaufgefordert etwas gezeigt – Herr Busch hätte zahlreiche, nicht die Regelblutung thematisierende Möglichkeiten gehabt, auf die Frage nach Lisas Pubertät zu antworten –, um es dann zurückzunehmen und zu verbergen.

Auch direkt nach der Situation befragt, in der er erfahren habe, daß Lisa ihre erste Regel bekommen habe, betont Herr Busch, »nicht mehr« zu wissen, wie es war.

»Ich weiß gar nicht mehr, ob die beiden gesagt haben, jetzt müssen wir Essen geben. Ich weiß es nicht mehr, ich hab' das, irgendwie ist das eingetreten... Es war zu erwarten, daß es eintritt, und es hat mich nicht überrascht und gut, ich hab' so 'n bißchen das.«

»Irgendwie ist das eingetreten«, »es war zu erwarten, daß es eintritt«, berichtet Herr Busch, eine Formulierung, die Assoziationen nahelegt an ein schlimmes Ereignis, das befürchtet wurde und jetzt »eingetreten« ist. Möglicherweise ist dieses befürchtete Ereignis, das »eingetreten« ist, Lisas Blut, an dem sichtbar wird, daß seine Phantasien, mit der Tochter sexuellen Kontakt zu haben, sich als Realität erwiesen haben, daß es zu einem »Stichpunkt« kam. Eingetreten wäre dann die Defloration der Tochter durch ihn – eine Phantasie, die verbunden sein könnte mit dem verführerischen Charakter der morgendlichen Badezimmersituation, in der Vater, Tochter und Mutter nackt beisammen sind und bei allen Beteiligten die Vorstellung einer Erektion von Herrn Busch eine Rolle spielt (vgl. S. 187ff). Vor diesem Hintergrund erhält die Darstellungsweise von Herrn Busch, wenn es um Lisas Pubertät geht – unaufgeforderter Hinweis auf die erste Regelblutung und anschließende Zurücknahme – einen Sinn. Eine solche gleichzeitige Enthüllung und Verhüllung folgt der psychischen Logik eines Symptoms, das »Bestätigung und Dementi in einem Atemzug« (Gast 1998, S. 92) ist und einen Kompromiß darstellt zwischen Verdrängtem und den verdrängenden Kontrollinstanzen. Das Verdrängte – der Wunsch, mit der Tochter eine sexuelle Beziehung zu haben – wird besonders bedrohlich durch die Phantasie, daß das Blut der ersten Menstruation Beweis dafür ist, daß der Wunsch Realität und die Tochter defloriert wurde. Die inneren Kontrollinstanzen lassen diese mit Angst und Lust zugleich verbundenen Phantasien – vielleicht um eine Strafe zu provozieren – kurz auftauchen durch den unaufgeforderten Hinweis auf »die Regel« – es ließe sich übersetzen: das Blut der Defloration –, um sie dann wieder zum Verschwinden zu bringen: »Weiß ich nicht«, »das macht ja nicht die Pubertät aus.«

Das Bedrohliche des Blutes von Lisas erster Regel wird noch einmal deutlich in der Art und Weise, in der Herr Busch seine Reaktionen schildert.

(Auf die Frage nach seiner Reaktion, als er von Lisas erster Menstruation erfahren hat) *»Ja, wie ich in solchen Dingen einfach reagiere. Ich mache zur Zeit bei uns in der Schule ein Modellprojekt für Praktika im Gesundheitsbereich. Da seh' ich sehr viel, ich erlebe sehr viel, ich reagier' da relativ gelassen, sag' ich mal ... Also ich bin da ganz ruhig rangegangen, es ist einfach eingetreten, sag' ich mal.«*

Mit der Parallele zu seinen Reaktionen im »Gesundheitsbereich«, in dem Herr Busch Praktika für Schülerinnen und Schüler betreut, wird die Regelblutung in die Nähe einer Krankheit gerückt – sie wird zu »solchen Dingen« – und verknüpft mit den wenig erfreulichen Geschehnissen dort: »Da seh' ich sehr viel, ich erlebe sehr viel.« Es ließe sich ergänzen: ›Schlimmes‹, auf das er »relativ gelassen«, also emotional wenig betroffen reagiert. »Ganz ruhig rangegangen« legt Assoziationen nahe an etwas Bedrohliches, das außer Kontrolle geraten kann, etwas Explosives, von dem Gefahr droht – möglicherweise von der eigenen Erregung, die das Blut der Tochter in der Phantasie von einer Defloration auslöst.[2]

Durch die Verknüpfung von erster Regelblutung mit dem »Gesundheitsbereich« und damit einer potentiellen Krankheit deutet sich eine Tendenz an, die sich in einigen Schilderungen von Vätern findet: Es wird der Versuch sichtbar, die eigenen Verunsicherungen und Irritationen durch die Menstruation der Tochter zu verringern durch den Rückgriff auf gesellschaftlich nahegelegte Bewertungen der Menstruation, in denen auch Bilder von der Regelblutung als Krankheit eine Rolle spielen.

In Herrn Cramers Schilderungen zeigt sich, wie die Befürchtung des eigenen Kontrollverlustes angesichts der zur Frau werdenden Tochter mit dem Schmutzigen des Menstruationsblutes verknüpft wird. Faszination bezogen auf die erste Regelblutung der Stieftochter Anna steht neben ihrer Bewertung als etwas Schmutzigem. So schildert Herr Cramer das Verhalten von Annas kleiner Schwester in einer Weise, die auch sein Angezogensein deutlich werden läßt. Die kleine Schwester fand die Regelblutung »unheimlich interessant« und »spannend« und wollte »zugucken«. Zugleich verbindet Herr Cramer die erste Menstruation mit Kontrollverlust. Befragt nach Annas Erleben, antwortet er in der unpersönlichen »man«-Formulierung:

»Da passiert was mit einem, was man nicht kontrollieren kann... Man kann natürlich auch in solchen Zuständen Angst haben... und dann war ihre Unterhose dreckig.«

Herr Cramer drückt damit möglicherweise seine eigene innere Situation aus: die Möglichkeit eines Kontrollverlustes angesichts der Faszination von Annas Regelblutung – »Da passiert was mit einem, was man nicht kontrollieren kann« – und die damit – mit »solchen Zuständen« – verbundene »Angst«. Diese bedrohliche Situation wird dann verknüpft mit Schmutz: Die Unterhose war »dreckig«. Darüber habe er auch von Annas erster Regelblutung erfahren: »Weil die Unterhosen einfach verschmutzt waren.« Das Thema ›Schmutz‹ im Zusammenhang mit der Menstruation taucht noch einmal auf in der Schilderung, daß Anna sich dann »zwischendurch mal waschen« müsse. Die Definition des Menstruationsblutes als schmutzig könnte dazu dienen, die als bedrohlich erlebte Verführung angesichts der zur Frau werdenden Stieftochter zu bannen, etwa im Sinne eines ›Was schmutzig ist, kann gar nicht anziehend für mich sein‹. Möglicherweise werden zudem die eigenen, als ›schmutzig‹ erlebten sexuellen Phantasien auf das Blut der Menstruation als deren Auslöser projiziert und dort als »dreckig« bekämpft. Auch hier schaffen gesellschaftliche Definitionen – die Bewertung des Menstruationsblutes als schmutzig – Angebote, um mit den eigenen Verunsicherungen, Wünschen und Ängsten zurechtzukommen.

In den Schilderungen von Herrn Abel zeigt sich ein großes Bedürfnis, die erste Menstruation der Tochter als Ereignis darzustellen, das unter Kontrolle war, und zugleich eine deutliche Entwertung menstruierender Frauen. Herr Abel war bei der ersten Regelblutung von Katrin nicht zu Hause, betont aber, daß es »locker« war, seine Frau es »problemlos« mit Katrin »klargemacht« habe, daß es »total easy geregelt« wurde, »ruckzuck über die Bühne« und »total locker vom Hocker« ging und »überhaupt kein Ding« war. Deutlich wird das Bemühen, keine Probleme und Unsicherheiten zuzulassen und – entgegen der Schilderungen von Katrin und auch ihrer Mutter – die erste Regelblutung als Ereignis darzustellen, das reibungslos gehandhabt werden konnte. Die Formulierungen erinnern dabei an eine Verständigung unter Männern, unter ›Kumpeln‹: »klargemacht«, »total easy geregelt«, »ruckzuck über die Bühne«, »total locker vom Hocker«. Katrin hatte bis zur Pubertät ein besseres Verhältnis zum Vater als zur Mutter und die möglicherweise auch von Herrn Abel nahegelegte Phantasie, nicht seine Tochter, sondern sein Sohn zu sein. Möglicherweise überdeckt Herr Abel die mit Katrins Zur-Frau-Werden auch für ihn verbundenen Verunsicherungen, indem er das reibungslose Funktionieren in der Sprache einer Männerwelt betont: Die Weiblichkeit Katrins wird auf diese Weise wieder unsichtbar gemacht, sie läßt sich problemlos einbinden in den unter Männern üblichen Umgang miteinander.

Zugleich ist das Verhältnis von Herrn Abel zur Regelblutung und zu menstruierenden Frauen durch Entwertungen geprägt: Sowohl seine Frau als auch Katrin seien »Tage vorher total tüddelig und... von der Rolle, es fällt was aus der Hand und so weiter... Ja, da wird da drüber gelacht«. Mutter und Tochter werden als Wesen dargestellt, die während ihrer Regelblutung verwirrt, nicht zurechnungsfähig und nicht ernstzunehmen sind – »tüddelig«, »von der Rolle«, »es fällt was aus der Hand« – und über die deshalb »gelacht« wird. Mit diesem Spott über die nicht zurechnungsfähigen und ernstzunehmenden Frauen bannt Herr Abel möglicherweise die Gefühle, die ausgelöst würden, wenn er die Tochter und seine Partnerin als Frauen mit einer eigenen Sexualität, einer erwachsenen Weiblichkeit wahrnehmen würde: Erschrecken, Hilflosigkeit, Angst und Begehren wären vielleicht gleichermaßen vorhanden.

Für einige Väter scheinen ihre auf die Tochter gerichteten Wünsche und Phantasien so bedrohlich zu sein, daß sie – wie Herr Berger – die Beziehung zu ihr mit der ersten Regelblutung abrupt abbrechen.[3] Herr Berger hatte bis zur Pubertät von Rena ein auch körperlich sehr enges Verhältnis zu ihr, das mit der ersten Menstruation für ihn so angstbesetzt wird, daß nur die abrupte Abwendung von der Tochter und damit die Flucht aus der Beziehung zu ihr eine Lösung zu bieten scheint (vgl. S. 177 ff). Die damit verbundene unbewußte Botschaft an die Tochter könnte lauten: ›Deine sich in der ersten Regelblutung zeigende weibliche Körperlichkeit ist so verführerisch für mich, daß ich mich nur retten kann, wenn ich mich ganz von dir abwende.‹[4] Deutlich wird die Phantasie einer großen und gefährlichen Macht des weiblichen Körpers.

Für Töchter können die Botschaften der Väter bezogen auf ihre erste Regelblutung besonders dann mit Kränkungen und Verletzungen verbunden sein, wenn sie sich bisher stark am Vater orientiert haben.[5] Für Katrin Abel war es möglicherweise wenig attraktiv, zur Frau zu werden, weil sie dann in den Augen des Vaters – der für sie bisher die wichtigere Bezugsperson war – wie die Mutter zu dem Geschlecht gehört, das durch ein wiederkehrendes körperliches Geschehen phasenweise nicht zurechnungsfähig und ernstzunehmen und damit lächerlich ist. Auch das könnte zu ihrem Erleben der ersten Menstruation als »Katastrophe« beigetragen haben. Bei Britta Fischer werden die mit dem Vater verbundenen, an die Regelblutung geknüpften Konflikte in einem Symptom deutlich. Sie hatte nur einmal starke Menstruationsbeschwerden, und zwar als sie mit ihrem Vater in der Stadt war. Da ging es ihr »ganz dreckig«, sie hatte »irre Bauchschmerzen und Kreislaufbeschwerden«. Deutlich ist, daß Brittas enges Verhältnis zum Vater mit ihrer Pubertät problematisch wurde. Möglicherweise basierte die bis zur Pubertät gute Beziehung zum Vater auf ihrem »jungenhaften« Aussehen. Der »totale Schock« über ihre erste Regelblutung könnte auch Reaktion auf das wenig positive Verhältnis des Vaters zum Zur-Frau-Werden der Tochter gewesen sein. In den starken Menstruationsbeschwerden in Gegenwart des Vaters drückt sich dann der Schmerz aus, vom Vater mit dem weiblichen Körper nicht mehr so akzeptiert zu werden wie bisher.

Ein Ritual in einer afrikanischen Stammesgesellschaft zeigt eindrücklich, wie mit der ersten Regelblutung der Tochter Inzestwünsche des Vaters zugleich bewußt gemacht und in ihre Schranken verwiesen werden können. Es ist eine soziale Inszenierung aus Anlaß der ersten Menstruation, in der durch symbolische Handlungen genau das vollzogen wird, was bei Vätern in westlich-industriellen Gesellschaften als innerpsychischer Prozeß stattfinden muß.

»Nach dem Eintreten der ersten Periode geht das Mädchen in den Busch und sammelt ein Bündel Brennholz, das sie vor die Hütte ihrer Tante väterlicherseits legt. Sie tritt dann in die Hütte ein und reißt vor deren Augen die Schnur (oft eine Perlenschnur), die sie um ihren Unterleib trägt, auf und reicht sie ihrer Tante. Diese Frau führt das Mädchen in das Haus ihrer Eltern und ruft als erstes ihren Vater. Quer vor den Eingang legt sie die zerrissene Perlenschnur und den Stößel des größten Mörsers. Der Vater schreitet stillschweigend über beide Symbole. Das Öffnen der Schnur ist das symbolische Zeichen des Ereignisses. Das Mädchen hat den ›Fluß überschritten‹ und geht einem neuen Lebensabschnitt entgegen... Der Stößel hat hier rein phallischen Charakter, und zwar in einem doppelten Sinne. Einmal soll er Zeichen des Penis sein, und im weiteren ist er Ausdruck für die Fortpflanzungsfähigkeit der Sippe des Mädchens. Da der Vater anerkennt, daß das

Mädchen von der eigenen Linie weggeht, muß er auch anerkennen, daß seine Tochter weder von ihm noch von seiner Familie benützt werden darf... Der Vater sagt: ›Du, meine Tochter, bist tabu für mich, obwohl Du mein eigenes Blut bist.‹ Und der Schritt über den zerrissenen Gürtel und den Stößel wird mit dem Satz begleitet: ›Mit dem Gürtel binde ich alle meine sexuellen Wünsche, die ich für Dich empfinde.‹ So machen sich die Väter den Inzestwunsch bewußt und mit dem Ritual wird dieser Wunsch in Schranken gehalten. Anstatt ihn zu verdrängen, hebt er ihn hervor, um ihm die Spitze zu brechen« (Burek 1998, S. 236f).

Erste Menstruation – Beginn des Weges in ein eigenes Leben: Innere Prozesse und äußere Bedingungen

Die erste Regelblutung markiert wie keine andere körperliche Veränderung in der Pubertät eine Art von ›Eintritt‹ in die Weiblichkeit. Sowohl für die Mädchen als auch die soziale Umgebung ist sie deutlichstes Zeichen eines Zur-Frau-Werdens. Dementsprechend haben fast alle der von uns befragten Mädchen und jungen Frauen ihre erste Regelblutung als einschneidendes Ereignis erlebt, das mit starker Verunsicherung und Erschütterung verbunden gewesen ist. An das Blut der ersten Menstruation sind vielfältige, auch unbewußte Bedeutungen geknüpft, die bisherige psychische Balancen und Orientierungen in Frage stellen. Angezeigt wird das Ende der Kindheit sowie die eindeutige und unwiderrufliche Zugehörigkeit zum weiblichen Geschlecht, dem Geschlecht der Mutter; eine innere Nähe zum Vater wird brüchig durch die jetzt eindeutige Differenz der Geschlechtszugehörigkeit, dafür kommt eine neue sexuelle Dimension in die Beziehung zu ihm; Konflikte aus früheren Entwicklungsphasen, die sich zum Beispiel auf die Kontrolle des Körpers beziehen, können wiederbelebt werden; Wünsche, Phantasien und Ängste, die mit Sexualität verknüpft sind, erhalten eine neue Bedeutung.

Die erste Menstruation bezeichnet dabei den Beginn eines längeren Veränderungs- und Entwicklungsprozesses. Vera King (1999) weist hin auf die Spannung zwischen körperlicher Genitalität und psychischer Genitalität. Die körperlichen Veränderungen sind zunächst etwas Fremdes, der »genitale Körper ist... nicht etwas, das man einfach hat, sondern etwas, das angeeignet werden muß« (King 1999, S. 213). Aus dieser Perspektive kann die Adoleszenz verstanden werden als »Wegstrecke zwischen den beiden Polen der herangewachsenen leiblichen Genitalität auf der einen Seite und der zu erlangenden psychischen Genitalität auf der anderen Seite..., als... Prozeß der schrittweisen Integration und Aneignung des genitalen Körpers« (ebd., S. 206f). Für den Beginn dieser »Wegstrecke« hat die erste Regelblutung eine besondere Bedeutung. Durch sie entsteht »eine neue Qualität von Erregungen und Phantasien..., die die körperlichen Veränderungen begleiten. Mit der Menstruation rücken die inneren Genitalien des Mädchens deutlicher ins Zentrum der psychischen Verarbeitung« (ebd., S.216). Der genitale Innenraum umfaßt dabei nicht nur die Vagina, sondern ebenso die Gebärmutter und die anderen Organe, die mit der Fruchtbarkeit im Zusammenhang stehen (vgl. Kestenberg 1961).

Entsprechende Aneignungsprozesse sind wesentlich auch bestimmt von der Unsichtbarkeit der inneren Genitalien, die die Entwicklung einer psychischen Repräsentanz, d.h. eines inneren Bildes, sowie die Trennung zwischen Realität und Phantasie erschweren kann (vgl. Gambaroff 1999). Der genitale Innenraum ist ›angefüllt‹ mit einer Vielzahl von Phantasien, die ihren Ursprung in der Beziehung zur Mutter, in Bildern über den eigenen Ursprung und väterlichen Identifizierungen haben. »Bilder der Leiblichkeit (sind) mit verinnerlichten Objektbeziehungen... verschmolzen« (King 1999, S.213). So ist der »Uterus psychosomatisch... Sitz der introjizierten Mutter« (Gambaroff 1984, S.34; vgl. auch Guignard 2000). Entsprechende Phantasien sind wesentlich auch geprägt von der Qualität der frühen Beziehung zu ihr. Bleiben feindselige Introjekte unintegriert erhalten, können sie an den im eigenen Inneren repräsentierten Ort der Mutter, den Uterus gebunden sein.[1]

Die psychische Aneignung des genitalen Innenraums ist wesentlich auch bestimmt von der Auseinandersetzung mit Phantasien über die eigene Herkunft. Es »erlangen die Phantasien und Bilder über die eigene Zeugung und Empfängnis, über die produktiven und destruktiven Potenzen des elterlichen Paares eine zentrale Bedeutung, und der herangewachsene genitale und fortpflanzungsfähige Körper aktualisiert entsprechende mütterliche und väterliche Identifizierungen... Das innere Bild des genitalen Körpers ist erfüllt von Ursprungs- und Urszenenphantasien, von Bildern des Sexuellen, von den Bildern über das ödipale Paar« (King 2000a, S.61). Die wesentliche psychische Arbeit der Adoleszenz besteht darin, den eigenen Körper herauszulösen aus inneren Bindungen, aus Besetzungen durch andere, durch die Mutter und den Vater. Das erfordert innere Trennungsprozesse: insbesondere die Trennung von auf die Mutter der Kindheit gerichteten Wünschen und Phantasien und das Lösen des sexuellen Begehrens aus den Beziehungen zu Mutter und Vater.

Adoleszente Entwicklungen sind eingebunden in einen komplexen Zusammenhang von gesellschaftlichen Definitionen, Anforderungen und Weiblichkeitsbildern sowie innerfamilialen Dynamiken und ihnen unterliegenden Botschaften. Es finden Prozesse der Ausgestaltung von Körperlichkeit und Sexualität statt, für die kulturelle Vorgaben und gesellschaftliche Strukturen des Geschlechterverhältnisses einen Rahmen schaffen, innerhalb dessen unterschiedliche Entwicklungsmöglichkeiten gegeben sind. Von Bedeutung sind dabei Interaktionsprozesse in der Familie, aber auch Beziehungen außerhalb der Familie, zum Beispiel in der Schule sowie zu Gleichaltrigen, insbesondere zu Freundinnen.

Das in empirischen Untersuchungen angegebene durchschnittliche Alter der Mädchen bei der ersten Menstruation liegt in der Bundesrepublik Deutschland – wie in westlich-industriellen Gesellschaften generell – zwischen 12,1 Jahren (Neubauer 1990) und 13 Jahren (Schmid-Tannwald/Kluge 1994, S. 62).[2] In diesem Alter ist die Perspektive einer Mutterschaft noch in weiter Ferne und die mit der ersten Regelblutung angezeigte potentielle Fruchtbarkeit für viele eher verunsichernd denn Quelle von Freude und Stolz. Die Auseinandersetzung mit dieser körperlichen Potenz steht für die meisten über viele Jahre in einem Spannungsverhältnis zwischen Wünschen nach Selbständigkeit und der Entwicklung eigener Fähigkeiten und Kompetenzen insbesondere im Bereich der beruflichen Arbeit einerseits und Wünschen nach einem Kind andererseits (Geissler/Oechsle 1996; Keddi u.a. 1999; Seidenspinner u.a. 1996).[3] Beides gleichermaßen zu verwirklichen ist auch unter bundesrepublikanischen Bedingungen des beginnenden dritten Jahrtausends angesichts der Stabilität der geschlechtsspezifischen Arbeitsteilung, der am männlichen Modell des berufszentrierten Lebenslaufs orientierten Strukturen im Bereich der Erwerbsarbeit sowie ungenügender sozialpolitischer Stützen für eine auf Beruf und Kinder gleichermaßen bezogene Lebensgestaltung nur schwer möglich (Geissler 1998; Tölke 1998). Die Auseinandersetzung mit ihrer potentiellen Fruchtbarkeit ist bei jungen Frauen dementsprechend – wahrscheinlich noch über die adoleszente »Wegstrecke« hinaus – auch geprägt durch einen gesellschaftlichen und kulturellen Bruch, der zum Ausdruck kommt in der »Unvermitteltheit und Unintegriertheit zwischen öffentlichem und privatem Leben, zwischen Beruf und Familie« (King 1997, S. 37).

Die erste Menstruation bezeichnet den Beginn prokreativer Potenzen, sie ist »das erste Mal im weiblichen Fruchtbarkeitszyklus« (King 1999, S. 217), zugleich verweist jede Regelblutung aber auch auf Sexualität jenseits von Schwangerschaft und Mutterschaft, auf die Möglichkeit sinnlicher Lust und Erotik ohne Schwangerschaft.[4] Die erste Menstruation und die folgenden Regelblutungen haben bei vielen Mädchen und jungen Frauen eine sexuelle Bedeutung. Das Blut der ersten

Menstruation kann unbewußt mit sexueller Lust oder entsprechenden Strafängsten und jede Blutung mit lustvollen und erregenden Empfindungen verbunden sein. Insofern enthalten Botschaften über die Menstruation immer auch Botschaften über sexuelle Lust.[5] Kulturelle Definitionen der Menstruation als Hygieneproblem und damit implizit als etwas Schmutziges, zu Verbergendes, können daher die latente Mitteilung enthalten, daß sexuelle Wünsche und Phantasien und eine Lust, die zunächst den eigenen Körper, das eigene Geschlecht zum Zentrum haben, so unsauber sind wie das Blut der Menstruation und ebenso wie dieses zu verschwinden haben. In den Reaktionen von Müttern auf die erste Menstruation der Tochter finden sich Elemente dieser gesellschaftlichen Bewertungen wieder. Es scheint so etwas wie verborgene Rituale zwischen Müttern und Töchtern zu geben, in denen sich Umgehensweisen mit der ersten Regelblutung schnell verengen auf das Thema ›Hygiene‹, auf Binden und Tampons. So nehmen Gespräche bald einen entsprechenden Verlauf, und Mütter übergeben ihren Töchtern Binden oder gehen entsprechend mit ihnen einkaufen.

Eine ähnliche Funktion – das Beschneiden von Erotik und Sinnlichkeit – kann auch die kulturelle Definition der Regelblutung als Quelle von Leiden und Unwohlsein[6] haben. Nicht Lust und Potenz bestimmen dann das Verhältnis zu dieser Facette weiblicher Körperlichkeit, sondern Unlust und Schwäche. Diese Empfindungen prägen das Menstruationserleben vieler Mütter und Töchter, sie scheinen eine gesellschaftlich nahegelegte Form der Verbundenheit zwischen Müttern und Töchtern zu schaffen.

Verborgene Rituale zwischen Müttern und Töchtern und Erlebensweisen der Menstruation sind eingebettet in eine komplexe Beziehungsdynamik und erhalten ihre Bedeutung in diesem Kontext. Für fast alle Mädchen ist die Mutter bei der ersten Regelblutung die erste und wichtigste Ansprechpartnerin oder Bezugsperson. In der sich zwischen beiden entfaltenden Beziehungsdynamik verdichtet sich das emotionale Geschehen, das die lebensgeschichtliche Phase der Adoleszenz kennzeichnet. Die erste Menstruation signalisiert eine neue Nähe zwischen Mutter und Tochter – der Körper der Tochter hat sich dem der Mutter angenähert –, zugleich aber auch den Beginn von Abgrenzungs- und Trennungsprozessen: Mit der ersten Menstruation deutet sich der Schritt der Tochter in ein eigenes erwachsenes Leben an. Für beide – Mutter und Tochter – geht es um Fragen von ›Gemeinsamkeit‹ und ›Unterschiedlichkeit‹, von ›Verbundenheit‹ und ›Trennung‹.

Für Mütter ist mit der ersten Menstruation der Tochter eine Auseinandersetzung an unterschiedlichen Polen der Generationenspanne verbunden. Die Pubertät der Tochter – insbesondere die erste Regelblutung – bedeutet für fast alle eine Wiederbelebung der eigenen Gefühle, Wünsche, Hoffnungen, Ängste und Kränkungen dieser Zeit sowie die damit verbundene innere Aktualisierung der Beziehung zur Mutter. Es wird eine erneute Bearbeitung der eigenen Mutterbeziehung erforderlich. Zugleich werden Frauen mit der ersten Menstruation der Tochter auf das Vergehen der Lebenszeit hingewiesen. Die Tochter wird zur Frau, die ihr erwachsenes Leben vor sich hat, die Mutter ist dagegen mit den durch das Älterwerden gesetzten Grenzen konfrontiert. Wie beides verarbeitet werden kann – die Wiederbelebung der eigenen adoleszenten Gefühle, Wünsche, Hoffnungen, Ängste und Kränkungen und deren Einbindung in die Beziehung zur Mutter sowie die an das Älterwerden geknüpften Gefühle, die auch Neid und Rivalität bezogen auf die Tochter enthalten können –, prägt die Verhaltensmöglichkeiten gegenüber der Tochter bei ihrer ersten Regelblutung. Deutlich wird, wie schwer es für Frauen ist, der Tochter innerlich ein lustvolleres Verhältnis zum Körper zuzugestehen, als sie es selbst hatten. Der Neid auf die Jugend der Tochter kann sich verbinden mit der Wiederholung selbst als problematisch erlebter Verhaltensweisen der eigenen Mutter: ›Du sollst es nicht besser haben als ich‹, lautet dann die zugrundeliegende Botschaft.

Für Töchter ist das körperliche Zur-Frau-Werden, wie es sich insbesondere mit der ersten Regelblutung zeigt, mit verstärkten sexuellen Wünschen und Phantasien verbunden, die sich zunächst auch auf Vater und Mutter richten. In psychoanalytisch orientierten theoretischen Ansätzen wird in dieser adoleszenten Wiederbelebung inzestuöser Wünsche und Phantasien eine wesentliche Triebkraft für die Ablösung von den Eltern gesehen. Mit der körperlichen Reife werden sexuelle Beziehungen auf einer Erwachsenenebene real möglich, das macht entsprechende Phantasien zugleich erregender und erschreckender als in früheren Entwicklungsphasen. Die »Heranwachsende muß fürchten, daß die neuen, stärkeren Triebe sich störend in die Beziehungen zu jenen Menschen eindrängen, die im Gefühlsleben des Kindes eine zentrale Rolle gespielt haben – seine Eltern. Aus diesem Grund macht der Beginn der Pubertät den Verzicht auf die Eltern als primäre Liebesobjekte erforderlich« (Dalsimer 1987, S. 6; vgl. auch Kaplan 1988, S. 135 ff). Dabei sind auf den Vater und auf die Mutter bezogene erotische Wünsche und Phantasien gleichermaßen von Bedeutung. »Wenn die Pubertät fortschreitet..., wird die Heranwachsende... homosexuelle wie heterosexuelle Wünsche entwickeln.

Sie wird einige Jahre brauchen, um ihre Libido von der Mutter abzuziehen. Die Versuchung, wieder auf Mutters Schoß zu krabbeln, lauert im Hintergrund ihrer Gedanken und Phantasien. Den aggressiven, rivalisierenden Gefühlen... sind stets erotische, libidinöse Sehnsüchte beigemischt – manchmal möchte sie ein passives, umsorgtes Baby sein, manchmal der aktive Liebhaber, der alle Wünsche der Mutter befriedigen kann« (Kaplan 1988, S. 205). Aus Anlaß der ersten Menstruation ist eine sinnlich-erotische Nähe zwischen Mutter und Tochter möglich, die – wenn Grenzen eindeutig gezogen sind – eine anerkennende Wertschätzung der weiblichen Körperlichkeit und Sexualität der Tochter durch die Mutter enthalten und als wichtiges stärkendes Potential für die adoleszente »Wegstrecke« (King 1999) fungieren kann.

Entsprechend der engen Beziehung zur Mutter sind Ablösungsprozesse geprägt durch starke Ambivalenzen und Widersprüchlichkeiten: harte Abgrenzungen, zum Beispiel durch Entwertung der Mutter, stehen neben Wünschen nach Nähe und Verbundenheit. Louise Kaplan (1988) betont auch hier die Bedeutung der erotisch-sinnlichen Dimension: »Anwandlungen von sehnsüchtigem Verlangen, denen unvermittelt Anfälle von Herabsetzung und Verunglimpfung folgen, beginnen die Szenerie der Mutter-Tochter-Beziehung zu beherrschen. Durch die Faszination, die von den eigenen Brüsten und Schenkeln auf das Mädchen ausgeht, wird sein Verlangen nach der Mutter wiederbelebt, deren Brüste, Arme, Schenkel und Schoß, deren Zärtlichkeit und spiegelnde Bewunderung einst die Elemente des stärksten Liebesverhältnisses waren, das es bisher kannte... Die aufkommenden homoerotischen Strebungen sind für die Jugendliche das Signal, die altvertrauten Klagen gegen die Mutter... anzustimmen, auf ihren Unzulänglichkeiten herumzureiten... Diese strengen Urteile wirken der erotischen Anziehung entgegen« (ebd., S. 205 f). Als Möglichkeit, den »Verwicklungen der Mutter-Tochter-Beziehung ein Stück weit zu entkommen« (ebd., S. 207), wird nicht selten eine andere erwachsene Frau – eine Lehrerin oder die Mutter einer Freundin – erotisch besetzt. Die »verehrte, angeschwärmte Frau... verkörpert positive Alternativen zu den verachteten Werten und Einstellungen der Mutter. Sie hilft dem Mädchen, ihre homosexuelle Leidenschaft in ein vorübergehendes oder bleibendes leidenschaftliches Interesse umzuwandeln... Damit wird die homoerotische Leidenschaft ins Geistige, Sublime erhoben,... (sie wird) sublimiert« (ebd., S. 208). Ebenfalls wichtig auf dem Wege der Ablösung von der Mutter sind Freundinnen: Sexualität und Körperlichkeit können in einem von der Mutter abgegrenzten Bereich gemeinsam erforscht und angeeignet werden (vgl. Flaake/John 1992).

Heterosexuelle Wünsche und Phantasien richten sich zunächst auch auf den Vater. Ebenso wie bei den homoerotischen Strebungen müssen die sexuell getönten Anteile dieser Liebe im Verlauf der Adoleszenz auf neue, außerfamiliale Personen übertragen werden.[7] Mit der sexuellen Färbung der Beziehung zum Vater kommt auch eine neue Dimension in die Mutter-Tochter-Beziehung: Rivalität, die geprägt ist vom jugendlichen Frausein der Tochter und dem Älterwerden der Mutter.

Neben der Dimension von Rivalität zwischen Mutter und Tochter und der der oft vehementen und aggressiven Abgrenzungsbemühungen der Tochter gibt es eine Ebene der Verbundenheit zwischen beiden, auf der Abgrenzendes und Trennendes stillgestellt, wie eingefroren zu sein scheint: eine enge und leiblich verankerte Bindung aneinander, die auf einer Gemeinsamkeit des Leidens, des negativen Erlebens der Regelblutung, auf gemeinsamen Beschwerden oder Verstimmungen beruht. Von beiden Seiten ist eine Abgrenzung hin zum Besseren schwierig. Müttern fällt es schwer, der Tochter zu vermitteln, daß sie, anders als die Mutter selbst, ein positives Verhältnis zur Regelblutung haben darf, für Töchter ist es schwierig, anders als die Mutter ein problemloseres, besseres Verhältnis zur Menstruation zu haben und sich darüber zu freuen. Diese leibliche Verbundenheit im Leiden – die in kulturellen Bildern der Regelblutung angelegt ist – scheint der Vermeidung offener Rivalität und Aggressivität zu dienen: indem diese aktiv nach außen gewandten und trennenden Impulse nach innen umgeleitet und verwandelt werden in Schmerzen und Mißbehagen, die wieder eine Gemeinsamkeit schaffen, allerdings keine als positiv empfundene, oder aber indem für die pflegebedürftige Tochter wieder eine für beide problemlosere Nähe auf der Ebene der Mutter-Kind-Beziehung hergestellt wird. Zugleich kann das Leiden an der Menstruation auch verstanden werden als Verkehrung sexueller Lust in Unlust und Schmerzen.[8] Beide – Mutter und Tochter – signalisieren symbolisch den Verzicht auf eine eigene Lust und bleiben damit aneinander gebunden. Die Tochter verzichtet darauf, die Verantwortung für ihre Lust aus den Händen der Mutter in die eigenen zu nehmen und die damit verbundene Verunsicherung und Einsamkeit zu spüren; die Mutter signalisiert durch ihr Einverständnis mit der Gemeinsamkeit im Leiden, daß sie der Tochter nicht wirklich wünscht, daß sie ihren Körper und ihre Sexualität mehr genießen kann, als es ihr selbst bisher möglich war. Neid, Rivalität und Trennungsängste können dabei eine Rolle spielen.

Für beide – Mutter und Tochter – bedeutet die erste Regelblutung den Beginn als schmerzlich erlebter Trennungsprozesse. Für Mütter steht der Abschied von einer Lebensphase und einer meist sehr engen und intensiven Bindung an, für Töchter der Abschied von einer nahen, versorgenden Beziehung, aber auch – wenn der Schritt in ein eigenes Leben gelingen soll – von der Phantasie, von der Mutter noch alles bisher Vermißte bekommen zu können, von ihr dann in allen Wünschen und Bedürfnissen gesehen und verstanden zu werden. Nur wenn die bisherigen Erfahrungen mit der Mutter ein Fundament von überwiegend als positiv Erlebtem geschaffen haben, wenn bis zur Pubertät genügend ›gute Mutter‹[9] verinnerlicht werden konnte, ist der Schritt hin zu einer Trennung von ihr nicht so schmerzlich, daß er innerlich vermieden werden muß.

Der Verlauf des adoleszenten Weges von jungen Frauen wird auch davon geprägt sein, inwieweit es ihnen gelingt, die gegen die Mutter gerichteten Aggressionen konstruktiv zur Auflösung von Abhängigkeiten und für Autonomiebestrebungen zu verwenden und sich auf diese Weise auch von leiblichen lustverhindernden Bindungen zu befreien. »Nur über die aggressive Auseinandersetzung mit der Mutter, die beide Beteiligte überleben läßt und die Beziehung stärkt, entsteht das Wissen, daß der Einsatz eigener Kraft und eigenen Willens nicht tödlich verläuft, sondern konstruktiv und kreativ sein kann. Zwischen Mutter und Tochter entsteht dann der Raum, in dem die Frau mit eigenem Recht für beide sichtbar wird, ein Raum, in dem Kreativität, Lust und der Bezug zur Welt gedacht werden kann« (Musfeld 1997, S. 275 f). Parallel zur adoleszenten »Wegstrecke« der Tochter können Mütter eine Neuorientierung ihrer Lebensperspektiven vornehmen. Der Neid auf die Jugend der Tochter und die ihr offenstehenden Möglichkeiten wird dann produktiv gewendet und zum Auslöser für eine Auseinandersetzung mit den bisher unerfüllten Wünschen und dem noch Möglichen.[10] Auf der Basis einer solchen inneren Ablösung von der Tochter besteht die Chance, ihr die Erlaubnis zu geben, daß sie ihren Körper und ihre Sexualität mehr genießen darf, als es ihr – der Mutter – bisher selbst möglich war, und die Entwicklung der adoleszenten Körperlichkeit und Sexualität mit Anerkennung und Wertschätzung zu begleiten. Damit kann ein geschützter Raum entstehen, innerhalb dessen Mädchen und junge Frauen mit ihren erotischen Wünschen und sexuellen Erregungen spielen und sukzessive zu einer eigenen Balance zwischen Zulassen der Lust und innerer Kontrolle finden.

Dieser geschützte Raum ist auch angewiesen auf ein väterliches Verhalten, das gleichermaßen eine klare, auch körperliche Distanz zur Tochter enthält wie die Aufrechterhaltung einer wertschätzenden, liebevollen Beziehung zu ihr. In der Vater-Tochter-Beziehung hat die erste Regelblutung eine große Bedeutung. Als deutlichstem Zeichen des Zur-Frau-Werdens ist sie – sowohl bei Vätern als auch Töchtern – mit sexuellen Wünschen und Phantasien verbunden, die als zugleich erregend und bedrohlich erlebt werden. Dabei ermöglichen gesellschaftliche Bilder der Menstruation – wie ihre Definition als Pathologie, als etwas Schmutziges, zu Verbergendes und als Ausnahmezustand, der die betroffenen Frauen unzurechnungsfähig macht[11] – Vätern Strategien, mit den eigenen Verunsicherungen, Wünschen und Phantasien umzugehen, allerdings auf Kosten der Töchter und der Wertschätzung ihrer weiblichen Körperlichkeit. Die mit solchen Strategien verbundene beruhigende Botschaft könnte lauten: ›Was schmutzig ist oder eine Krankheit und Frauen zu nicht ernstzunehmenden Wesen macht, kann gar nicht anziehend für mich sein.‹ Möglicherweise haben in kulturellen Bildern der Menstruation angelegte Entwertungstendenzen eine entsprechende Funktion: weibliche Sexualität und Potenz zu beschneiden. Auf einer tieferen Ebene liegt dem die Phantasie von der gefährlichen Macht weiblicher Sexualität zugrunde.

Die erste Regelblutung ist eingebunden in die gesellschaftliche Organisation und symbolische Repräsentation der Geschlechter und ihrer Beziehung zueinander. Unter Bedingungen einer polar entgegengesetzten Geschlechterdefinition bei Höherbewertung des Männlichen und Geringerbewertung des Weiblichen – wie sie mit unterschiedlichen Ausformungen der Geschlechterhierarchie typisch sind für die Mehrzahl westlich-industrieller Gesellschaften – bedeutet die erste Menstruation für Mädchen eine eindeutige Zuweisung zu einem und nur einem Geschlecht, dem weiblichen, sowie die Verortung auf der Seite des weniger angesehenen Pols der Geschlechterordnung. Diese gesellschaftlichen Rahmenbedingungen können besonders für diejenigen Mädchen und jungen Frauen ein Dilemma schaffen, die sich bis zur Pubertät stark am Vater orientiert haben und in dieser Orientierung von ihm unterstützt wurden. Mit den körperlichen Veränderungen der Pubertät, insbesondere der ersten Regelblutung, werden Umorientierungen erforderlich, die um so konfliktreicher sind, je stärker die väterliche Welt idealisiert und die mütterliche entwertet wurde. Die Regelblutung symbolisiert dann eine narzißtische Wunde, sie steht für die Kränkung, ›nur‹ eine Frau wie die Mutter zu sein – eine Kränkung, die verstärkt wird durch väterliche Tendenzen, die weibliche Körperlichkeit der Tochter, ihre Regelblutung, nicht wertzuschätzen. Die adoleszente »Wegstrecke« wird dann zwischen zwei Polen verlaufen: einerseits der fortbestehenden Höherbewertung des Männlichen und Entwertung des Weiblichen, die auch die eigene Körperlichkeit umfaßt, und andererseits der Integration der körperlichen Veränderungen in ein positiv besetztes Selbstbild, die die Chance bietet, gesellschaftlich als männlich und als weiblich Definiertes zusammenzufügen und polare Entgegensetzungen der Geschlechterdefinitionen aufzulockern. Zu welchem dieser Pole adoleszente Wege tendieren, hängt auch ab von gesellschaftlichen Angeboten für entsprechende Integrationsprozesse, zum Beispiel im Bereich von schulischer Sozialisation.

Die Schwierigkeiten einer Aneignung des weiblichen Körpers und die Ambivalenz medizinischer Angebote

In zahlreichen Untersuchungen wird deutlich, daß viele Mädchen und junge Frauen – trotz Informiertheit über einige Fakten – nur über ein unvollständiges und zum Teil falsches Wissen über ihre Genitalien und die mit ihrer Innergenitalität verbundenen körperlichen Vorgänge verfügen. »Oberflächlich schienen sie gut informiert, bei weiterem Nachfragen zeigte sich jedoch, daß sie keine klare Vorstellung von ihren Organen und deren Funktion hatten und unfähig waren, ihr äußeres Genitale zu beschreiben« (Hauswald/Zenz 1992, S.51; vgl. auch Gille 1995; Milhoffer 1999). Diese ›Leerstelle‹ im Erleben der genitalen Körperlichkeit trifft auf Angebote der Gynäkologie, mit einem vermeintlich objektiven Blick die Ordnung im Innern abzusichern oder – bei Problemen – wiederherzustellen.

Der Besuch bei der Gynäkologin oder dem Gynäkologen hat für viele Mädchen und junge Frauen eine große Bedeutung, für einige scheint er den Charakter einer Initiation in das erwachsene Frauenleben zu haben. So beschreiben Katrin Abel, Anna Cramer, Franka Duden und Birgit Esch, daß sie sich – obwohl sie Angst vor einem solchen Besuch und keine Beschwerden haben – unter dem Druck fühlen, in der nächsten Zeit zu einer Frauenärztin oder einem Frauenarzt zu gehen. Anna Cramer schildert die Notwendigkeit eines solchen Besuches ähnlich wie die Notwendigkeit, mit einem Jungen zu schlafen, um in ihrer Klasse ›dazuzugehören‹. Sie befürchtet, daß sie sonst »mit 16 immer noch dasitze« und »Angst« habe.

»Ich hatte bis jetzt noch keinen Grund dazu irgendwie, weil keine Beschwerden. Aber ich glaub', ich sollte da vielleicht bald mal hingehen. Also in meiner Klasse ist es jetzt so, da sind die –, ich glaub', ich möchte das jetzt einfach mal hinter mich bringen. Nicht, daß ich dann mit 16 immer noch dasitze und so Angst und so.«

Der Besuch bei der Gynäkologin oder dem Gynäkologen erscheint als unabwendbarer Bestandteil eines Frauenlebens, den man »hinter« sich »bringen« muß, nicht jedoch als verbunden mit Beschwerden oder Krankheit.

Von medizinischer Seite wird eine solche Haltung unterstützt durch krankenkassenfinanzierte Angebote einer »Teenagersprechstunde«, die jedes Mädchen in der Pubertät besuchen sollte. Einerseits besteht so die Möglichkeit zu einer umfassenden Vorsorge, andererseits wird weibliche Körperlichkeit damit aber auch als prinzipiell problematisch definiert und einer von Männern geprägten und dominierten Medizin überantwortet. »Indem auch die nette Gynäkologin vermittelt, daß... das Mädchen zur Untersuchung kommen soll, teilt sie ihr indirekt mit, für die Bestätigung ihrer Gesundheit und ihrer Normalität brauche sie einen professionellen Begutachter! Nicht das Mädchen selbst entwickelt für sich eine Professionalität, nicht die Frau kennt sich am besten mit sich aus, sondern sie benötigt eine Beurteilung von außen. Es wird folglich nicht die Selbstwahrnehmung gefördert und die Übernahme von Eigenverantwortlichkeit, sondern eine Abhängigkeit von der Medizin« (Kastendieck 1996, S. 5; vgl. auch Schindele 1995).[1]

Solche Selbsterfahrung und -erforschung wenig fördernden Angebote seitens der Medizin können zusammentreffen mit inneren Barrieren gegen die Aneignung des weiblichen Körpers, so daß die Entwicklung eines inneren Bezugs zu den mit der Pubertät verbundenen Veränderungen und eines inneren Bildes der weiblichen Genitalien unvollständig bleibt.

Weibliche Körperlichkeit und Schönheitsvorstellungen – Wünsche, Verunsicherungen, Bestätigungen

Körpergefühle und die Bedeutung der Brüste

Im Unterschied zur ersten Menstruation, die plötzlich eintritt und unübersehbar auf die Veränderungen des Körpers hinweist, vollziehen sich die übrigen Wandlungsprozesse der Pubertät kontinuierlich und über einen längeren Zeitraum hinweg: das Wachsen der Brüste und der Scham- und Achselhaare, die Veränderungen der Figur und die Weiterentwicklung der äußeren und inneren Genitalien. Anders als die erste Menstruation können diese Veränderungen des Körpers über längere Zeit hinweg ignoriert werden, wenn sie innerlich nicht erwünscht sind.

Das Wachsen der Brüste hat im Rahmen dieser körperlichen Veränderungen eine besondere Bedeutung. Ähnlich wie die erste Menstruation, wenn auch nicht so abrupt und prägnant, zeigt es die unaufhaltsame Entwicklung des Körpers hin zu dem einer Frau an, es signalisiert das Ende der Kindheit und die endgültige Zugehörigkeit zu einem und nur einem Geschlecht, dem der Mutter. Zugleich sind die Brüste in unserer Kultur eines der zentralen Symbole für weibliche Sexualität.[1] Durch sie werden Mädchen – ob sie es sich wünschen oder nicht – als sexuelle Wesen wahrgenommen, und auch eigene sexuelle Wünsche und Sehnsüchte sind häufig mit dem Wachsen der Brüste verbunden. Entsprechend diesen Bedeutungsgehalten sind die Gefühle vieler Mädchen und junger Frauen ambivalent.

Viele Mädchen scheinen die Entwicklung ihrer Brüste nicht bewußt erlebt zu haben. Sie werden dann mit Überraschung zur Kenntnis genommen. Dem entspricht das Ergebnis der Studien von Ingrid Olbricht (1989): »Nur etwa ein Viertel aller Frauen überhaupt beobachtet als Mädchen mit Aufmerksamkeit die Entwicklung der eigenen Brüste... Oft wird die Wahrnehmung dieses Vorgangs... verdrängt« (ebd., S. 17).[2]

Kaum eine der von uns befragten jungen Frauen hat die Brüste mit Freude zur Kenntnis genommen, es überwiegen zunächst Ablehnung und Abneigung gegenüber dieser körperlichen Veränderung. Besonders ausgeprägt ist ein solches negatives Erleben bei denjenigen, die von sich berichten, bis zur Pubertät wie ein Junge ausgesehen oder sich als Junge gefühlt zu haben. Aber auch bei den übrigen sind negative Empfindungen vorherrschend. »Oh Scheiße, was ist denn das, das will ich nicht«, schildert die 16jährige Katrin Abel ihre entsprechenden Gefühle. »Wollte ich irgendwie nicht, wollte ich nicht, fand das nur eklig..., das Geschlabber vorne rum«, berichtet die 15jährige Franka Duden. Für die 19jährige Birgit Esch war das Wachsen der Brüste »sehr beunruhigend..., ich hab' das nicht so als toll empfunden«. Die 16jährige Britta Fischer berichtet: »Das hat mich eigentlich ziemlich gestört.« Weniger direkt, aber doch deutlich kommt als negativ Empfundenes in den Schilderungen der 15jährigen Lisa Busch und der 14jährigen Anna Cramer zum Ausdruck. Entsprechend ihrer inneren Strategie, den Verunsicherungen der Pubertät durch intellektuelle und sublimierende Tätigkeiten zu begegnen, nimmt Lisa Busch eine distanzierte Außenposition gegenüber ihren körperlichen Veränderungen ein: Sie habe sie »mitbeobachtet«. Anna Cramer formuliert Positives als Negation von etwas Bedrohlichem und deutet damit indirekt ihre mit dem Wachsen der Brüste verbundenen Ängste an: »War nicht schlimm.«

Ähnlich wie bei der ersten Menstruation spielt auch beim Wachsen der Brüste die Einbettung dieser Entwicklungen in eine Gemeinsamkeit unter Klassenkameradinnen und Freundinnen eine Rolle. Durch zeitliche Gemeinsamkeiten im Eintreten der körperlichen Veränderungen wird ein Rahmen von ›Normalität‹ geschaffen, der als wichtiger Bezugspunkt für das Verhältnis von Mädchen zu ihrem sich verändernden Körper fungiert und innerpsychische Aneignungsprozesse beeinflußt. Bei denjenigen, die sich – gemessen an Klassenkameradinnen und Freundinnen – als spät sich entwickelnd wahrnehmen, kann die Erleichterung über die dann doch eintretenden Veränderungen psychische Verunsicherungen mildern oder überlagern. Bei denjenigen, deren Körper sich im Vergleich zu anderen Mädchen früh verändert, können Verunsicherungen und ein negatives Erleben besonders ausgeprägt sein. So beschreibt die 14jährige Conny Jürgens die Veränderungen ihres Körpers:

»Bei mir ist das... schon ziemlich früh gegangen, daß sich mein Körper verändert hat, es ging eigentlich ganz schnell... Ich kann mich an nichts halt nicht erinnern, also wie der Busen größer geworden ist, kann ich mich nicht mehr dran erinnern. Ich weiß nur noch, wie gar nichts war und wie plötzlich alles da war.... Ich war eine der, wo sich, wo ich mich schneller entwickelt hab', da hab' ich mich mehr geschämt dafür, aber zum Schluß, jetzt ist es halt ganz normal. Jetzt haben 's halt alle in meinem Alter.«

In der doppelten Verneinung »an nichts halt nicht erinnern« kommt Connys widersprüchliche innere Situation zum Ausdruck: die körperlichen Veränderungen nicht wahrnehmen zu wollen, sie zugleich aber doch gespürt zu haben, so daß sie sich eigentlich an »nichts... nicht« erinnert. Auf der Ebene bewußter Wahrnehmungen ist ihre Überraschung über den »größer« gewordenen Busen groß: Erst war »gar nichts«, dann »plötzlich alles da«. »Plötzlich alles« verweist auf mehr als nur den Busen, vielleicht auch auf die erwachenden sexuellen Sehnsüchte und Wünsche. Dann ist die Scham, die Conny schildert, verständlich: Am Busen sehen alle, daß sie ein sexuelles Wesen ist, während sich bei den anderen Mädchen keine entsprechenden Anzeichen finden. Conny fühlte sich auf eine für sie unangenehme Weise in einer herausgehobenen Position: »Ich war eine der«. Dieser von ihr abgebrochene Satz ließe sich ergänzen mit ›ersten, denen man Sexualität angesehen hat‹. Beruhigung erfährt Conny durch die entsprechenden Entwicklungen der anderen: »Jetzt haben 's halt alle in meinem Alter.« Die Formulierung »haben 's« – verwiesen wird auf ein ›es‹ – macht noch einmal deutlich, daß es um mehr als den Busen ging. ›Es‹ – das Sexuelle – haben jetzt »alle« und damit ist es »ganz normal«.[3]

In den Schilderungen der 13jährigen Jana Imroth zeigt sich eine weitere Facette des mit dem Wachsen der Brüste verbundenen negativen Erlebens. »Daß mein Busen gewachsen ist, das fand ich auch nicht so schön, wollte ich immer eigentlich möglichst verdecken.« Das Bedürfnis, den Busen zu verdecken – das ähnlich auch bei Britta Fischer eine Rolle gespielt hat –, kann den Wunsch ausdrücken, sich vor zuschreibenden oder auch sexualisierenden Blicken der Umgebung – von Mutter, Vater, Jungen und Männern – zu schützen. Von entsprechenden Blicken der Mutter berichtet Conny Jürgens: »Oh, der Busen kommt ja schon, das ist eigentlich nervend.« Anna Cramer schildert die sie kränkenden Kommentare ihrer Klassenkameraden: »Guck mal, die hat ja noch gar nichts und so, und Gott, die braucht ja bestimmt... BH-Größe 95d.« Auch als unangenehm empfundene Äußerungen von Vätern spielen eine große Rolle (vgl. S. 210ff).

So können die mit dem Wachsen der Brüste verbundenen negativen Empfindungen Ausdruck von Ambivalenzen gegenüber dem sich zeigenden Zur-Frau-Werden und den daran geknüpften sexuellen Wünschen und Phantasien sein; zugleich können sie auch zusammenhängen mit Zuschreibungen der sozialen Umgebung: mit den sichtbar werdenden Brüsten von Männern als sexuelles Wesen und damit als Objekt des Begehrens wahrgenommen zu werden[4] und von der Mutter als zukünftige Frau mit den bei beiden damit verbundenen Phantasien und Gefühlen.

Ein positives Verhältnis zu den Brüsten entwickelt sich nicht selten durch den wertschätzenden Blick des anderen Geschlechts und im Laufe von Beziehungen zu Jungen. So berichtet eine 18jährige junge Frau, daß ihr anfänglich negatives Verhältnis zu den Brüsten sich mit ihrem Interesse an Jungen gewandelt habe: »Ich hab' gar nicht bemerkt, wie meine Brüste gewachsen sind..., irgendwann stand ich vor dem Spiegel, dacht' so, mein Gott, sind die schon groß, echt so völlig geschockt. Irgendwie stand ich da, kann 's nicht fassen, boah, erst hat's mich geärgert. Weil ich das irgendwie nicht mochte, dann so unter dem T-Shirt, und dann sah man das..., aber jetzt, dann langsam dacht' ich so, ist doch schön. Also, als das mit den Jungens angefangen hat, da hab' ich angefangen, das schön zu finden, so richtig, aber davor..., da fand ich's nicht so toll.«

Ebenso wie für die mit der ersten Menstruation verbundenen körperlichen Potenzen und Prozesse sind auch für die veränderten Körperformen, insbesondere die Brüste, Aneignungsprozesse erforderlich, durch die sie in ein neues Körperbild und Selbsterleben integriert werden. Die sozialen Rahmenbedingungen für diese Aneignungsprozesse legen dabei eher die Fortsetzung von Verunsicherungen nahe, als daß sie Angebote für die Entwicklung von Stolz auf den Körper bereitstellten. So zeigt sich bei fast allen der von uns befragten Mädchen und jungen Frauen – auch den älteren, die sich, so eine häufige Formulierung, an die neuen Körperformen »gewöhnt« haben – eine deutliche Unzufriedenheit mit ihrem Körper. Einige haben ein positives Verhältnis zu einzelnen Aspekten ihres Aussehens, empfinden anderes dagegen als problematisch, bei einigen überwiegt als negativ Erlebtes, etwa bezogen auf das Gewicht, die Körpergröße, den Busen, den Po, die Beine, Haare und Haut. Solche Verarbeitungsformen der körperlichen Veränderungen der Pubertät sind stark geprägt von gesellschaftlichen Weiblichkeitsdefinitionen und Körperbildern.[5]

Gesellschaftliche Bilder weiblicher Körperlichkeit, Selbstbilder und die Blicke des anderen Geschlechts

Die Adoleszenz ist für die meisten Mädchen und jungen Frauen mit einer starken, den Körper betreffenden Verunsicherung verbunden. Die erste Menstruation ist deutlichstes Symbol für die mit dem Zur-Frau-Werden anstehenden Veränderungen, aber auch die übrigen Wandlungsprozesse des Körpers – das Wachsen der Brüste, die Veränderungen von Gestalt und Figur – erfordern Umstrukturierungen und Neugestaltungen des Körperbildes und des entsprechenden Selbsterlebens und Selbstbewußtseins. In diesen Entwicklungen sind innerpsychische Prozesse der Auseinandersetzung mit dem Neuen der Empfindungen und Formen des Körpers unlösbar verknüpft mit der Aneignung, Ausgestaltung und Modifikation gesellschaftlicher Geschlechtervorstellungen und Weiblichkeitsbilder. Die körperlichen Veränderungen der Pubertät sind eingebunden in kulturelle und gesellschaftliche Definitionen und Bewertungen: in soziale Konstruktionen von Zweigeschlechtlichkeit, in kulturelle und gesellschaftliche Bilder von Weiblichkeit, in normative Vorstellungen von Sexualität, in denen eine heterosexuelle Aufeinanderbezogenheit der Geschlechter zentral ist.[6] Erst im Kontext sozialer Definitionen und Bewertungen erhalten die körperlichen Veränderungen der Pubertät ihre spezifische Bedeutung. Diese gesellschaftlichen Bedeutungszuweisungen prägen das Selbstgefühl und Selbsterleben und sind damit tief in psychischen Strukturen, im Selbstbild und Selbstbewußtsein verankert.

Kulturelle und gesellschaftliche Bilder weiblicher Körperlichkeit, wie sie in westlich-industriellen Gesellschaften vorherrschen, sind stark geprägt durch Schönheitsideale[7] und einen spezifischen Bezug zum anderen Geschlecht. Dieser Bezug sieht nicht zentral ebenbürtige Wechselseitigkeit und Selbsttätigkeit vor, sondern für Frauen, trotz deutlicher Veränderungen im Geschlechterverhältnis in den letzten drei Jahrzehnten, eine Wendung von Aktivität zu Passivität, zum Sich-zum-Objekt-Machen, zum Objekt männlicher Blicke und männlichen Begehrens (vgl. Stein-Hilbers 2000, S. 108ff). Die in gleichgewichtigen erotisch-sexuellen Beziehungen enthaltene Gleichzeitigkeit von eigenem Begehren und Begehrtwerden ist in gesellschaftlichen Geschlechterbildern aufgespalten: Den Männern wird das Begehren, den Frauen das Begehrtwerden zugewiesen. Dabei handelt es sich um Bilder einer »hegemonialen« Weiblichkeit (vgl. Connell 1999), d.h. einen gesellschaftlich dominanten Identitätsentwurf, der noch nichts besagt über konkrete Selbstbilder von Frauen, mit dem sich jedoch alle auseinandersetzen, zu dem sich alle – zustimmend oder abgrenzend – in Beziehung setzen müssen.

Die in hegemonialen Weiblichkeitsbildern enthaltenen Schönheitsvorstellungen sind dadurch gekennzeichnet, daß sie prinzipiell nie ganz erfüllbar sind, die Nichterreichbarkeit der Maßstäbe scheint zentraler Bestandteil dieser Normen und damit Ursache für eine starke Unsicherheit von Frauen bezogen auf ihren Körper zu sein.[8] In den 80er Jahren hat Frigga Haug (1988) mit der Methode der »Erinnerungsarbeit« in einer Gruppe von Studentinnen anschaulich die entsprechende Wirkung von gesellschaftlichen Bildern weiblicher Körperlichkeit analysiert und damit Mechanismen aufgezeigt, die ihre Bedeutung nicht verloren haben. So war für viele Erinnerungen, insbesondere jene an die Pubertät, das Gefühl kennzeichnend, daß der Körper immer ›falsch‹ ist, daß irgendwo immer etwas ›nicht in Ordnung‹ ist. Dieses Grundgefühl des Nichtgenügens stellten die Frauen auch zum Zeitpunkt der Studie noch bei sich selbst fest (ebd., S. 50ff).[9] Gezeigt werden konnte, »wie einzelne Körperteile mit Sexualität verknüpft wurden, wie der Körper als Ganzes zum Ausdruck des Geschlechts wurde, in welchen Praxen wir welchen Umgang mit unserem Körper einübten und wie all dieses in die gesellschaftlichen Strukturen, in das soziale Geschlechterverhältnis eingebunden ist« (ebd., S. 10f).

In diesem Rahmen gewinnen die imaginierten Blicke des anderen Geschlechts[10] eine besondere Bedeutung.[11] Die Norm der heterosexuellen Aufeinanderbezogenheit der Geschlechter und die asymmetrischen Strukturen des Geschlechterverhältnisses – Männliches als Symbol für Begehren, Aktivität, Subjektivität und Selbsttätigkeit, Weibliches weiterhin nicht in gleichem Maße Symbol für eine solche aktive Handlungsfähigkeit – schaffen Bedingungen, in denen ein Begehrtwerden durch das andere Geschlecht eine größere Bedeutung erhalten kann als ein eigenes Begehren, also die vermutete Einschätzung anderer des Aussehens wichtiger sein kann als das eigene Selbstgefühl. Der Körper wird dann wahrgenommen mit dem phantasierten Blick des anderen Geschlechts, bevor es ein eigenes positives Gefühl für ihn gibt.[12]

Diese kulturellen und gesellschaftlichen Rahmenbedingungen legen eher die Kontinuität einer Verunsicherung von Mädchen und jungen Frauen bezogen auf ihren Körper nahe, als daß sie Anknüpfungspunkte für ein stabiles Selbstbewußtsein schaffen könnten. So zeigt eine 1993 in den alten Bundesländern durchgeführte repräsentative Untersuchung eindrücklich, wie sich mit der Adoleszenz die Bezugspunkte einer positiven Selbsteinschätzung verschieben. Mit zunehmendem

Alter der Mädchen – die zwischen 11 und 14 Jahre alt waren – wird die Wertschätzung eigener Fähigkeiten ebenso wie der Stolz auf schulische Leistungen deutlich geringer. Die Bedeutung des eigenen Aussehens nimmt dagegen stark zu, zugleich wird gerade dieser Aspekt der Person von der Mehrzahl der Mädchen als problematisch empfunden und ist mit einer Labilisierung des Selbstbewußtseins verbunden (Gille 1995).[13]

Gefühle, die sich auf die Schönheit des eigenen Körpers beziehen, beschreiben nur wenige der von uns befragten Mädchen und jungen Frauen. In einigen Formulierungen tauchen solche Gefühle jedoch als potentielle Quelle von Selbstbewußtsein auf, so bei einer 18jährigen jungen Frau, die die bewußte Wahrnehmung ihres Körpers in den Ferien am Strand beschreibt: »Meine Füße finde ich schön, das ist mir in den Ferien aufgefallen, sind ganz normale Füße, aber da saß ich so am Strand, dachte so, hast du schöne Füße.« Ähnlich schildert Doris Lessing (1994) in ihrer Autobiographie einen Moment, in dem sie sich plötzlich der Schönheit ihres Körpers bewußt wurde. »In einem Winkel des Buschwalds... stand ich... und blickte plötzlich hinunter auf meine Beine, als sähe ich sie zum ersten Mal, und dachte: Sie sind schön. Braune, schlanke, wohlgeformte Beine. Ich zog mein Kleid hoch und betrachtete mich bis hinauf zum Schlüpfer und war von Stolz auf meinen Körper erfüllt (ebd., S. 215 f).[14]

Für fast alle der von uns befragten Mädchen und jungen Frauen gibt es an ihrem Körper etwas, mit dem sie nicht zufrieden sind; bei einigen bezieht sich diese Unzufriedenheit nur auf einzelne Aspekte des Aussehens, bei anderen auf vieles oder den Körper insgesamt. Die 14jährige Conny Jürgens formuliert das unter Mädchen Verbreitete einer Unzufriedenheit mit dem Körper. »Halt das Normale, zu dick«, antwortet sie auf die Frage, wie sie ihr Aussehen finde, und deutet damit an, daß für Mädchen die Abweichung von der Norm in einer Zufriedenheit mit ihrem Gewicht bestünde. Anscheinend gibt es unter Mädchen und jungen Frauen eher eine Kultur der Unzufriedenheit mit dem Körper, des Klagens über ihn, denn eine Kultur des Stolzes, des körperlichen Wohlbefindens und der wechselseitigen positiven Bestätigung.[15]

Ohne eine Kultur des Stolzes auf den Körper erhalten bewertende Blicke und Kommentare des anderen Geschlechts eine besondere und oft auch kränkende und verletzende Bedeutung. Barry Thorne (1993) hat die sexualisierenden und häufig auch diskriminierenden Bemerkungen von Jungen über den Körper von Mädchen an US-amerikanischen Schulen beschrieben und anschaulich die für Mädchen damit verbundenen Verunsicherungen und Kränkungen dargestellt. Eine Studie von Georg Breidenstein und Helga Kelle (1998) zu Interaktionen zwischen 9- bis 12jährigen Schülerinnen und Schülern spricht dafür, daß ein sexualisiertes und von seiten der Jungen oft aggressives Klima auch in deutschen Schulen nicht selten ist. Festgestellt wird insbesondere bei den 10- bis 12jährigen ein »geradezu obsessiv wirkender Gebrauch von Vokabeln und Metaphern aus dem Bereich des Sexuellen« (ebd., S. 155), der geschlechtlich deutlich unterschieden ausgestaltet ist. Es »verteilen sich die Rollen von Subjekt und Objekt... eindeutig auf die Geschlechter: Überwiegend sind es Jungen, die Mädchen kommentieren. Die Kommentare beziehen sich meist auf körperliche Merkmale oder Details der Kleidung von Mädchen« (ebd., S. 165; vgl. auch Schön 1999, S. 255 ff). Ebenso gehen sexuelle Beleidigungen nur selten von Mädchen aus, sie werden primär zwischen den Jungen und von Jungen bezogen auf Mädchen geäußert. So scheinen die Strukturen des Geschlechterverhältnisses es Jungen zu ermöglichen, die mit der Pubertät verbundenen Verunsicherungen in ein aggressiv-sexualisierendes Verhalten gegenüber dem anderen Geschlecht zu wenden und sich über eine Entwertung des zugleich als verführerisch und bedrohlich erlebten Weiblichen zu stabilisieren.[16]

Die für Mädchen kränkenden Wirkungen solcher Strategien werden in der Schilderung einer 13jährigen jungen Frau deutlich, in der die Zerstörung eines Gefühls für die Schönheit des eigenen Körpers durch die Blicke und Bemerkungen des anderen Geschlechts thematisiert wird. Die junge Frau beschreibt eine Diskrepanz zwischen ihrem positiven Körpergefühl, wenn sie mit sich alleine ist, und den sie verletzenden Bemerkungen der Jungen: »Ich... fühlte mich gerade wunderschön, und dann erzählen die mir das immer... Weil ich dick bin, ärgern mich die Jungs immer... ieh, schon wieder die Dicke, guck dir die Dicke in dem Badeanzug an..., guck mal die Dicke auf Rollern, und da war ich eigentlich schon sehr deprimiert und traurig irgendwo, daß die mich nicht in Ruhe lassen können.«

So ist Zur-Frau-Werden unter den bestehenden gesellschaftlichen Verhältnissen mit spezifischen Anforderungen, Angeboten und Widersprüchlichkeiten verbunden, die gesellschaftlich nahegelegte verwundbare Seiten des Selbstgefühls und Selbstbildes schaffen können, die insbesondere das Verhältnis zum Körper betreffen. Innerhalb dieser gesellschaftlichen Rahmenbedingungen erhalten Zusammenhänge, die eine Bestätigung weiblicher Körperlichkeit nicht nur vom anderen, sondern auch vom eigenen Geschlecht bereithalten, eine große Bedeutung. Die

Mutter-Tochter-Beziehung hat dabei eine wichtige Funktion. Die Ausgestaltung adoleszenter Prozesse hängt auch davon ab, ob Mädchen und junge Frauen in dieser Beziehung eine Wertschätzung ihrer weiblichen Körperlichkeit erfahren haben oder kein solches Fundament für die weiteren Entwicklungen geschaffen werden konnte.

Mutter-Tochter-Beziehung und der Stolz auf den weiblichen Körper – Möglichkeiten und Verhinderungen

Ebenso wie die erste Menstruation sind auch die anderen körperlichen Veränderungen der Pubertät eingebunden in die für diese Zeit spezifischen Strukturen der Mutter-Tochter-Beziehung: in die Widersprüchlichkeit von Ablösungsprozessen und in oft von wechselseitiger Rivalität und Neid geprägte Dynamiken. Das macht Wünsche und Gefühle bei Müttern und Töchtern ambivalenter, als es den auf der bewußten Ebene formulierbaren Vorstellungen entspricht. So kann der Blick von Müttern auf den Körper der Tochter Wohlwollen, Freude und Stolz, aber auch dem zuwiderlaufende Tendenzen enthalten. Diese Ambivalenzen hängen zusammen mit den anstehenden Trennungsprozessen, an die der sich verändernde Körper der Tochter erinnert, aber auch mit Gefühlen, die ausgelöst werden durch die Konfrontation des eigenen älter werdenden Körpers mit dem jugendlichen der Tochter. Auf seiten der Töchter können Wünsche nach Wertschätzung des eigenen weiblichen Körpers konfligieren mit rivalisierenden Tendenzen und dem Bedürfnis, sich einen von der Mutter abgegrenzten Bereich zu schaffen.

Bei einigen der Mädchen und jungen Frauen zeigt sich der Wunsch nach einem wohlwollenden Blick der Mutter auf ihren Körper. So wird in den Schilderungen der 16jährigen Katrin Abel Freude über eine entsprechende Wertschätzung ihrer Mutter deutlich: »Meine Mutter sagt das manchmal..., wenn ich mir Klamotten kaufe, ja, du könntest doch alles anziehen, von der Figur her, daß sie dann eben, ja, mich lobt, daß sie das dann eben gut findet.« Die 15jährige Franka Duden scheint die Zuständigkeit für ihre Brüste an die Mutter delegiert zu haben und sich wohl dabei zu fühlen. »Meine Mutter... meinte, ja, wollen wir 'nen BH kaufen gehen?... Das fand ich ganz gut, daß sie sich drum gekümmert hat.« Auch Frau Duden schildert dieses Situation als eine, die von einer positiven Gemeinsamkeit getragen war und in der sie für Franka entlastende Funktionen übernommen hat: »Was sie auch ganz gut fand, daß wir dann ihren ersten BH gekauft haben. Wollte sie auch gerne haben. Darüber reden im Geschäft, das war äußerst peinlich, da mußte ich immer so ganz leise reden.«[17]

Gerade bei Frau Duden und Franka werden aber auch potentielle Verhinderungen einer positiven Wertschätzung des weiblichen Körpers deutlich.[18] Trotz der von beiden als angenehm empfundenen Nähe beim Kauf des ersten BHs scheinen auch Dynamiken eine Rolle zu spielen, über die sich als problematisch erlebte Körpergefühle tradieren. Frau Duden beschreibt eine triumphierende Rivalität der Tochter ihr gegenüber, die sich auf die Körpergröße und die Größe der Brüste bezieht. Sie selbst hat besonders in der Pubertät darunter gelitten, daß sie »sehr klein« war und nur einen »Minibusen« hatte. »Ich... fand das immer total bescheuert, daß ich nur so 'n kleinen hatte.« Dabei spielten die Konkurrenz mit der etwas älteren Schwester und die Attraktivität für Jungen eine große Rolle: »Meine Schwester, die hatte 'nen großen Busen. Und die Jungs fanden den immer alle ganz toll.« Sie berichtet von einer Situation, die für sie »peinlich« war. Sie habe, um einen Jungen, den sie »immer ganz, ganz nett« fand, zu beeindrucken, »Watte« in ihren BH »reingesteckt«. »Und der hat nur gesagt, wie das wohl kommt, daß ich plötzlich 'nen Busen hätte.« Entsprechende Kränkungen haben möglicherweise die Wahrnehmung der körperlich sich entwickelnden Tochter geprägt, deren inneres Bild bei Frau Duden dann mit dem der beneideten attraktiveren Schwester verschwimmt. Dabei schildert Frau Duden einen Triumph der Tochter über ihren »größeren Busen« und auch die Körpergröße, der sich im Interview mit Franka nicht findet. Schon in der ersten Interviewpassage berichtet Frau Duden über ihre Tochter: »Sie... hat gesagt, sie hätte ja nun endlich mal 'nen größeren Busen als ich.« »Das hab' ich natürlich auch gesehen«, fährt sie fort und deutet damit auch eine Rivalität ihrerseits an. Bezogen auf die Körpergröße schildert sie Frankas Verhalten ähnlich triumphierend: »Dann hat sie mir auch gesagt, so, jetzt bin ich größer.« »Das gönn' ich ihr«, beschreibt sie ihre Reaktion auf die Größe der Tochter, eine Formulierung, die zeigt, daß ein Neid vorhanden war, der innerlich so bearbeitet wurde, daß der Tochter das als besser Empfundene gelassen werden kann. Bezogen auf die Brüste der Tochter gibt es keine solche Äußerung.

Auffallend ist, daß sich im Interview mit Franka keine Entsprechung zu dem von Frau Duden geschilderten »Stolz« der Tochter auf ihren Busen und die Körpergröße findet, im Gegenteil: Franka ist mit ihrem Körper sehr unzufrieden, im Zentrum stehen die Aspekte des Aussehens, die auch für die Mutter selbst problematisch waren. »Mein Busen ist zu klein, und ich bin selbst zu klein«, beschreibt

Franka ihren Körper. Es scheinen Dynamiken in der Mutter-Tochter-Beziehung wirksam gewesen zu sein, über die sich – trotz Elementen positiver Gemeinsamkeit – eher negative Körperbilder tradiert haben. Eine Rolle kann die in der Adoleszenz der Tochter besondere Qualität von Neid und Rivalität in der Mutter-Tochter-Beziehung spielen, die sich bei Frau Duden und Franka in zugespitzter Weise zeigt. Frau Dudens Menstruation blieb kurz nach der ersten Regelblutung der Tochter aus, mit der Pubertät der Tochter beginnen die Wechseljahre der Mutter, die Frau Duden mit einem Verlust an Sexualität und positiven Möglichkeiten der Lebensgestaltung verbindet. Der Neid auf die Jugend der Tochter und die ihr offenstehenden Möglichkeiten hat vielleicht verhindert, daß Frau Duden Franka wirklich ein lustvolleres befriedigenderes Verhältnis zu ihrem Körper wünschen konnte, als sie selbst es bisher hatte.[19]

Bei Franka wurden die offene Rivalität mit der Mutter und der Stolz auf den Körper, auf die Körpergröße und die größeren Brüste, möglicherweise gebremst durch die Wahrnehmung, daß die Mutter – parallel zum eigenen Zur-Frau-Werden und in der Phantasie vielleicht schuldhaft damit verknüpft – in eine Phase depressiver Stimmungen gerät, die mit dem Gefühl des Verlusts der weiblichen Körperlichkeit, von Sexualität und Lebensperspektiven, einhergeht. Franka scheint diesen Konflikt – in der Phantasie durch die Entwicklung des eigenen schönen Körpers schuld zu sein am Unglück der Mutter, die ihre Weiblichkeit verloren hat – gelöst zu haben durch eine Rücknahme von Rivalität und Stolz auf den Körper – beides findet sich im Interview mit ihr nicht – und eine Übernahme des negativen Körpergefühls der Mutter: »Mein Busen ist zu klein, und ich bin selbst zu klein«. Letzteres ließe sich ergänzen mit: ›Und ich bin viel »zu klein«, um meiner Mutter etwas anzuhaben, bin ja eigentlich noch Kind und weiß noch nichts von Sexualität und Rivalität.‹

Rivalität in der Mutter-Tochter-Beziehung: Muß eine von beiden die Schönere sein?

Besonders prägnant kommt die Rivalität zwischen Mutter und Tochter bezogen auf das Aussehen bei Frau Lutz und ihrer 18jährigen Tochter Lena und Frau Berger und der 15jährigen Rena zum Ausdruck. Rena hatte die Rivalität mit der Mutter aus Anlaß der ersten Regelblutung angekündigt mit der von ihr selbst geschilderten Äußerung im Schlafzimmer von Mutter und Vater: »Ich bin jetzt auch eine Frau«, eine Äußerung, die sich ergänzen läßt mit: ›und kann meine erotische Ausstrahlung auf Männer, zum Beispiel den Vater, wirken lassen‹ (zur ausführlichen Interpretation vgl. S. 177 ff). Bei Lena lassen sich rivalisierende Tendenzen nur vermuten.

Auch die Mütter treten in deutliche Rivalität mit ihren Töchtern. Sowohl bei Frau Lutz als auch Frau Berger ist ein spezifisches Muster erkennbar: Die Körperlichkeit der Tochter wird negativ beschrieben, die eigene dagegen als attraktiver als die der Tochter dargestellt. Beide Frauen schildern in recht drastischen Begriffen die für sie problematische Figur der Tochter.[20] Frau Berger beschreibt Rena als »fett«, Frau Lutz Lena ebenfalls als zu dick, sich selbst dagegen als »schlank«: »Sie fraß und sie kriegte so 'n Hintern. Und ich hab' dann... gesagt, Lena, friß nicht so,... das geht in die Figur... Du kriegst so 'n richtigen Arsch. Und das konnte sie gar nicht gut haben... Das Kleid paßte nicht, das spannte ... und ich hatte dann eben auch recht, weil ich... eben sagte, friß nicht so viel... Mit dem Rock war dann das gleiche. Ich sage, hoffentlich platzt der nicht. Und dann sagt sie zu mir: Ich weiß gar nicht, wie du das schaffst, immer schlank zu bleiben.« Auch Frau Berger beschreibt ihre »bessere Figur«, zudem, daß sie »im Gegensatz zu anderen Müttern noch relativ jung empfunden« wird.

Die Äußerungen über die problematische Figur der Tochter und die bessere eigene folgen bei beiden Frauen unmittelbar auf die Schilderung, daß ihnen als erstes am sich verändernden Körper der Tochter der schöne Busen aufgefallen sei. »Sie hatte so 'n ganz knackigen, schönen Busen«, berichtet Frau Lutz. Frau Berger schildert eine von der Tochter ausgehende Konkurrenzsituation: »Lena veräppelt mich immer, die sagt immer, suchen, suchen, weil sie mich ja schon längst überflügelt hat.«

Der schöne jugendliche Busen der Tochter hat beide Frauen möglicherweise mit dem eigenen älter werdenden Körper konfrontiert und zu Neid und Rivalitätsgefühlen geführt.[21] Über eine Entwertung anderer Aspekte des Aussehens der Tochter – ihrer Figur – wird dann versucht, das eigene Aussehen aufzuwerten und damit das Selbstgefühl zur stärken. Beide Frauen kritisieren dabei an ihren Töchtern das, was sie selbst an ihrem eigenen Körper oft als problematisch empfunden haben. Beide berichten, daß sie selbst häufig zu viel essen und sich zeitweise »fett« gefunden haben. In der Tochter scheinen eigene als negativ erlebte Seiten und Anteile gesehen und zugleich abgewehrt zu werden. Die Tochter steht dann für den ›schlechten‹ Körper der Mutter, während die Mutter sich von diesem in der Tochter verkörperten Schlechten positiv unterscheidet. Es scheint so, als könnte es bezogen auf den Körper der Tochter nur eine Entweder-oder-Logik geben: ›Entweder sie ist schön, oder ich bin es.‹ Ein ›Sowohl als auch‹, ein ›Sie ist schön, und ich versuche es auf meine Weise und meinem Alter entsprechend auch zu sein‹ scheint nicht möglich.

Besonders deutlich wird die Entweder-oder-Logik in Frau Bergers Schilderung eines Konflikts mit Rena um den Besuch eines Sportstudios. Nur eine von beiden – Mutter oder Tochter – kann demnach ihren Körper auf eine solche Weise schlank halten, beiden gemeinsam ist es nicht möglich. Dabei ist die Mutter die Siegerin: »Ich mache jetzt also auch Sport und fühle mich von mir aus einfach auch gut... Wo ich durch den Sport einfach wieder 'ne bessere Figur gekriegt habe... Sie würde natürlich gerne mit mir ins Studio kommen, und das sehe ich irgendwo nicht ein, daß ich jeden Monat 80 Mark für sie ausgebe... Sie sieht es nicht ein..., also ich sollte es für mich sein lassen und ihr das bezahlen.« Vorstellbar ist für Frau Berger nur, daß eine – entweder sie oder die Tochter – das Studio besucht, um eine »bessere Figur« zu haben, eine Lösung, die es beiden ermöglichen würde, gerät nicht in den Blick. Dabei wird eine solche Gemeinsamkeit von Frau Berger aus der Tochterperspektive durchaus formuliert – »Sie würde gerne... mit mir.. kommen« –, die mütterliche Position wehrt sich jedoch dagegen.

Eine solche Entweder-oder-Logik – ›sie oder ich‹ – verweist implizit auf eine Dreierkonstellation, auf eine Struktur, in der zwei Personen um ein Liebesobjekt konkurrieren und nur eine die Siegerin sein kann.[22] Entsprechende Tendenzen können sich beziehen auf den Vater der Tochter und Partner der Mutter. »Die Tochter wird der Mutter ähnlicher, sie ist nun so jung und schön wie die Frau, die der Vater einst begehrte. Und die Tochter möchte zunächst auch dem Vater gegenüber die Attraktivität ihrer erwachsenen Weiblichkeit erproben« (Waldeck 1992, S. 194f).[23] Das kann Mütter in ihrer Position bedrohen, zugleich aber auch eigene frühere Gefühle wiederbeleben. Mütter werden dann innerlich selbst noch einmal zur Tochter, die über die Mutter triumphieren möchte. Mit solchen psychischen Tendenzen kann unterschiedlich umgegangen werden: Sie können in Abgrenzung von der Tochter als eigene Probleme bearbeitet werden, sie können jedoch auch – wie bei Frau Berger und Frau Lutz – offen ausgelebt werden. Eine diesem Muster zugrundeliegende psychische Funktion beschreibt Johanna Schäfer (1999) am Beispiel einer Mutter-Tochter-Beziehung, in der die Mutter »in der Beziehung zur Tochter eine ehemals ausgeprägt konkurrierende Beziehung zur eigenen Mutter« (ebd., S. 123) wiederholt. Das »schützt die Mutter zunächst vor der überfälligen Anerkennung des Alters- bzw. Generationenunterschieds in der Beziehung zur Tochter und damit vor der Auseinandersetzung mit dem eigenen Alterungsprozeß« (ebd.). Eine solche Vermeidung des Anerkennens des Altersunterschieds wird auch bei Frau Lutz deutlich. Sie berichtet, daß sie viel besser als die Tochter Nächte durchfeiern könne und morgens – anders als die Tochter – dann wieder »auf den Beinen« stehe. »Und dann sehe ich auch wieder gut aus«, berichtet sie und betont ihre im Vergleich zur Tochter größere Jugendlichkeit: »Ihr könnt so gar nichts ab.«[24]

Nicht zufällig sind die Frauen, die Neid und Rivalitätsgefühle gegenüber der Tochter umsetzen in Verhaltensweisen, die die Körperlichkeit der Tochter entwerten, mit ihrem bisherigen Leben nicht zufrieden. Frau Lutz berichtet, daß Lena jetzt all das mache, was sie selbst früher gerne gemacht hätte, durch langjährige Verpflichtungen gegenüber der eigenen Mutter sowie Ehe und Familie aber nicht so realisieren konnte, wie sie es sich gewünscht hätte: Verreisen, häufige Kino- und Theaterbesuche, Ausgehen und die Möglichkeit, durch das Abitur als Schulabschluß einen ihren Wünschen entsprechenden Beruf zu ergreifen. Ähnlich unzufrieden äußert sich auch Frau Berger. Zur Zeit der Interviews scheint der eigene Veränderungswunsch – der bei beiden Frauen besteht – noch nicht in Abgrenzung von der Tochter und auf der Basis eines Anerkennens der Generationenunterschiede umgesetzt zu werden, sondern das eigene Selbstbewußtsein noch stark an eine Aufwertung durch Abwertung des Köpers der jugendlichen Tochter gebunden zu sein.[25]

In Lenas Schilderungen wird deutlich, daß die Kritik der Mutter an ihrem Körper sie kränkt. Sie bezieht sich auf eine ähnliche Situation, wie sie die Mutter berichtet. »Es verletzt mich... Beim Ball war es so, als ich diesen Rock angezogen habe, hat meine Mutter gesagt: Du frißt auch in letzter Zeit zu viel. Hat mich schon sehr verletzt, da bin ich auch ausgerastet... Es verletzt mich, wenn sie da Kommentare zu abläßt. Oder auch so... zu meiner Frisur..., zu bestimmten Sachen, so Klamotten.« Aus Lenas Beschreibungen ihres Verhältnisses zu ihrem Freund läßt sich vermuten, daß sie dort die Bestätigung ihrer weiblichen Körperlichkeit sucht, die sie bei der Mutter nicht bekommt.

In den übrigen Interviews zeigt sich die Rivalität zwischen Mutter und Tochter nicht so prägnant wie zwischen Frau Lutz und Lena und Frau Berger und Rena. Deutlich wird jedoch, daß es für Mütter nicht leicht ist, den sich entwickelnden Körper der Tochter mit einem positiven, bestätigenden Blick zu sehen.

Bei Frau Cramer und Anna gerät der Körper nur unter der Perspektive möglicher negativer Merkmale in den Blick. Für Anna sind entsprechende Gespräche mit der Mutter nur denkbar, wenn »irgendwas komisch sein würde so an mir«. Ähnlich schildert Frau Cramer lediglich eventuell problematische Aspekte am Körper der Tochter, die Anlaß für Bemerkungen sein könnten: »Ist sie jetzt zu dick oder zu rund, oder hat sie irgendwelche Macken oder Fehler?« Deutlich ist in den Interviews die Rivalität zwischen beiden bezogen auf den in der Familie lebenden jungen Partner der Mutter, zudem eine Frau Cramer stark belastende Lebenssituation, in der sie die zeitweise vehementen Abgrenzungstendenzen der Tochter oft kränken. In diesem Rahmen scheinen wertschätzende Blicke auf den Körper der Tochter wenig Raum zu haben.

Die Beziehung zwischen Frau Busch und Lisa ist dadurch gekennzeichnet, daß Frau Busch den Körper ihrer Tochter auf eine Weise positiv bestätigt, die bei Lisa zu dem Gefühl führt, der Mutter nicht glauben zu können. Sie höre »sowieso immer, daß ich gut aussehe..., da setz' ich nicht soviel drauf, ob das jetzt stimmt oder nicht... Sie sagt ja nur, was besser an mir ist als an ihr, weil sie einem sowieso nicht sagt, was sie nicht gut findet.« Möglicherweise wird die in den Interviews deutliche, auf Herrn Busch gerichtete Rivalität zwischen beiden von Frau Busch überdeckt durch eine überzogen positive Bestätigung der Körperlichkeit der Tochter, die sich auch im Interview mit ihr selbst findet: »Total schön«, »ganz toll« sind häufig wiederkehrende Formulierungen zur Beschreibung des Körpers der Tochter. Als Wirkung dieser nachdrücklich positiven Bestätigung stellt sich dann das vielleicht unbewußt Erwünschte ein: daß die Tochter Zweifel an diesem so vehement positiv Geschilderten hat und eine Unsicherheit über den Körper erhalten bleibt. So schildert Lisa vieles, was ihr an ihrem Körper nicht gefällt.

Ein wertschätzender Blick auf den Körper der Tochter ist dann eher möglich, wenn der Neid der Mutter auf die Tochter und die Rivalität bezogen auf den Vater – wie bei Frau Fischer – gering sind, die Mutter ihre Lebenssituation reflektieren und verändern kann, ohne die Tochter zu entwerten, und ihr innerlich eine Perspektive möglich ist, in der beide – Mutter und Tochter – Freude und Lust an ihrem Körper haben können. Frau Fischer scheint sich mit ihrem älter werdenden Körper arrangiert zu haben: »Hängebusen gehört zu meinem Leben dazu, ich akzeptier' das so, Frau sein, wie es ist in meinem Alter.« Daran anschließend beschreibt sie, daß sie den Körper ihrer Tochter »sehr schön« findet, sie sieht in der Tochter ihren eigenen früheren Körper und kann für sich Veränderungsperspektiven entwickeln, ohne die Tochter entwerten zu müssen. »Sie hat die Figur, ich hatte früher eine ähnliche, und ich denke jetzt manchmal, 'n paar Kilo weniger würden mir auch gut tun, wenn ich ihre Figur sehe.«

Ein ähnlich positiver Blick auf den Körper der Tochter zeigt sich bei Frau Jürgens. Die Ablösung der Tochter ist für sie Auslöser für eigene tiefgreifende Veränderungen, die als schmerzlich und stark verunsichernd empfunden werden, die aber auch neue Perspektiven eröffnen. Auf dieser Basis eines eigenen, als neu empfundenen Lebens scheint auch der Neid auf die Jugend der Tochter, den Frau Jürgens offen äußern kann, aushaltbar und ein wohlwollender Blick auf ihren Körper möglich zu sein: »Daß die Leute so ihre Schönheit, daß die denn so sagen: Du siehst ja gut aus und so. Und da bin ich auch stolz drauf... Ich finde sie schön. Ich finde also, sie sieht gut aus und sie hat wunderschöne Augen und sie strahlt irgendwie. Und... das freut mich.«

In einigen Interviews deutet sich ein Wunsch der Töchter an, trotz Konkurrenz und Rivalität bei der Mutter eine auch von ihr selbst positiv besetzte Weiblichkeit zu finden und von ihr ein Gefühl von Stolz auf den Körper vermittelt zu bekommen. So berichtet eine Mutter: »Ich hab' dann mal vor dem Spiegel gestanden, als sie dabei war, und gesagt, daß ich meinen Busen gar nicht schön finde. Da hab' ich richtig gemerkt, daß sie das nicht hören wollte, daß sie sich gewünscht hätte, daß ich mich schön finde.« Sie erinnert sich an ihr eigenes negatives Körpererleben in der Pubertät und die Wünsche an ihre Mutter zu dieser Zeit: »Wenn sie sich selber als begehrenswert empfunden hätte – das wär's schon gewesen.« Ein solches in der Mutter repräsentiertes positives, lustvolles Verhältnis zum Körper erleichtert es Töchtern nicht nur, die eigene neue Körperlichkeit zu genießen, sondern macht auch aggressive Auseinandersetzungen ungefährlicher und damit

Abgrenzungen leichter. Töchter können Rivalität und die damit verbundene Aggressivität nur dann gefahrlos austragen, wenn die Mutter diese Angriffe unbeschadet übersteht, wenn sie – wie Winnicott es formuliert hat – »überlebt« (zit. nach Musfeld 1997, S. 227). Erst dann kann die Tochter die Erfahrung machen, daß sich zwei Frauen gegenüberstehen, die beide gleichermaßen ein Recht auf ein eigenes Leben und eine eigene Lust am Körper haben, die Tochter ebenso wie die Mutter.[26]

Die Bedeutung von Freundinnen

Mit der Adoleszenz werden Beziehungen außerhalb der Familie zunehmend bedeutsam. Sie können wichtige Funktionen haben bei Prozessen der Ablösung von den Eltern und auch hilfreich sein auf dem Wege der Aneignung der körperlichen Veränderungen der Pubertät. Besonders wichtig sind dabei Freundinnen.

Für die meisten der von uns befragten Mädchen und jungen Frauen haben Freundinnen eine große emotionale Bedeutung. Dabei berichten einige, daß sie unterschiedliche Freundinnen für unterschiedliche Bedürfnisse haben, zum Beispiel zum Ausgehen, zum Sprechen über Probleme oder für bestimmte Interessen. Auf diese Weise wird ein Raum geschaffen, in dem die unterschiedlichen Facetten adoleszenter Bedürfnisse spielerisch und experimentierend ausgestaltet werden. So schildert Katrin Abel, eine Freundin »für Spaß« zu haben und eine zum »Reden«. Birgit Esch hat drei Freundinnen für unterschiedliche Aktivitäten und beschreibt die Bedeutung derjenigen, mit der sie »über alles reden« kann, mit dem Titel des Liedes, das sie mit dieser Freundin oft gehört hat: »Like a bridge over troubled water«. Eine ähnliche Funktion – wie eine Brücke zu sein beim Weg über die unruhigen Gewässer der Pubertät – hatte für Anna Cramer eine Freundin, die sie bei einem Auslandsaufenthalt kennengelernt hat, mit der sie »über alles reden konnte« und mit der sie »Meinungen und die Einstellung zum Leben« geteilt habe. Sie fühlt sich durch diese Freundschaft, die über Briefkontakte und Besuche noch immer besteht, sehr viel selbstbewußter als früher. Freundinnenbeziehungen sind jedoch nicht nur unterstützend, sondern können auch kränkend, verletzend und ausgrenzend sein. Diese Seite der Beziehungen unter Mädchen und jungen Frauen zeigt sich in den Schilderungen der 16jährigen Britta Fischer, die von ihren Freundinnen seit einiger Zeit als »Streberin« etikettiert wird und so darunter leidet – »das ist dann ziemlich ätzend« –, daß sie die Schule wechseln möchte.[27]

So haben Freundinnenbeziehungen auch bei der Aneignung der neuen Körperformen und -gefühle ganz unterschiedliche Funktionen und Ausprägungen. Konkurrenz, Rivalität und kränkende Vergleiche sind ebenso möglich wie beruhigende Bestätigungen und lustvolle Erkundungen des Körpers.

Von Vergleichen untereinander – bezogen auf die Größe des Busens, die Beine, die Figur – berichten viele Mädchen und junge Frauen. Die 15jährige Franka Duden betont die für sie unangenehmen Seiten solcher Vergleiche: »Ja, vergleichen die, wer den größten Busen hat oder wer am besten aussieht oder irgend so blöde Sachen. Ich mein', da hört man dann halt, was die über einen denken... Oder so ein paar Kommentare... Du bist ja plötzlich so dick geworden ... Das kommt dann eigentlich immer von den besten Freundinnen.« Franka relativiert ihre in den Schilderungen durchscheinende Kränkung durch den Verweis darauf, daß diese »Mädchen... das nicht so böse meinen und vor allem, wenn es welche sind, die selbst dick sind«. Sie begibt sich damit selbst auf die Konkurrenzebene und reagiert mit einem ›Gegenschlag‹: Die Freundinnen, die sie kritisieren, sind »selbst dick«.

Bei der 19jährigen Birgit Esch wird die Tendenz deutlich, die eigene Körperlichkeit durch Vergleich mit einer weniger gut aussehenden Freundin aufzuwerten: »Meine beste Freundin, die war ziemlich groß und auch füllig..., und die fand meine Figur natürlich immer toll.« Wesentlich für Vergleiche untereinander ist dabei auch der Bezug auf Jungen und Männer, der eine besonders konkurrente Situation schaffen kann: »Und dann haben die Jungs sie immer drauf angesprochen, von wegen, willste mal abnehmen..., drei Tage nichts essen..., könntest du auch so aussehen wie Birgit.«

Bei der 15jährigen Lisa Busch und der 14jährigen Anna Cramer werden sowohl die in Mädchenfreundschaften potentiellen Kränkungen, zum Beispiel durch Vergleiche des Körpers, über die beide berichten, als auch die positiven Bestätigungen deutlich. »Meine Freundin findet meine Ohren süß«, berichtet Lisa mit erkennbarer Freude. Anna schildert die beruhigende Funktion der Freundinnen, wenn der Körper als problematisch und mängelbeladen erlebt wird. »Ja, findet ihr auch, daß ich zu dünn bin, findet ihr auch, daß ich zu dick bin, findet ihr auch, daß meine Beine komisch aussehen? So ging das immer unter uns Freundinnen, und dann haben wir halt immer so beruhigt, nein, das ist ganz okay, wie du bist und so und dann ist es ja auch gut so.«

Mädchenfreundschaften haben oft auch erotisch-sinnliche Seiten, eine »körperlich-zärtliche Komponente« (Breitenbach/Kausträter 1998, S. 400). So können sie einen Raum bieten, den eigenen Körper zu entdecken und zu erforschen, dieses Erleben zu teilen, zu vergleichen und damit anzueignen (Flaake/John 1992).[28] »Die Identifizierung mit einer ganz speziellen Busenfreundin trägt... viel dazu bei, das Selbstwertgefühl des Mädchens zu stärken. Die beiden Mädchen sind ein Herz und eine Seele... Entscheidender Motor der Mädchenfreundschaft ist die beiderseitige Neugier hinsichtlich des Geschlechtslebens der Erwachsenen. Gemeinsam suchen die Freundinnen die Bedeutung jener Veränderungen zu enträtseln, die ihren Körper zur Erwachsenensexualität hinführen« (Kaplan 1988, S. 206f). Erotisch-sinnliche Wünsche, wie Katherine Dalsimer (1993) sie am Beispiel des Tagebuchs von Anne Frank beschreibt, tauchen auf, Wünsche, die »eigenen Brüste und die einer Freundin zu berühren« (ebd., S. 60). Ingrid Olbricht (1989) schildert die positive Bestätigung, die mit solchen Berührungen verbunden sein kann: »Das Mädchen... liebt... das Gefühl, das dadurch entsteht, daß jemand ihre Brüste streichelt und anfaßt... Auch die Brüste der Freundin locken« (ebd., S. 94). Es entfalten sich »Freude und Lust am eigenen Körper« (ebd.), die ein Gegengewicht sein können für negative Botschaften innerhalb der Familie.

In einem fiktiven Brief an eine Freundin beschreibt Eva Poluda-Korte (1988) die Möglichkeiten, die intensive Mädchenfreundschaften in der Adoleszenz für die Aneignung des Körpers und die Entwicklung eines entsprechenden Selbstbewußtseins bieten: »Wenn du und ich dahin sozialisiert worden wären, unsere intensive Mädchenfreundschaft auch erotisch verwirklichen zu dürfen, hätten wir uns damals nicht nur seelisch gegenseitig entdecken und bestätigen können, sondern auch sexuell inspirieren und unser Wissen und unsere erotische Kreativität mehren können. Wir hätten uns eine Basis an sexuellem Selbstbewußtsein geben können und beistehen im Umgang mit dem Fremden in uns und in den Männern, und ermutigen, dem Schrecken ins Auge zu sehen und dessen Faszination entspannter zu riskieren« (ebd., S. 120). Homoerotische Tabus und die normative Dominanz einer heterosexuellen Orientierung können verhindern, daß Mädchen in ihren intensiven Freundschaften auch einen Raum zur Entdeckung und wechselseitigen Bestätigung ihrer weiblichen Körperlichkeit finden, einen Raum, in dem sich Freude und Lust am eigenen Körper entwickelt und damit eine Basis für ein Selbstbewußtsein, das unabhängiger machen kann in späteren sexuellen Beziehungen. Potentiell kann die »Beziehung zur besten Freundin... positive

Erfahrungen mit der Aneignung des eigenen Körpers fördern und den Mädchen die gemeinsame Auseinandersetzung mit und Bewältigung der körperlichen und psychischen Veränderungen erlauben und damit eine unterstützende und stärkende Funktion beim Erleben und Gestalten des Übergangs von der Jugendlichen zur Frau haben« (Schäfer 1999, S. 143).

So haben Freundschaften unter Mädchen sehr unterschiedliche Facetten. Konkurrenz und Rivalität bezogen auf den Körper und damit verbundene Kränkungen sind ebenso möglich wie wechselseitige Bestätigungen und sinnlich-erotische Formen des Kennenlernens des eigenen Körpers im Spiegel der anderen. Potentiell können Mädchenfreundschaften durch das Erleben von Gemeinsamkeiten unter Gleichaltrigen wichtige Funktionen haben für adoleszente Aneignungs- und Ausgestaltungsprozesse. In solchen Beziehungen sind jedoch alle gleichermaßen betroffen von den Verunsicherungen diese Zeit, von der emotionalen Dynamik der inneren und äußeren Veränderungen. Das begrenzt die unterstützenden und stärkenden Funktionen von Freundschaften unter Mädchen und jungen Frauen. Vor diesem Hintergrund haben erwachsene Frauen, die nicht in familiale Dynamiken eingebunden sind und einen Teil der außerfamilialen Welt repräsentieren, eine große Bedeutung als Unterstützerinnen und Begleiterinnen adoleszenter Prozesse.

Die Chance von Beziehungen zu anderen Frauen als der Mutter

Frauen, die nicht betroffen sind von den Ambivalenzen und Widersprüchlichkeiten familialer Beziehungen – entferntere Verwandte, Mütter von Freundinnen oder Lehrerinnen – tauchen in einigen Schilderungen als wichtige Personen auf.[29] So berichtet Katrin Abel von der unterstützenden Funktion, die die Mutter ihrer Freundin bei der ersten Regelblutung für sie hatte. Dabei waren in der Familie dieser Freundin die Beziehungsmuster zwischen Mutter und Tochter ambivalenter und widersprüchlicher als zwischen ihr und dieser Frau. Für eines der befragten Mädchen hatte die Interviewerin die Bedeutung einer als hilfreich erlebten erwachsenen, aber familienexternen Ansprechpartnerin für Probleme mit der Menstruation.

Ähnliches gilt auch für die Aneignung der neuen Körperformen und -gefühle. So berichtet eine 18jährige junge Frau, die das Wachsen ihrer Brüste »irgendwie nicht mochte«: »Meine Tante meinte einmal zu mir: Du hast aber schöne Brüste und so. Das weiß ich noch ganz genau, da war ich voll stolz. Da war ich 15... Das werde ich nie vergessen, da war ich so stolz, vor allem weil ich die so gerne mag, und dann meinte sie das.«

Ingrid Olbricht (1989) beschreibt die unterstützende Funktion der Orientierung an einer Patentante, die der Tochter von der Mutter mit ihrem »kleinen Busen« eigentlich als »Negativmodell« vorgestellt wurde. »Hier geschieht dann... etwas Unvorhergesehenes: Das Mädchen fühlt sich der geliebten Patin zugehörig und ihr verbunden... Die Tochter hat jetzt die Möglichkeit, andere Wege als die Mutter zu finden und ein eigenes Leben als Frau zu wagen. In der Identifizierung mit der Patin und der Ablösung vom Modell der... körperfeindlich eingestellten Mutter... konnte diese Frau unabhängig von der realen Größe ihrer Brust ein positives Körpergefühl und die Lust am eigenen Körper entwickeln und erleben« (ebd., S. 25 f).

Im schulischen Bereich haben Lehrerinnen eine wichtige Funktion bei Aneignungsprozessen der körperlichen Veränderungen der Pubertät. So zeigen einige Untersuchungen ein großes Bedürfnis der Schülerinnen, über Sexualität und Körperlichkeit im Rahmen der Schule mit Frauen – schulexternen Personen, aber auch Lehrerinnen – und in Mädchengruppen zu sprechen (Gille 1995; Holleck 1996; Hackmann 1999; Hackmann 2000; Milhoffer 1999; 2000, S. 139 ff).

Lehrerinnen können dabei – ebenso wie andere Frauen außerhalb der engeren Familie – die Rolle einer affektiv weniger ambivalent als die Mutter besetzten und gerade dadurch wichtigen Bezugsperson übernehmen. Mit weiblicher Körperlichkeit und Sexualität verbundene Themen sind in der Mutter-Tochter-Beziehung in eine spezifische Dynamik eingebunden. Auf seiten der Mutter können eigene entsprechende Tabuisierungen, aber auch Rivalität und Neid auf die Jugend der Tochter und die ihr offenstehenden Möglichkeiten es schwermachen, der Tochter wirklich zu wünschen, daß sie ihren Körper und ihre Sexualität mehr genießt, als es ihr, der Mutter bisher möglich war. Auf seiten der Töchter sind Wünsche nach einer positiven Bestätigung ihrer körperlichen Weiblichkeit oft eingebunden in eine widersprüchliche Haltung gegenüber der Mutter: Wünsche nach Distanzierung und Autonomie sind ebenso vorhanden wie Wünsche nach Nähe und Geborgenheit, Abgrenzungstendenzen stehen in einem oft heftigen Kampf mit Wünschen nach Verständnis und Zuneigung. Vor diesem Hintergrund der für die Adoleszenz spezifischen Beziehungsdynamiken zwischen Müttern und Töchtern kommen Frauen, die nicht die Mutter sind, wichtige Funktionen zu: Ihre Reflexionsmöglichkeiten sind durch die geringere innere Beteiligung oft besser, und die Bereitschaft von Mädchen und jungen Frauen, sich auf entsprechende Angebote einzulassen, ist meist größer.

Adoleszentes Begehren zwischen homo- und heterosexueller Leidenschaft: Die Sehnsucht nach dem Körper der Mutter und die Verführung durch den Mann in Slavenka Drakulić' Roman »Marmorhaut«

Slavenka Drakulić (1998) beschreibt eine sinnlich-sexuelle Leidenschaft der Tochter für ihre Mutter, ein Begehren, in dem der Körper der Tochter und der der Mutter kaum voneinander getrennt sind. Der Liebhaber der Mutter und Stiefvater der Ich-Erzählerin steht als trennender Dritter zwischen Mutter und Tochter, ist zugleich aber Verführer der Tochter, die über die sexuelle Beziehung zu ihm ihren Körper kennenlernt, aber auch in Identifikation mit diesem Mann eine sexuelle Nähe zur Mutter und in der Identifikation mit der Mutter eine sexuelle Nähe zu ihm herstellt. Die literarischen Darstellungen lassen sich auch lesen als Schilderungen adoleszenter Wünsche, Phantasien und innerer Bewegungen. Das in dieser Zeit sich neu und heftiger Ausdruck verschaffende sexuelle Begehren richtet sich zunächst auch auf Mutter und Vater und muß aus den Bindungen an sie gelöst werden.[1] Die Leidenschaftlichkeit dieses Begehrens, die mit ihm verbundene Konflikthaftigkeit und entsprechende Trennungsprozesse – innerpsychische Geschehnisse, die oft wenig bewußt erlebt oder schnell aus dem Bewußtsein ausgeschlossen werden – kommen in Slavenka Drakulić' Roman facettenreich zum Ausdruck.

Die Grenzen zwischen den Personen – zwischen Mutter und Tochter, Tochter und Stiefvater und Stiefvater und Mutter – sind im Erleben der Tochter fließend, und ebenso fließend ist das Begehren, das für sie in den unterschiedlichen Positionen spürbar wird. Der Körper der Tochter und der der Mutter scheinen ungetrennt. »Noch immer war ich sie« (ebd., S. 15). »Alles – das ist eigentlich der Körper, ihrer und meiner« (ebd., S. 36). Sich im Spiegel anblickend, sieht die Tochter den Körper der Mutter – »ich zerfließe« (ebd., S. 56) –, mit dem sie eine »Liebe, die Leidenschaft ist« (ebd., S. 56) verbindet, eine »körperliche« Liebe, die »fieberhaft, ausschließlich, einzig, blendend« (ebd., S. 57) ist, »so wie der Haß« (ebd.). Die Grenzenlosigkeit zwischen Mutter und Tochter und die Leidenschaftlichkeit der

Gefühle lassen auch die Wut so grenzenlos werden, wie »Haß« es ist. In manchen Situationen gibt es eine sinnlich-erotische Nähe zur Mutter, die Phantasien voller sexueller Leidenschaft beflügelt. Die Mutter kämmt der Tochter das Haar, die Tochter ist *»betört von der Berührung ihrer Hände, von ihrer Nähe, mir wurde fast schwindelig davon. Sie stand meist hinter mir, Bauch und Brust sanft an meinen Rücken gelehnt. Durch das Kleid spürte ich, wie ihre Berührung mich versengte und meine Haut an dieser Stelle schmolz... Ich bemerke die Ader an ihrem Hals, direkt unter der Haut, diese schwache, ausgelieferte, verletzliche Stelle, die jetzt nur ich sehe, nur ich. Der Wunsch, die Lippen darauf zu drücken und mit der Zunge zu spüren, wie das Blut darin pulsiert. Das dauert nur einen Augenblick. Dieser Anfall von Verrücktheit, von Liebe«* (ebd., S. 72f).

Eine ähnliche Wirkung hat der Anblick der verführerisch gekleideten Mutter. »Ihre Haut im Ausschnitt des Kleides. Fast spüre ich ihre Brüste in meinen Händen liegen« (ebd., S. 78). Auch die Phantasie, Trösterin der Mutter zu sein, hat erotisch-sinnliche Qualitäten. »Wunderschön ist sie in diesem Zerfließen, in dieser sanften, völligen Hingabe an mich. Ich werde ihre Wangen und die nassen Augen küssen. Ihre geschwollenen, salzigen Lippen« (ebd., S. 90).

Aber zwischen Mutter und Tochter steht der Liebhaber der Mutter, der Stiefvater der Tochter. »Jener Dritte war... zwischen uns« (ebd., S. 78). Die Tochter sieht es mit einer »stummen Verzweiflung« (ebd., S. 91). »Damals wollte ich zu ihr, noch immer, noch mehr. Sein Körper stand als ein Hindernis, als Barriere zwischen uns« (ebd., S. 93). Sie spürt das Begehren zwischen der Mutter und ihrem Liebhaber. »Sie wurde seinetwegen immer schöner... Ich beneidete ihn. Er hatte über sie Macht, die ich niemals haben würde« (ebd., S. 94). Die Tochter läßt sich einfangen von diesem Begehren, läßt sich davon verführen und erlebt aus unterschiedlichen Positionen sexuelle Lust. Sie identifiziert sich mit der Mutter und erlebt die Berührungen des Mannes am eigenen Körper, um dann aus der Position des Mannes den Körper der Mutter zu spüren.

»Ich sah seine Fingerspitzen unter den Rand ihres Kleides auf den Rücken tauchen. Unter den Rand meines Kleides. Plötzlich spüre ich sie auf mir, seine Finger... Mein Atem geht immer schwerer – als erstickte ich unter der angespannten, verhohlenen Begierde des eigenen Körpers, der auf etwas wartet ... Beim Händeschütteln hielt ich seine Hand etwas länger in meiner als nötig. Mir schien, als könnte ich in seiner Hand noch den Abdruck ihrer Brüste fühlen« (ebd., S. 40ff).

Die Tochter läßt sich nicht nur zu phantasierten Begegnungen verführen, sondern auch zu einer realen sexuellen Beziehung mit dem Stiefvater, in der sie ihren eigenen Körper, ihre eigene Lust kennenlernt im »Bewußtsein, daß ich seine Hände brauchte, um meinen eigenen Körper und mich selbst ganz empfinden zu lernen« (ebd., S. 108). »Ich konnte mir selbst nicht mehr entrinnen. Seine Berührungen waren für mich der einzige Wegweiser zur eigenen Körperlichkeit« (ebd., S. 110). So »wartete ich auf ihn, unruhig und bereit« (ebd.). Die Tochter hat einerseits Angst, von der Mutter entdeckt zu werden, auf der anderen Seite wünscht sie es sich. Ihre Erregung ist eng mit dem Bewußtsein einer Nähe zur Mutter verbunden. »Der Gedanke, daß sie es sehen mußte, drängte mich noch näher zu ihm. Dennoch wußte ich die ganze Zeit, sie war hier, bei uns, in Reichweite – unser so unterschiedliches Atmen trennte nur eine dünne Ziegelwand« (ebd., S. 111). Ihre sexuelle Lust verbindet sich mit dem auf die Mutter gerichteten Begehren. Aus der Position des Mannes liebt sie in der Phantasie die Mutter.

»Ich stellte mir vor, wir beiden Frauen wären wieder allein, und nicht er, sondern ich läge neben ihr. Mein Körper neben ihrem... Ich berühre sie so, wie er mich berührt... Ich hätte mich an ihre Seite gelegt und mein Gesicht zwischen ihren Hals und die Schultern gebettet. Ich hätte ihre Haare zurückgestrichen und die kleine, nackte Stelle hinterm Ohr entblößt. Meine Zunge hätte gespürt, daß sie besät ist mit unsichtbaren Härchen« (ebd., S. 111 ff).

Die Zweierbeziehung öffnet sich dann zu einer Dreierbeziehung, in der Mann und Tochter einander und beide die Mutter begehren. »Sie hätte sich langsam zu mir gedreht, und ich hätte die Hand nach ihrer Brust ausgestreckt. Seine und meine Hand wären sich begegnet. Seine und meine Lippen. Seine und meine Augen. Sie hätte zwischen unsere gleichermaßen zudringlichen Körper gepreßt gelegen, ganz vereinnahmt und schwach von unserer Begierde« (ebd., S. 113). Die Mutter erscheint in dieser Szene als selbst nicht Begehrende, sondern Person, die nur »vereinnahmt« und »schwach« wird von der »Begierde« des Liebhabers und der Tochter. Möglicherweise ist die Vorstellung einer aktiv begehrenden Mutter so bedrohlich, daß sie keinen Raum hat in diesen erotischen Phantasien. Eine Mutter mit »Begierde« könnte verschlingen und zerstören, wäre so mächtig, daß sie die Tochter vernichten könnte. Aber auch ohne die Vorstellung einer selbst begehrenden Mutter ist die geschilderte Konstellation, in der für die Tochter die Inzestschranken zu Mutter und Vater aufgehoben sind und in der es keine außenstehende Person mehr gibt, mit Tödlichem verbunden. »Doch immer, wenn mir meine Begierde bewußt wurde, fühlte ich mich, als müßte ich sterben.« Der Strudel der Leidenschaft vernichtet jede Eigenständigkeit, jedes abgegrenzte Leben.

In einer anderen Phantasie wird der Stiefvater zur Mutter. »In dem Moment, als er mich mit seinen Armen über sich hielt, (sah ich) unten auf dem Kissen ihr Gesicht..., ihr Haar, in langen, dunklen Strähnen verstreut wie eine Schlangenkrone« (ebd., S. 146).

Dargestellt werden in dieser Abfolge von Szenen Facetten jener innerpsychischen Prozesse, durch die in der Adoleszenz eine Aneignung der sexuellen Erregungen stattfindet: durch Identifikation mit den je unterschiedlichen Positionen der ›Urszene‹, d.h. der Konstellation des eigenen Ursprungs, in der eine Frau und ein Mann sich sexuell vereinigt und ein Drittes, das Kind, gezeugt haben (King 1995, S. 339 ff.; Laufer/Laufer 1989). Diese wechselnden Identifizierungen mit den unterschiedlichen Positionen der ›Urszene‹ schaffen die Möglichkeit eines reichhaltigen, facettenreichen sexuellen Erlebens, in dem als weiblich und als männlich Definiertes miteinander verbunden werden können.[2] Eine solche Chance ist jedoch nur dann gegeben, wenn sexuelles Begehren im Bereich der Wünsche und der Phantasien verbleibt und ein vor realen Übergriffen geschützter Raum vorhanden ist, in dem junge Frauen sich mit ihren Sehnsüchten und Erregungen spielerisch auseinandersetzen können.

Slavenka Drakulić' Roman schildert eine reale sexuelle Stiefvater-Tochter-Beziehung und benennt zugleich die Ursachen dafür, daß die Tochter den Verführungen des Stiefvaters nicht widerstehen kann. »Ich widersetzte mich nicht. Ich sagte nicht nein. In mir war nichts, was in dem Moment hätte nein sagen können« (ebd., S. 102). Um »nein sagen zu können«, hätte ein positiver emotionaler Bezug zur Mutter da sein müssen. »Hätte ich mich... ihm... wenigstens mit einer festen, verläßlichen Erinnerung an die Kindheit widersetzen können... Der Berührung konnte ich einzig eine Berührung entgegensetzen. Es wäre ausreichend gewesen, mich zu erinnern, wie sie sich abends zu mir legt, um mich einzuwiegen... Es war nicht so... Ich konnte aus mir nicht ihre schützende Geste hervorholen, die mir geholfen hätte, mich gegen seine Berührung zu wehren... Ich konnte mich mit nichts mehr verteidigen« (ebd., S. 98 ff). Es ist eine »schützende Geste« der Mutter erforderlich, eine Erfahrung von Geliebtwerden und Fürsorge, um sich ungefährdet auf den Weg zu sexuellen Erfahrungen machen zu können, die Möglichkeit einer Rückversicherung durch sie beim Schritt in ein eigenes sexuelles Leben.

Erst als die Mutter alt und krank ist, gelingt der Tochter eine innere Trennung von ihr. Das Begehren von früher und die Enttäuschungen werden noch einmal wiederbelebt, zugleich wird es möglich, die Mutter nicht mehr verzerrt im Spiegel der eigenen Wünsche und Verletzungen zu sehen, sondern als reale Person.

»Ich tauche einen Zipfel des Handtuchs in das lauwarme Wasser und beginne, meine Mutter zu waschen... Zum ersten Mal sehe ich ihre nackte Brust, so nahe... Ich habe das Gefühl, ich darf sie nicht berühren, nicht jetzt. Nein, ich darf es nicht tun. Es könnte etwas Unvorhergesehenes geschehen – es könnte aus mir all die lange unterdrückte Begierde brechen, die noch glimmt. Der Durst nach ihrem Körper, den ich noch in den Fingern spüre... Dieser Körper verfällt... Ich empfinde Zärtlichkeit und gleichzeitig Ekel. Sie rührt sich nicht, zieht nicht die Decke über sich. Läßt mich schauen. Sich richtig anschauen... Ich lasse meinen Kopf auf ihren Leib sinken. Wie hatte ich mir früher gewünscht, gerade das zu tun, mit meinem Gesicht ihre Haut, ihren Geruch zu spüren, damit alle meine Furcht verfliegt. Versinken. Sich ganz auflösen in dem Gefühl des Beieinanderseins – endgültig. Erst jetzt sehe ich, daß... ihr Bild, das sich in mein Gedächtnis gegraben hatte,... gebrochen (war) durch mein Verlangen. Diese meine Voreingenommenheit, meine Blindheit: Sie nur einseitig zu sehen, jahrelang in mir ihren versteinerten Abdruck zu tragen, der mich völlig bestimmte... Mir kommt es vor, als hätte ich nun zwei Mütter, eine, die ich verloren habe... und die andere, die lebendige, deren Gesicht gerade unter der zerbrochenen Gipsmaske erscheint... Erst jetzt bin ich ihr ganz nahe« (ebd., S. 181 ff).

Es ergibt sich eine neue Nähe zwischen Mutter und Tochter, die möglich wird, weil die Tochter die Mutter »richtig anschauen« und sich trennen kann von den auf sie gerichteten Wünschen und Phantasien. Auch die Mutter kann sich der Tochter auf eine neue, unverstellte Weise zeigen: Sie »läßt... sich richtig anschauen« und »zieht nicht die Decke über sich«. Es entsteht ein Raum zwischen beiden, in dem sich ein Drittes, eine Gemeinsamkeit auf der Basis einer prinzipiellen Abgegrenztheit entwickeln kann: in dem »wir auch über etwas anderes sprechen können – wir müssen nicht unbedingt über uns selbst reden« (ebd., S. 192). Im besten Falle beginnen solche Prozesse der Neugestaltung der Mutter-Tochter-Beziehung in der Adoleszenz der Tochter, in der zunächst noch die Möglichkeit einer Rückversicherung bei der Mutter einen beruhigenden, unterstützenden Rahmen schaffen kann für die Annäherung an sexuelle Beziehungen.

Sexualität und sexuelle Beziehungen

Adoleszentes Begehren und veränderte Handlungsspielräume in den letzten Jahrzehnten

Ebenso wie für die körperlichen Veränderungen der Pubertät sind auch für die mit der Adoleszenz neu und heftiger sich Ausdruck verschaffenden sexuellen Wünsche und Phantasien Prozesse der Aneignung, des Ausprobierens und Experimentierens und der schrittweisen Ausgestaltung in Beziehungen zu anderen erforderlich. Die Veränderungen der inneren und äußeren Genitalien – insbesondere das Wachsen der Schamlippen und der Klitoris, die Veränderungen der Vagina und des Scheideneingangs, die verstärkte Produktion von Schleim bei sexueller Erregung – schaffen die Basis für eine neue Qualität und Intensität sexuellen Begehrens und Verlangens, das stärker als bisher auch die Genitalien einbezieht.[1] Mit dieser neuen Qualität und Intensität sexueller Wünsche und Erregungen müssen Mädchen und junge Frauen sich auseinandersetzen, im günstigen Falle haben sie dafür einen vor äußeren Zugriffen geschützten Raum und genügend Zeit, um eigene Formen des Umgehens mit diesen Impulsen und Gefühlen zu finden.

Seit Ende der 60er Jahre haben sich für Mädchen und junge Frauen, die innerlich im kulturellen Kontext westlich-industrieller Gesellschaften wie der Bundesrepublik Deutschland verankert sind, die Spielräume für ein Experimentieren mit sexuellen Wünschen, Sehnsüchten und Beziehungen deutlich erweitert. Verbote bezüglich vorehelicher Sexualität sind entfallen[2], auch von seiten der Eltern wird jungen Frauen meist ein Freiraum für sexuelle Erfahrungen zugestanden, zudem gibt es gute Möglichkeiten für eine sichere Empfängnisverhütung. Dabei ist die überwiegende Mehrheit der Mädchen und jungen Frauen heterosexuell orientiert.[3] In entsprechenden Beziehungen scheinen sexuelle Kontakte zunehmend auch aktiv von den jungen Frauen gestaltet zu werden.[4] Sie finden zudem kaum mehr als Akte deutlicher Abgrenzung von den Eltern und in Verheimlichung vor ihnen statt, sondern sind eingebunden in die Themen der familialen Kommunikation und bei vielen auch in das Zusammenleben.[5] Schmidt u.a. (1992) weisen auf widersprüchliche Implikationen dieser Entwicklung hin. Einerseits drückt sich darin aus, daß Eltern die sexuellen Beziehungen ihrer adoleszenten Kinder akzeptieren und sexuelle Erfahrungen damit weniger durch Angst belastet sind. Zum anderen wird die Sexualität im Jugendalter, die ein wichtiger Schritt auf dem Wege der Autonomieentwicklung und der Loslösung von den Eltern ist, jedoch in die Familie hineingeholt. »Ein wichtiger Entwicklungsschritt zum Erwachsenen hin wird ›familialisiert‹, im Wortsinne ›domestiziert‹« (ebd., S.206).

Sexuelle Aneignungs- und Erfahrungsprozesse sind immer auch eingebunden in Normen und Erwartungen der Umgebung, insbesondere der Gleichaltrigen. Clemens Dannenbeck, Martina Mayr und Jutta Stich (1999) zeigen in ihrer Studie zur sexuellen Entwicklung Jugendlicher, daß Mädchen den »Übergang zum Status ›sexuell-erfahren-sein‹... als einen wichtigen Einschnitt« (ebd., S.42) erleben. Es geht »um das ›Feiern‹ eines wichtigen Überganges, um einen möglichst guten Beginn« (ebd.), für den eine Balance gefunden werden muß zwischen einem den Normen der Bezugsgruppe angemessenen Zeitpunkt für eine sexuelle Beziehung und eigenen Wünschen und Bedürfnissen. Dabei schaffen die Jugendlichen sich selbst Konstellationen, die sie unter Druck setzen. So hat »das geschätzte Durchschnittsalter für den ersten Geschlechtsverkehr eine normierende Wirkung... und (wird) von der großen Mehrheit der Jugendlichen zu niedrig angesetzt... Um sich Handlungsspielräume zu bewahren, bluffen viele Jugendliche: So gehen die Peers oft selbstverständlich davon aus, ein Pärchen ›schlafe‹ miteinander, obwohl beide erst im Stadium der intensiven Küsse oder Pettingerfahrungen sind. So drehen sie selbst an der normativen Spirale, die sie unter Druck setzt« (ebd., S.42). Die Qualität der ersten sexuellen Erfahrungen wird wesentlich davon bestimmt, inwieweit es den Mädchen und jungen Frauen gelingt herauszufinden, was für sie selbst angemessen ist, was sie wann und mit wem erleben möchten, und inwieweit sie auf diese Weise die gesellschaftlich zur Verfügung gestellten Spielräume zum Experimentieren mit sexuellen Wünschen, Sehnsüchten und Beziehungen auf eine ihnen gemäße Weise nutzen können.

Einbettung in Gruppennormen

In den Schilderungen der von uns befragten Mädchen und jungen Frauen wird deutlich, welche Bedeutung sexuellen Erfahrungen und der Tatsache, einen Freund zu haben oder nicht zu haben, unter Klassenkameradinnen und Freundinnen beigemessen wird. Einige berichten über eine entsprechende Konkurrenz untereinander und fühlen sich dadurch unter Druck gesetzt oder sind stolz, zu den ›Erfahrenen‹ und denjenigen ›mit Freund‹ zu gehören, bei anderen scheint eine solche Konkurrenz und entsprechende wechselseitige Beurteilung weniger ausgeprägt oder subjektiv nicht bedeutsam zu sein.[6]

Stolz darüber, einen Freund zu haben und damit in der Konkurrenz untereinander erfolgreich gewesen zu sein, zeigt sich in den Schilderungen der 15jährigen Franka Duden und der 19jährigen Birgit Esch. Franka berichtet, daß sie »am Anfang... gar nicht« in ihren Freund »verliebt« war, wichtig sei das »Gefühl« gewesen, »man hat's endlich geschafft, jetzt 'ne Schnitte jetzt endlich zu kriegen«. In der wiederholten Formulierung »endlich« wird der Druck deutlich, unter dem Franka sich gefühlt hat. »Jetzt mußt du dir ja auch mal jemanden an Land ziehen«, schildert Birgit den Beginn ihrer dann erfolgreichen Suche nach einem Freund.

Die 15jährige Lisa Busch, die eine Zeitlang einen Freund hatte, beschreibt einen entsprechenden Druck in ihrer Klasse: »Es wird natürlich in der Schule auch immer schon geredet so, oh die hat schon mal und so, und da ist... so 'n gewisser Druck auch, mit eine der ersten oder so zu sein, die schon mit einem geschlafen hat, weil, irgendwann kommen dann so hinter dem Rücken solche Sprüche auch, die hat noch nie oder so.« In den Schilderungen einer 13jährigen jungen Frau wird die Dringlichkeit des Wunsches nach einem Freund deutlich, um so in der Konkurrenz unter Klassenkameradinnen bestehen zu können – »auch angeben zu können« – und nicht weiter ausgeschlossen zu sein aus der Gruppe der Freundinnen, in der sie die einzige zu sein scheint, die »keinen« hat. »Jetzt hätte ich gerne einen Freund, ja. Es ist mir schon irgendwie wichtig, auch anzugeben, auch angeben zu können, und irgend jemand haben, mit dem man ausgehen kann, und halt zusammen sein kann... Ich war immer die, die keinen hatte... Die haben immer geredet, ja, und weißt du, der hat mich gestern geküßt und so. Und ich mußte immer dasitzen und konnte nichts sagen. Und nun würde ich gerne bei meinen Freundinnen angeben und sagen, der hat mich gestern geküßt und dies und das.«

Die 16jährige Katrin Abel und die 14jährige Anna Cramer fühlen sich nicht unter Druck, einen Freund haben zu müssen. Beide scheinen in Freundinnenbeziehungen integriert zu sein, in denen solche Zwänge ausdrücklich abgelehnt werden und – wie bei Katrin – zudem eine Abgrenzung von denjenigen stattfindet, denen es wichtig ist, schon sexuelle Erfahrungen zu haben. »Wir reden da auch öfter darüber natürlich, also unter Freundinnen, und dann... würd' ich nie machen und so und überhaupt, wenn's andere machen, sollen sie es machen.« Freundinnen fungieren hier als unterstützende Gruppe, um ein eigenes Tempo der Annäherung an sexuelle Beziehungen zu finden. »Das find' ich in unserer Freundschaft echt gut, über so was können wir reden, und dann hat der andere eben einen Schritt voraus, das ist egal«, schildert Katrin – die ihre »Angst vor Geschlechtsverkehr« klar benennen kann – die für sie beruhigende Funktion der Freundinnen. Auch Anna Cramer berichtet, daß sie »noch nicht mit 'nem Jungen schlafen« und »noch gar keinen Sex haben« will. In der Formulierung, mit der sie ihre Wünsche an Sexualität beschreibt – »nicht, daß ich dazu gezwungen werden muß« –, wird deutlich, daß Sexualität mit einem Partner noch etwas ihr Fremdes ist, zugleich wird – trotz ihrer positiven Darstellung der Freundinnenbeziehungen – ein normativer Druck deutlich: Sexualität ist für sie etwas, das sein »muß«, nicht etwas, das sie vielleicht einmal selber möchte.

Dabei hängt es stark auch von Zufälligkeiten der Zusammensetzung von Schulklassen und den entsprechenden Gruppendynamiken ab, ob Mädchen und junge Frauen in Freundinnen Unterstützerinnen der für sie angemessenen Form und Geschwindigkeit für Beziehungen zum anderen Geschlecht finden oder ob sie mit dem von ihnen Gewünschten alleine sind. So berichtet die 16jährige Britta Fischer, ihr Problem sei, anders als die Klassenkameradinnen noch keinen Freund zu haben: »Ich komme etwas spät«, und erzählt von der sie kränkenden Isolation in ihrer Klasse – sie werde für eine »Streberin« gehalten – und ihren Überlegungen, deshalb die Schule zu wechseln.

Erste Erfahrungen

Alle von uns befragten Mädchen und jungen Frauen orientieren sich an heterosexuellen Beziehungen. Dabei äußern sich fast alle tolerant gegenüber sexuellen Beziehungen zu Mädchen und Frauen, die meisten können sich solche Beziehungen für sich selbst aber nicht vorstellen. In einigen Begründungen werden dabei subtile Entwertungen deutlich. Typische Äußerungen dazu sind: »Ich habe nichts dagegen, find' ich normal, wenn die 's schön finden, wenn die glücklich damit sind. Aber ich will's halt lieber mit 'nem Jungen.« »Wenn sie 's wollen, ist es normal. Aber man muß immer wollen. Und ich, nee, mit 'ner Frau nicht. Nur mit

Menschen halt, die ich auch liebe« (vgl. Milhoffer 2000, S.216f). Zu den wenigen Mädchen und jungen Frauen, die sich sexuelle Beziehungen zu anderen Mädchen und Frauen vorstellen können, gehören Katrin Abel und Lena Lutz. Katrin berichtet über eine Faszination, die für sie von solchen Beziehungen ausgeht: »Eigentlich wär' das ja mal ganz interessant..., irgendwie spannend..., aber das ist eine Überwindung.« Lena spricht über ihre entsprechenden Phantasien: »Ich find' auch Frauenkörper eigentlich wesentlich ästhetischer als Männerkörper.« In der Schilderung von Anna Cramer wird eine Bewegung deutlich von einem Interesse an solchen Beziehungen – »mich interessiert das schon« über die Erinnerung an diskriminierende Äußerungen von Jungen hin zu einer Ablehnung dieser Beziehungen: »Ich könnt' mir das nicht vorstellen.« »Mich interessiert das schon, weil irgendwie ist es, also jetzt in unserer Klasse geht's halt auch ziemlich darum..., wenn man dann einmal 'ne Freundin in den Arm nimmt, wenn die traurig ist, dann fangen die Jungen immer gleich zu witzeln an, die ist lesbisch und so. Nee, ich glaub' nicht, also ich könnt' mir das nicht vorstellen.«

In den Schilderungen derjenigen Mädchen und jungen Frauen, die schon einmal mit einem Jungen geschlafen haben, wird deutlich, daß die Möglichkeit eines lustvollen Genießens von Sexualität sich erst im Laufe längerer Erfahrungsprozesse eröffnet. Fast alle berichten, daß das erste Mal – zum Teil auch die ersten Male – nicht schön waren[7], einige haben versucht, sich gegen entsprechende Enttäuschungen zu wappnen, indem sie sich bemühten, keine großen Erwartungen zu haben. Dennoch wird das ›erste Mal‹ von einigen als sehr wichtiges Ereignis, als Einschnitt und Eintritt ins Erwachsenenleben erlebt. So beschreibt eine 18jährige junge Frau die Diskrepanz zwischen ihrem wenig positiven Erleben des Miteinanderschlafens – »fand ich gar nicht so toll« – und ihrer dennoch euphorischen Stimmung: »Boh, jetzt ist was passiert... Ich wußte gar nicht wohin, ich hatte plötzlich so 'ne Energie.« In dieser Stimmung hätte sie am liebsten eine Freundin angerufen, der Freund wurde eher als störend empfunden: »Scheiße, ich wär' am liebsten weggerannt«. Das ›erste Mal‹ scheint für sie nicht wichtig gewesen zu sein als Erlebnis in der Beziehung zum Partner, sondern als Ereignis, das für das eigene Leben als Durchbruch erlebt wurde, vielleicht als Durchbruch zum Leben als erwachsene Frau mit neuen Lustmöglichkeiten, mit neuer »Energie«, die auch das Aussehen verändert: »Ich dacht'..., mir sieht das jeder an.« Eine große Rolle hat auch das Gefühl gespielt, daß alles »normal« ist, daß das Miteinanderschlafen »nach mehreren Anläufen« dann doch »geklappt« hat. Deutlich wird der

Druck, daß das Miteinanderschlafen gleich »einfach« gelingt, denn sonst »ist irgendwas nicht normal«. »Alle erzählen immer, es geht so einfach«, beschreibt die junge Frau die Stimmung unter ihren Klassenkameradinnen und Freundinnen, in der Probleme und Schwierigkeiten keinen Raum zu haben scheinen.

»Da bin ich gerade 16 geworden... Das Miteinanderschlafen fand ich gar nicht so toll, also ich konnt' nicht verstehen, warum die immer so 'n Aufhebens drum machen. Aber danach hatte ich so das Gefühl, boh, jetzt ist was passiert. Ich wär' am liebsten zum Telefon gerannt und hätt' erst mal Tine (eine Freundin, K.F.) angerufen, so – ja, weißt du, was passiert ist? Ich wußte gar nicht wohin, ich hatte plötzlich so 'ne Energie und war dann noch bei ihm, Scheiße, ich wär' am liebsten weggerannt. Und ich dacht' dann auch am nächsten Tag, mir sieht das jeder an... Bei uns war das nicht ganz so normal... Und dann hat es halt geklappt, nach mehreren Anläufen... Ich dacht' auch so, alle erzählen immer, es geht so einfach, und bei uns klappt es nicht. Ich dacht' auch so, ist irgendwas nicht normal.«

Möglicherweise deutet sich in dieser Schilderung auch eine Ambivalenz bezüglich Sexualität an: einerseits das ›erste Mal‹ herbeizuwünschen, andererseits sich zu schämen, wenn es »passiert« ist. »Ich dacht', mir sieht das jeder an« kann Ausdruck der Phantasie sein, daß »jeder« sieht, daß sie etwas zwar Erregendes, aber auch Verbotenes gemacht hat. Die vorangestellte, auf den Freund bezogene Formulierung: »Scheiße, ich wär' am liebsten weggerannt«, bedeutet dann, daß dem Freund die auch schambesetzte Sexualität zugewiesen wird und sie davor »am liebsten weggerannt« wäre.

Das ›erste Mal‹ ist selten problemlos und automatisch mit Lust und Genießenkönnen verbunden, das zeigt sich auch in den Berichten der übrigen Mädchen und jungen Frauen. Lisa Busch beschreibt – ähnlich wie die schon zitierte junge Frau – die Diskrepanz zwischen ihrer Vorstellung, daß das Miteinanderschlafen »locker ist«, daß »alles irgendwie einfacher wär'«, und ihren ersten Erfahrungen.

»Man stellt sich ja irgendwie immer unheimlich viel vor, daß das alles locker ist und so. Und es war eben am Anfang vor allem nicht so locker, wie ich's gedacht hab'. Ja, sonst kannte man ja auch nur alles aus Filmen und so 'n Kram. Und da kann man sich ja eigentlich kein richtiges Bild davon machen. Ja, und auch hab' ich wohl geglaubt, daß das alles irgendwie einfacher wär', aber das war's dann doch nicht. Aber dadurch, daß wir uns gegenseitig ziemlich vertraut haben, war's dann eigentlich doch einfacher als mit eben 'ner anderen Person.«

Das wechselseitige Vertrauen scheint die Enttäuschung darüber, daß die Phantasien über das ›erste Mal‹ – »Man stellt sich ja… immer unheimlich viel vor« – nicht Wirklichkeit wurden, gemildert zu haben.

Auch Birgit Esch schildert die Diskrepanz zwischen ihrer Vorstellung, daß es »ganz reibungslos« geht, und ihren ersten Erfahrungen, die »nicht so toll« waren und bei denen »es… auch weh« tat. *»Beim ersten Mal also, mein Freund hatte ja auch noch keine Erfahrungen, muß ich dazu sagen, und deshalb standen wir da beide ziemlich, also wir wußten ja, wie es gehen sollte, aber na ja. Und es hat eigentlich nicht, hat erst nicht richtig geklappt. Und es tat auch weh, aber ich wollte es dann nachher und, ja dann, dann ging's ja auch, aber das war dann eben nicht so toll… Man hat sich das erst mal ganz reibungslos vorgestellt, und ja, wir wollten 's ja auch jetzt machen, und wir waren wohl beide aufgeregt, und deshalb hat's wohl erst nicht geklappt. Also bei mir tat's ja auch erst weh.«*

Lena Lutz hatte dagegen »schon häufiger gehört, daß das erste Mal nicht doll ist«. Mit einer Freundin konnte sie schon ihre Probleme mit dem Küssen – »das fand ich alles nicht toll« – besprechen. »Sagt sie, och, das ist ganz normal, das ist immer so am Anfang, man findet das nie gut.« Lena gelingt es, mit ihrer Freundin eine andere Form von ›Normalität‹ als die des reibungslosen Funktionierens zu schaffen, nämlich eine, in der Probleme »normal« sind. Das scheint sie entlastet und auch ihre Erwartungen an das ›erste Mal‹ beeinflußt zu haben. »Wir hatten auch beide nicht die Erwartung, daß das so gut klappen muß«, berichtet sie und schildert das erste Miteinanderschlafen – obwohl es ihr »furchtbar weh« tat und sie »es nur hinter (sich) bringen« wollte – als lustiges Ereignis.

»Das war sehr lustig eigentlich. Weil, es hat überhaupt nicht geklappt. Und es tat eigentlich furchtbar weh, und ich wollte es nur hinter mich bringen. Und es war, es war wirklich lustig. Erst haben wir, haben wir einfach tüchtig darüber gelacht, weil es war im Prinzip auch gar nicht mehr schön. Ich wollte nur eigentlich, daß es nicht mehr so weh tut, und ich wollte es jetzt hinter mich bringen… Das war wirklich lustig. Also, das war es wirklich. Nein, das hab' ich überhaupt nicht negativ in Erinnerung, kein bißchen… Es hat zwar weh getan, und es war auch kein besonderes sexuelles Erlebnis, aber es war lustig. Es war ein sehr starkes gemeinsames Erlebnis einfach.«

Lena betont, daß das ›erste Mal‹ – trotz ihrer Schmerzen – ein »sehr starkes gemeinsames Erlebnis« war. Das Verbindende scheint das gemeinsame Lachen über das Mißglückte der Situation gewesen zu sein, das vielleicht nur möglich war, weil beide wußten, daß das ›erste Mal‹ schwierig sein kann. Möglicherweise überdeckt Lenas mehrfache Betonung des ›Lustigen‹ der Situation aber auch ihre Enttäuschung, die vielleicht, trotz der gegenteiligen Beteuerungen, auch vorhanden war.

Lena schildert, daß es für sie ein längerer Prozeß gewesen ist, bis sie Sexualität genießen konnte. »Es hat schon 'ne Zeitlang gebraucht, bis es mir auch wirklich Spaß gemacht hat.« Wichtig für sie war, daß sie ihre »Wünsche mehr äußern kann« und das Sprechen darüber nicht mehr so »unangenehm« findet. »Es ist besser geworden. Ich glaub', das liegt vielleicht auch daran, daß ich... meine Wünsche mehr äußern kann, daß ich das weniger unangenehm finde so, also das, darüber zu reden.« Allerdings scheint Lena ihre Wünsche nur selten zu äußern und statt dessen an der »Idealvorstellung« festzuhalten, »das muß irgendwie von alleine harmonieren«.

Das Äußern von Wünschen – mit denen »in fünf Minuten 'n Orgasmus... wär'« – hat für sie den Charakter von »Anweisungen« geben und ihre Befürchtung ist: »Das wird dann so maschinell.« Möglicherweise ist es für sie noch zu bedrohlich, in der sexuellen Beziehung zum Freund ihr Begehren zu äußern und »in fünf Minuten 'n Orgasmus« – möglicherweise auch mit ihm zusammen – zu haben. Sie scheint einen solchen »Orgasmus« noch von sich fernhalten zu müssen: Es »wär'... 'n Orgasmus«, formuliert sie unpersönlich, nicht sie hat und erlebt ihn. So könnte sie die »Idealvorstellung« entlasten, daß der Freund »von alleine« herausfindet, was ihr Lust bereitet. Damit bleibt das aktive Begehren ihm zugeordnet, Lena wartet auf ihre Lust und integriert sie noch nicht als Ergebnis auch eigener Aktivität in ihr Wünschen und Wollen.

»Es ist so, daß ich das jetzt andererseits als unangenehm empfinde, soviel zu reden und, sag' ich jetzt mal in Anführungszeichen, Anweisungen zu geben. Und deswegen, ich hab' immer noch so ein bißchen... Idealvorstellung, das muß irgendwie von alleine harmonieren. Ich sag' schon was, und so mittlerweile, natürlich entwickelt sich das schon, aber trotzdem denke ich immer, möcht' ich auch nicht zu viel sagen. Bis jetzt noch nicht, obwohl ich manchmal denke, es wäre vielleicht ganz gut, aber bis jetzt hab' ich es noch nicht getan. Also ich könnte klipp und klar sagen, wenn wir es so und so machen, wär' halt in fünf Minuten 'n Orgasmus. Könnt' ich sagen, wüßte ja wie, aber ich tu's einfach nicht, weil, ich denk' immer, weiß ich auch nich', was, das wird dann so maschinell.«

Aktive Beziehungsgestaltung und Vermeidungsstrategien

In den Schilderungen einiger Mädchen und junger Frauen werden Strategien deutlich, mit denen sie das Tempo der sexuellen Annäherung und die weitere sexuelle Beziehung so gestalten, daß es eigenen Wünschen und Möglichkeiten entspricht.

Franka Duden will noch nicht »sofort« mit ihrem Freund schlafen. Um einen festen, von ihrer Haltung unabhängigen, quasi objektiven Grund dafür zu haben, will sie sich noch nicht die Pille verschreiben lassen. Kondome lehnt sie als »eklig« ab. Für den Weg zur Sexualität scheint für sie auch der wohlwollende Blick und die symbolische Begleitung der Mutter wichtig zu sein: Wenn sie sich die Pille verschreiben lassen will, soll ihre Mutter mitkommen.

Birgit Esch hat eine Form gefunden, die Häufigkeit sexueller Kontakte zu ihrem Freund nach ihren Bedürfnissen zu gestalten. Sie schläft »nicht regelmäßig« mit ihm, »ab und an mal«, »wenn Kondome da sind«, die vor allem sie besorgt. Der Freund möchte, daß sie sich die Pille verschreiben läßt, aber sie verhält sich ihren Bedürfnissen entsprechend: »Ich will das nicht.«

Lena Lutz hat die Pille abgesetzt, weil es für sie »gar nicht angenehm« war, »künstlich irgendwas« im Körper zu verändern. Auch ihr ist eine symbolische Begleitung durch die Mutter wichtig: Lena wünscht sich, daß sie dem Absetzen der Pille zustimmt. Lena verhütet jetzt mit Kondomen und Temperaturmessen und gestaltet auf diese Weise die Beziehung zu ihrem Freund: »Ich sag's einfach, ich sag, es geht oder es geht nicht.«

Alle von uns befragten Mädchen und jungen Frauen – diejenigen, die einen Freund haben, ebenso wie diejenigen, die noch keine sexuellen Erfahrungen haben oder wünschen – kennen sich sehr gut aus mit empfängnisverhütenden Mitteln.[8] Bei einigen – wie Lena Lutz – besteht jedoch weiterhin die Angst, ungewollt schwanger zu werden.[9] Möglicherweise zeigt sich darin eine Unsicherheit über das eigene Körperinnere, über die inneren Genitalien, vielleicht verschaffen sich auch mit Sexualität verbundene Strafängste auf diese Weise Ausdruck, zudem können unbewußte Tradierungen mütterlicher Ängste eine Rolle spielen. So berichtet auch Frau Lutz von ihren eigenen früheren starken Ängsten vor einer ungewollten Schwangerschaft. Dabei haben auch bei ihr Tradierungen mütterlicher Gefühle eine Rolle gespielt: Sie selbst war das Kind einer von der Mutter nicht gewollten Schwangerschaft.

In den von Birgit Esch und Lena Lutz beschriebenen Strategien, durch Verweis auf Verhütungsprobleme die Häufigkeit des Miteinanderschlafens zu regulieren, werden einerseits Momente der aktiven Beziehungsgestaltung gemäß eigener Wünsche und Bedürfnisse deutlich, zum anderen spielen oft auch Probleme mit Sexualität eine Rolle. Die genannten Vermeidungsstrategien bringen dann möglicherweise zum Ausdruck, daß das Miteinanderschlafen als wenig lustvoll und befriedigend erlebt wird.[10] Bei Lena deutet sich das an, wenn sie ihr »Gefühl, daß es besser geworden ist«, anschließend an die widersprüchliche Schilderung, daß sie ihre »Wünsche mehr äußern kann«, es jedoch nur sehr begrenzt auch macht, in einem zweiten Anlauf erläutert mit: »Insofern, als er eben weniger etwas dagegen hat, wenn es mal nicht klappt, und ich es nicht mache. Ich fühl' mich weniger unter Druck gesetzt.« Ihre eigene Lust taucht nicht auf; in der Begründung für das »besser geworden« ist Lena wichtig, daß ihr Freund sie »weniger unter Druck« setzt. Sexuelles Begehren ist damit an ihn delegiert. Eine Erklärung für Lenas in dieser Interviewpassage aufscheinende geringe Lust an Sexualität findet sich in der anschließenden Darstellung der Beziehung zum Freund. Sie fühlt sich dort weniger in der »Rolle der erwachsenen Frau« und mehr als »Kind«. Wie viele junge Frauen scheint sie in ihren ersten Liebesbeziehungen eine Zuwendung und Bestätigung zu suchen, die früheren Wünschen an Mutter und Vater entsprechen.[11] Damit schwindet jedoch sexuelles Begehren, im Zentrum stehen Bedürfnisse nach zärtlicher ›mütterlicher‹ Versorgung und Zuwendung.[12]

Lena ist sich ihrer damit verbundenen schwierigen Position in der Beziehung zum Freund bewußt. »Erwachsen« sein scheint ihr noch äußerlich zu sein – sie schildert es wie eine »Rolle«, etwas, daß sie sich »noch nicht so ganz angezogen« hat. Innerlich stehen für sie derzeit kindliche Wünsche – »ich kuschel so 'n bißchen rum« – im Vordergrund. Zugleich ist ihr aber auch klar, daß sie nicht mehr »das kleine Mädchen« ist, sondern es ›spielt‹. In dieser Zwischenposition – noch nicht »erwachsen« und nicht mehr »Kind« – gibt es eine Sehnsucht nach Früherem: »Noch mal so Kind« zu sein.

»Ich spiel schon mal gern das kleine Mädchen. Also, mein Freund hat häufiger zu mir gesagt, er wüßte gar nicht, ob er mein Vater, mein Bruder oder mein Freund wäre. Weil, ich kann das manchmal nicht so ganz unterscheiden... Und manchmal spiele ich auch gerne das kleine Mädchen und kuschel so 'n bißchen rum... Deswegen fällt es mir schon manchmal schwer, so die Rolle plötzlich der

erwachsenen Frau, das hab' ich irgendwie noch nicht so im normalen Leben... noch nicht so ganz angezogen... Ich habe so noch gar nicht das Gefühl, daß ich so erwachsen bin... Ich seh' mich leicht mal auch noch als Kind. Ich bin auch gern noch mal so Kind.«

Möglicherweise sind Wünsche, »noch mal... Kind« zu sein, bei Lena besonders ausgeprägt, weil eine Trennung von den Eltern ansteht. Sie will in einigen Monaten von zu Hause ausziehen und – mit dem Freund – in eine andere Stadt gehen. Sie formuliert ihre Angst und Trauer und sieht ihren Wunsch, »Kind« zu sein, als Versuch, »das jetzt noch hier so zu genießen. Deshalb höre ich vielleicht momentan so viele Kinderkassetten, das beruhigt mich so 'n bißchen.« Offen bleibt, ob nach dem Auszug aus dem Elternhaus eine andere Qualität der Beziehung zum Freund möglich wird.

Ähnliche Tendenzen einer Suche nach Zärtlichkeit und Geborgenheit in der Beziehung zum Freund, die wenig vereinbar ist mit genitaler Sexualität, zeigen sich in den Schilderungen der 17jährigen Simone Markus. »Küssen«, »Knuddeln« und »Baden« scheinen ihr eine Wärme und emotionale Nähe zu vermitteln, die sie in der Beziehung zu Mutter und Vater vermißt hat. »Zusammenschlafen ist mir eigentlich nie so wichtig wie... Küssen oder Knuddeln. Zusammenschlafen ist mir so auch überhaupt nicht wichtig. Ich finde Baden immer ganz toll.« Dabei konfligieren Simones Wünsche mit denen des Freundes. Bemühungen, einen Kompromiß zu finden – sich »abzuwechseln« –, scheinen nur begrenzt erfolgreich zu sein. »Meistens versuchen wir, uns dann so abzuwechseln..., das ist auch immer so ein bißchen blöde..., das ist immer ganz blöd, da können wir uns immer nie entscheiden, ja, du warst letztes Mal dran, nein, jetzt bin ich wieder dran, und das ist blöd.«

Freundinnen haben auch für die Mädchen und jungen Frauen, die einen Freund haben, weiterhin eine große Bedeutung (vgl. Breitenbach/Kausträter 1998, S. 400). Zwar werden auch Schwierigkeiten beschrieben, Verabredungen mit dem Freund zu vereinbaren mit einer kontinuierlichen Beziehung zur Freundin – besonders, wenn diese keinen Freund hat, können sich Konflikte ergeben –, die meisten versuchen jedoch, beiden Beziehungsformen gleichermaßen gerecht zu werden oder sie miteinander zu verbinden. So wird in den Schilderungen von Lena Lutz das Bemühen deutlich, die Beziehung zur Freundin, die keinen Freund hat, zu vereinbaren mit der zum Freund. Nach gemeinsamen Unternehmungen übernachten alle bei Lena: »Alle zu dritt in einem Bett... Also, ich meine, auf jeden Fall kann man wunderbar zu dritt schlafen... Schon ganz häufig, daß wir hier zu dritt gelegen haben. Das war auch immer sehr lustig.« Vielleicht hat die Freundin dabei auch die Funktion, Lena vor unerwünschten sexuellen Annäherungen des Freundes zu schützen.

Eva Breitenbach und Sabine Kausträter (1998) betonen die positive Funktion, die Freundinnen bei der Ausgestaltung heterosexueller Beziehungen haben können. Mädchen arbeiten sich nicht nur gemeinsam in die »›heterosexuellen Umgangsformen‹ ein« (ebd., S.400), sondern versuchen auch, »diese zu gestalten und ihren Spielraum zu erweitern« (ebd.). »Unsicherheiten und Probleme mit den Beziehungen zu Jungen ... werden zumindest zu einem gewichtigen Teil innerhalb der Mädchenfreundschaft bearbeitet. Die Freundin teilt aber auch die positiven Erlebnisse und Gefühle. Die Mädchengruppe bzw. die Freundinnen leisten eine ›Supervision‹ der heterosexuellen Beziehung, wobei der Humor, die Entschärfung von Konflikten durch Gelächter und Ironie, eine wichtige Rolle spielt« (ebd.). So haben Freundinnenbeziehungen oft wichtige unterstützende Funktionen bei der Ausgestaltung von Beziehungen zum anderen Geschlecht.[13] Nur selten scheinen allerdings mit Sexualität verbundene Probleme und Schwierigkeiten unter Freundinnen besprochen zu werden.[14] »Über die eigene Sexualität (wird) nicht viel geredet..., weder mit den Eltern noch mit den Peers«, stellen Janita Ravesloot und Manuela du Bois-Reymond (1999, S.28) in ihrer Studie über Lebensentwürfe und Handlungsstrategien niederländischer Jugendlicher fest. »Eine zunehmende Informalisierung der Verhaltensnormen und Standards... hat zwar durchaus auch zu informellem sexuellem Verhalten in öffentlichen Räumen geführt, ob diese Informalisierung aber auch zu einer offenen und unbefangenen Kommunikation der Jugendlichen über die eigene Sexualität führt, scheint mehr als zweifelhaft« (ebd.).[15]

In den Schilderungen der Mädchen und jungen Frauen wird deutlich, daß eine als lustvoll und befriedigend erlebte Sexualität erst Ergebnis längerer Aneignungs- und Erfahrungsprozesse ist. Dabei erfolgt die »›Annäherung an das andere Geschlecht‹ zu Beginn der Adoleszenz... nicht ausschließlich aufgrund ›natürlicher‹ und sexueller Bedürfnisse, sondern ist ebenfalls Ausdruck davon, daß das Erwachsenwerden nach wie vor eng an die Fähigkeit zu heterosexueller Praxis geknüpft ist« (Breitenbach/ Kausträter 1998, S.401). Das ›erste Mal‹, die damit verbundene ›Entjungferung‹ hat auch den Charakter einer Initiation, eines symbolischen Aktes, der den Übergang zu einem neuen Lebensabschnitt, dem der ›sexuell erfahrenen‹ und damit erwachsenen Frau signalisiert.[16] Für viele spielt bei den ersten sexuellen Aktivitäten diese symbolische Bedeutung und der damit verbundene Stolz, einen wichtigen Schritt zum Erwachsenwerden getan – oder aber eine dem entgegenstehende Barriere überwunden – zu haben, eine große Rolle.

Zugleich werden an Sexualität geknüpfte psychische Aneignungsprozesse bedeutsam. Die Auseinandersetzung mit sexuellen Sehnsüchten, Phantasien und Erregungen und ihre Integration in ein eigenes aktives Wünschen und Wollen ist wesentlich auch ein Prozeß innerer Arbeit der Trennung von den wichtigen Bezugspersonen der Kindheit und der Entwicklung eines von der inneren Bindung an die frühen Bezugspersonen gelösten Gefühls für den eigenen sexuellen Körper. Ein wesentliches Element solcher Aneignungsprozesse ist die Erkundung des eigenen Körpers, die Erforschung dessen, was Lust bereitet, die sexuelle Selbstbefriedigung.

Das Verbot, sich selbst zu berühren

Den eigenen sexuellen Körper zu erforschen, Vorlieben und Erregbarkeiten kennenzulernen, sich selbst lustvoll zu berühren scheint trotz der Erweiterung von Spielräumen für sexuelle Erfahrungen in den letzten Jahrzehnten für viele Mädchen und junge Frauen noch immer schwierig zu sein. Repräsentative Studien zur Jugendsexualität sprechen dafür, daß eine große Gruppe von Mädchen und jungen Frauen sich nicht oder nur selten selbst sexuell befriedigt. In der für die Altersgruppe der 14- bis 17jährigen repräsentativen Untersuchung von Schmid-Tannwald/Kluge (1998) geben 53 Prozent der Mädchen an, sich noch nie selbst befriedigt zu haben. Diejenigen, die entsprechende Erfahrungen haben – es sind 43 Prozent der jungen Frauen –, berichten zu einem Fünftel, daß sie sich in den letzten zwölf Monaten nicht selbst befriedigt haben (ebd., S. 243 f).[17] Mit zunehmendem Alter nimmt die Erfahrung mit Selbstbefriedigung leicht zu: 42 Prozent der 14jährigen und 54 Prozent der 17jährigen berichten davon. Dabei ist bei den 17jährigen der Anteil derjenigen, die schon mit einem Jungen geschlafen haben, größer als der Anteil derjenigen, die sich selbst befriedigt haben: 66 Prozent bzw. 54 Prozent nennen entsprechende Erfahrungen (ebd., S. 276).[18] So scheint es bei vielen Mädchen und jungen Frauen eine deutliche innere Barriere zu geben, sexuellen Wünschen, Sehnsüchten und Erregungen nachzugehen, indem der eigene Körper erforscht und berührt wird, indem selbst aktiv Wege zur Befriedigung gesucht und gefunden werden. Für einige scheint es leichter zu sein, in einer Beziehung zu einem Jungen Befriedigung zu suchen, als selbst sich Lust zu verschaffen.

In den Schilderungen der von uns befragten Mädchen und jungen Frauen wird deutlich, wie stark das Thema Selbstbefriedigung mit Verboten und Scham besetzt ist. Nur Lisa Busch und Lena Lutz berichten von ihrer Lust bei Selbstberührungen. »Es war schön«, beschreibt Lisa ihre Gefühle. Lena scheint die Interviewsituation zu ermöglichen, über entsprechende Erfahrungen zu sprechen. »Normalerweise kann ich da nicht gut drüber reden, also würd' ich sonst... niemandem erzählen.« Sie berichtet, gegen Ende der Beziehung zu ihrem ersten Freund Selbstbefriedigung entdeckt zu haben. »Und dann hab' ich's einfach ausprobiert, und es hat geklappt, und es war, es ging wesentlich schneller und einfacher als mit 'nem Jungen auch, also zum Höhepunkt zu kommen... Mach' ich nicht sehr häufig, aber schon mal ab und an.« Sie scheint dabei Wünschen nachgehen zu können, die in einer Beziehung zu leben möglicherweise zu bedrohlich wäre. »Ich denke dann lieber an Mädchen als an Jungen. Ich hab' dabei, ich hab' dabei kein schlechtes Gewissen oder so... Also beim ersten Mal schon,... da war ich ganz erschrocken, aber jetzt nicht mehr.« Lena schildert ihr Erschrecken über ihre homosexuellen Phantasien, aber auch einen Prozeß der Aneignung solcher Wünsche. »Da war ich ganz erschrocken, aber jetzt nicht mehr.« Für sie scheint sich über Selbstbefriedigung die Möglichkeit ergeben zu haben, etwas bisher Fehlendes zu finden. Sie schildert ihre auf eine Freundin bezogenen Gedanken: »Ich denke eigentlich immer, ich müßte ihr das eigentlich mal raten, das mal an sich selber auszuprobieren, damit sie weiß, was denn fehlt und was es denn noch gibt.« Lena scheint für sich entdeckt zu haben, »was... fehlt und was es... noch gibt«. Vielleicht wird das Wissen darum ihre weiteren sexuellen Erfahrungen in Beziehungen stärker beeinflussen, als es bisher der Fall zu sein scheint. So teilt Lena ihrem Freund ihre auf Sexualität bezogenen Wünsche nicht mit.

In den Schilderungen der meisten anderen Mädchen und jungen Frauen wird beim Thema Selbstbefriedigung ein Kampf zwischen Lust und Verbot deutlich, der zugunsten des Verbots entschieden zu werden scheint. Nur Birgit Esch und die 16jährige Claudia Georg scheinen sich noch nie selbst befriedigt zu haben. Birgit begründet ihre fehlenden Erfahrungen – »nein, das hab' ich nicht gemacht« –

damit, daß sie »das... nicht ästhetisch« finde. Möglicherweise spielt hier das Verhältnis zu ihren Genitalien eine Rolle, die sie »nicht ästhetisch« findet. Claudia berichtet, sie habe »schon viel darüber gelesen, daß es nicht schlimm wäre«. Sie selbst scheint jedoch keine Kenntnis zu haben über Möglichkeiten, sich selbst Lust zu verschaffen. »Aber ich hab's noch nie probiert. Ich weiß nicht, wie das geht.«

Kämpfe zwischen Lust und Verbot werden besonders deutlich in den Schilderungen von Katrin Abel. Katrin schwankt zwischen Leugnen und Zugeben – »nie« und »viel gestreichelt« –, sie ist hin und her gerissen zwischen Lust und Verurteilung – »ganz angenehm« und »blöd«, »total bescheuert«, »überflüssig«, »peinlich«. Eine eigene innere Instanz verbietet ihr diese Lust: »Vor mir selbst... wär's mir peinlich... Ich würde... das für mich selbst so am bescheuertsten finden.« Mit der wiederholten Feststellung, das »muß man... nicht haben«, »man braucht das eigentlich nicht«, »das braucht man eben nicht«, scheint sie sich selbst gut zuzureden, daß eine solche Lust nichts für sie Wichtiges ist. Zugespitzt wird der Kampf zwischen Lust und Verbot, sie selbst bei sich aktiv herbeizuführen, noch einmal ausgedrückt in der Antwort auf die Frage: »Kommt es für dich in Frage?« »Ja, eigentlich schon, aber eben nicht selbst, aber andere, wenn's, weiß ich nicht, meinetwegen.« Katrin vollzieht eine Bewegung von einer Erlaubnis – »ja, eigentlich schon« – zu einem Verbot für sich – »nicht selbst« – zu einer Erlaubnis für andere – »aber andere« – wieder hin zu einer Erlaubnis für sich: »meinetwegen«.

Ähnliche Auseinandersetzungen zwischen Wunsch und Verbot zeigen sich in den Schilderungen der 13jährigen Jana Imroth. »Einmal, also beim Duschen, da hab' ich, also da fand ich das ganz schön, so über meine Brüste, fand ich eigentlich, aber das hab' ich einmal oder so gemacht und weiter, weiter hab' ich nichts.« »Weiter hab' ich nichts« klingt wie die Beteuerung gegenüber einer verbietenden Instanz, der versichert wird, daß das Verbotene und als »ganz schön« Empfundene nur »einmal... gemacht« und außer den Brüsten »weiter... nichts« gestreichelt wurde – wobei Jana selbst streicheln oder eine ähnliche Bezeichnung für ihre Aktivitäten vermeidet.

Besonders deutlich wird die Verbindung von Selbstbefriedigung und Verbot sowie entsprechender Bestrafung in der Schilderung der 17jährigen Simone Markus. »Ich hab's mal probiert..., und danach bin ich gleich ins Krankenhaus gekommen, weil ich die Blasenentzündung dann andauernd hatte.« Sie verbindet die »Blasenentzündung«, die sie schon länger hatte, und einen entsprechenden Krankenhausaufenthalt in dieser Darstellung unmittelbar mit ihrer Selbstbefriedigung: »Danach bin ich gleich ins Krankenhaus gekommen.« Simone wurde in der Kindheit von ihrem Vater sexuell mißbraucht. Möglicherweise ist deshalb eine von ihr selbst aktiv geschaffene sexuelle Lust in besonderem Maße mit Schuldgefühlen und Strafängsten verbunden.

Ebenso wie Katrin betonen auch Anna Cramer, Franka Duden und Pia Hopf, Selbstbefriedigung ›nicht zu brauchen‹. Anna betont mehrfach: »Irgendwie brauch' ich das nicht.« Im Laufe ihrer Schilderungen gibt es eine Bewegung von teilweisem ›Zugeben‹ – »nicht richtig« habe sie sich selbst befriedigt – über Leugnen – »ich mach' es nicht« – hin zum ›Zugeben‹: »Okay, ich mein' irgendwie, manchmal ist es dann halt schon so, daß man sich dann selber streichelt und so.« In ihren Phantasien spielt eine »Entjungferung« – möglicherweise durch den jungen Stiefvater – eine große Rolle. Vielleicht muß gegen diese Phantasien ein Damm errichtet werden durch die wiederholte Beteuerung: »Irgendwie brauch' ich das nicht.«

Bei Franka hängt die Versicherung »Ich brauch' das eigentlich nicht« zusammen mit einem ambivalenten Verhältnis zur Sexualität. Sie möchte keine »sexuelle Befriedigung« ohne »Liebe« zu einem »Freund«. Für sie ist Selbstbefriedigung »ja eigentlich dann nur zur sexuellen Befriedigung und nicht einfach aus Liebe«.

Die 16jährige Pia Hopf sagt, daß sie mit 14 »so 'n bißchen das Bedürfnis auch gehabt« habe, sich »selbst zu streicheln«. Sie habe dann damit aufgehört – »es bringt mir nichts« –, weil sie es »nicht gebraucht habe«. Pia hatte noch keinen Freund, ihr fehlendes »Bedürfnis« nach Selbstbefriedigung kann Ausdruck des Versuchs sein, sexuelle Wünsche und Sehnsüchte generell wegzuschieben.

Bei Britta Fischer kommt möglicherweise der Wunsch nach einem Freund zum Ausdruck, wenn sie es »eigentlich nicht« lustvoll fand, sich selbst zu befriedigen, denn: »Wenn das so auf Gegenseitigkeit beruht, ist's besser.«

Die mit Selbstbefriedigung verbundene Scham und die Spannung zwischen Lust und Verboten – wobei die Verbote schwerer wiegen als die Lust –, wie sie in vielen Interviews zutage treten, haben unterschiedliche Facetten. Diese Darstellungsweisen können Ausdruck des Bedürfnisses sein, durch Betonung des Gehorsams gegenüber Verboten einen intimen Bereich vor den Augen der durch die Interviewerinnen repräsentierten Öffentlichkeit als eigenen, geschützten zu bewahren. Möglicherweise spielt auch das in der Adoleszenz wichtige Bemühen um eine Balance zwischen Zulassen und Kontrolle der sexuellen Erregungen eine Rolle.

Das geschilderte Übergewicht von Verboten und die Versicherung, Selbstbefriedigung ›nicht zu brauchen‹, haben dann die Bedeutung, vor dem potentiell Überschwemmenden der sexuellen Impulse zu schützen. Die mit Selbstbefriedigung verbundene Scham und die Betonung des Verbotenen, demgegenüber Gehorsam gezeigt wird, kann zudem auch Ausdruck des Verbotenen und Bedrohlichen der mit Selbstbefriedigung verbundenen Phantasien sein. Wie sich in den Phantasien von Anna Cramer zeigt, richten Erregungen sich zunächst auch auf die nahen Bezugspersonen der Kindheit, auf Mutter und Vater. Der »verbotene Raum« der Selbstbefriedigung »kann in diesem Sinn auch als der noch mit inzestuösen Wünschen erfüllte innere Raum verstanden werden« (King 1999, S. 214).

Eine wesentliche psychische Bedeutung der Selbstbefriedigung, der Aneignung des sexuellen Körpers »mit eigener Hand« (Waldeck 1992, S. 197), ist die der inneren Trennung von der Mutter. Sich selbst Lust bereiten zu können, den eigenen weiblichen Körper in Besitz zu nehmen bedeutet zugleich, sich innerlich unabhängig zu machen von der »Macht und Kontrolle, die die Mutter einst über den Körper und über die Sexualität des Mädchens hatte« (ebd., S. 195). »›Dies ist mein Körper, dies ist meine eigene Hand‹, mag die Tochter dann denken, ›Ich mache mir selbst Lust damit und genieße mein junges Leben‹« (ebd., S. 196). Die eigene Sexualität, die eigene Lust und den eigenen sexuellen Körper sich anzueignen bedeutet zugleich, sich von inneren Bindungen an die Mutter zu lösen[19]: einen eigenen Weg zu gehen, der zunächst als beängstigend und schmerzlich empfunden wird, weil er mit Einsamkeit und Selbstverantwortung verbunden ist, und der auch bedeutet, der Mutter ein von der Tochter unabhängiges, eigenes lustvolles sexuelles Leben zuzugestehen.

In der Adoleszenz stehen nicht nur äußere Abgrenzungen und Trennungen an – etwa durch neue Beziehungen außerhalb der Familie –, sondern innere Loslösungsprozesse, die häufig starke Verlustängste hervorrufen. »In den ersten Jahren entwickelt das Kind ein konstantes und verläßliches inneres Bild der Mutter, so daß es von ihrer körperlichen Gegenwart und ihren Verrichtungen allmählich unabhängiger wird. Später, während der Adoleszenz, besteht die Aufgabe in einer emotionalen Loslösung von dem, was nun zu *inneren* psychischen Repräsentanzen und *inneren* Beziehungen geworden ist« (Dalsimer 1993, S. 13f., Hervorhebungen im Original, K.F.). Diese Loslösung von »inneren psychischen Repräsentanzen« betrifft auch das Verhältnis zur eigenen Sexualität. Es gibt eine durch das

Sich-selbst-Berühren, eine durch »den Orgasmus authentisch gewordene Erfahrung von ›Ich – Mich‹... ›Da ich es mir selbst machen kann, habe ich diejenigen überwunden, die mir die Lust bisher nach ihrem Gutdünken gewährt oder verboten haben.‹ Durch die Masturbation... hat das Kind sich aus der Abhängigkeitsbeziehung zur Mutter befreit. Durch die eigene Unabhängigkeit ist auch die mütterliche Imago autonom geworden, das heißt, auch sie könnte ihre Lust bei jemand anderem suchen« (Torok 1974, S. 205).[20] Das Vermeiden von Trennungen und der Versuch der Tochter, eine innere Bindung an die Mutter aufrechtzuerhalten, können dementsprechend im Verzicht auf eine eigene körperliche Lust ihren Ausdruck finden.

Margarete Berger (1989) hat am Beispiel von Schwangerschaften adoleszenter Mädchen die Schwierigkeiten junger Frauen beschrieben, »zu einem von der Mutter abgegrenzten Körpergefühl zu finden und im Besitz eines eigenen sexuellen Körpers zu sein, der nicht Teil der Mutter ist und nicht ihrer Kontrolle unterliegt« (ebd., S. 250). Insbesondere in der Adoleszenz muß eine »innere Rekonstruktionsarbeit... aufgebracht werden..., um sich und den eigenen Körper als etwas Abgegrenztes und Eigenes in bezug auf die Mutter erleben zu können« (ebd., S. 247). Dabei geht es wesentlich darum, »sich selbst gegen Empfindungen des Ineinanderfließens in den Körper der Mutter neu definieren... und den eigenen Körper als Teil des Selbst außerhalb der mütterlichen Kontrolle erfahren zu können« (ebd.).

Das Lösen aus der mütterlichen Kontrolle bedeutet dabei auch, Rivalität und Aggressivität gegenüber der Mutter zuzulassen und die damit verbundenen Schuldgefühle und Ängste – ihre Liebe zu verlieren, sie zu zerstören oder durch ihre Rache selbst vernichtet zu werden – aushalten zu können.[21] Das Bedrohliche der mit sexueller Aktivität verbundenen, an Rivalität und Aggressivität geknüpften Phantasien kann zum Rückzug auf eine vermeintlich asexuelle Position verführen. »Wenn es gelingt, auf die Selbstbefriedigung zu verzichten oder gar das sexuelle Verlangen insgesamt wieder zum Schweigen zu bringen, so ist der entscheidende Anlaß für die Rivalität beseitigt und die Angst vor Tod und Mord besänftigt. Das bedeutet aber, daß das Körperinnere der Frau fremd bleibt und daß sie nicht lernen kann, mit ihren sexuellen und aggressiven Regungen selbständig umzugehen« (Waldeck 1992, S. 195).

Prozesse der Auseinandersetzung mit sexuellem Begehren und die Möglichkeiten seiner Integration in das eigene Körper- und Selbstbild werden wesentlich auch beeinflußt von den Botschaften der Umgebung: davon, ob sie sexuelle Selbsterforschungen ermutigenden, gewährenden Charakter haben oder aber einschränkende, verbietende Bedeutungen enthalten.[22] Analysen gesellschaftlich nahegelegter Sozialisationsprozesse sprechen dafür, daß die Hemmung vieler Mädchen und junger Frauen in der Adoleszenz, sich selbst lustvoll zu berühren, eine Weiterführung lebensgeschichtlich früherer, auf den eigenen sexuellen Körper und die eigene Lust gerichteter Tabuisierungen ist. Insbesondere in vielen Mutter-Tochter-Beziehungen scheinen Prozesse wirksam zu sein, durch die sich eher Verbote einer Autonomisierung über selbst hergestellte Lust denn Ermutigungen zu einer eigenständigen Aneignung des sexuellen Körpers vermitteln (Flaake 1992, Schmauch 1987).

So scheint vielen Mädchen und jungen Frauen ein Weg zur Aneignung ihrer sexuellen Wünsche und Erregungen verstellt zu sein, der verstanden werden kann als Probehandeln (Laufer/Laufer 1989, S. 61), als Experimentieren mit sexuellen Empfindungen und Befriedigungsweisen in einem Raum, in dem nur eigene Gefühle und Bedürfnisse eine Rolle spielen. Schrittweise können auf diese Weise entsprechende Empfindungen und Phantasien in ein eigenes aktives Wünschen und Wollen integriert werden. Sexuelle Erfahrungen primär in Beziehungen zu anderen zu sammeln kann einen Prozeß der Gegenseitigkeit, des wechselseitigen Kennenlernens von Wünschen und Vorlieben bedeuten, kann aber auch mit der Verführung verbunden sein, Sexualität als aktives Begehren an den Partner zu delegieren und damit den Schritt einer Autonomisierung durch die Aneignung der eigenen aktiven sexuellen Potenzen zu vermeiden. Damit wird die innere Abhängigkeit von den Eltern abgelöst durch die vom Partner, ohne daß psychische Trennungs- und Ablösungsprozesse von den wichtigen Bezugspersonen der Kindheit vollzogen werden, die die Voraussetzungen sind für die Möglichkeit, gleichgewichtige, auf wechselseitigem Begehren und Begehrtwerden beruhende Liebesbeziehungen einzugehen.

Mutter-Tochter-Beziehung und die Sexualität der Tochter

Mütter, Töchter, Sexualität und die Nähe des Zusammenlebens

Die ersten sexuellen Erfahrungen von Mädchen und jungen Frauen sind eingebunden in ein besonderes Spannungsverhältnis zur Mutter. Einerseits sind sie Ausdruck zunehmender Abgrenzungs- und Trennungsprozesse, andererseits sind weiterhin innere Bindungen an die Mutter vorhanden, durch die ihre Reaktionen und Verhaltensweisen bedeutsam sind. Diese Spannung zwischen wachsender Unabhängigkeit und fortbestehender Verbundenheit wird deutlich in den Schilderungen derjenigen Mädchen und jungen Frauen, die – wie die meisten – betonen, der Mutter nichts von ihren sexuellen Erfahrungen zu erzählen, die aber dennoch auf eine wohlwollende, bestätigende und bei Bedarf unterstützende Haltung der Mutter hoffen, zum Beispiel indem sie, wie Lisa Busch, mit ihr zur Gynäkologin gehen möchten, um sich die Pille verschreiben zu lassen, oder, wie Lena Lutz, gerne ihre Unterstützung hätten bei der Entscheidung, die Pille abzusetzen. Diese Wünsche an die Mutter können auch verstanden werden als Ausdruck von Bedürfnissen nach einer bestätigenden Rückversicherung auf dem Weg in unbekanntes Terrain, vielleicht auch nach einer beruhigenden Spiegelung des Neuen und Verunsichernden im eigenen Inneren, der Erregungen und des Geschehens im innergenitalen Raum.[1] Vor diesem Hintergrund haben die Botschaften der Mütter über Sexualität eine große Bedeutung. Sie signalisieren auf dem Wege der Auseinandersetzung mit sexuellen Wünschen, Erregungen und körperlichen Potenzen mehr oder weniger Beruhigung und Unterstützung, mehr oder weniger die Erlaubnis für eine eigene Lust.

Die ersten sexuellen Beziehungen haben bei vielen ihren Ort auch im räumlichen Kontext der Familie und damit in unmittelbarer Nähe zu den Eltern. Nur wenige der jungen Frauen äußern darüber Unbehagen. Nur selten scheint es – wie für Lena Lutz – »nicht der richtige Ort dafür« zu sein. »Es ist eben nicht genügend Intimsphäre hier... und das bringt mich sofort aus der Stimmung«, faßt Lena ihre Bedenken zusammen. Sexuelle Erfahrungen erhalten durch ihre Einbettung in den familialen Alltag den Charakter des Selbstverständlichen, der angstmindernd wirken kann, zugleich wird Sexualität damit aber auch in die Dynamik der Eltern-Kind-Beziehung eingebunden. Inzestuöse Phantasien können in eine als gefährlich erlebte Nähe zur Realität geraten, die sexuellen Erfahrungen in die Beziehung zu den Eltern eingebunden bleiben. Auf der Ebene der Phantasien gibt es dann keine »Intimsphäre«, das Bedrohliche der zugleich äußeren und inneren Nähe zu den Eltern »bringt... aus der Stimmung«.

Auch für Mütter ist die Nähe zu den sexuellen Erfahrungen der Tochter nicht unproblematisch. In einigen Interviews wird deutlich, wie irritierend es für Mütter ist, mit der Sexualität ihrer Tochter direkt konfrontiert zu werden, wenn der Freund im Zimmer der Tochter übernachtet. So beschreibt Frau Duden ihre Verwirrung: »Da wollte sie gerne, daß ihr Freund bei uns schläft. Ja, dann fand' ich das erst ganz komisch. Weil, wieso, wieso will der hier schlafen?... Wieso will der hier denn schlafen? Und dann da in deinem Zimmer?« Frau Duden beschreibt eine Situation, in der sie nicht begreifen will, daß Franka eine sexuelle Beziehung hat, daß sie mit ihrem Freund schläft. Das fand sie »erst ganz komisch«. Sie ist sich ihrer Grenzen in dieser Situation bewußt: »Da hab' ich erst gedacht, stellst dich ja, einerseits stellst du dich ja ganz blöd an, aber andererseits konnt' ich mir das auch –« Hier bricht Frau Duden ihre Darstellung ab, möglicherweise ließe sich ihre Äußerung ergänzen mit ›nicht vorstellen‹. Die Tochter nicht mehr als Kind, sondern Frau mit eigener Sexualität zu sehen bedeutet eine Erschütterung der bisherigen Beziehung zu ihr, verdeutlicht einen weiteren Schritt weg von der Kindposition und schafft für Mütter die Notwendigkeit von entsprechenden Neuorientierungen. Zugleich können auch hier inzestuöse Phantasien in eine als bedrohlich erlebte Nähe zur Realität geraten. Die – reale oder vermutete – sexuelle Erregung der Tochter kann die eigene sexuelle Erregung stimulieren, Generationengrenzen drohen aufzuweichen, inzestuöse Phantasien und die in einer realen Situation erlebte eigene Lust vermischen sich. Die damit verbundene innere Bedrohung kann Botschaften gegenüber der Tochter nahelegen, die – zum eigenen Schutz – eher lustbegrenzenden, verbietenden denn gewährenden, beruhigenden, unterstützenden Charakter haben. Gunter Schmidt (1986) vermutet einen Zusammenhang zwischen der großen emotionalen Nähe in Familien und den Tendenzen von Eltern, die Sexualität ihrer Kinder zu kontrollieren. »Vermutlich führt die hohe Intimität zwischen Eltern und Kindern zu einer erhöhten Inzestangst... Diese Nähe erzeugt Angst gegen das Überschwappen der familiären

Affekte ins Sexuelle« (ebd., S. 29). Die damit verbundenen Verunsicherungen können verstärkt werden durch die über die direkte Konfrontation mit den sexuellen Beziehungen der Tochter berührten eigenen Tabuisierungen. Vor diesem Hintergrund ist es für Mütter oft schwierig, der Tochter die Erlaubnis zu einem eigenen aktiven Begehren, zu einer eigenen Lust zu vermitteln.

Ebenso wie Mütter sich mit der erwachsenen Sexualität ihrer Tochter als weiterem Schritt in Richtung Autonomie auseinandersetzen müssen, ist die Anerkennung der Mutter als Person mit einer eigenständigen Sexualität für junge Frauen ein wichtiges Element auf dem Wege der Aneignung der sexuellen Bedürfnisse, Phantasien und Erregungen und ihrer Integration in ein aktives Wünschen und Wollen. Erst wenn der Mutter eine eigenständige Sexualität zugestanden wird, kann der innerpsychische Prozeß gelingen, in dem der eigene Körper, die eigene Lust aus der Bindung an die Mutter gelöst werden. Erst wenn der Mutter eine von der Tochter unabhängige Befriedigung ihrer sexuellen Bedürfnisse zugestanden und sie in diesem Sinne als von der Tochter getrennte Person erlebt werden kann, kann sich auch die Tochter als von der Mutter getrennte Person erleben, der – ebenso wie der Mutter – die Erlaubnis zu einer eigenen Lust gegeben ist.

Wie schwierig es ist, die Mutter als Person mit einer eigenständigen Sexualität zu sehen, und wie bedrohlich auch hier die Nähe zur sexuellen Erregung ist, wird im Interview mit der 13jährigen Jana Imroth deutlich. Ähnlich wie Frau Duden in bezug auf die sexuelle Beziehung ihrer Tochter Franka will auch Jana nicht zur Kenntnis nehmen, daß ihre Mutter mit einem Mann, dem Vater, schläft. »Das paßt gar nicht«, berichtet sie. In den Schilderungen von Situationen, in denen sie »mitbekommen« hat, daß ihre Eltern miteinander schlafen, wird die Bedrohung durch die intime Nähe zur Sexualität der Eltern ebenso deutlich wie die Schwierigkeit, sich die Eltern als sexuelles Paar vorzustellen.

»Ich hab's mal mitbekommen, und da war ich also, ich war da irgendwie, ich hab's auch mit meiner Freundin besprochen, die hat mir dann auch erzählt, daß ihre Eltern halt öfters miteinander schlafen, und ich bin damit bis jetzt noch, also ich kann das einfach nicht hören oder überhaupt sehen, also ich krieg' da immer total Angst oder, ich weiß nicht, manchmal lieg' ich dann immer ganz erschrokken im Bett, und ich find' das nicht so schön. Vielleicht auch weil, weil ich mir denke, das paßt gar nicht zu denen, warum denn nun gerade meine Eltern, bin ich jetzt die einzige, daß die Eltern miteinander schlafen? Das paßt einfach nicht zu denen, das kann ich mir, ich kann's mir irgendwie nicht vorstellen. Vielleicht

kann ich das nicht so mit ansehen, wie, na ja, wie soll ich sagen? Wie die dann zum, zum, zum Höhepunkt und, und überhaupt so, ich, ich weiß nicht, also damit komm' ich überhaupt nicht klar... Daß ich denn höre, wenn die da stöhnen oder so, wenn ich denn im Bett liege, daß ich nicht mehr sicher war, das macht mir irgendwie, ich lieg' dann ganz, ganz erschrocken da, und das macht mir irgendwie Angst.«

Jana spricht von ihrem Erschrecken – »lieg' ich... ganz erschrocken im Bett«, »ich lieg' dann ganz, ganz erschrocken da« –, ihrer Angst – »ich krieg' da immer total Angst«, »das macht mir irgendwie Angst« – und ihrem Gefühl von Bedrohtsein: »Daß ich nicht mehr sicher war.« Die sexuelle Erregung der Eltern erregt sie möglicherweise selbst, inzestuöse Phantasien rücken dadurch in bedrohliche Nähe zur Realität. Sie ist dann »nicht mehr sicher«, daß ihre inneren Kontrollen funktionieren, daß sie nicht mitgerissen wird von der sexuellen Erregung der Eltern. Jana scheint überschwemmt zu werden von ihren Phantasien – sie hört die Eltern nicht nur, sondern spricht von »sehen« und »ansehen« –, zeitliche Begrenzungen lösen sich auf: »Manchmal lieg' ich dann immer ganz erschrocken im Bett.« Obwohl sie es mit der »Freundin besprochen« hat, die »dann auch erzählt, daß ihre Eltern... miteinander schlafen«, denkt sie, daß sie »die einzige« ist, deren »Eltern miteinander schlafen«. »Warum denn nun meine Eltern?« fragt sie sich. »Das paßt gar nicht zu denen«, »das paßt einfach nicht zu denen«, beschreibt Jana ihr entsexualisiertes Elternbild.

Ebenso wie das Erleben der sexuellen Beziehung der Tochter durch die Eltern kann auch das Erleben der sexuellen Beziehung der Eltern durch die Tochter unter den Bedingungen eines räumlich und emotional sehr dichten Zusammenlebens bedrohlich sein und zu einer »erhöhten Inzestangst« (Schmidt 1986, S.29) führen. Dabei scheint sich für Jana eine Konstellation zu wiederholen, die auch ihre Mutter erlebt hat und möglicherweise von dieser mit der Tochter – diesmal aus der Elternposition – neu inszeniert wird. Frau Imroth berichtet auf die Frage, wie sie aufgeklärt wurde: »Ich mußte immer im Schlafzimmer meiner Eltern schlafen.« Das zugleich Bedrohliche und Erregende wird in der Formulierung deutlich, mit der sie ihr damaliges Verhältnis zur Sexualität beschreibt: »Animalisch« fand sie »das alles«. Frau Imroth scheint – jetzt in der Position elterlicher Überlegenheit und Verführungskraft – für ihre Tochter eine ähnliche Situation zu schaffen, wie die, in der sie sich selbst früher befand[2]: einbezogen zu werden in die sexuelle Beziehung der Eltern und durch sie erregt zu werden, aber doch ausgeschlossen zu sein. Damit sind innere Bindungen an die Eltern erhalten geblieben, die Konstellation Mutter-Vater-Kind scheint in den sexuellen Phantasien weiterhin präsent zu sein, es wurde lediglich ein Wechsel der Seiten – von der kindlichen Ohnmacht zur elterlichen Macht – vorgenommen.

Im Prozeß der Aneignung der sexuellen Wünsche und Erregungen ist es notwendig, die Eltern nicht nur als Eltern – d.h. in ihrer Beziehung zum Kind –, sondern auch als sexuelles Paar, als Erwachsene mit einem eigenen Leben sehen zu können. Zugleich müssen sexuelle Wünsche und Phantasien aus den Bindungen an die Eltern gelöst werden – ein Prozeß, der schwierig sein kann, wenn Generationengrenzen fragil und Verstrickungen in die sexuelle Beziehung der Eltern stark sind. Erst nach einer entsprechenden Neuorientierung wird es möglich, die innere Kindposition zu verlassen und als erwachsene Frau in ein eigenes Leben mit einer eigenen Sexualität zu gehen. Zum Zeitpunkt des Interviews delegiert Jana – gemeinsam mit ihrer Freundin – Sexualität noch als etwas Negatives an die Eltern, während sie sich frei davon sieht: »Die sind sexbesessen, und wir mögen das nicht«, beschreibt sie ihre mit der Freundin geteilte Einschätzung.

Mütter und die Lust der Töchter – Ängste, Ambivalenzen und Projektionen

Zu sehen, daß die Tochter zu einer erwachsenen und attraktiven Frau wird, ist für Mütter nicht unproblematisch. Begründete Befürchtungen, die Tochter sei durch Übergriffe von Männern gefährdet und lasse sich auf problematische Beziehungen ein, vermischen sich mit der Projektion eigener Wünsche, Ängste und Phantasien. Die meisten suchen eine Balance zwischen dem als notwendig angesehenen Schutz der Tochter und dem Gewähren eines Raums für sexuelle Erfahrungen.

Frau Duden beschreibt ihre »Angst« und das »komische Gefühl« als Franka mit 14 Jahren begann, an Wochenenden auszugehen. »Das war für uns dann also wirklich 'ne Umstellung. Da hatte ich immer ziemlich Angst und mein Mann auch.« Frau Duden findet Regelungen, mit denen sie sich selbst entlasten und zugleich der Tochter einen Freiraum zugestehen kann: »Wir haben gesagt, wir probieren das aus. Und wenn du dich jetzt an die gegebene Zeit denn hältst, dann können wir dir auch weiter vertrauen... Und das macht sie jetzt auch so... Da hält sie sich auch an die Zeiten. Dann darf sie manchmal auch bis zwölf oder halb eins weg... Ich möchte immer genau wissen, wo sie ist und was sie macht, und dann bin ich auch beruhigt.« Möglicherweise übernimmt Frau Duden mit den festen zeitlichen Regelungen und dem Wunsch zu wissen, wo die Tochter sich aufhält, auch entlastende Funktionen für Franka, die dadurch einen Rahmen hat, innerhalb dessen die auch für sie als beängstigend erlebten Annäherungen an sexuelle Beziehungen weniger bedrohlich sein können, denn es gibt jederzeit die Möglichkeit eines Rückzugs durch den Verweis auf die nicht selbst gesetzten Grenzen.[3]

Mit Sexualität verbundene Befürchtungen und entsprechende Einschränkungen der Tochter können zugleich auch geprägt sein von Projektionen eigener Wünsche, Ängste und Phantasien. Besonders schwierig ist es für Frauen, die selbst sexuelle Gewalt erfahren haben, eigene Ängste nicht an die Tochter weiterzugeben. So läßt eine Mutter ihrer Tochter nach dem Einsetzen der Menstruation die Pille verschreiben, weil sie verhindern möchte, daß die Tochter bei einer möglichen Vergewaltigung – wie sie sie selbst als junge Frau erlebt hat – schwanger werden kann. In den Schilderungen der Tochter wird deutlich, daß Sexualität für sie sehr bedrohlich und angstbesetzt ist. Zur Frau werden scheint im Erleben der Mutter so eng an sexuelle Gewalterfahrungen geknüpft zu sein, daß der Tochter andere Erlebensmöglichkeiten nur schwer vermittelt werden können.

Auch wenn traumatisierende sexuelle Gewalt keine Rolle im Leben der Mütter gespielt hat, kann die Projektion eigener Wünsche, Ängste und Phantasien auf die Tochter das Verhalten in eine Richtung beeinflussen, durch die Entwicklungsspielräume eher begrenzt denn eröffnet werden. Das wird in der Schilderung von Frau Imroth deutlich:

»Sie hatte auch vor 'n paar Monaten, fast vier Monate lang einen festen Freund. Also ganz große Liebe... Also verbieten bringt nichts... Und dann hab' ich gesagt, den bringst du hier her, und sie mußte mir eigentlich immer sagen, wo sie ist, und durfte auch nicht weiß ich wie lange da bleiben... Und sie hat mir auch immer gesagt, wenn ich erzählt habe, du bist erst 13,... dann meinte sie,... sie wäre eigentlich nicht erst 13 so von ihrer Entwicklung, sondern 15. Und wenn man sie so sieht, dann denkt man, die meisten denken auch, sie ist 15 oder 16, also sie ist eben auch körperlich so entwickelt. Und sie findet eben alles toll und geil... Ich hab' ihr auch geschrieben, daß ich so 'ne Ängste um sie habe... Da hat sie mir dann zurückgeschrieben, ja, sie versteht das schon... Also ich brauch' mir absolut keine Sorgen zu machen, denn sie findet das auch noch viel zu früh, mit 'nem Jungen zu schlafen... Also sie hat mir eben auch geschrieben, aber so gesagt hat sie's mir nicht... Bei ihr ist das sowieso so, daß ich immer denk', die macht

sowieso, die probiert bestimmt alles mal aus. Also ich weiß nicht, warum ich so 'n Gefühl habe, aber irgendwie, die ist auch so 'n Hansdampf in allen Gassen und ist überall dabei und hat Freunde und probiert so schon immer alles aus. Also ich denke, die probiert auch andere Sachen schneller aus... Die ist bestimmt irgendwie so 'n Mensch, der alles genießen kann und genießt... Weil die eben so 'n lustvoller Mensch ist..., die kann eben genießen.«

Frau Imroth schildert ihre Angst, daß Jana mit dem Freund schläft. Unklar bleibt, worauf sich diese Angst bezieht. Sie scheint jedoch auch zusammenzuhängen mit dem Alter der Tochter: »Du bist erst 13.« Beschrieben wird eine Diskrepanz zwischen der »Entwicklung« von Jana und ihrem Alter: »Die meisten denken..., sie ist 15, 16, also sie ist eben auch körperlich so entwickelt.« Frau Imroth weiß, daß »verbieten« nichts »bringt«, sie versuchte deshalb, die Beziehung der Tochter zum Freund auf andere Weise zu kontrollieren: Jana mußte den Freund mit nach Hause bringen, wenn sie wegging, sagen, »wo sie ist«, und durfte nicht allzu lange beim Freund bleiben. Frau Imroth schildert, daß sie der Tochter in einem Brief in die Ferien ihre »Ängste« mitgeteilt habe. Jana habe ihr darauf ebenfalls in einem Brief versichert, daß sie es selbst noch »viel zu früh« finde, mit dem Freund zu schlafen. Bei Frau Imroth bleibt jedoch eine Unsicherheit: »Gesagt hat sie's mir nicht.«

In Frau Imroths Schilderungen wird die Angst deutlich, die die Möglichkeit von sexuellen Kontakten der Tochter auslösen kann. In der Einschätzung, daß die Tochter noch zu jung für sexuelle Erfahrungen sei, ist vielleicht die Befürchtung enthalten, daß sie sich in einer solchen Beziehung noch nicht ihren eigenen Möglichkeiten, Wünschen und Interessen gemäß verhalten kann und sich deshalb denen des Freundes fügt. Zugleich scheinen aber auch eigene innere Dynamiken Frau Imroth daran zu hindern, darauf zu vertrauen, daß Jana ihre eigene Form des Umgehens mit ihrer Sexualität findet.

Frau Imroth hat eine bestimmte Einschätzung von der Tochter, die sie selbst als »Gefühl« beschreibt, von dem sie nicht »weiß«, »warum« es da ist: »Die probiert bestimmt alles mal aus.« Das »alles« umfaßt dabei auch sexuelle Beziehungen, von Frau Imroth mit »andere Sachen« umschrieben. Die Tochter wird als sehr aktiv und lebendig dargestellt, eine, die »überall dabei« ist und »Freunde« hat. Frau Imroth schildert daran anknüpfend Eigenschaften der Tochter, die in ihren Formulierungen wieder den Charakter von Vermutungen haben: »Die ist bestimmt irgendwie so 'n Mensch, der alles genießen kann und genießt«, ein

»lustvoller Mensch«, »die kann eben genießen.« Ergänzen ließe sich: ›Und ich kann es nicht.‹ Zugleich wird Jana als eine junge Frau geschildert, die »so ihre körperlichen Sachen noch hervorhebt«, »sich gerne schminkt« und ihre »Haare färbt«.

Frau Imroth scheint an Jana eigene ungelebte Seiten zu sehen, die mit widersprüchlichen Gefühlen verbunden sind: Faszination, Angst und Neid. Sie selbst bedauert ihre frühe Heirat, diese sei weniger in der Beziehung zu ihrem Mann begründet gewesen als in dem Wunsch, das Elternhaus zu verlassen.

»Ich hab'... ja nun ganz früh geheiratet, da war ich nur 21. Und im Grunde genommen einfach, weil wir keine eigene Wohnung hatten... Wir wollten einfach aus dem Elternhaus raus... Ich würde ihnen nicht raten, so schnell 'ne feste Beziehung einzugehen... daß sie für sich auch sehen sollen, also selbständig werden sollen. Das nimmt mir mein Mann ja immer übel, wenn ich sage, ich würd' nie wieder so früh heiraten... Ich denke, daß es für beide... wichtig ist, erst mal so 'n bißchen Selbständigkeit zu üben..., daß sie sich nicht von irgend jemand abhängig machen sollen.«

Frau Imroth bedauert – vielleicht ausgelöst durch die Adoleszenz ihrer beiden Töchter, denen noch alle Möglichkeiten offenstehen –, zu »früh« ihre »Selbständigkeit« aufgegeben und sich »abhängig« gemacht zu haben. Möglicherweise kam dadurch das »Genießen« zu kurz, ein »lustvoller Mensch« sein zu können, vielleicht auch bezogen auf das ›Ausprobieren‹ von Sexualität mit anderen Männern als dem Ehemann. Auf Jana scheinen alle jene mit Lust, Genießen und Sexualität verbundenen Seiten projiziert zu werden, die Frau Imroth gerne selbst gelebt hätte, die Neid auslösen und als faszinierend, aber auch bedrohlich erlebt und deshalb in der Tochter kontrolliert werden müssen.

Diese Projektion eigener ungelebter, zugleich als anziehend und ängstigend empfundener Anteile auf die Tochter verhindert, daß Frau Imroth Jana mit allen Facetten ihrer Persönlichkeit wahrnehmen kann. So scheint Frau Imroth das Leiden der Tochter an der Beendigung der Beziehung durch den Freund nicht zu sehen. Ihr ist Janas Zustand von Rückzug und Verstimmung unverständlich, einen Zusammenhang mit der Trennung – die Jana selbst als Quelle großer Trauer und Verzweiflung beschreibt – stellt sie nicht her. Die Projektion von Lust und Genießen auf die Tochter scheint die Wahrnehmung von anderen, zum Beispiel empfindsamen, verletzlichen und bedürftigen Seiten zu verhindern.

Dabei gibt es bezogen auf die beiden Töchter offenbar eine Spaltung. Die ältere 17jährige wird als eine »ganz Liebe«, »ganz Fleißige«, viel Ruhigere beschrieben. Sie ist – nach den Schilderungen von Frau Imroth – anders als Jana gut in der Schule und möchte studieren. Sie hat noch keinen Freund, ist darüber allerdings unglücklich und mit ihrem Aussehen sehr unzufrieden. Möglicherweise sieht Frau Imroth in dieser Tochter – die zu ihr ein besseres Verhältnis habe als zum Vater, während Jana ein besseres Verhältnis zum Vater habe als zu ihr – Facetten ihrer eigenen Person, etwa die Unzufriedenheit mit dem Körper, und zugleich eine andere und akzeptiertere Seite des Wunschbildes von sich selbst: eine selbständige Frau, die »sich nicht von irgend jemand abhängig« macht. Diese Selbständigkeit scheint für sie unvereinbar zu sein mit der Beziehung zu einem Mann. »Ich würde ihnen nicht raten, so schnell 'ne feste Beziehung einzugehen.« Die Wahrnehmung beider Töchter ist offenbar geprägt von Wünschen, Ängsten und Konflikten, die Frau Imroth selbst betreffen. In den beiden Töchtern sieht sie möglicherweise unvereinbare Selbst- und Wunschbilder verwirklicht: sich sexuell attraktiv zeigen, lustvoll genießen können, Ausprobieren sexueller Möglichkeiten auf der einen Seite, auf der anderen Seite Fleiß, Ruhe, den Wunsch, sich weiterzuqualifizieren, keinen Freund und auch dadurch die Basis zu haben für Selbständigkeit und Unabhängigkeit, zugleich aber über wenig Vertrauen in die eigene weibliche Körperlichkeit und eine entsprechende Attraktivität zu verfügen. Beides scheint sich für Frau Imroth wie »Hund und Katz« zueinander zu verhalten, ein Bild, mit dem sie das Verhältnis ihrer Töchter zueinander charakterisiert.

Jana[4] schildert die Befürchtungen ihrer Mutter und ihren eigenen Wunsch, noch nicht mit dem Freund schlafen zu wollen, ähnlich wie Frau Imroth. Dabei scheint das Nebeneinander von sexueller Lust, die Frau Imroth Jana zuschreibt, und dem Bedürfnis, genau diese in der Tochter zu kontrollieren, bei Jana auf eine Weise angekommen zu sein, die eine ihren eigenen Bedürfnissen folgende Annäherung an sexuelle Erfahrungen eher erschwert denn unterstützt. So vermutet Jana, daß ihr Freund – der mit 15 Jahren nur wenig älter als sie war – sich deshalb von ihr getrennt hat, weil sie noch nicht mit ihm schlafen wollte. Zwar kennt sie seine Motive für die Trennung, unter der sie sehr gelitten hat, nicht – »aus welchen Gründen weiß ich nicht« –, die für sie einzig denkbare Erklärung ist jedoch die, daß er unzufrieden damit war, daß sie noch nicht mit ihm schlafen wollte. »Kann ich mir nur denken, daß ich mit ihm nicht ins Bett gegangen bin.« Frau Imroths Fixierung auf Sexualität in der Beziehung zwischen Jana und ihrem

Freund scheint bei Jana eine Entsprechung gefunden zu haben in ihrer Einschätzung seiner Trennungsgründe. Möglicherweise fühlt Jana sich in ihren nächsten Beziehungen zu Männern unter Druck, nicht den eigenen Bedürfnissen zu folgen, sondern eine sexuelle Beziehung auch entgegen eigener Wünsche einzugehen, um Trennungen vorzubeugen. Zugleich möchte Jana mit ihrer Mutter nicht über Verhütungsmittel reden, weil sie weiß, daß die Mutter sexuelle Erfahrungen in ihrem Alter nicht billigt. »Weil sie ja auch schon immer meinte, ja, du bist noch so jung und deswegen. Ich glaube, die wär' nicht so begeistert.« Jana berichtet, in einer entsprechenden Situation eine 14jährige Freundin fragen zu wollen, »wie man das macht und wo man da hingehen muß«. Damit ist eine Konstellation nahegelegt, in der die Beziehung zu einem Mann und Selbständigkeit sich – wie im Erleben von Frau Imroth – tatsächlich ausschließen: durch eine frühe Schwangerschaft.[5] Frau Imroths Projektion eigener ungelebter sexueller Wünsche auf Jana und ihre Kontrolle in der Tochter hätten dann die unbewußt erwünschte Wirkung, daß Jana nicht mehr lustvoll genießen kann, daß sie keinen Anlaß mehr bietet für den Neid der Mutter, daß sie – wie die Mutter – die Beziehung zu einem Mann und Selbständigkeit nicht vereinbaren kann.

Mütter und die Lust der Töchter – die Schwierigkeit, den Mut zum Ja-Sagen zu vermitteln

In einigen Interviews wird deutlich, wie schwierig es für Mütter ist, der Tochter nicht nur das Selbstbewußtsein zu wünschen, sich gegen ungewollte sexuelle Aktivitäten zu wehren, Grenzen zu setzen und ›nein‹ zu sagen, sondern auch den Mut, ›ja‹ zu sagen, sich einzulassen auf das Entdecken des eigenen Körpers und der eigenen Lust, auf das Erleben der eigenen Erregung und der des Anderen, auf ein Experimentieren mit den eigenen sexuellen Möglichkeiten und Grenzen.

Peggy Orenstein (1996) hat für US-amerikanische Verhältnisse anschaulich die kulturell nahegelegte und von Eltern und anderen Erziehenden, insbesondere Lehrerinnen und Lehrern vermittelte Botschaft an Mädchen und junge Frauen beschrieben, die ein eigenes Begehren kaum vorsieht.

»Viele Eltern und Erzieher glauben, daß wir unsere Töchter dadurch beschützen, daß wir ihre Verletzlichkeit verschlimmern, indem wir ihnen ein Gefühl für die Gefahren der Sexualität einflößen: die Angst, zum Opfer zu werden, die Angst vor Schwangerschaft und Krankheit. Diese Ängste sind natürlich nur allzu real, aber das ist auch das Begehren, und das lehren wir die Mädchen nicht. Wir als Kultur geben den Mädchen keine Hinweise, wie sie zwischen beidem navigieren können, um zu einer freudigen Erotik zu kommen, zu dem, was Audre Lorde ›das ja in uns selbst‹ genannt hat... Begehren, insofern es Mädchen betrifft, wird auf ein Element reduziert: ob man ›ja‹ oder ›nein‹ sagt – nicht einmal zu sich selber, sondern zu den Jungen ... Die ›offizielle‹ Version von Sexualität, die gelehrt wird, wird zu einem Diskurs, ›der auf dem Mann auf der Suche nach Lust und der Frau auf der Suche nach Schutz basiert‹« (ebd., S. 79 ff).

Für die Niederlande kommen Janita Ravesloot und Manuela du Bois-Reymond (1999) zu dem Ergebnis, daß zwar viele Eltern eine liberal-permissive sexuelle Moral und Haltung zeigen, aber nur wenige Eltern – Mütter und Väter gleichermaßen selten – »den sexuellen Erfahrungen ihrer Kinder mit einer uneingeschränkt positiven oder unterstützenden Einstellung begegnen« (ebd., S. 24). Nur wenige »verbinden Sexualität nicht mit expliziten oder impliziten Bedingungen wie Emotionalität und Vermeidung von Schwangerschaft oder gesundheitlichen Risiken, sondern verlassen sich auf die Wünsche und die Informiertheit ihrer Kinder... Nur sehr wenige Eltern bestärken ihre Kinder darin, sexuell zu experimentieren« (ebd., S. 24f). Dabei unterliegen Töchter stärkeren elterlichen Kontrollen als Söhne. Eltern, die den sexuellen Erfahrungen ihrer Kinder uneingeschränkt positiv und unterstützend begegnen, scheinen sich von den anderen durch eine wesentliche Fähigkeit zu unterscheiden: es sind Eltern, »die im biographischen Interview offen sagten, daß sie ihren Kindern die sexuellen Erlebnisse gönnten, die sie selbst in ihrer Jugend nicht hatten« (ebd., S. 24f).

Wie schwierig es sein kann, der Tochter – verglichen mit den eigenen Möglichkeiten – ein Mehr an Lust zu gönnen, wird in einigen Interviews mit Müttern deutlich. Ebenso wie beim Erleben der Regelblutung und der Sicht auf den jugendlichen weiblichen Körper verhindern leicht Neid, Rivalität und das Erschrecken über die mit dem Älterwerden gesetzten Grenzen, daß der Tochter die Erlaubnis für eine eigene Lust signalisiert und ein entsprechender Raum eröffnet wird, der Beruhigung, Unterstützung und Bestätigung vermittelt. In den Berichten von Frau Busch und Frau Duden treten entsprechende Dynamiken zutage.

In den Schilderungen beider Frauen ist ein spezifisches Muster feststellbar. Anschließend an Äußerungen, die sich auf den schönen jungen Körper der Tochter beziehen – bei beiden Frauen auf den Busen –, wird die Angst beschrieben, daß die Tochter zum Objekt sexueller Übergriffe von Männern wird. Frau Duden berichtet, daß Franka »'nen größeren Busen bekam«, und beschreibt eine triumphierende Rivalität der Tochter ihr gegenüber: »Sie... hat gesagt, sie hätte ja nun endlich mal 'nen größeren Busen als ich.« Bei Frau Duden – die schildert, daß sie in der Pubertät sehr unter einem als zu klein empfundenen Busen gelitten habe – trifft das bei Franka wahrgenommene Signal, sie habe die Konkurrenz mit der Mutter aufgenommen und sie überflügelt, auf eine entsprechende Verletzbarkeit: »Das hab' ich natürlich auch gesehen«, fährt sie bezogen auf den größeren Busen der Tochter fort und deutet damit ihren Neid an (vgl. S. 118f). Sie berichtet weiter, daß sie »so Ängste« hatte, die sie erläutert: »Weil sie auch so, so von anderen Jungen angeguckt wurde und nicht nur von Jungen, also auch von Männern. Und das machte mir irgendwie so ganz komische Gefühle. Also da hatte ich immer so den Eindruck, ich muß sie irgendwie beschützen.« Frau Duden wechselt von ihrem eigenen Blick auf den schönen Busen der Tochter über zu dem Blick von Männern, dem Aggressivität und Sexualität zugeordnet werden, vor denen Frau Duden die Tochter »beschützen« muß. Eine ähnliche Assoziationskette findet sich in der Schilderung eines Badeseebesuchs. Wieder wird zunächst der Blick auf den wachsenden Busen der Tochter gerichtet – »da hatte sie auch schon 'nen ... Busen« –, um dann die Perspektive eines aggressive Sexualität repräsentierenden Mannes einzunehmen, der »die Mädchen so fies beobachtete.« Das Spielen der nackten Mädchen im Wasser wird ihr mit diesem Blick »unheimlich«. »Als ich die dann auch so beobachtet hab', kam mir dann noch so das Gefühl,... irgendwie war mir's unheimlich, so wie die da rumspielten.« Auffallend ist der Wechsel vom eigenen Blick auf den Körper, insbesondere den Busen der Tochter, zu dem eines Mannes, dem Aggressivität und negativ bewertete Sexualität – »die geilen sich da nur dran auf« – zugeordnet werden. Möglicherweise liegen dieser Bewegung Prozesse der Projektion eigener Phantasien und Gefühle auf Männer zugrunde. Der Neid, der mit dem Anblick des begehrenswerten jungen Körpers der Tochter verbunden ist, löst Aggressionen aus, die jedoch nur indirekt zum Ausdruck kommen. Sie werden den Männern zugewiesen und Strafbedürfnisse gegenüber der jungen schönen Tochter deshalb über die Männer realisiert. Unter deren Blicken soll die Tochter ihren jungen, schönen Körper nicht mehr genießen können, er soll ihr »unheimlich« werden und unter der Kontrolle der Mutter verbleiben, die ihn »beschützen« muß. Zugleich wird Sexualität als etwas negativ Bewertetes den Männern zugewiesen, denen gegenüber – wie Frau Duden Franka zu vermitteln sucht – »man ganz vorsichtig sein muß«, die »anfassen und vergewaltigen können«. In diesem Rahmen hat eine eigene Lust wenig Raum, vorherrschend wird die Abwehr des den Männern zugewiesenen Begehrens. Dementsprechend hat das ›Nein-Sagen‹ eine größere Bedeutung als die Ermutigung zum ›Ja-Sagen‹: »Überleg' dir das genau. Und du... mußt das wollen.... Wenn du sagst, du willst das nicht, dann sag' nein. Daß sie dann nicht... dich zu irgendwas drängen.«

Bei Frau Busch ist ein ähnlicher Wechsel feststellbar vom eigenen Blick auf den »Busen« der Tochter, auf die Tochter als »süßes knackiges Mädchen« zu den für Frau Busch mit starker Angst verbundenen aggressiv-sexualisierenden Blicken der Männer, die Lisa als »reizvolles Lustobjekt« wahrnehmen könnten. Auch bei Frau Busch löst der Blick auf den begehrenswerten Körper der Tochter Phantasien über die Gefahren von Sexualität aus, die als aggressiv sich äußernde den Männern zugewiesen wird. Neben Neid auf die junge, schöne Tochter kann die Rivalität zwischen Mutter und Tochter bezogen auf Herrn Busch, die in den Interviews deutlich wird, eine Rolle für diese Phantasien spielen. Direkt anschließend an die Schilderungen ihrer mit Lisas weiblichem Körper verbundenen Ängste und Phantasien beschreibt Frau Busch, daß die Tochter – obwohl sie selbst und ihr Mann dadurch irritiert sind – weiterhin nackt zu den ebenfalls nackten Eltern ins Badezimmer kommt. Die Eltern verändern die Situation nicht, daß sie für Herrn Busch Verführungscharakter hat, ist jedoch deutlich (vgl. S. 187 ff). Frau Buschs große Angst vor dem lustvollen Blick der Männer auf Lisa bezieht sich vielleicht auch auf den möglichen Blick ihres Mannes auf die Tochter als »süßes, knackiges Mädchen«, als »reizvolles Lustobjekt«. Lisa werden jedoch keine deutlichen Grenzen gesetzt, durch die die Eltern als das Paar sichtbar werden, sondern es werden Strafwünsche wach, die in Phantasien ihren Ausdruck finden, Phantasien, in denen der attraktive Körper der Tochter zu etwas Gefährlichem wird, zum Auslöser von Übergriffen und damit Bestrafungen. So konnte Frau Busch einerseits die Beziehung Lisas zu ihrem ersten Freund wohlwollend betrachten – »irgendwie hab' ich das als ganz schön empfunden« – und Lisa bezogen auf Sexualität ihren eigenen Bereich lassen: »Ich frag' sie danach auch nicht so genau, weil ich denke, das sind auch so Sachen, die muß sie selber für sich regeln.... Das ist auch ihre eigene Intimsphäre, die geht mich ja auch erst mal nichts an.« Andererseits werden jedoch Ambivalenzen und Unsicherheiten deutlich, wenn es um ein aktives Begehren der Tochter geht. »Daß sie... sich sicher sein soll in ihren Situationen, was sie möchte und was sie nicht möchte, und daß sie immer nein, immer das Gefühl haben soll, auch nein zu sagen oder ja zu sagen, vor allen Dingen auch nein zu sagen.« Zu Beginn tauchen die Wünsche noch auf – »was sie möchte und was sie nicht möchte« –, allerdings schon gebremst durch die Forderung nach Sicherheit im Wissen um sie, sie werden anschließend jedoch rigoros ausgeschlossen durch ein »immer nein« sagen, das dann aufgelockert wird zum »auch nein... sagen«. Kurz wird die Möglichkeit angesprochen, »ja zu sagen«, sie wird jedoch anschließend wieder zurückgenommen in der Dominanz des »nein«: »Vor allen Dingen auch nein zu sagen.«

In den Schilderungen einiger Mütter sind Dynamiken erkennbar, durch die den Männern das sexuelle Begehren zugewiesen wird und Ängste sich darauf richten, daß die Tochter ihre Grenzen dagegen nicht konsequent genug sichert. So beschreibt Frau Berger ihre Befürchtungen: »Daß er was mit ihr macht, das sie nicht will.« Frau Cramer äußert eine entsprechende Sorge, die – ähnlich wie bei Frau Busch – direkt anschließt an eine Schilderung, die als Befürchtung interpretiert werden kann, daß der junge Stiefvater gegenüber der Tochter sexuelle Wünsche hegt: »Daß sie... mit irgend jemand schläft, einfach nur aus irgendwelchen Zwängen heraus..., daß sie es macht, obwohl sie... es nicht möchte.«

In nur wenigen Interviews deutet sich die Möglichkeit an, der Tochter zu vertrauen, daß sie einen eigenen Weg und eine ihr gemäße Form der Annäherung an Sexualität findet, eine eigene Weise des Umgehens mit ihren sexuellen Wünschen und Erregungen. In den Schilderungen von Frau Jürgens zeigt sich, daß ein solches Gewährenlassen zugleich eine große Bereitschaft erfordert zum Aushalten von Verunsicherungen und Ängsten.

»Sie hat eigentlich ständig irgendwie 'nen Freund. Da mache ich mir schon so meine Gedanken drüber, aber darüber will sie mit mir nicht reden. Und das muß ich akzeptieren... Sie will es nicht erzählen. Das macht mich ein bißchen unsicher. Vielleicht findet sie mich zu neugierig. Vielleicht will sie aber auch diesen Bereich absolut für sich behalten, muß ich wohl akzeptieren... Ich weiß nicht, ob sie schon mal mit einem Jungen geschlafen hat. Vor ein paar Monaten hat sie also ganz abrupt gesagt, so weit bin ich nicht. Aber jetzt schon so, na ja so mit einem heimlichen Lächeln so. Es könnte also sein... Es ist o.k. für mich, weil ich also weiß, daß Conny nur Sachen macht, die ihr gefallen und die sie schön findet. Und daß sie selbst den Zeitpunkt bestimmt. Und daß sie auch sehr wohl in der Lage ist, sich zu wehren und zu sagen, was sie will. Also, da ist sie sehr stark. Und daß sie's eben, wenn sie's macht, wirklich nur macht, wenn sie Lust hat... Da sag' ich mir, also, wenn sie das will, dann find' ich's schön, dann freu' ich mich für sie. Ich hoffe halt nur, daß sie sich schützt, daß sie Kondome benutzen und daß sie nicht schwanger wird. Sie kennt die Gefahren, sie weiß über alle Verhütungsmethoden Bescheid, und sie weiß also über die Gefahren von Aids Bescheid. Darüber haben wir oft genug geredet. Deshalb sag' ich mir: Was soll passieren?«

Frau Jürgens schildert ihre Unsicherheit, weil die Tochter nicht mit ihr über ihre Freunde sprechen will. Sie bemüht sich, das zu »akzeptieren«. Dem Verhalten der Tochter – dem »heimlichen Lächeln« – versucht sie zu entnehmen, ob sie schon mit einem Jungen geschlafen hat. Sie zeigt großes Vertrauen in Connys Bereitschaft, nur »Sachen« zu machen, »die ihr gefallen«, »die sie schön findet«, zu denen sie »Lust« hat. Die Fähigkeit der Tochter, »sich zu wehren«, wird ebenfalls betont, jedoch nicht nur bezogen auf eine Abwehr von nicht Gewolltem, sondern verknüpft mit dem Äußern eigener Wünsche: »zu sagen, was sie will.« Mit dieser Einschätzung der Tochter ist es Frau Jürgens möglich, es »schön« zu finden, wenn die Tochter mit einem Jungen schläft. »Dann freu' ich mich für sie.« Eine Beunruhigung bleibt bezogen auf Verhütung und Schutz vor Aids. Zwar kennt die Tochter die »Gefahren« und »weiß... über alle Verhütungsmethoden Bescheid«, Frau Jürgens kann jedoch nur ›hoffen‹, daß Conny »sich schützt«. Sie beruhigt sich selbst: »Was soll passieren?« Diese Haltung gegenüber der Tochter, die getragen ist von einem großen Vertrauen in ihre Fähigkeit, den eigenen Wünschen entsprechend und zugleich verantwortlich zu handeln, ist zeitweise begleitet von großer Angst um die Tochter. »Ich hab' auch manchmal ganz schön große Angst... Sie wird alles, alles ausprobieren.« Frau Jürgens scheint es zu gelingen, sich mit dieser Angst in Abgrenzung von der Tochter auseinanderzusetzen und sie auszuhalten. Dabei hilft ihr eine Therapie, die sie mit Connys Pubertät begonnen hat.

Die Freude über Connys Möglichkeiten, selbstbewußt sexuelle Erfahrungen machen zu können, schließen Neid auf die Tochter nicht aus.

»'ne Art Rivalität spür' ich da schon. Ganz deutlich war's im Urlaub. Da war so 'n junger Mann an der Rezeption, der hat also offensichtlich mit uns beiden geflirtet... Wär' ich eifersüchtig, wenn er mit ihr loszieht?... Und dann fällt einem plötzlich ein: Boh, du bist die Mutter.«

Das Erschrecken über die Generationengrenzen – »Boh, du bist die Mutter« – und damit auch über das eigene Alter, wenn es um Attraktivität für Männer geht, scheint Frau Jürgens nicht gegen die Tochter wenden zu müssen, sondern zum Anlaß nehmen zu können für eine Reflexion und Neugestaltung ihres eigenen Lebens. So erwägt sie die Lösung aus einer schon länger als unbefriedigend erlebten Partnerschaft und plant eine berufliche Neuorientierung.

Der Tochter einen Raum für die Entfaltung des eigenen Begehrens zuzugestehen und die Erlaubnis für eine eigene Lust und den Mut zum Ja-Sagen zu signalisieren erfordert eine Auseinandersetzung mit eigenen Wünschen, Ängsten und Phantasien und dem eigenen bisherigen Leben: den nicht erfüllten Hoffnungen und entgangenen Möglichkeiten, die Quelle von Neid auf die Tochter sein können, dem Verhältnis zum Älterwerden und den dadurch gesetzten Grenzen und Perspektiven. Innere Abgrenzungs- und Trennungsprozesse von der Tochter sind notwendig, um der Versuchung zu widerstehen, eigene Schwierigkeiten über die Tochter zu lösen: über innere Bindungen, durch die der Tochter ein eigenes, im Vergleich zur Mutter lustvolleres Leben erschwert wird. Hendrika Halberstadt-Freud (2000) beschreibt am Beispiel einer ihrer Analysandinnen die Veränderungen der Mutter-Tocher-Beziehung durch die Möglichkeit der Mutter, »ihre Probleme mit sich selbst auszumachen ... Dadurch vermied sie es, ihre Tochter allzu sehr damit zu belasten. Als ihre Tochter sich verliebte, empfand sie nicht die üblichen Rivalitätsgefühle... Sie genoß jetzt das Leben allein und die Befreiung von der Verantwortung für andere, die sie früher so eingeengt hatte«(ebd., S.199). Hendrika Halberstadt-Freud spricht von der Möglichkeit einer »wachstumsfördernden« Bindung zwischen Mutter und Tochter, die an die Bedingung geknüpft ist, »daß die Mutter die Ablösung und die sexuelle Entwicklung der Tochter nicht nur erträgt und zuläßt, sondern sie sogar dazu ermutigt. Wenn dem Mädchen nicht Neid und Narzißmus der Mutter im Wege stehen, wenn die Mutter an ihrem eigenen Leben und ihrer Sexualität Freude hat, kann sie das der Tochter vermitteln... Vor allem in der Adoleszenz sieht sich die Mutter vor die Aufgabe gestellt, einerseits Intimität zuzulassen und zu beantworten, andererseits Abstand zu halten und Ambivalenz zu ertragen... Das stellt hohe Anforderungen an das entwicklungsfördernde Vermögen der Mutter« (ebd., S.170). Dabei eröffnet die Bereitschaft, der Tochter ein aktives sexuelles Wünschen und Wollen zuzugestehen, auch die Chance eines eigenen Begehrens: Auf der Basis eines Betrauerns der vergehenden Lebenszeit, des Verlustes der Jugend und der anstehenden Trennung von der Tochter können eigene Lebensperspektiven und damit auch Beziehungswünsche neu gestaltet werden.

Der Mangel an Bestätigungen durch das eigene Geschlecht und die Abhängigkeit vom anderen Geschlecht

In sexuellen Beziehungen ist es möglich, den Körper auf eine neue Weise lustvoll zu erfahren: als begehrenden und begehrten. Dabei kann die Anerkennung und Wertschätzung der weiblichen Körperlichkeit durch das eigene Geschlecht – durch die Mutter, Freundinnen und andere Frauen – eine Basis schaffen, auf der sexuelle Beziehungen zum anderen Geschlecht selbstbewußt gestaltet und eigene Wünsche und Vorlieben entdeckt werden. Fehlt dieses Fundament an Liebe zum eigenen Körper, so entstehen in Beziehungen zu Jungen und Männern leicht Abhängigkeiten, die eine selbstbewußte Ausgestaltung dieser Beziehungen erschweren.

Bei einigen Mädchen und jungen Frauen deutet sich an, daß sie die Bestätigungen ihrer weiblichen Körperlichkeit, die sie in der Familie nicht gefunden haben, bei Jungen und Männern suchen. Damit ist es jedoch der fremde Blick, der Blick des anderen Geschlechts, der dem weiblichen Körper seinen Wert verleiht, und nicht die mit dem eigenen Geschlecht geteilte Liebe zum Körper. Das damit verbundene Selbstbewußtsein kann fragil und immer wieder auf eine Bestätigung durch Männer angewiesen sein.

Besonders prägnant zeigt sich ein entsprechendes Muster bei der 19jährigen Birgit Esch. All das, was in der Beziehung zur Mutter vermißt wurde, wird in der Beziehung zum Freund gesucht. Das betrifft insbesondere auch die Bestätigung und Wertschätzung des Körpers.

Die Beziehung zwischen Birgit und ihrer Mutter ist, nach übereinstimmenden Schilderungen beider, gekennzeichnet durch eine Sprachlosigkeit bezogen auf Körperlichkeit und Sexualität. Dabei hätte sich Birgit mehr Gespräche mit der Mutter gewünscht. In Frau Eschs Beschreibungen zeigt sich ein wenig unterstützender, durch Härte gegenüber bedürftigen Seiten der Tochter geprägter Umgang mit den körperlichen Veränderungen der Pubertät. So berichtet sie, daß das Wachsen der Brüste der Tochter – das Birgit selbst als »sehr beunruhigend« beschreibt – von ihr »nicht groß beachtet worden« sei. Sie habe die Tochter »'nen bißchen verarscht, wie immer, kriegst jetzt demnächst 'nen BH und so. Was sie eigentlich nie hören wollte.« »Das wollte sie nicht hören«, betont Frau Esch noch einmal, »erst wollte sie es nicht wahrhaben.« Die Probleme der Tochter mit dem Wachsen der Brüste werden gesehen, jedoch nicht mit Wärme und Verständnis behandelt, sondern ironisch kommentiert, »verarscht«. Der Zusatz »wie immer« deutet hin auf ein Element des Familienklimas generell. Es scheint nicht nur der wohlwollende Blick auf den sich verändernden Körper der Tochter zu fehlen, sondern auch eine positive Wertschätzung ihrer Kompetenzen, Fähigkeiten und Interessen. So wird – nach den Schilderungen von Mutter und Tochter – auch Birgits Wunsch, einen Theaterkurs mitzumachen, ironisch kommentiert. Zugleich wird der Tochter aber viel Raum gewährt für Außenkontakte und die Beziehung zu ihrem Freund, mit dem sie seit über einem Jahr zusammen ist.

In den Schilderungen von Birgit wird die große Abhängigkeit von Bestätigungen durch Jungen und Männer und die Bedeutung ihres Freundes für das Verhältnis zu ihrem Körper deutlich. Wie ein roter Faden ziehen sich durch das Interview positive Äußerungen von Jungen über Birgits Figur – mit der sie häufig unzufrieden ist, da sie sich »zu dick« fühlt –, die ihre Unsicherheit mildern. »Weil... mein Freund jetzt auch immer so mir sagt, daß ich auch 'ne gute Figur hab', und das bestätigt einen auch.« Klassenkameraden sind ebenfalls wichtig für Bestätigungen. »Till, der saß dann vor uns und meinte, ich hätte ja auch 'ne ganz gute

Figur... So was find' ich auch sehr aufbauend.« Dabei ist für sie auch der Vergleich mit einer Freundin wichtig, bei dem sie in der Einschätzung der Jungen die attraktivere ist.

Erst durch die Aufmerksamkeit der Männer scheint es Birgit möglich zu sein, selbst sich ihren Körper anzusehen, ihn bewußt wahrzunehmen und schön zu finden. »Da bin ich mal durch die Stadt gegangen, das war im Sommer, da hatte ich 'ne kurze Hose an, und da kam dann einer von hinten an und meinte so, ja, ich hätte ja tolle Beine... Dann bin ich... erst mal ins nächste Geschäft gegangen und hab' mir die auch mal im Spiegel angeguckt. Da kam ich mir dann ziemlich dumm bei vor, weil ich gemerkt hab', daß ich da selbst erst mal drauf geguckt hab', und dann hab' ich festgestellt, doch, die sind eigentlich ganz passabel.« Birgit scheint selbst erstaunt darüber zu sein, daß sie, bevor ein Mann sie darauf aufmerksam machte, noch nie ihre Beine betrachtet hat – »kam ich mir dann ziemlich dumm bei vor« – und findet das, was sie sieht, »passabel«.

Es ist auch der Freund, der ihr ihren weiblichen Körper erklärt, eine Konstellation, die sie selbst als »paradox« bezeichnet, die ihr aber zum ersten Mal Kenntnisse darüber ermöglicht, was »im Körper einer Frau ... abläuft«. Dabei wird der Freund idealisiert – Birgit betont zweimal, daß er »voll viel Ahnung« habe –, sie stellt sich demgegenüber als völlig unwissend dar. »Und ich überhaupt nicht«, kennzeichnet sie ihre Position.

»Er hat sowieso voll viel Ahnung davon so, also von den biologischen Vorgängen..., auch... über Zyklus der Frau oder so was... Fand' ich ganz erstaunlich, weil er da voll viel Ahnung hat und ich überhaupt nicht, also von den biologischen Vorgängen, was im Körper einer Frau abging, abgeht, ablauft da. Da hab' ich ihn erst mal alles mögliche gefragt, das ist eigentlich ziemlich paradox, ihn so gefragt, ja, wie ist denn das immer so, das fand ich sehr interessant, ja, dann hat er mich vielleicht auch ein kleines bißchen mit aufgeklärt, und von daher, also ich fand also, ich fand das auch gut, daß er sich damit beschäftigt hat.«

Auch bezogen auf Sexualität ist Birgit vom Begehrtwerden durch den Freund abhängig. »Findest du mich nicht attraktiv?« habe sie ihn gefragt, als er nicht gleich mit ihr schlafen wollte. Sich selbst lustvoll zu berühren scheint Birgit kaum vorstellbar zu sein. Selbstbefriedigung habe sie »nicht gemacht«. »Ich finde das nicht ästhetisch«, begründet sie ihre Haltung und deutet damit vielleicht an, daß sie ihre Genitalien »nicht ästhetisch« findet.

So kann der Mangel an positiven Bestätigungen der körperlichen Weiblichkeit in der Familie, insbesondere durch die Mutter, gemildert werden durch den Raum, den die Eltern Birgit für Kontakte außerhalb der Familie und damit auch für die Beziehung zu ihrem Freund geben. In der Beziehung zum Freund macht Birgit wichtige neue Erfahrungen mit ihrem Körper. Die Kehrseite eines solchen Musters – in der Beziehung zum Mann wird eine Bestätigung der körperlichen Weiblichkeit erhofft, die bisher vermißt wurde – ist jedoch eine starke Abhängigkeit vom Partner und die Tendenz einer Selbstverkleinerung und Höherbewertung des im Mann Repräsentierten.[6] Dabei ist Birgit nicht nur abhängig von den Bestätigungen ihres Körpers durch den Freund, sondern auch emotional stark auf ihn angewiesen und an ihn gebunden. Um nicht räumlich von ihm getrennt zu werden, stellt sie ihre sachbezogenen Interessen und beruflichen Wünsche zurück. Sie hat vor, auf ein Studium, das sie sehr interessiert, zu verzichten, weil sie dazu in eine andere Stadt gehen müßte, und plant statt dessen, eine Lehre zu machen, die sie weniger interessant findet. Sie möchte nach dem Abitur mit dem Freund zusammenziehen und bleibt damit auch in dem Ort, in dem sie aufgewachsen ist und in dem die Eltern leben.

Ein ähnliches Muster – ein Mangel an Bestätigungen der körperlichen Weiblichkeit durch das eigene Geschlecht schafft eine entsprechende Abhängigkeit vom anderen Geschlecht – zeigt sich bei der 18jährigen Lena Lutz. In den Schilderungen von Mutter und Tochter wird das entwertende Verhältnis von Frau Lutz zu dem sich entwickelnden Körper der Tochter deutlich (vgl. S.120ff). Lena berichtet, sie sei immer sehr abhängig davon gewesen, daß die »Jungen hinter mir her« waren. Wenn das Interesse der Jungen nachließ, habe sie sich gefragt: »Bist du jetzt unattraktiv?... Was ist jetzt mit dir los?« Sie habe sich »sehr darüber definiert, ob mich nun Jungens toll finden oder nicht«. Mit festen Beziehungen zu jungen Männern scheint diese Abhängigkeit nachgelassen zu haben. Deutlich wird jedoch für beide Beziehungen, die Lena beschreibt, die große emotionale Abhängigkeit vom Freund. Ihrem derzeitigen Partner, schildert sie, heule sie oft »die Ohren voll« mit ihren Problemen – auch bezogen auf den Körper –, und er beruhige sie. Offen bleibt, ob so ein Fundament für ein auch den Körper einschließendes Selbstbewußtsein geschaffen werden kann.

Auch Lena stellt für die Beziehung zu ihrem Freund die Verwirklichung ihrer Wünsche zurück. So verzichtet sie auf einen Auslandsaufenthalt und geht mit dem Freund gemeinsam in eine andere Stadt zum Studium. Diese Stadt liegt weit weg vom Wohnort der Eltern und bietet dadurch Möglichkeiten einer Abgrenzung von ihnen, eine Chance, die vielleicht zunächst nur durch die Unterstützung des Freundes genutzt werden kann.[7]

Die adoleszente »Wegstrecke« (King 1999), der Prozeß der Aneignung der neuen Körperempfindungen, der sexuellen Wünsche und des Begehrens kann mit einem wachsenden Selbstbewußtsein bewältigt werden, wenn es ein Fundament von positiven Bestätigungen gibt, ein Fundament, das auf der Wertschätzung weiblicher Körperlichkeit durch das eigene Geschlecht beruht. Mütter, Freundinnen und Frauen außerhalb der engeren Familie haben dabei eine große Bedeutung, diese unterschiedlichen Beziehungen halten jeweils unterschiedliche Möglichkeiten und Grenzen bereit. Mütter sind meist die engsten und wichtigsten Bezugspersonen, aber auf eine Weise eingebunden in die affektive Dynamik adoleszenter Entwicklungen, die es oft schwermacht, mit einem wohlwollenden Blick auf die körperlich sich verändernde Tochter zu sehen. Insbesondere Neid auf die jugendliche Tochter, die ihr Leben – anders als die Mutter – noch vor sich hat, Rivalität ihr gegenüber, aber auch ein eigenes negatives Verhältnis zum Körper können diesen wohlwollenden Blick verstellen. Freundinnen können sich wechselseitig unterstützen bei der Aneignung der körperlichen Veränderungen der Pubertät und insbesondere im Prozeß der Ablösung von den Eltern. In solchen Beziehungen sind jedoch alle gleichermaßen betroffen von den Verunsicherungen dieser Zeit, was unterstützende Funktionen begrenzt. Frauen außerhalb der engeren Familie sind als Bezugspersonen hilfreich, weil sie nicht eingebunden sind in Mutter-Tochter-Dynamiken und durch ihre geringere Verstricktheit in die Beziehung zu der jungen Frau größere Reflexions- und damit Handlungsmöglichkeiten haben. Dabei kommt Frauen in pädagogischen Institutionen – in der Schule und in Einrichtungen der Jugendarbeit – eine besondere Bedeutung zu, nicht nur als informellen Ansprechpartnerinnen und Bezugspersonen, sondern auch in ihrer Funktion als Gestalterinnen pädagogischer Prozesse. Angebote, die Mädchen und jungen Frauen Raum geben zur Auseinandersetzung mit den Verunsicherungen dieser Zeit – sowohl den innerpsychischen als auch den mit gesellschaftlichen Weiblichkeitsbildern verbundenen –, können adoleszente Aneignungsprozesse unterstützend begleiten und hilfreich sein auf dem Wege der Umstrukturierung und Neugestaltung des Körperbildes und des entsprechenden Selbsterlebens und Selbstbewußtseins.[8]

Körperlichkeit und Sexualität in der Vater-Tochter-Beziehung

Vater-Tochter-Beziehung im Beziehungsdreieck Vater-Mutter-Tochter

Mit dem körperlichen Zur-Frau-Werden kommt eine neue Dimension in die Vater-Tochter-Beziehung: die der erwachsenen Sexualität. Sexuelle Beziehungen, genitale Kontakte auf einer Erwachsenenebene werden real möglich. Dadurch sind erotische Wünsche und Phantasien – sowohl auf seiten der jungen Frau als auch des Vaters – zugleich erregender und bedrohlicher als in früheren Entwicklungsphasen. Neugestaltungen der Beziehung werden notwendig. Auf seiten der jungen Frau müssen sexuelle Wünsche, Phantasien und Erregungen gelöst werden von den nahen Bezugspersonen der Kindheit und damit auch vom Vater. Auf seiten des Vaters sind Prozesse der Auseinandersetzung mit inzestuösen Wünschen und Phantasien auf der Basis einer prinzipiellen Abgrenzung von der Tochter erforderlich, durch die ihr die Möglichkeit einer eigenen, nicht auf den Vater bezogenen Sexualität signalisiert werden kann.

Die Vater-Tochter-Beziehung ist eine Zweierbeziehung in einem umfassenderen Kontext: Sie ist eingebunden in das Beziehungsdreieck Vater-Mutter-Tochter und damit Bestandteil komplexer Verhältnisse, in denen auch die Mutter-Tochter- und die Paarbeziehung von Bedeutung sind. Alle drei Zweierbeziehungen – Vater-Tochter-, Mutter-Tochter- und die Paarbeziehung – hängen miteinander zusammen und beeinflussen sich wechselseitig. Die Qualität der Vater-Tochter-Beziehung ist beeinflußt von der Qualität der Mutter-Tochter-Beziehung und wirkt zugleich auf sie zurück. Entsprechendes gilt auch für die Mutter-Tochter-Beziehung. Beide – die Vater-Tochter- und die Mutter-Tochter-Beziehung – beeinflussen die Qualität der Paarbeziehung, die wiederum Auswirkungen hat auf die Ausgestaltung der Vater-Tochter- und Mutter-Tochter-Beziehung.[1]

In solche komplexen Beziehungsverhältnisse sind auch Körperlichkeit und Sexualität der Tochter eingebunden. Die Qualität der Mutter-Tochter- und der Paarbeziehung beeinflussen das Ausmaß der Konflikthaftigkeit des erotischen Werbens der Tochter um den Vater. Sie bestimmen zum Beispiel mit, ob Mutter und Tochter sich als Rivalinnen gegenüberstehen, von denen in den Phantasien beider nur eine überleben kann, oder ob der Rivalität ihre Schärfe genommen ist durch eine prinzipiell positive Mutter-Tochter-Beziehung und durch die Sicherheit aller Beteiligten, daß Vater und Mutter das Paar sind, dem eine sexuelle Beziehung zusteht. Auf dieser Basis erhalten auch die inzestuösen Wünsche und Phantasien des Vaters ihren begrenzenden Rahmen. Deutlich ist dann, daß der Ort für Sexualität die Paarbeziehung der Erwachsenen ist und Phantasien bezogen auf die Tochter in deutlicher Abgrenzung von ihr als eigene innerpsychische Gegebenheiten bearbeitet werden müssen.[2]

Vater-Tochter-Beziehung und Familiendynamiken exemplarisch: Familie Berger

Herr Berger ist 42 Jahre alt und arbeitet als Graphiker. Frau Berger ist 41 Jahre alt, hat mit der Geburt der Tochter eine Fachhochschulausbildung abgebrochen und war seitdem nicht erwerbstätig. Sie hat zum Zeitpunkt des Interviews eine Umschulung für eine Tätigkeit im EDV-Bereich begonnen. Die 15jährige Rena besucht das Gymnasium. Rena hat einen 11jährigen Bruder, der ebenfalls das Gymnasium besucht. Herr Berger war für Rena in den ersten Lebensmonaten und -jahren die entscheidende Bezugsperson; er hatte von daher zu ihr eine besonders intensive und auch körperlich nahe Beziehung.

In allen drei Interviews – mit Frau Berger, Herrn Berger und Rena – fällt der Verweis auf einen Zeitpunkt »vor zwei Jahren« auf, zu dem sich in der Familie sehr viel verändert hat.

»Vor zwei Jahren« – so berichtet Herr Berger – habe sich sein Verhältnis zur Tochter entscheidend geändert. Aus einer sehr intensiven Beziehung sei eine sehr distanzierte geworden. Die große, auch körperliche Nähe, die Herr Berger von Anbeginn an zu Rena hatte, wird mit der Pubertät problematisch. So vermeidet er »körperlichen Kontakt« zur Tochter. »Sie kam ja immer zu mir, eigentlich noch die letzten Jahre, aber ich bin denn eigentlich auch nicht mehr zu ihr ins Bett gegangen. Sie wollte immer, daß ich zu ihr ins Bett komme, ihr Geschichten vorlese oder so etwas... Daß, sag ich mal, die Berührungen eben zwischen dem Vater und dem Kind jetzt... weniger werden.« Es wird deutlich, daß die Bedrohung durch die sexuelle Attraktivität der Tochter für Herrn Berger so groß war, daß er sich »ostentativ umgedreht« und die Tochter »zurückgewiesen« habe. »Für mich selber mußte ich halt diesen Schritt tun, aus Sicherheit«, beschreibt er seine Situation angesichts der körperlich zur Frau werdenden Tochter. In seinen Formulierungen – sich »ostentativ umgedreht« und die Tochter »zurückgewiesen« – ist jedoch ein latenter Schuldvorwurf enthalten: als habe die Tochter Angebote gemacht, die »zurückgewiesen« werden mußten, oder etwas Anstößiges gezeigt, von dem er sich »ostentativ« abwenden mußte.

»Vor zwei Jahren« – so berichtet Frau Berger – habe sie begonnen, sich aus der für sie unbefriedigenden Beziehung zu ihrem Ehemann zu lösen durch eine Beziehung zu einem anderen Mann. Zur Zeit des Interviews scheint der Trennungsprozeß abgeschlossen zu sein – der Auszug des Ehemannes aus dem gemeinsamen Haus steht kurz bevor.

Rena beschreibt die Zeit »vor zwei Jahren« als eine, in der der Vater sich von ihr abgewendet habe und sie sich deshalb der Mutter zuwandte, mit der sie sich vorher nicht verstanden habe, jetzt aber sehr gut zurechtkomme. Deutlich wird in der Art der Darstellung eine starke Identifikation mit den Positionen der Mutter, die sich in zum Teil fast identischen Formulierungen zeigt, wenn es um die Notwendigkeit einer abgeschlossenen Berufsausbildung, das Verhängnisvolle einer frühen Schwangerschaft und das »Aufheben« sexueller Erfahrungen für »später« geht.

In allen drei Interviews wird die Zeitangabe »vor zwei Jahren« zudem im Zusammenhang mit Renas erster Menstruation erwähnt. Alle drei berichten, daß die erste Menstruation auf den vierzigsten Geburtstag des Vaters fiel, Anlaß zur Freude war und gefeiert wurde. Herr Berger schildert, daß er die erste Menstruation der Tochter als »richtiges Geburtstagsgeschenk, als Geschenk für mich« empfunden habe. Rena gibt ihre Äußerung, mit der sie morgens zunächst der Mutter von ihrer ersten Menstruation berichtet habe, so wieder: »Mutti, ich bin jetzt auch eine Frau.« »Ganz stolz« habe sie das gesagt. Dann sei sie zum Vater ins Schlafzimmer gegangen mit den Worten: »Vati, ich bin jetzt auch eine Frau.« Diese Szene kann als zentral angesehen werden für die weiteren Entwicklungen.

Herrn Berger scheint das »Geburtstagsgeschenk« seiner Tochter so stark in seiner eigenen Abwehr sexueller Wünsche bedroht zu haben, daß er die Flucht ergreifen muß.

Bei Frau Berger scheint die Konfrontation mit der sichtbar werdenden Sexualität der Tochter eigene bisher unerfüllte Wünsche nach einem befriedigenderen Leben wieder belebt zu haben: Ihr gelingt es, sich aus der Beziehung zu ihrem Ehemann zu lösen, eine Beziehung zu einem anderen Mann einzugehen und eine

Berufsausbildung zu beginnen. Zugleich werden mit Sexualität verbundene Ängste jedoch an die Tochter weitergegeben. Frau Berger läßt Rena – obwohl diese noch keine sexuelle Beziehung hat – die Pille verschreiben, um ihr – wie sie sagt – ein Schicksal zu ersparen, wie sie es selbst erlitten hat: früh schwanger zu werden, eine Berufsausbildung abbrechen zu müssen und ein wenig befriedigendes Leben als Hausfrau und Mutter zu führen. Diese Schilderung erhält eine besondere Brisanz durch die Tatsache, daß Rena das Kind dieser frühen, von Frau Berger als Beginn eines »nicht glücklichen« Lebens empfundenen Schwangerschaft ist, die Einnahme der Pille symbolisch also gegen ihre eigene Existenz gerichtet ist. Rena hat ein unbewußtes Wissen um diese Zusammenhänge, das in einem Versprecher deutlich wird, als sie – auf der Ebene des manifesten Textes sehr vernünftig und aufgeklärt – erläutern will, warum die Einnahme der Pille für sie wichtig ist. Anschließend an eine Äußerung, in der es um die Mutter geht, sagt sie: »Ich nehme die Pille, damit sie nicht schwanger wird.«

Rena scheint die mütterlichen Phantasien über die Bedrohlichkeit von Sexualität zu teilen. Obwohl sie die Pille nimmt und bisher noch nicht mit ihrem Freund oder einem anderen Mann geschlafen hat, beziehen sich auch ihre Ängste darauf, durch eine sexuelle Beziehung schwanger zu werden und sich dadurch – wie sie sagt – ihr »ganzes späteres Leben zu zerstören«, weil sie sich – statt ihre Ausbildung abschließen zu können – um ein Kind zu kümmern hätte. Sie ist mit einem Jungen befreundet, der nach ihren Beschreibungen ebenso wie sie kein Interesse an Sexualität hat. Sexuelle Wünsche gehören in ihren Darstellungen zu einer als negativ definierten Männlichkeit und sind nicht etwas, das sie auch als sich selbst zugehörig begreifen könnte. So berichtet sie über Freundinnen, die schon mit Jungen geschlafen haben: »Irgendwann hat er sie überredet, also ins Bett zu gehen mit dem, und dann sagt der, ich hab' dich ja jetzt rumgekriegt, dann kann ich ja wieder gehen.«

»Mutti, ich bin jetzt auch eine Frau« – so hatte Rena ihre erste Menstruation im mütterlichen Schlafzimmer bekanntgegeben und damit sowohl eine Gemeinsamkeit mit der Mutter thematisiert, nämlich wie sie jetzt Frau zu sein, zugleich aber auch eine mögliche Rivalität signalisiert: »Ich bin jetzt auch eine Frau.« Es ließe sich ergänzen: ›Ich kann jetzt auch meine erotische Ausstrahlung auf Männer, zum Beispiel den Vater, wirken lassen.‹ Auf diese latente Botschaft der Tochter könnte Frau Berger reagiert haben mit ihrem eigenen Aufbruch, zugleich aber der Delegation sexueller Ängste und lustverhindernder Momente an die Tochter, der sie nur schwer ein befriedigenderes, lustvolleres Verhältnis zu Körperlichkeit und Sexualität, als es ihr, der Mutter, bisher möglich war, zugestehen zu können scheint. So ist bezogen auf körperliche Attraktivität in Frau Bergers Schilderungen eine deutliche Rivalität mit der Tochter feststellbar, die sich äußert in der wenig positiven und wertschätzenden Sicht auf den Körper der Tochter – Frau Berger beschreibt Rena als »zu fett« – und demgegenüber der Betonung der eigenen Attraktivität (vgl. S. 120ff). Möglicherweise hat Frau Berger zudem auf Renas Rivalitätsansage den Vater betreffend mit einer Entwertung dieser von der Tochter begehrten Person reagiert. Sie überläßt dann diesen von ihr nicht mehr wertgeschätzten Menschen der Tochter und sucht sich selbst einen besseren.

In der Mutter-Tochter-Beziehung scheinen sich Ängste und Verhinderungen zu tradieren, obwohl die bewußten Wünsche und Vorstellungen von Frau Berger andere sind. »Ich wollte es mit meiner Tochter nicht so machen wie meine Mutter mit mir. Ich bin von meinen Eltern überhaupt nicht aufgeklärt worden und hab' das auch bei meiner Mutter empfunden, daß Sexualität und die Regel haben, daß das eigentlich alles etwas Schmutziges ist.« So beschreibt Frau Berger eine Atmosphäre von Offenheit gegenüber den körperlichen Veränderungen der Tochter. »Das Körperliche ist eigentlich ganz locker gewesen. Wir haben darüber gesprochen, was im Körper passiert, und wir haben uns auch gefreut auf ihre erste Periode.« Dennoch hat sich bei der Tochter mit der ersten Menstruation die Bedrohlichkeit von Sexualität – die Gefahr einer zu frühen Schwangerschaft, von »Unglück« und »zerstörtem Leben« – verknüpft. Diese Verknüpfung zeigt sich in den ersten Schilderungen Renas, als sie nach den Veränderungen ihres Körpers gefragt wird. Sie antwortet: »Mama und Papa haben mir das alles ganz genau erklärt, auch als ich das erste Mal meine Regel bekommen habe, dann wurde es so gefeiert, ein bißchen, und dann auch unsere Nachbarn, Andrea, zum Beispiel, die hat zwei Kinder, ist aber erst 22.« An späterer Stelle des Interviews wird die Nachbarin Andrea als Beispiel angeführt für ein durch zu frühe Schwangerschaft »zerstörtes« Leben. Unterhalb der Ebene von Aufgeklärtheit – des Wissens und der Erklärungen, der Lockerheit und des Feierns – gibt es dem Zuwiderlaufendes: eine Verknüpfung von erster Menstruation mit Sexualität unter einem Strafaspekt. Bei Rena könnte diese Botschaft dazu beigetragen haben, daß der »Stolz« über die erste Menstruation sich verwandelt in Schmerzen, Krämpfe und Übelkeit. »Ich hatte das erste Mal keine Probleme. Und dann Bauchschmerzen und Krämpfe, mir wurde richtig schlecht, ich mußte oft von der Schule nach Hause gehen.«

Beide – Herr und Frau Berger – haben nicht die Möglichkeit, die mit Renas Pubertät verbundenen Verunsicherungen in ihrer Beziehung zu bearbeiten und zu einer neuen Gestaltung ihres Zusammenlebens zu finden. Ihre Beziehung scheint schon vor Renas Pubertät im Vergleich zu den Eltern-Kind-Dyaden wenig Eigenbedeutung als Liebesbeziehung zwischen Mann und Frau gehabt zu haben. Aus der Paarbeziehung zwischen Mann und Frau wurde – möglicherweise schon mit der Geburt der Tochter – »eine elterliche Versorgungsgemeinschaft« (Schon 1995, S. 107), »die Beziehung zwischen Mutter und Vater als Frau und Mann ist sozusagen ›unterbesetzt‹« (ebd., S. 108). Entsprechend gibt es für Herrn Berger nicht die Möglichkeit, in der erwachsenen Partnerschaft Distanz zu gewinnen von der mit der sexuellen Verführungskraft von Rena verbundenen Bedrohung: indem sexuelle Bedürfnisse dort befriedigt und Generationengrenzen erneut etabliert werden.

So bleibt die Bedrohung durch die über die Pubertät der Tochter aktivierten sexuellen Wünsche und Phantasien so stark, daß Herr Berger sich – nach Renas erster Menstruation als deutlichstem Zeichen des körperlichen Zur-Frau-Werdens – nur durch eine abrupte Abwendung von der Tochter meint retten zu können. In dieser abrupten Abwendung – ebenso wie in den auf die Körperlichkeit der Tochter bezogenen Formulierungen, in denen er etwas »zurückgewiesen« und sich »ostentativ umgedreht« hat – könnte die latente Botschaft enthalten sein, daß nicht seine, des Vaters, Probleme verantwortlich sind für den Rückzug, sondern die weibliche Körperlichkeit und Sexualität der Tochter. Das Anstößige, Bedrohliche der Sexualität wird dann der Tochter zugewiesen und in ihr bestraft. Zugleich ist darin die Phantasie einer großen Macht der töchterlichen Körperlichkeit und Sexualität enthalten: Der Vater kann sich vor ihr nur durch eine Flucht retten. Damit können sexuelle Wünsche und Phantasien für die Tochter die Qualität einer gefährlichen Allmacht erhalten und entsprechende Wünsche und Phantasien an den Vater gebunden bleiben. So ist in Renas Schilderungen auffallend wenig Wut oder Enttäuschung über die Abwendung des Vaters spürbar. Mit der Zeit nach dem Auszug des Vaters verbindet sie die Vorstellung, daß die Beziehung zu ihm wieder besser und sie oft in seiner Wohnung sein wird. Zugleich wird in den Schilderungen von Herrn Berger eine innere, der Tochter nicht angemessene Bindung deutlich. Rena scheint für ihn in der Phantasie Partnerinersatz zu sein, denn er gibt auf einige Fragen nach der Tochter Antworten, die seine Ehefrau betreffen. Die abrupte Abwendung von Rena hat wohl innere, die Generationengrenzen überschreitende Bindungen an sie nicht gelockert und auch bei Rena keine Ablösung von auf den Vater bezogenen sexuellen Wünschen und Phantasien befördert. Zu dieser Konstellation beigetragen hat möglicherweise auch Frau Bergers Rückzug aus der Ehebeziehung, wodurch sie gegenüber ihrem Mann und der Tochter nicht als Person aufgetreten ist, die ihre sexuellen Ansprüche an den Ehemann geltend macht und so signalisiert, daß das Paar nicht Vater und Tochter sein können, sondern nur sie und ihr Ehemann. Generationengrenzen scheinen so nicht deutlich etabliert worden zu sein.

Indem Rena ihre Eltern nicht als Paar erlebt, können auch ihre auf den Vater bezogenen Wünsche und Phantasien keine Begrenzung und Korrektur erfahren. Vera King (1995) hat bezogen auf Freuds adoleszente Patientin Dora eine ähnliche Konstellation analysiert und gezeigt, daß »der scheinbare ödipale Triumph sich letztlich als leere Hülle entpuppt: Dora kann mit der Mutter nicht wirklich rivalisieren, wenn diese ihren Platz an der Seite des Vaters gar nicht einnimmt, wenn der Vater ihr als entwertetes Objekt kampflos überlassen wird... Es gibt letztlich weder ein wertvolles begehrtes Objekt, noch eine wirkliche Rivalität... Dora hat schon gewonnen, bevor sie hätte verlieren können, oder verloren, bevor sie den Kampf hätte aufnehmen können... Frau K. hat ihr den Ehemann überlassen, den sie selbst nicht haben wollte. Es fehlt der aneignende Zwischenschritt, der ihre Phantasien begrenzt und ihr eine Subjekthaftigkeit verleiht, die sich mit einer widerständigen (Beziehungs-)Realität (der Eltern) auseinandersetzen muß« (ebd., S. 117f).

Bei Familie Berger wird zugleich auch die wechselseitige Abhängigkeit der Mutter-Tochter- und der Vater-Tochter-Beziehung voneinander deutlich. Rena hat in der Pubertät kein bisher erworbenes Fundament einer prinzipiell positiven Beziehung zur Mutter zur Verfügung, auf dessen Grundlage sie mit ihr um den Vater rivalisieren könnte. Nachdem der Vater Rena fallengelassen hat, ist sie auf die Beziehung zu ihr so stark angewiesen, daß sie das vor der Pubertät wenig positive Verhältnis zu ihr umkehrt ins Gegenteil: in eine starke Identifikation mit den Vorstellungen, Positionen und Werten der Mutter. Damit fehlt der Raum, in dem gefahrlos mit sexuellen Wünschen und Phantasien experimentiert und entsprechend mit der Mutter rivalisiert werden kann. Zugleich scheint es Frau Berger schwerzufallen, zu Rena eine Beziehung zu entwickeln, in der beide gleichermaßen mit ihrem Bedürfnis nach Anerkennung von Körperlichkeit und Sexualität Raum haben. Vorherrschend ist in ihren Phantasien offenbar eine Entweder-oder-Logik. Nur eine von beiden – Mutter oder Tochter – kann schön und attraktiv sein, und sie, die Mutter, möchte in der Position der Siegerin sein (vgl. S. 120ff). So bietet die Beziehung zur Mutter Rena kaum ein Gegengewicht zur inneren Bindung an den Vater, die weiterhin besteht.

Am Beispiel von Familie Berger werden, bezogen auf die Vater-Tochter-Beziehung und ihre Einbettung in das Beziehungsdreieck Vater-Mutter-Tochter, folgende Problembereiche deutlich:

- Mit dem körperlichen Zur-Frau-Werden der Tochter wird eine Neuorganisation der Vater-Tochter-Beziehung notwendig. Die bisher als unproblematisch empfundenen körperlichen Kontakte erhalten eine sexuelle Bedeutung, denn es stehen sich jetzt eine herangewachsene junge Frau und ein Mann gegenüber.
- Väter haben auf die Tochter bezogene sexuelle Wünsche und Phantasien, Töchter auf den Vater gerichtete. Für beide – Vater und Tochter – besteht die Anforderung, diese Wünsche und Phantasien zu lösen aus der Beziehung zueinander und sie – im Fall der Tochter – umzuformen in außerfamilialen Beziehungen bzw. – bezogen auf den Vater – in der Beziehung zu einer erwachsenen Partnerin.
- Die erste Menstruation hat in der Vater-Tochter-Beziehung offenbar eine große Bedeutung. Als deutlichstes Zeichen des Zur-Frau-Werdens scheint sie – sowohl bei Vätern als auch Töchtern – in besonderem Maße zugleich als erregend und bedrohlich erlebte sexuelle Wünsche und Phantasien zu aktivieren.
- Von der Qualität der Mutter-Tochter-Beziehung hängt es ab, inwieweit die Töchter mit der Mutter um den Vater rivalisieren können, ohne befürchten zu müssen, die Beziehung zur Mutter damit zu zerstören oder von ihr bestraft zu werden.
- Die Qualität der elterlichen Paarbeziehung beeinflußt bei allen Beteiligten den Umgang mit den Verunsicherungen durch das körperliche Zur-Frau-Werden der Tochter. Wenn die Tochter die Eltern als Paar erlebt, erfahren auf den Vater gerichtete sexuelle Wünsche und Phantasien eine Begrenzung, die Auslöser sein kann für die Hinwendung zu außerfamilialen Personen. Vätern bietet die erwachsene Paarbeziehung die Möglichkeit, sich erneut der Generationengrenzen zur Tochter zu versichern und die auf sie gerichteten sexuellen Wünsche und Phantasien in deutlicher Abgrenzung von ihr als eigene Probleme zu bearbeiten.
- Jenseits idealer Konstellationen – prinzipiell positive Mutter-Tochter-Beziehung und gute elterliche Paarbeziehung – besteht eine Vielfalt von real vorfindbaren

Strukturen des familialen Zusammenlebens, in denen es für die jungen Frauen mehr oder weniger gute Bedingungen gibt, sich zu lösen aus der inneren Bindung an den Vater, und in denen es für Mütter und Väter mehr oder weniger gute Möglichkeiten gibt, mit den durch die Körperlichkeit und Sexualität der heranwachsenden Tochter ausgelösten Verunsicherungen zurechtzukommen. Gesellschaftlich nahegelegte Geschlechterbilder und Strukturen des Geschlechterverhältnisses schaffen dabei Angebote zur Bearbeitung dieser Verunsicherungen, die für Väter mit der Versuchung verbunden sind, die Schuld für ihre Verunsicherung dem Körper und der Sexualität der Tochter zuzuweisen.

Abgrenzungsbedürfnisse gegenüber dem Vater und Verführungsphantasien junger Frauen im Familienkontext

In den Schilderungen fast aller Mädchen und jungen Frauen wird deutlich, daß die körperlichen Veränderungen der Pubertät Neugestaltungen im Verhältnis zum Vater mit sich bringen. Insbesondere für diejenigen, die sich bisher stark auch am Vater orientiert haben, die zum Beispiel bis zur Pubertät die Phantasie hatten, auch Junge und damit Sohn des Vaters sein zu können, wird mit der ersten Regelblutung durch die jetzt eindeutige Differenz der Geschlechtszugehörigkeit die innere Nähe zum Vater brüchig (vgl. S. 23f; 89f).

Parallel zu dieser größeren Distanz zum Vater kommt eine neue Dimension in die Beziehung zu ihm: die der erwachsenen Sexualität. Insbesondere durch das Wachsen der Brüste – in unserer Kultur zentrales Symbol für weibliche Sexualität – werden Mädchen auch von Vätern als sexuelle Wesen wahrgenommen und auf diese Weise – ob sie es sich wünschen oder nicht – ›sexualisiert‹. Zugleich erhalten auch die sexuellen Wünsche, Phantasien und Erregungen der jungen Frauen eine neue und drängendere Qualität. Gerade weil diese sinnlich-erotischen Strebungen zunächst auch auf den Vater gerichtet sind, ist das Bedürfnis der jungen Frauen nach körperlicher Abgrenzung groß. So beschreiben besonders diejenigen, die bis zur Pubertät ein auch körperlich nahes Verhältnis zum Vater hatten, ihren Wunsch nach Distanz, nach einem vor Eingriffen geschützten Raum. »Mein Vater hat auch mal so gesagt, ja hast du schöne Brüste, das konnt' ich aber nicht haben, als er das gesagt hat, mochte ich nicht«, berichtet eine 18jährige junge Frau.

In den Schilderungen der 13jährigen Jana Imroth, die für sich ein besseres Verhältnis zum Vater als zur Mutter beschreibt, wird deutlich, wie schwierig es für Töchter ist, einen als zu nah erlebten Vater zurückzuweisen.

»Der hat früher immer so mehr gern mit mir geschmust und so, und jetzt auch noch, also immer umarmen und, na ja, ich will's, also ich, ich hab' nichts dagegen, aber denn jeden Tag... Also, im Moment nervt's ziemlich... Ich so, Papa, hör auf, das nervt. Aber es macht ihm nichts. Er kommt trotzdem immer so, wenn er von der Arbeit kommt... und drückt mich erst mal.«

Jana bricht die Formulierung einer eindeutigen Ablehnung der körperlichen Annäherung des Vaters ab – »ich will's« –, um sie zu modifizieren in ein Tolerieren – »ich hab' nichts dagegen« – und die Kritik an der Häufigkeit: »aber denn jeden Tag« sei ihr zuviel. Jana appelliert an den Vater – »Papa, hör auf, das nervt« –, aber ohne Erfolg: »Aber es macht ihm nichts.« Wenn der Vater »von der Arbeit kommt«, »drückt« er die Tochter weiterhin »erst mal«. Jana ist damit überfordert, die enge Beziehung zum Vater gegen seinen Widerstand so umzugestalten, daß sie ihrem Bedürfnis nach körperlicher Distanz bei dennoch weiter bestehender positiver Bindung entspricht. Der Wunsch nach Nähe zum Vater schneidet das ›nicht‹ einer eindeutigen Abgrenzung ab, so daß die eine Seite der Ambivalenz – »ich will's« – übrig bleibt und Jana sich auf Kompromisse einläßt. Eine hilfreiche Unterstützung seitens des Vaters scheint zu fehlen. So zeigt sich auch in seinen Schilderungen Unverständnis gegenüber dem Abgrenzungsbedürfnis der Tochter. »Dann sag' ich, Mensch, was ist los, hab' dich nicht so.« In der kumpelhaften Art der Formulierung deutet sich an, daß Herr Imroth zu vermeiden versucht, die Tochter nicht nur als »Mensch«, sondern junge Frau zu sehen. Es dominiert die Kränkung über den Rückzug der Tochter, die ein Sicheinlassen auf ihre veränderten Bedürfnisse zu verhindern scheint. Frau Imroths Beschreibungen der gleichen Situation – die Tochter wehrt sich gegen die Umarmungen des Vaters – entsprechen dem Bemühen von Herrn Imroth, die sexuelle Dimension in der Vater-Tochter-Beziehung nicht zur Kenntnis zu nehmen. »Er kann jetzt nicht so verstehen, daß er das auf einmal nicht mehr darf«, berichtet Frau Imroth und legt damit das Bild einer naiven, sexuell unwissenden und unschuldigen Person nahe. Sie sieht sich selbst als Vermittlerin zwischen Tochter und Vater. »Ich muß ihm immer wieder sagen, oh, paß jetzt auf und laß jetzt, jetzt will sie nicht.« Auch nach Frau Imroths Schilderungen sind die Bemühungen um Grenzsetzungen seitens des Vaters wenig erfolgreich, möglicherweise, weil die sexuelle Dimension dieser Interaktionen nicht bewußt wahrgenommen wird, latent jedoch von großer Bedeutung ist. So ist das Klima in der Familie gekennzeichnet durch eine große, nicht durch äußere Umstände erzwungene Enge des Zusammenlebens, in der die Töchter hören, wenn die Eltern miteinander schlafen (vgl. S. 157 ff). Dabei scheint Frau Imroth Facetten ihrer eigenen, zugleich als erregend und bedrohlich erlebten sexuellen Wünsche und Phantasien auf Jana zu projizieren und gleichzeitig zu versuchen, sie in der Tochter zu kontrollieren (vgl. S. 160 ff). Möglicherweise verhindert auch diese Sexualisierung Janas, daß Frau Imroth ihrem Mann die Notwendigkeit eindeutiger Grenzsetzungen vermitteln kann. Unter dieser Perspektive legt die Äußerung: »oh, paß jetzt auf und laß jetzt, jetzt will sie nicht« das Bild einer Szene nahe, in der die Mutter dem Vater die Regeln vorgibt, nach denen er sich der Tochter nähern kann: »paß jetzt auf«, »laß jetzt«, »jetzt will sie nicht«. Frau Imroth redet nicht von ihrem eigenen Bedürfnis nach Grenzsetzung ihres Mannes gegenüber der Tochter, sie spricht damit nicht als Partnerin zu ihrem Ehemann, sondern als Wächterin und damit auch Komplizin seiner Annäherungsbedürfnisse an die Tochter.

Das Bedürfnis von Mädchen und jungen Frauen, einen vor körperlichen Zugriffen des Vaters geschützten Raum zu haben, schließt nicht aus, daß sie ihre Attraktivität als Frau gegenüber dem Vater ausprobieren, daß sie sich verführerisch und provozierend zeigen. Je deutlicher von Vätern, aber auch von Müttern, Grenzen gegen reale Übergriffe gesetzt sind, desto gefahrloser können Phantasien einer Verführung des Vaters in Szene gesetzt und – wenn deutlich wird, daß das sexuelle Paar nicht Vater und Tochter sein kann, sondern nur als Beziehung zwischen Erwachsenen möglich ist – eine Begrenzung und Korrektur erfahren.

In den Schilderungen der 19jährigen Birgit Esch über ihr Vergnügen, sich in besonders »kurzer« Kleidung zu zeigen und sich dabei »ganz toll« zu fühlen, taucht der Vater zwar nur als verbietende Instanz auf, die über die Mutter mitteilen läßt, daß er »das nicht so toll findet,... weil das irgendwie so aufreizend war«, möglicherweise gilt dieses Sich-»aufreizend«-Zeigen jedoch gerade ihm. Birgit möchte dann auch vom Vater die Bestätigung dafür, daß sie »so toll... dann aussah«. Die über die Mutter vermittelte Antwort des Vaters auf die Frage nach ihrer Attraktivität als Frau für ihn scheint sie erlebt zu haben als Aufforderung, ihre ›Reize‹ zu verhüllen, weil sie für den Vater zu stark waren, sie »so aufreizend« war. Deutlich wird die Phantasie der sexuellen Macht ihres Körpers, seiner Verführungskraft.

»Ich mochte auch immer gern so kurze Kleider anziehen, da hab' ich mich auch ganz toll bei gefühlt... So mit kurzer Hose, kurzen, extra kurzen Sachen, so angezogen, weil ich das eben so toll fand, wie ich dann aussah. Nur mein Vater fand das nicht so toll. Das hat er mir aber nicht direkt gesagt, meine Mutter hat mir das dann gesagt, daß er das nicht so toll findet, daß ich mich so anziehe, weil das irgendwie so aufreizend war.«

Wie verwirrend es ist, wenn die Tochter gegenüber dem Vater mit ihrer körperlichen Attraktivität und Verführungskraft spielt, wird in den Schilderungen von Herrn und Frau Busch deutlich. Beide beschreiben ihre Irritation darüber, daß die 15jährige Lisa weiterhin jeden Morgen nackt zu den ebenfalls nackten Eltern ins

Bad kommt. Auch Lisa thematisiert die Situation im Badezimmer. Sie antwortet damit auf die Frage, wie der Vater auf ihre körperlichen Veränderungen reagiert habe.

»Na ja, nicht besonders, also wir sind auch ziemlich offen, so im Badezimmer zum Beispiel, wir schließen nie ab, ob einer unter der Dusche steht oder so, das ist eigentlich immer normal.«

Vielleicht ist Lisa enttäuscht darüber, daß der Vater »nicht besonders« auf ihre körperlichen Veränderungen reagiert hat. Die von ihr vorgenommene Verknüpfung mit der Badezimmersituation könnte darauf hindeuten, daß sie dort eine ›besondere‹ Reaktion des Vaters erwartet.

In Herrn Buschs Schilderungen zeigt sich, daß er die körperlichen Veränderungen der Tochter sehr deutlich und an ihrem nackten Körper wahrgenommen hat. »Der Busen, das hat sich entwickelt, irgendwann, ich glaub', das war das erste, was ich wahrgenommen hab', dann Schambehaarung und Behaarung unter den Armen.« In der Schilderung der morgendlichen Situation im Badezimmer kommt eine große körperliche Nähe und Intimität zum Ausdruck. »... sind wir alle drei im Badezimmer, jeder duscht, einer setzt sich nackt hin und pinkelt.« Herr Busch äußert seine Irritation und Verwunderung über das unveränderte Sich-nackt-Zeigen der Tochter im Bad: Es habe sich »eben nicht« verändert, für ihn Zeichen dafür, daß es bei der Tochter »locker... abläuft«: »Also das ist alles so, ich wunder' mich manchmal noch, wie locker das bei ihr abläuft. Und es hat sich nicht verändert.«

Die Dimension der sexuellen Verführung kommt in Herrn Buschs Schilderungen nicht zum Ausdruck, sie wird jedoch deutlich formuliert in Frau Buschs Darstellung der morgendlichen Badezimmersituation. Auch sie beschreibt eine große körperliche Nähe und Intimität, die durch die Nacktheit aller Beteiligten erotisch aufgeladen ist.

»Manchmal haben wir uns eigentlich gewundert, daß sie wesentlich normaler damit umgeht als – Wir hatten immer noch das Gefühl, mein Mann auch so, wenn wir uns morgens nackt im Badezimmer begegnen und der eine duscht, der andere trocknet sich ab, der nächste putzt sich die Zähne oder sonst wie, daß sie da mehr Zurückhaltung wahrt und diese Veränderung gar nicht unbedingt so präsentiert und da auch so mehr, ja sich auch gerade so meinem Mann gegenüber vielleicht auch gar nicht so zeigen möchte und auch so intime Geschichten

mehr so für sich behält. Aber wir haben uns eigentlich häufiger beide gewundert, daß sie da so ganz total locker mit umgegangen ist, ohne daß sie das groß zum Thema gemacht hat. Jeden Morgen kommt die reinmarschiert ins Badezimmer und setzt sich nackt aufs Klo, und es ist immer so gewesen. Wir haben uns eigentlich gewundert, warum es nie so 'ne Phase gab, wo sie eher mal 'nen Rückzieher macht oder sagt, so, jetzt bleib' du mal draußen, ich will mich eben umziehen oder irgendwie so was, ist nie passiert. Das haben wir eigentlich mit Verwunderung so hingenommen und irgendwie auch als 'ne ganz tolle Offenheit. Irgendwie so 'n Fragezeichen gehabt, warum ist das so? Ja und dann irgendwie auch gedacht, na gut, wenn sie da überhaupt keine Probleme mit hat und sie das alles so in Ordnung findet, dann ist das ja auch gut so. Warum sollen wir uns da, sollen wir jetzt anfangen, das irgendwie zu bewerten.«

Frau Busch spricht als »wir« und schließt ihren Mann damit in die Schilderung ihrer »Verwunderung« über das Verhalten der Tochter ein, beschreibt aber eine deutlichere Irritation als Herr Busch selbst. Für Lisa sei es »wesentlich normaler« gewesen, sich weiterhin im Bad nackt mit den ebenfalls nackten Eltern zu zeigen, »als« – hier bricht Frau Busch ab, es ließe sich jedoch ergänzen: ›für mich selbst‹. Die Schilderung ihrer nicht erfüllten Erwartungen bezogen auf eine Veränderung des Verhaltens der Tochter lassen sich auch lesen als Darstellung dessen, was sie selbst sich gewünscht hätte: daß Lisa »mehr Zurückhaltung... wahrt«, sie »diese Veränderung gar nicht unbedingt so präsentiert«, sich »auch gerade... meinem Mann gegenüber... gar nicht so zeigen möchte«, sie »so intime Geschichten... für sich behält«, es »so 'ne Phase gab, wo sie... mal 'nen Rückzieher macht«, sie »sagt, so, jetzt bleib' du mal draußen«. Die Initiative zur Grenzsetzung wird jedoch der Tochter zugewiesen. Sie soll »Zurückhaltung« wahren und einen »Rückzieher« machen, ihren nackten Körper dem Vater »nicht so zeigen«, daß sie sich ihm »präsentiert«.

Die für Frau Busch kennzeichnende starke Orientierung an Normen von Offenheit gegenüber Körperlichkeit und Sexualität – sie betont mehrfach, wie wichtig es ihr ist, daß es in der Familie keine »Tabus« gibt – scheint zu verhindern, daß sie selbst mit der Pubertät der Tochter eine stärkere Grenzziehung initiiert, zum Beispiel indem sie mit ihrem Mann über ihre Gefühle spricht. So hat sie etwas »hingenommen«, bei dem ihr eigentlich unbehaglich ist. Ihre Phantasien bezogen auf den nackten Vater und die nackte Tochter im Bad kommen in einem Versprecher zum Ausdruck, in dem der »Witz«, den sie für den Umgang mit den »körperlichen Veränderungen« der Tochter, die im Bad sichtbar werden, beschreiben will, zum »Wichs« wird.

(Auf die Frage nach den »körperlichen Veränderungen« der Tochter) *»War Thema, also so, wir sind morgens alle drei nackt im Badezimmer und duschen zur gleichen Zeit, und dann wird schon nebenbei viel mit Wichs, mit Witz und Flachs darüber gesprochen.«*

Auch hier wird eine große körperliche Nähe zwischen Eltern und Tochter beschrieben, in der die körperlichen Veränderungen von Lisa »Thema« werden: Sie sind für alle Beteiligten sichtbar, und darüber wird scheinbar leicht und problemlos, »mit Witz und Flachs« gesprochen. Zugleich scheint jedoch »nebenbei viel... Wichs« in den Phantasien und Ängsten von Frau Busch vorzukommen. Frau Busch befürchtet möglicherweise, daß Lisas Nacktheit den Vater so erregt, daß er »nebenbei« onaniert. Vielleicht teilt sie damit die Phantasie der Tochter, beim Vater durch eine Erektion eine ›besondere‹ Reaktion auf ihre körperlichen Veränderungen sehen zu können. Herrn Buschs Phantasien lassen sich vermuten aufgrund seiner Schilderungen der ersten Menstruation der Tochter, die ihn sehr verwirrt hat. Das Blut scheint in seinen Phantasien mit einer Defloration der Tochter verknüpft gewesen zu sein (vgl. S.90ff). Die Erektion hätte dann zum sexuellen Kontakt mit der Tochter geführt – eine Phantasie, die für Herrn Busch sehr bedrohlich ist.

So scheinen alle Beteiligten ähnliche Phantasien zu haben. Herrn und Frau Busch fällt es schwer, diesen Phantasien durch Grenzsetzungen in der Realität, durch die Entwicklung neuer Formen des Umgehens miteinander die Bedrohlichkeit zu nehmen. Dabei spielen vielleicht auch innerpsychische Dynamiken eine Rolle. Bei Frau Busch könnte Lisas verführerisches Verhalten eigene entsprechende adoleszente Wünsche wiederbelebt haben, so daß die Phantasie von »viel Wichs« für sie nicht nur bedrohlich, sondern auch lustvoll ist. Herr Busch fühlt sich möglicherweise durch das erotische Werben der Tochter in seiner Männlichkeit bestätigt. Eine deutliche Grenzziehung ihr gegenüber würde zudem den Beginn einer Trennung von der Tochter bedeuten, die für ihn sehr schmerzlich zu sein scheint.

In den Schilderungen einiger Mädchen und junger Frauen zeigen sich auf den Vater – oder den Stiefvater – bezogene sexuelle Wünsche und Phantasien. So scheint Anna Cramer das Blut ihrer ersten Menstruation als Zeichen einer Entjungferung durch den jungen Partner ihrer Mutter erlebt zu haben (vgl. S. 48f). Die Eifersucht von mütterlicher Seite wird besonders plastisch von Frau Jürgens geschildert. Sie kann diese Gefühle möglicherweise so offen formulieren, weil sie davon ausgeht, daß sie damit zusammenhängen, daß ihr Partner nicht Connys leiblicher Vater ist und daher eine reale Bedrohung für sie bestanden hat. Bezogen auf den Vater der Tochter wäre Eifersucht ihr vielleicht weniger einleuchtend und damit weniger bewußt gewesen, sie wäre nicht »hochgekommen«, sondern im Latenten verblieben und hätte von dort – unbegriffen – ihre Dynamik entfaltet.

»Hab' ich mal gehabt, daß ich eifersüchtig war, 'ne Zeitlang, da ist das irgendwie so in mir hochgekommen, wo das so anfing mit der Pubertät... Weil er halt nicht die Vatergefühle hat, die ein richtiger leiblicher Vater haben sollte.«

In mehreren Familien spielt– ähnlich wie bei Familie Busch, wenn auch emotional weniger stark aufgeladen – das Badezimmer eine Rolle als Ort, an dem mit Verführungsphantasien, Verlockungen und Grenzüberschreitungen gespielt wird. Häufig gibt es eine mehr oder weniger explizit formulierte Familienübereinkunft, daß die Badezimmertür – auch wenn alle Beteiligten das Bedürfnis haben, dort alleine zu sein – nicht abgeschlossen wird, Nacktheit kein Problem ist und jede und jeder jederzeit zu jedem und jeder hereinkommen kann. Weil Grenzen nicht eindeutig durch eine abgeschlossene Tür gesetzt sind, besteht insbesondere für Väter und Töchter die Versuchung, mit der Möglichkeit zur realen Grenzüberschreitung zu spielen. Es scheint besonders in Familien, in denen Offenheit die Norm ist und körperliche Freizügigkeit eine große Bedeutung hat, schwierig zu sein, mit der Pubertät der Tochter klare neue Formen des Umgehens miteinander zu entwickeln. Dadurch kann eine Atmosphäre diffuser Sexualisierung entstehen, die für die Tochter die Sicherheit verringert, in der Familie einen vor körperlichen Zugriffen geschützten Raum zu haben.

Erotische Vater-Tochter-Spiele aus der Sicht einer Tochter: Alissa Walsers Erzählung »Geschenkt«

Alissa Walsers Erzählung »Geschenkt« (1994), für die die Autorin 1992 mit dem Ingeborg-Bachmann-Preis ausgezeichnet wurde, schildert in beeindruckender Klarheit von der Tochter aktiv mitgestaltete erotische Spiele und Inszenierungen zwischen Vater und Tochter, von denen Facetten – weniger manifest und weniger bewußt – in den Beziehungen einiger befragter Väter und Töchter eine Rolle spielen.

Schon die erste Szene beschreibt eine große erotische Nähe zwischen Vater und Tochter.

»Neben mir atmet mein Vater, wir sind im Hotel, heute ist sein Geburtstag, morgen ist meiner, vielleicht ist jetzt morgen, vielleicht habe ich schon Geburtstag, vielleicht bin ich bereits acht, ich weiß es nicht, es ist dunkel. Mein Vater schläft nicht, er liegt nur da... Jetzt bewegt er die Hände, vielleicht hat er ein Geschenk für mich, das er unter der Decke versteckt, damit ich es gleich auspacken kann, wenn ich aufwache. Oder er sucht, wie ich, einen Platz für die Hände vor dem Einschlafen... Ich habe Angst, er könnte weinen. Doch jetzt steht er vorsichtig auf, öffnet die Tür zum Bad und schließt sie ganz leise, ganz sachte, bevor er Licht macht. Er wäscht sich die Hände, warum schläft er nicht einfach?« (ebd., S. 7).

Nahegelegt wird die Assoziation, daß die achtjährige Ich-Erzählerin den Vater im Bett neben sich nicht nur als emotional bedürftig erlebt – »ich habe Angst, er könnte weinen« –, sondern ihn auch beim Onanieren beobachtet – »jetzt bewegt er die Hände« –, und es auf sich bezogen phantasiert: »Vielleicht hat er ein Geschenk für mich, das er unter der Decke versteckt.« »Heute ist sein Zweiundsechzigster, mein Einunddreißigster ist morgen, und wieder ist mein Mutter nicht dabei« (ebd., S. 7), wird die gegenwärtige Situation bezeichnet. »Wieder« ist die Mutter »nicht dabei«, sie scheint Vater und Tochter an diesen für beide wichtigen Tagen einander zu überlassen, ohne Möglichkeit des Bezugs auf sie als wichtige dritte Person. In den folgenden Schilderungen wird ein Vater dargestellt, der die Tochter für seine Bedürfnisse instrumentalisiert. »Manchmal glaube ich, er hat mich markiert, wie der Hund einen Baum« (ebd., S. 8). Der Vater macht die Tochter zur mütterlichen Trösterin, zur Person, die seine Bedürftigkeit mildern soll. »Du hättest noch bleiben können..., dann wärst du jetzt nicht allein in der Wohnung sagt er und meint sich selbst« (ebd., S. 10). Mit der Pubertät betont er deutlich die sexuelle Dimension in der Beziehung zu ihr.

»An meinem dreizehnten sagte er, jetzt siehst du aus wie die Frauen auf Cranach-Bildern, und ich wußte nicht, was er meinte, nahm mir aber vor nachzusehen; er meinte die kleinen Brüste, für die ich mich schämte« (ebd., S. 8).

Der Vater weist die Tochter auf ihre Brüste hin, für die sie sich »schämte« und schenkt ihr, seitdem ihr »ein Busen gewachsen ist... Geld zum Geburtstag« (ebd.), für die Tochter Zeichen seiner Gleichgültigkeit – »dann drückte er mir ein paar Scheine in die Hand« (ebd.) –, zugleich aber auch an das Verhalten gegenüber einer Prostituierten erinnernd. Der Vater sexualisiert die Tochter und versucht zugleich, ihre Sexualität unter seiner Kontrolle zu halten und an ihr teilzuhaben.

»Wie war's, sagt mein Vater. Der Zug überfüllt, sage ich, Sitzplatz im Großraumwagen, neben mir ein junger Mann. Nett? fragt er. Ich sage, ich weiß es nicht, ich hatte keinen Kontakt, nicht mal mit den Augen. Mein Vater holt tief Luft, er glaubt es nicht, er glaubt mir nie, wenn es um Männer geht.
Weiter, sagt er... Was hast du alles gemacht, sagt er. Das will er immer wissen. Immer will er wissen, wo ich gewesen bin, wer mit mir war, was wir gemacht haben, und was noch. Je munterer ich klinge, desto mehr bohrt er« (ebd., S. 9ff).

Für die Tochter werden keine klaren Grenzziehungen gegenüber dem Vater beschrieben. Sie weicht dem Vater zwar aus – »ich hatte keinen Kontakt«, behauptet sie und bemüht sich, ›munter‹ zu ›klingen‹ –, sie definiert Sexualität aber nicht eindeutig als ihren eigenen Bereich, der vom Vater getrennt gehalten wird, sondern spielt das vom Vater initiierte Spiel mit, ein Spiel um sexuelle Phantasien und Erregungen, in dem sie ihm auf seine Nachfragen die Köder anbietet: »Neben mir ein junger Mann.« Die Tochter kokettiert mit Andeutungen, der Vater will teilhaben an ihren sexuellen Kontakten – er »bohrt« –, die Tochter versagt ihm diese Befriedigung.

Aus Anlaß ihres einunddreißigsten Geburtstags geht die Tochter einen Schritt weiter: Sie wird zur aktiven Verführerin, schlägt den Vater mit seinen eigenen Waffen, versucht sich auf diese Weise von ihm zu befreien, jedoch nicht so, daß sich von nun an eine erwachsene Frau und ein erwachsener Mann gegenüberstehen, sondern so, daß der Vater zum Kind und die Tochter zur Mutter wird. Die Tochter hat sich vom Geburtstagsgeld des Vaters »einen Jungen gekauft« und berichtet es dem Vater. Der gekaufte »Junge« hat einen deutlichen Bezug zum Vater – er wird bezahlt von seinem Geld, sieht so aus, wie der Vater die Tochter »früher« beschrieben hat: »Du (hast) mich immer mit einer frisch geschälten Frucht verglichen« (ebd., S. 12) – und hat als Telefonnummer die Zahlen, die die Tochter ihrem Vater als »Glücksfee« (ebd., S. 10) für »sechs Richtige in der Samstagsziehung« (ebd.) gegeben hat. Zugleich dient dieser »Junge« zur Abgrenzung vom Vater, allerdings einer, die sich über die sexuelle Verführung und Erniedrigung des Vaters vollzieht.

»Du kaufst dir also einen Mann, sagt er plötzlich. Ausnahmsweise, sage ich. Erzähl' – er zündet sich eine an ... Seine Stimme klingt wie Bitten um ein Ende ohne Schmerzen... Wo bleibt die Zeichnung, sagt er. Ich sehe meine Skizze im alten Fax meines Vaters verschwinden, ich höre Wein ins Glas stürzen, ich lasse meinem Vater Zeit für den ersten langen Schluck... Aha, sagt mein Vater: Dann einen Moment lang Schweigen..., ich... erzähle weiter. Ich will jetzt nur für dich da sein, sagte der Junge... Nach dem Essen gab es keinen Ort mehr für uns. Er wollte sein Geld, ich dachte, die Hauptsache stehe noch aus... In der Dunkelheit, dachte ich, wird sich schon ein Platz finden... Er hatte mich angesehen, als sei ich schön, er hatte mit dem Zeigefinger meine Nase gestreichelt und die Gegend hinterm Ohr, aber, weißt du, das war bloß der Anlauf zum entscheidenden Augenblick des Tages.

Von meinem Vater nichts, nicht einmal Atmen, ich frage, ob er noch dran sei. Er sagt ja, und dann?... Er sagt, er wolle in mein Zimmer. Vermutlich, sagt er, fällt es mir hier leichter, dich zu verstehen... Der Junge versuchte mich zu küssen, sage ich, aber ich ließ es nicht zu... Für einen Moment kam mir die Idee, es in einem Hauseingang zu tun... Hoffentlich hattest du was Warmes an, sagt mein Vater. Ja, sage ich, den Mantel. Und drunter, will er wissen, ich erzähl's ihm, und drunter, will er wissen, ich erzähl's ihm... Er führte mich zu seinem Auto... Mein Vater schweigt, ich höre ihn atmen... Jetzt klingt sein Atem nicht wie sonst, und er trifft in eine Art Stille, die neu ist zwischen meinem Vater und mir... Der Junge, erzähle ich ihm, ergriff meine Hand, ich hatte ihm die Hand völlig übergeben, und er streichelte sich damit die Schenkel. In der warmen Beuge, wo die Schenkel auf das Geschlecht treffen, ließ er meine Hand allein, und, seine Hoden an meinem Handrücken, rieb ich die lose Haut zwischen den Fingern. Ich glaube, mein Vater wartet auf etwas, stumm wie eine Katze vor dem Mauseloch. Er wartet auf einen Höhepunkt, aber von dem hätte ich ihm nie berichtet. Ich spreche von der Farbe dieser Haut, die ich in Wirklichkeit nicht gesehen habe. Ich sage, sie war dunkler als an anderen Stellen. Der Junge suchte die gleiche Stelle an meinem Körper, dann nahmen wir, mit einer Bewegung, mit der man die Hand aus einer fremden Tasche zieht, unsere Hände wieder zu uns. Ich zahlte, was er verlangte, stieg aus und lief nach Hause... Und jetzt, sage ich meinem Vater, bin ich gerade heimgekommen ...

Mein Vater antwortete nicht mehr, warum, ich weiß es noch immer nicht. Hallo, sagte ich, ich sehe was, was du nicht siehst – nichts. Nur ein leicht verändertes Geräusch in der Leitung, ein Nagen am Sturmton. Mein Vater lag wohl einfach da. Ich hörte noch ein kurzes Schleifen der Bettdecke, vielleicht suchte er einen Platz für die Hände vor dem Einschlafen, ich hatte Angst, er könnte weinen, ich hatte Angst, er könnte wichsen, ich wollte nur noch stumm sein. Ganz leise, ganz sachte, so sachte, wie man die Tür zu einem Kinderzimmer schließt, wenn es dort endlich still geworden ist, legte ich den Hörer auf« (ebd., S. 13ff).

Geschildert wird eine Verführung des Vaters, indem er sukzessive in die sexuelle Szene zwischen dem jungen Mann und seiner Tochter einbezogen wird. Väterliche Sorge – »Hoffentlich hattest du was Warmes an« – mischt sich mit erotischer Nähe: »und drunter (unter dem Mantel, K.F.), will er wissen, ich erzähl's ihm, und drunter, will er wissen, ich erzähl's ihm«. Die Tochter schildert detailliert die Begegnung mit dem jungen Mann, jedoch in dem Bewußtsein, daß sie einen Bereich von Intimität – den »Höhepunkt« – für sich behalten hätte. »Er wartet auf einen Höhepunkt, aber von dem hätte ich ihm nie berichtet.« In der Schlußszene wird das Motiv der ersten Szene wieder aufgenommen. Der Vater liegt im Bett – »vielleicht suchte er einen Platz für die Hände vor dem Einschlafen« –, die Tochter hat wieder »Angst, er könnte weinen« –, deutlicher ist jetzt die Phantasie, der Vater könne onanieren: »Ich hatte Angst, er könnte wichsen.« Die letzte Szene spielt im Zimmer der Tochter, der Vater liegt auf dem Bett der Tochter, von der Tochter dort zurückgelassen mit seiner Trauer – vielleicht um das Ende der kindlich-engen Beziehung zu ihr, in der das Spiel »Ich sehe was, was du nicht siehst« Symbol für eine lustvolle, noch nicht sexualisierte Verbindung zwischen Vater und Tochter ist –, aber auch mit seinen auf die Tochter bezogenen sexuellen Phantasien und Wünschen, die sich im »Wichsen« Ausdruck verschaffen. Die Tochter hat den Vater zu sexuellen Handlungen verführt, sich zugleich aber von ihm getrennt: »Und jetzt, sage ich meinem Vater, bin ich gerade heimgekommen«, in ihre eigene, vom Vater getrennte Wohnung. Zunächst ist diese Trennung jedoch keine, in der Vater und Tochter sich als voneinander abgegrenzte Erwachsene gegenüberstehen, sondern eine, in der der Vater zum Kind und die Tochter zur Mutter geworden ist: »Ganz leise, ganz sachte, so sachte, wie man die Tür zu einem Kinderzimmer schließt, wenn es dort endlich still geworden ist, legte ich den Hörer auf.« Die Zärtlichkeit für den Vater gilt seinen kindlich-bedürftigen Seiten, nur so scheint sie bewahrt werden zu können, die Entsexualisierung der Beziehung scheint zunächst noch gebunden an eine solche Verkleinerung des Vaters. Zugleich hat die Tochter den Vater jedoch auch – indem sie sich alle seine problematischen Seiten vor Augen geführt hat – entidealisiert, ein wichtiger, mit der Adoleszenz anstehender Schritt auf dem Wege einer Trennung von ihm.

In Alissa Walsers Erzählung werden in literarisch verdichteter Form Strukturen einer Vater-Tochter-Beziehung geschildert, von denen sich Elemente – in unterschiedlicher Ausgestaltung, Prägnanz und Gewichtung – auch in den Interviews mit Mädchen und jungen Frauen und ihren Vätern finden lassen. So sind die ersten Liebesbeziehungen junger Frauen – wie in Alissa Walsers Erzählung – häufig noch eingebunden in die Beziehung zum Vater. Sie werden genutzt zum Kokettieren mit dem Vater um Sexualität, dienen als ›Köder‹, um ihn entsprechend zu provozieren, haben zugleich aber auch die Funktion, sich aus der Beziehung zum Vater herauszulösen.

Für Väter scheint es – wie in Alissa Walsers Erzählung – eine Versuchung zu sein, sich mit sowohl emotionalen als auch sexuellen Bedürfnissen nicht auf eine erwachsene Partnerin, sondern auf die Tochter zu beziehen, die für Väter – anders als eine erwachsene Frau – vielleicht eine weniger bedrohliche, nach eigenen Wünschen formbare und damit für eigene Interessen verfügbare Weiblichkeit repräsentiert. Für Töchter scheint es eine Versuchung zu sein, sich auf solche Muster einzulassen und sich auf diese Weise als eine Partnerin des Vaters zu phantasieren, die besser als die Mutter und Ehefrau für ihn da sein kann.[3] Die Mutter wird in solchen Konstellationen für die Tochter oft nicht als Partnerin des Vaters sichtbar.

Erstaunlich ist, daß in der Erzählung von Alissa Walser keine Schuldgefühle gegenüber der Mutter auftauchen. Ein solches relativ konfliktfreies Erleben des erotischen Spiels mit dem Vater ist nur möglich auf der Basis einer prinzipiell positiven Mutter-Tochter-Beziehung und einer stabilen Ehebeziehung.[4] Margarete Berger (1996) hat am Beispiel einer Szene aus Kleists Novelle »Die Marquise von O.« aufgezeigt, daß es »ein bewußtes, vorsätzliches In-Szene-Setzen des inzestuösen väterlichen Begehrens unter dem Schutz und der Kontrolle der Mutter« (ebd.,

S. 155) geben kann. In Kleists Novelle beobachtet die Mutter ohne Eifersucht eine Nähe zwischen Vater und Tochter, die an die eines Liebespaares erinnert.

»Die Tochter still, mit zurückgebeugtem Nacken, die Augen fest geschlossen, in des Vaters Armen…: indessen dieser, auf dem Lehnstuhl sitzend, lange, heiße und lechzende Küsse, das große Auge voll glänzender Tränen, auf ihren Mund drückte: gerade wie ein Verliebter! Die Tochter sprach nicht, er sprach nicht; mit über sie gebeugtem Antlitz saß er, wie über das Mädchen seiner ersten Liebe, und legte ihr den Mund zurecht und küßte sie. Die Mutter fühlte sich wie eine Selige; ungesehen, wie sie hinter seinem Stuhle stand, säumte sie, die Lust der himmelfrohen Versöhnung, die ihrem Hause wieder geworden war, zu stören. Sie nahte sich dem Vater endlich und sah ihn, da er eben wieder mit Fingern und Lippen in unsäglicher Lust über den Mund seiner Tochter beschäftigt war, sich um den Stuhl herumbeugend von der Seite an« (zit. nach Gidion 1999, S. 125).

Schließlich »küßt die Gemahlin selbst das Gesicht ihres Mannes ihrerseits in Ordnung, und machte der Rührung durch Scherzen ein Ende. Sie führt Vater und Tochter wie Brautleute… zur Abendtafel« (zit. nach Berger 1996, S. 155). Wesentlich sind für Margarete Berger die damit verbundenen innerpsychischen Prozesse. »Indem unbewußte Wünsche zugegeben und zugleich aufgegeben werden, sind sie agierend ausdrückbar. Gehalten von der Mutter, spielen Vater und Tochter miteinander den Inzest als Pantomime. Die intime Versöhnungsszene ist zugleich endgültiges Abschiedsfest in der Vater-Familie« (ebd.). Voraussetzung für solche Prozesse ist eine »krisenfeste Mutter« (ebd., S. 156), es ließe sich ergänzen: eine Mutter, die über ein Selbstbewußtsein verfügt, das sie ihres Wertes als Frau sicher sein läßt, so daß sie sich nicht bedroht fühlt durch die erotische Bindung zwischen Vater und Tochter.

Alissa Walsers Erzählung kann auch gelesen werden als Darstellung von Stufen im Prozeß der Ablösung der Tochter vom Vater: Entidealisierung und Infantilisierung als mögliche Stationen auf dem Wege zu einer Abgrenzung, bei der sich Vater und Tochter schließlich als erwachsene Personen gegenüberstehen und ernstnehmen können. Zugleich gibt es jedoch für Väter und Töchter eine gesellschaftlich nahegelegte Verführung, an einer solchen Konstellation, die an traditionelle Geschlechterarrangements erinnert, festzuhalten: eine Konstellation, in der der Vater einerseits idealisiert und überhöht wird, in der aber gleichzeitig subtile Entwertung deutlich ist, wenn seine Schwäche für die Tochter spürbar wird und sie in der Rolle der emotional Unterstützenden ihn zum Kind macht (vgl. Uhlmann 2001).

Väter und der Körper der Tochter – Abschiedsgefühle und Begehren

Das körperliche Zur-Frau-Werden der Tochter löst bei Vätern eine Vielzahl von Gefühlen aus, die als verunsichernd und verwirrend erlebt werden können. Trauer über die sich ankündigenden Trennungsprozesse und das eigene Älterwerden spielen dabei ebenso eine Rolle wie auf die Tochter gerichtete sexuelle Phantasien, Wünsche und Ängste.

Besonders deutlich zeigen sich die unterschiedlichen, mit dem körperlichen Zur-Frau-Werden der Tochter verbundenen Empfindungen bei Herrn Duden. Das Schmerzliche der Ablösung der Tochter von ihm, das Erschrecken über das eigene Älterwerden und das Bedrohliche seines auf Franka gerichteten Begehrens bilden einen Strudel von Gefühlen, die Verwirrung, Hilflosigkeit, Leiden und Wut auf die Tochter gleichermaßen enthalten.

Die Trennung der Tochter von ihm wurde Herrn Duden besonders bewußt durch die erste Regelblutung, von der Franka zunächst nur der Mutter berichtet hatte. Herr Duden interpretiert das als »Vertrauensbruch« Frankas und ist entsprechend gekränkt (vgl. S.86ff). Er leidet sehr unter ihrer zunehmenden Ablösung, darunter, daß sie sich »nach und nach zurückzieht«, »ihre eigene Welt aufbaut« und »andere Personen wesentlich wichtiger für sie« sind. Für ihn ist das ein »starker Einbruch«, ein »Schnitt« – Formulierungen, die ausdrücken, wie tief er betroffen ist. Etwas wird von ihm abgeschnitten, wie bei einem »Einbruch« wird ihm etwas geraubt, der Boden bisheriger Sicherheiten ist unter ihm eingebrochen. Er scheint die Tochter als zu sich gehörig, als Teil seiner selbst erlebt zu haben. Möglicherweise wird ihm mit der Trennung der Tochter auch sein eigenes Alter bewußt. Der jugendliche Teil von ihm – die Tochter – ist gegangen, so daß für ihn nur der »Verfall« bleibt.

»Ich fühle mich nicht mehr so angenehm, weil, wenn ich mich betrachte, dann verfalle ich, das sehe ich, den Verfall sehe ich.«

Herrn Dudens tiefe Verunsicherung hängt auch zusammen mit Frankas zunehmendem Bedürfnis, an Wochenenden in einer »Clique« etwas zu unternehmen, von ihm mit »rausgehen« bezeichnet. Dieses »Rausgehen« Frankas aus der Familie hat für ihn zwei Facetten, die gleichermaßen bedrohlich zu sein scheinen: die Trennung von ihm und die Annäherung an sexuelle Beziehungen.

»Mit dem Rausgehen, sie geht also mal am Wochenende weg, und das war für uns oder für mich dann nicht sehr angenehm, weil ich nicht wußte, wo sie bleibt,

was sie macht. Also ich sag' mal so, diese Frage der Sicherheit, wenn sie hier in der Wohnung ist oder in der Nachbarschaft irgendwo, die dann überschaubar ist, oder bei Freundinnen oder in Familien zu Besuch, die wir kennen, dann können wir davon ausgehen, sie ist gut aufgehoben. Aber jetzt, wenn sie in die Stadt geht, mit anderen, Gleichaltrigen... unterwegs ist, ist natürlich die Unsicherheit da, weiß nicht, was passiert da... Sie hat gesagt, wo sie ist, aber wir wußten ja nicht ganz genau, also das war so ein Problem... Ich war nicht sicher, ob sie, ob ich ihr vertrauen kann, das hat sich aber ja dann nicht bewahrheitet... Das hab' ich immer so ein bißchen im Kopf, diese Angst, nicht, daß sie's tut, sondern einfach nur die Angst, daß da irgendwas, und ich weiß nicht, wo sie ist. Daß sie irgendwo ist, also, nicht irgend etwas Konkretes, sondern daß ich sie nicht wiederfinde. Ja, daß sie für sich entscheidet, ich komm' nicht nach Hause, also, daß, weiß ja nicht, wo sie bleibt... Was kann man alles mit Mädchen oder mit Kindern machen, in dem Alter, also ob das nun Vergewaltigung ist, Verschleppen oder sonst was, also, das sind alles so Überlegungen, wenn man weiß, wo sie ist, ist es ja kein Problem... Also wenn sie dann nicht nach Hause kommt, daß wir dann irgendwo suchen können, sonst wissen wir ja gar nicht, wo wir suchen können.«

»Rausgehen« bedeutet für Herrn Duden, nicht zu wissen, wo die Tochter ist – »wo sie bleibt« und was sie »macht«. Die »Sicherheit« ist weg, statt dessen herrscht »Unsicherheit« darüber, was da »passiert«. Auch wenn Franka gesagt hat, »wo sie ist«, bleibt ein Rest dieser Unsicherheit: Herr Duden weiß es nicht ganz genau, er war sich nicht sicher, ob er der Tochter »vertrauen« kann. Er beschreibt seine »Angst«, daß er nicht »weiß..., wo sie ist«, daß »ich sie nicht wiederfinde«. Diese Angst wird dann verknüpft mit der eigenen Entscheidung der Tochter: »Ich komm' nicht nach Hause.« Sie selbst trennt sich von ihm, kommt nicht nach Hause. Die anschließend formulierten Gefahren von »Vergewaltigung« und »Verschleppen« können auch verstanden werden als Strafen für eine solche Abwendung vom Vater, um eine eigene Sexualität zu leben, dafür, daß »sie's tut«. Mit dieser Formulierung führt Herr Duden selbst das Thema ein, daß Franka mit einem Jungen oder Mann schläft, wenn auch mit der Intention zu sagen, daß es ihm keine Angst mache. Die Vorstellung von Frankas Aktivität – sie entscheidet »für sich«, nicht »nach Hause« zu kommen – wird verkehrt in ein passives Ausgeliefertsein der Tochter an sexuelle Gewalttaten. Aus der Täterin, der sexuell begehrenden Frau, wird ein Opfer, dem – als Reaktion auf solche aktiven sexuellen Strebungen – Schlimmes geschieht. Diese Bedrohung scheint durch die Nähe zum Vater, durch eine Kontrolle der Tochter – »wenn man weiß, wo sie ist« – gemildert zu werden. Wenn Herr Duden »weiß, wo sie ist«, gibt es die Möglichkeit einer Kontaktaufnahme, er kann die Tochter »suchen«. Deutlich wird die Verknüpfung der Angst, die Tochter zu verlieren, mit auf Sexualität bezogenen Befürchtungen.

Es fällt Herrn Duden – ähnlich wie bei der ersten Regelblutung – schwer, Franka für sexuelle Erfahrungen einen von ihm selbst getrennten Bereich zuzugestehen. Mit dem Schritt der Tochter heraus aus der Gemeinsamkeit mit ihm scheint auch ein Teil seines Lebens, seines Selbst, verlorenzugehen. Entsprechend groß ist die Verunsicherung und Befürchtung, die Tochter ganz zu verlieren: »Daß ich sie nicht wiederfinde.« In dieser Formulierung klingt eine Angst an, die an die eines von der Mutter verlassenen Kindes erinnert, das getrennt von ihr nicht leben kann. Deutlich wird das Ausmaß der Einsamkeit, die für ihn mit der Trennung der Tochter verbunden ist. Zugleich spielen bei Frankas Wegen heraus aus der Familie mit Sexualität verknüpfte Befürchtungen eine Rolle: darüber, was »passiert«, was Franka »macht«. Das Thema ›Sexualität‹ bezogen auf die Tochter ist für Herrn Duden möglicherweise deshalb so beängstigend, weil ihn seine eigenen auf Franka gerichteten erotischen Wünsche und Phantasien bedrohen. Die »Frage der Sicherheit« oder »Unsicherheit« stellt sich dann auch für ihn: Wie sicher oder unsicher ist er sich der Kontrolle über seine Wünsche und Phantasien? Nicht die Kontrolle von Frankas Aktivitäten steht dann an – wie in seinen Äußerungen zum »Rausgehen« der Tochter –, sondern die der eigenen sexuellen Strebungen. Dieses Problem wird in den Beschreibungen seiner Gefühle deutlich, wenn Franka im Badezimmer ist.

»Die Tür zum Bad ist nicht offen, aber die Tür ist sonst so offen, und wenn ich mal reinkomme, ist es auch für sie, kann ich am Verhalten sehen, nie ein Problem. Aber warum soll ich auch da reingehen? Wüßt' ich nicht warum... Also ich geh' da auch nicht rein, das ist einfach die Distanz, die ich dann auch ganz bewußt wahre. Also ich will gar nicht, warum soll ich neugierig sein, ich kann mir das schon vorstellen, muß ich nicht dabei sein. Also ich muß Franka nicht beim Duschen beobachten oder so, das brauch' ich nicht. Deswegen, und deswegen diese Distanz muß auch sein, das ist ihre Sache, so, und was sie jetzt mit ihrem Körper da betreibt, einreiben, ja einreiben oder sonst was, da muß ich nicht dabei sein, also das ist Unsinn, wüßte ich nicht warum. Also ich geh' da nicht rein.

Wenn ich nichts rausholen muß aus dem da oder nicht auf die Toilette muß, dann geh' ich da auch nicht rein.«

Beschrieben wird, bezogen auf das Badezimmer, eine unklare Situation. Die Tür ist »nicht offen«, aber »sonst so offen«, sie ist geschlossen, aber nicht verschlossen. Wenn Herr Duden »mal« hereinkommt, scheint es für Franka »nie ein Problem« zu sein. Er betont, keinen Grund zu wissen, warum er hineingehen soll, und unterstreicht die »Distanz«, die er zur Tochter wahrt, wenn sie duscht. Aber seine Phantasien werden angeregt. Er muß die Tochter gar nicht sehen, muß nicht »neugierig« sein, denn er kann sich »schon vorstellen«, was sie »mit ihrem Körper da betreibt«, ihn »einreiben« oder »sonst was«. »Da muß ich nicht dabei sein«, »das ist Unsinn«, »wüßte ich nicht warum«, »ich geh' da nicht rein«, betont er und scheint sich damit selbst gut zuzureden, diese Grenze zur Tochter nicht zu überschreiten. Die Entschlossenheit wird jedoch gelockert durch eine Einschränkung: »Wenn ich da nichts rausholen muß... oder nicht auf die Toilette muß.« Die Distanz zum Körper der Tochter scheint fragil und die Verführung, sich ihm zu nähern, groß zu sein. Ähnlich angeregt werden die Phantasien, wenn der Freund der Tochter zu Besuch ist.

»Dann läuft sie halt nur mit 'nem Pullover durch die Gegend oder so. Kommt sie aus ihrem Zimmer und läuft zur Toilette, also dann kann man sich ja denken, was da abgeht. Also was im einzelnen nicht, sondern was da allgemein abgeht. Also, daß sie sich zumindest nicht nur in die Augen gucken, geh' ich mal von aus. Was dann im einzelnen abläuft, kann ich nicht sagen, da bin ich auch nicht so dran interessiert. Aber auch ganz bewußt nicht, nicht, weil ich jetzt überhaupt kein Interesse habe, natürlich will ich wissen, wie's ihr geht. Eigentlich will ich ja alles wissen.«

Das Bemühen, »ganz bewußt« kein Interesse an dem zu haben, was Franka mit dem Freund in ihrem Zimmer macht, scheint wenig zu nützen: »Eigentlich will ich ja alles wissen.« Aber Herr Duden kann sich auch »denken, was da abgeht«. Die räumliche Nähe zum Paar Tochter-Freund regt seine Phantasien an, möglicherweise ist die – reale oder vermutete – sexuelle Lust der Tochter auch mit eigenen Erregungen verbunden. Dann ist die »Sicherheit« fester Grenzziehungen nicht mehr gegeben, »Unsicherheit« über das eigene potentielle Verhalten schafft eine Situation innerer Bedrohung, die eine Ursache sein kann für die starke Angst, die Herr Duden mit Frankas Annäherung an sexuelle Erfahrungen verbindet.

Für Herrn Duden verknüpft sich der Schmerz über die Ablösung der Tochter und das eigene Älterwerden mit dem Bedrohlichen der durch ihre weibliche Körperlichkeit ausgelösten Wünsche und Phantasien. Mit Frankas Zur-Frau-Werden geht ein Teil seiner bisherigen Lebensgestaltung, seines Selbst und vielleicht auch seines mit Jugendlichkeit verknüpften Selbstbildes verloren. Zugleich wird die Tochter als sexuell attraktive, begehrenswerte und begehrende junge Frau sichtbar, eine Erkenntnis, die Herrn Duden sehr verunsichert und bedroht, weil seine eigenen erotischen Wünsche und Phantasien geweckt werden.[5] In der Tochter werden dann die eigenen erotischen Wünsche und Phantasien zu kontrollieren versucht etwa durch Kontrolle ihrer außerhäuslichen Aktivitäten –, eine Strategie, die jedoch die eigenen Strebungen nicht weniger bedrohlich werden läßt, sondern, im Gegenteil, die Nähe zwischen Vater und Tochter aufrechtzuerhalten hilft und Abgrenzungen verhindert.

In Herrn Dudens Schilderungen wird deutlich, daß die Auseinandersetzung mit den eigenen Gefühlen ihm hilft, die Ablösung der Tochter zu akzeptieren und mit dem für ihn damit verbundenen Schmerz zurechtzukommen. Er kann seiner Trauer über das Zerbrechen der Gemeinsamkeit mit der Tochter Ausdruck verleihen: »Das vermisse ich so.« In reflektierender Distanz zu seinen Gefühlen schildert er die Diskrepanz zwischen seinem früheren Wunsch, Franka möge selbständig werden und seinem derzeitigen Erleben: »Sie geht in Richtung Selbständigkeit. Das ist ja das, was wir eigentlich auch gewünscht haben. Aber... so hab' ich mir das nicht vorgestellt... also wie das in mir dann abgeht.« Auch bezogen auf Frankas Freund bemüht sich Herr Duden, die Perspektive der Tochter einzunehmen und sich mit ihr zu freuen. »Ich denke, das ist schön für sie. Ich freu' mich auch darüber, ja. Ich mag ihn auch wohl, also seine Art, ich kenn' ihn zwar nicht viel, aber ich weiß ja, wie er sich hier bewegt und, er ist ein freundlicher Junge, ich finde ihn ganz nett, insofern.« Am Ende des Interviews ist ihm bewußt, daß seine Zeit als Vater, der der Tochter alles geben kann, vorbei ist und der Tochter »Freude« nur möglich wird durch »ihr Leben«, »ihre eigene Sache«. »Wir können ihr diese Freude nicht geben, wir können das nicht ersetzen... Das ist also auch wirklich ihr Leben jetzt, da baut sich eben was anderes auf, ihre eigene Sache.«

Mißlingende Abgrenzungen von der Tochter – Abrupte Distanz und verstrickende Nähe

Die mit dem körperlichen Zur-Frau-Werden der Tochter verbundenen sexuellen Phantasien und Wünsche können für Väter im Erleben so vorherrschend werden, daß keine Balance gefunden werden kann zwischen prinzipieller – auch körperlicher – Abgegrenztheit von der Tochter und Aufrechterhaltung einer wertschätzenden Nähe zu ihr. Diese Problematik kann in zwei unterschiedlichen, aber bezogen auf die zugrundeliegenden Schwierigkeiten doch ähnlichen Beziehungsmustern ihren Ausdruck finden: in einer abrupten Abwendung von der Tochter, weil die auf sie bezogenen sexuellen Phantasien und Wünsche als überwältigend erlebt werden, oder einer zu großen Nähe zur Tochter, durch die sie verstrickt wird in die erotischen Bedürfnisse des Vaters.[6] Bei beiden Beziehungsmustern bleiben auf die Tochter bezogene erotische Wünsche und Phantasien erhalten. Sie können nicht von der Tochter gelöst und auf eine erwachsene Partnerin bezogen werden. Zugleich kann die Beziehung zur Tochter nicht zu einer distanzierteren und sublimierteren Form von Gemeinsamkeit umgestaltet werden. Da den beiden Beziehungsmustern die gleiche Problematik zugrunde liegt, sind oft Elemente beider Muster im Verhalten von Vätern zu finden: Abrupte Distanz wechselt dann ab mit einer zu großen Nähe zur Tochter.

Die beiden Beziehungsmuster – abrupte Distanz und zu große Nähe – werden oft in therapeutischen Fallberichten beschrieben. So schildert Mathias Hirsch (1999) die Konstellation der abrupten Distanz: »Häufig wird berichtet, daß der Vater in einem bestimmten Alter der Tochter jeden Körperkontakt abrupt abgebrochen hat; es ist leicht zu erraten, daß das aus Angst vor den eigenen, durch die Entwicklung der Weiblichkeit der Patientin aktualisierten inzestuösen Wünschen des Vaters geschieht« (ebd., S. 198). Meist war die Beziehung zwischen Vater und Tochter vor der Pubertät sehr eng, ohne eine entsprechende Mutter-Tochter- und Paarbeziehung als Gegengewicht. Nicht selten scheinen auch – zeitgleich mit der Pubertät der Tochter – außereheliche Liebesbeziehungen des Vaters (Mertens 1994, S. 139; King 2001a)[7] oder die »Lösung des Vaters aus der Familie durch Scheidung« (Berger 1988, S. 30) zu sein, die beide die Bedeutung einer »Inzestflucht« (ebd.) haben können. Facetten dieser auf unterschiedliche Weise sich äußernden Fluchten des Vaters finden sich auch in einigen Interviews, zum Beispiel in den Schilderungen von Herrn Berger; bei ihm setzt die Abwendung von der

Tochter mit deren körperlichen Veränderungen ein, insbesondere der ersten Regelblutung (vgl. S. 177ff). Ein anderer Vater beschreibt, daß er sich mit der Pubertät der Tochter in sehr aufwendige Vereinsaktivitäten gestürzt hat und die Tochter kaum noch sieht. Sein innerer Konflikt angesichts der zur Frau werdenden Tochter wird deutlich in der Darstellung von Beziehungen im Bekanntenkreis, die Männer seines Alters mit jungen Frauen im Alter der Tochter eingehen. Zunächst lehnt er solche Beziehungen ab – »find' ich an sich von dem Mann nicht so toll..., dem mach' ich also schon Vorwürfe« –; dann spricht er das Ausgeliefertsein an die Wünsche und die eigenen begrenzten Einflußmöglichkeiten an – »trotzdem, es passiert, ich kann es auch nicht ändern« –, um dann die Seite der Wünsche explizit zu formulieren: »Ansonsten ist es wahrscheinlich schön.« Auch in der Schilderung des Verhältnisses zur Tochter wird die unaufgelöste Spannung zwischen Abwehr und Wunsch deutlich: »Wir gehen auch so 'n bißchen, wenn wir kommen wollen.«

In der Schilderung der 17jährigen Simone Markus ist die Flucht ihres Vaters in eine Liebesbeziehung außerhalb der Familie – zumindest in ihrer Wahrnehmung – eng verbunden mit auf sie, die Tochter, gerichteten erotischen Wünschen und Phantasien. Simone beschreibt die Ähnlichkeit im Aussehen, die zwischen ihr selbst und einer Bekanntschaft des Vaters in der Kur bestand: »Daß die auch blonde Haare hatte, irgendwie kam die mir so ähnlich vor.«

Fluchten des Vaters angesichts der zur Frau werdenden Tochter vermitteln unterschiedliche Botschaften. Einerseits wird die Tochter mit ihren Wünschen an den Vater zurückgewiesen. Das führt bei der Tochter oft zu Gefühlen von Wut, Enttäuschung und Kränkung. »Je weniger aufgelöst die ödipale Liebe der Tochter zu ihrem Vater zu diesem Zeitpunkt noch ist, desto heftiger wird ihre Enttäuschung über den Vater angesichts dessen Verhaltens ausfallen« (Mertens 1994, S. 139). Zugleich wird latent aber auch die Botschaft an die Tochter vermittelt, daß ihre sich entwickelnde weibliche Körperlichkeit verantwortlich ist für den väterlichen Rückzug und damit eine gefährliche Macht besitzt. Oft geben nicht die Probleme des Vaters den Interpretationsrahmen ab für sein Verhalten, sondern die Ursache der als anstößig und bedrohlich erlebten sexuellen Wünsche und Phantasien wird in den Körper der Tochter verlegt, so daß bei ihr die Phantasie entsteht, ihre Verführungskraft habe gefährliche Allmacht. Oft bleibt dadurch eine zu starke innere Bindung zwischen Vater und Tochter erhalten.[8]

Das andere Verhaltensmuster von Vätern – eine zu große Nähe zur Tochter, die oft mit Grenzüberschreitungen verbunden ist und sich äußern kann in einem starken Interesse des Vaters für den sich entwickelnden Körper der Tochter und ihre Sexualität – ist häufig Ausdruck der Phantasie, daß die Tochter »ihr sexueller Besitz sei« (Mertens 1994, S. 138). Facetten eines solchen Beziehungsmusters finden sich bei Herrn Imroth, der – entgegen dem Wunsch der Tochter – weiterhin den engen körperlichen Kontakt zu ihr sucht und eine rigide Kontrolle der außerhäuslichen Aktivitäten der Tochter beschreibt, die sicher auch aus Fürsorge und Besorgnis geschieht, aber zugleich etwas darüber Hinausgehendes, die Grenzen der Tochter Überschreitendes hat, wenn er genaue Berichte über den Ablauf von Treffen mit Gleichaltrigen – »man muß hinterhaken« – einfordert. Ebenfalls als Versuch, die Sexualität der Tochter zu kontrollieren, kann das von Lena Lutz berichtete große Interesse ihres Vaters an den Rechnungen für ihre gynäkologischen Untersuchungen gesehen werden. In den Schilderungen von Herrn Georg, Stiefvater der 16jährigen Claudia, zeigt sich ein Interesse an der Sexualität der Stieftochter, das den Charakter einer Teilhabe hat. So berichtet er, daß er, wenn sie Besuch von ihrem Freund hatte, ihr »rotes Gesicht« bemerkt und »so locker« gefragt habe: »Na und, hat's geklappt? Wie war die Nummer?« Seine auf Claudia gerichteten Phantasien kann er formulieren, weil er sich als Stiefvater in einer nicht verwandtschaftlichen Position zu ihr sieht: »Ich hatte mal so 'n Gefühl, man hat ja Vorstellungen, das gibt's gar nicht. Man drängt das dann immer zurück, so das wär 'ne Frau für dich.« Dieses ›Zurückdrängen‹ scheint jedoch nur begrenzt zu gelingen.

In Simone Markus' Schilderungen werden die ambivalent bindenden Auswirkungen des grenzüberschreitenden Verhaltens des Vaters deutlich. Herr Markus hat seine Tochter als Kind sexuell mißbraucht, mit Beginn der Pubertät die Flucht über eine Freundin, die äußerlich der Tochter ähnelte, ergriffen und dann mit Hilfe von Therapien eine Beziehung zu Simone entwickelt, die als Bemühen um Distanz bei weiterhin bestehender Diffusität der Generationengrenzen beschrieben werden kann. So deutet sich seine Phantasie von der Tochter als Partnerin in einem Versprecher an, durch den die Tochter zur Ehefrau wird. Herr Markus berichtet darüber, daß die Tochter nicht mehr mit in den Urlaub fährt und ergänzt: »Da ist sie anders als ihr Sohn.« Er korrigiert sich dann und nennt den Namen des Sohnes. Die Personen von Tochter und Ehefrau – die auch überlegt, nicht mit ihm in den Urlaub zu fahren – scheinen sich für ihn zu vermischen. In Simones Schilderung zeigt sich ein Nebeneinander von vehementer Abgrenzung vom Vater – »niemals«, »nie« und »überhaupt nicht« sind wiederkehrende Formulierungen, wenn es um Nähe zu ihm geht – und starker Bindung an ihn über Ansprüche auf Versorgtwerden.[9] So erwartet sie von ihm, daß er ihr einen Ausbildungsplatz besorgt und in dem neu gebauten Haus der Familie ein besonders großes Zimmer für sie vorsieht. Sie schildert für sich genau die Haltung einer »Prinzessin«, von der sie kritisch beschreibt, daß der Vater ihr diese Rolle ansinnt. »Also mein Vater ist immer, immer eifersüchtig. Er meint halt immer, ich bin die Prinzessin.« Auch ihr Verhältnis zu körperlichen Kontakten zum Vater ist geprägt durch unvermittelte Gegensätze: Einerseits wehrt sie sich gegen Übergriffe des Vaters – »ich schrei' ihn an« –, andererseits schildert sie direkt anschließend Situationen, in denen sie für den Vater verführerisch auftritt: »oben ohne... oder... unten ohne Hose.«[10]

»Wenn der irgendwie reinkommt oder so, dann sag' ich immer, geh' raus, oder schrei' ihn manchmal auch richtig an. Bei ihm ist das immer so, daß er einen tätscheln muß, am Arsch oder an der Schulter, ich hasse das, wenn Männer mich anfassen, ich hasse das, auch allgemein, nicht nur bei meinem Vater... So oben ohne bin ich hier sonst normalerweise immer langgelaufen, oder halt unten ohne Hose und so, und das find' ich auch immer noch nicht schlimm, aber da sagt Papa: Mensch, zieh' dir was an.«

Simone zeigt sich dem Vater nicht nur verführerisch, sie kokettiert auch mit ihm über ihre Freunde. Beide, Vater und Tochter, beschreiben die große Eifersucht des Vaters, die Simone zu genießen scheint.[11] Simone kann sich – trotz deutlicher Abgrenzungsbemühungen – anscheinend nicht konsequent lösen aus der sexualisierten Beziehung zum Vater. Sie beschreibt selbst, daß sie sich eigentlich nicht wehrt, wenn der Vater sie anfaßt:

»Ich sag' da gar nichts, weil für ihn, ich glaub', er selber findet das gar nicht so schlimm, für ihn ist das halt normal, ich bin seine kleine Prinzessin, und für ihn bin ich halt immer noch das Kind... Also ich glaub' nicht, daß er sich was Schlimmes bei denkt. Und sag' ich jetzt auch noch: Hör' auf damit, dann hat er bald gar nichts mehr. Also Mama ist immer so gemein zu ihm, und denn ich auch immer noch mit meinem Durchsetzen, der hat bald gar keinen mehr, und da, nee, da sag' ich nichts, da tut er mir nur leid.«

Simone schützt den Vater: Er »denkt« sich »nichts Schlimmes«, wenn er die Tochter anfaßt, denn für ihn ist sie »immer noch das Kind«. Indem sie sich nicht wehrt und die sexuellen Motive des Vaters leugnet, hält sie selbst an dieser Kindposition und den mit ihr verbundenen Hoffnungen und Wünschen fest: »Ich bin seine kleine Prinzessin.« Sie scheint sich noch immer vom Vater die Erfüllung der Wünsche zu erhoffen, die in ihrer Kindheit – die Mutter war oft krank – zu kurz kamen: wie eine »kleine Prinzessin« im Mittelpunkt der Aufmerksamkeit und des Interesses zu stehen. Die Sehnsucht danach – die sich auch in ihren Forderungen an den Vater nach Versorgtwerden äußert – hält sie in einer Beziehung zu ihm, die durch Grenzüberschreitungen und Sexualisierungen seinerseits gekennzeichnet ist. Zugleich wird der Vater in Simones Schilderungen zum bedürftigen Kind, das ihr »leid« tut, und sie selbst zu einer versorgenden Mutter, die sich damit zugleich als bessere Partnerin des Vaters erweist als ihre eigene Mutter: »Mama ist immer so gemein zu ihm.« Sie selbst verzichtet dagegen für ihn auf das »Durchsetzen« ihrer Interessen.

Bei Simone werden Facetten der Bindungskraft sexualisierter Vater-Tochter-Beziehungen in der Adoleszenz deutlich. Die Tochter erhofft sich über die Beziehung zum Vater auch um den Preis des Ertragens von Übergriffen eine Nähe und Wärme, die sie früher vermißt hat.[12] Zugleich fühlt die Tochter sich durch die Phantasie aufgewertet, für den Vater eine bessere Frau als die eigene Mutter zu sein[13] und für ihn zugleich mütterliche Funktionen zu übernehmen.[14]

Beide Varianten von Verhaltensmustern angesichts der zur Frau werdenden Tochter – abrupte Distanz und zu große Nähe – können gesehen werden als Ausdruck der Schwierigkeit von Vätern, mit den eigenen Verunsicherungen, den auf die Tochter bezogenen erotischen Wünschen, Phantasien und Erregungen umzugehen. In beiden Mustern gelingt es dem Vater nicht, seine Probleme als eigene zu verstehen und für sich auf eine Weise zu bearbeiten, die die Beibehaltung der liebevoll-väterlichen Beziehung zur Tochter bei gleichzeitiger prinzipieller Abgrenzung von ihr durch Aufrechterhaltung der Generationengrenzen ermöglicht.[15] Renate Hudewentz (1998) beschreibt Elemente eines wünschenswerten Verhaltens von Vätern in Abgrenzung zu den von ihr untersuchten Konstellationen, in denen die Töchter auf unterschiedliche Weise von den Vätern für ihre Bedürfnisse vereinnahmt wurden.

»Ödipus hätte seiner Tochter gedankt für ihr großzügiges Angebot, ihn ein Stück zu führen, er hätte sie ermutigt, ihren eigenen Weg zu gehen und sich selbst einer Reisegesellschaft angeschlossen, in der ihm die Solidarität von Freunden und Freundinnen sein Schicksal erleichtert hätte. Er wäre mit Antigone in Kontakt

geblieben, er hätte sie an seinem Leben teilhaben lassen und ihre eigenen Schritte anteilnehmend unterstützt. Herr Christiansen (dessen Tochter mit ihm zusammenlebte und mit ihm in seiner Arztpraxis tätig war, K.F.) hätte nach dem Tod seiner Frau in Anspruch genommen, daß seine Tochter die Praxisvertretung während seiner Krankheit übernimmt. Danach hätte er die Praxis wieder allein geführt und eine Haushälterin engagiert. Der Tochter hätte er mit Rat und Geld bei der Gründung einer eigenen Praxis geholfen. Oder er wäre in den Ruhestand gegangen, wäre gereist, hätte sich verliebt und die Praxis ganz der Tochter übereignet. Agnes Vater (der ein sexuell übergriffiges Verhältnis zur Tochter hatte, K.F.)... hätte wohl die Erregung, die die Tochter bei ihm auslöste, gespürt, aber er wäre mit seinem Begehren zu seiner Frau oder zu einer anderen Partnerin gegangen. Er hätte seiner Tochter liebevoll zu verstehen gegeben, daß er die Mutter oder eine andere Frau liebt und begehrt« (ebd., S. 89).

So steht nicht nur für Töchter mit der Adoleszenz der Schritt in ein eigenes Leben an, sondern auch Väter müssen sich lösen aus den Bindungen an die Tochter und ihr eigenes Leben selbstverantwortlich, ohne Rückgriff auf Instrumentalisierungen der Tochter neu gestalten.

Die Versuchung, eigene Probleme auf Kosten der Tochter zu lösen

Es besteht für Väter die Versuchung, die durch die Pubertät der Tochter ausgelösten Verunsicherungen – die mit den sich andeutenden Trennungsprozessen verbundenen Gefühle und die sexuellen Wünsche, Phantasien und Ängste – zu bewältigen, indem sie dem Körper der Tochter die Schuld zuweisen für diese Empfindungen und eine Distanz herstellen auf Kosten einer Wertschätzung der sich entwickelnden weiblichen Körperlichkeit der Tochter. Ähnlich wie bei den durch die erste Regelblutung ausgelösten Verunsicherungen schaffen auch bezogen auf die anderen körperlichen Veränderungen der Pubertät gesellschaftliche Definitionen und Bilder von weiblicher Körperlichkeit und Sexualität Angebote, um mit als verwirrend und bedrohlich erlebten Gefühlen zurechtzukommen.

In den Schilderungen von Herrn Berger wird die Tendenz deutlich, dem Körper der Tochter die Schuld zuzuweisen für sein Begehren, das eine abrupte Abwendung von der Tochter notwendig zu machen scheint (vgl. S. 177 ff). Phantasien von einer großen, aber zerstörerischen Macht weiblicher Sexualität liegen solchen Verhaltensmustern zugrunde, Phantasien, die ihre Basis haben in den einer christlichen Tradition entstammenden Bildern weiblicher Körperlichkeit und Sexualität.[16] Eine ähnliche Strategie, mit den eigenen Verunsicherungen umzugehen, besteht in der Entwertung des Körpers der Tochter. Verbunden mit der Sichtweise, die Tochter sei die Verführerin des Vaters, kommt sie in Herrn Abels Schilderungen zum Ausdruck. Deutlich wird darin eine Spannung zwischen dem Bemühen, möglichst wenige mit der Pubertät zusammenhängende Veränderungen in der Beziehung zur Tochter Katrin zur Kenntnis zu nehmen, um auf diese Weise die bisherige, auch körperliche Nähe zu ihr aufrechterhalten zu können, und dem Wahrnehmen der körperlichen Veränderungen und der damit verbundenen Sexualisierung der Beziehung. So beschreibt Herr Abel zunächst, daß sich in der Beziehung zu Katrin mit der Pubertät nichts verändert habe.

»Es ist noch immer so, daß jeden Abend, wenn sie ins Bett geht, geh' ich immer noch ans Bett und sag' ihr gute Nacht... Solange sie auf der Welt ist, machen wir das schon, und das ist schon so 'n Ritual geworden, und da besteht sie eigentlich auch immer noch drauf. Also es hat sich eigentlich so auch gar nichts verändert zwischen uns beiden... Sie kommt öfter mal an und will, will mal schmusen, und das ist eigentlich alles noch so geblieben.«

Geschildert wird eine vertraute Nähe zwischen Vater und Tochter – »zwischen uns beiden« –, in der sich Rituale aus der Kindheit um das Zubettgehen und Bedürfnisse nach körperlicher Nähe – »schmusen« – erhalten haben und in der es ein »wir« gibt. Herr Abel betont, daß auch die Tochter diese Form von Nähe aktiv herstellt: Sie »besteht« darauf und »kommt... an und will... schmusen«. Bis zur Pubertät hatte Katrin eine engere Beziehung zum Vater als zur Mutter. Herr Abel scheint sich zu wünschen, daß sich an dieser intensiven Bindung zwischen ihm und seiner Tochter der Kindheit »gar nichts verändert«. Seine Formulierung »eigentlich« deutet eine Einschränkung an, die in einer späteren Passage des Interviews explizit formuliert wird.

»Also sie kommt immer noch bei mir an, ab und zu mal schmusen oder will in den Arm genommen werden, und 'n Gutenachtkuß will sie auch immer haben. Also sicherlich hat sich da etwas geändert, das geb' ich schon zu... Früher war's 'n Kind, kleines Kind, und, na ja gut, jetzt wird sie, ist sie dabei, erwachsen zu werden, und irgendwie ist es schon, schon 'n anderes Gefühl auch für mich, das geb' ich zu... Wenn man sie in den Arm nimmt, zum Beispiel, merkt man, daß sie, daß sie, daß sie 'n Busen hat zum Beispiel. Ja gut, dann schreckt man erst

zurück... Für mich ist das erst mal 'n Problem gewesen, das geb' ich zu, aber inzwischen hat sich das erledigt.«

Herr Abel beschreibt sein »anderes Gefühl«, wenn er die Tochter »in den Arm nimmt«. Er »merkt«, daß sie – er hat große Mühe, es auszusprechen – »'n Busen« hat. Er beschreibt seine Reaktion als Erschrecken und Zurückweichen. »Dann schreckt man erst zurück.« Ihm sei das Spüren des Busens der Tochter »erst mal 'n Problem gewesen«. In der wiederholten Formulierung »das geb' ich schon zu«, »das geb' ich zu«, »das geb' ich zu«, wenn es um die Wahrnehmung des töchterlichen Busens geht, deutet sich an, daß Herrn Abels »anderes Gefühl« eine für ihn als problematisch erlebte sexuelle Qualität hatte: Wie etwas Unerlaubtes, Verbotenes ›gibt er es zu‹. Anders als in der vorherigen Passage, in der die auch körperlich nahe Vater-Kind-Beziehung im Zentrum steht, wird in dieser Schilderung alle Aktivität der Tochter zugewiesen, die väterlichen Wünsche nach körperlicher Nähe, die in der ersten Darstellung noch deutlich waren – das »wir« und »zwischen uns beiden« – sind verschwunden: »Sie kommt immer noch bei mir an«, »will in den Arm genommen werden«, »Gutenachtkuß... will sie auch immer haben.« Herr Abel sieht sich als Person, die vor diesen Wünschen der Tochter ›zurückschreckt‹. Er versucht anscheinend, die Bedrohlichkeit seiner Gefühle für Katrin dadurch zu verringern, daß er der Tochter die Rolle der Aktiven und Verführerin zuweist: Sie »kommt immer noch« bei ihm »an« und »will« etwas. Auf diese Weise kann Herr Abel sich als Opfer sehen, denn seine als anstößig erlebten Empfindungen sind dann von ihr erzeugt und nicht etwas, das auch in ihm selbst Wurzeln hat. In der Doppeldeutigkeit der Formulierung »sie kommt immer noch bei mir an« wird jedoch sein Begehren – wenn auch verdeckt und ungewollt – sichtbar: Die Tochter »kommt immer noch« beim Vater »an«, sie trifft mit ihrem weiblichen Körper auf Resonanz bei ihm.

Dieses Begehren darf Herr Abel sich jedoch nicht eingestehen. Infolgedessen gibt es eine weitere Strategie, um die durch die körperlichen Veränderungen der Tochter ausgelösten Verunsicherungen zu verringern, so daß sich das »Problem... erledigt« zu haben scheint: ein ironischer, entwertender Umgang mit dem weiblichen Körper der Tochter.

»So im Kreis der Familie wird denn auch mal geflachst: Jetzt kriegst du 'nen Busen, jetzt müssen wir dir 'nen Büstenhalter schenken. Also unsere kleine Tochter wollte ihr schon einen basteln und solche Geschichten. Und jetzt kriegst du

genau so 'n Hintern wie Mama, wird genauso dick und wieder so flach, das ist eigentlich alles so lustig abgelaufen.«

Unter der Definition »lustig« wird eine Atmosphäre von Sexualisierung der Tochter – sie wird familienöffentlich hingewiesen auf ihren »Busen« und die Notwendigkeit, einen »Büstenhalter« zu tragen – und gleichzeitiger Entwertung beschrieben: Ihr »Hintern« wird mit dem der Mutter verglichen und wie dieser als »dick« und »flach« kommentiert. Der »Kreis der Familie« – neben Herrn Abel gehört die jüngere 13jährige Tochter dazu und möglicherweise auch der 21jährige Bruder – scheint auf Katrins und auch Frau Abels Kosten die eigenen Probleme mit körperlicher Weiblichkeit durch Spott und Beschämung der Betroffenen zu bewältigen.

In Herrn Abels Schilderung seiner eigenen Pubertät wird deutlich, wie problematisch diese Phase – auch bezogen auf Frauen – für ihn gewesen sein muß.

(Auf die Frage, wie er sich selbst in der Pubertät gefühlt habe) *»Ich weiß es nicht mehr, keine Ahnung, das ist zu lange her... Das ging, glaub' ich, auch schon so mit, doch, mit 14 oder 13, 13 oder 14, ging das schon los, keine Ahnung, weiß ich echt nicht mehr... Da hat man sich dann für Mädchen interessiert, doch, jetzt fällt mir das wieder ein, da war ich aber, glaub' ich, auch schon 15, in der Schule hat man dann schon, und das erste Mal 'nen Mädchen geküßt, da war ich bestimmt erst 17, also war früher auch ein bißchen schüchtern. Und viele Freundinnen hab' ich früher auch nicht gehabt, also ich war, ich war eher zurückhaltend, muß ich also ehrlich sagen, und an die Einzelheiten kann ich mich wirklich nicht mehr, weiß ich nicht mehr... weiß ich echt nicht mehr.«*

Herr Abel betont mehrfach, sich an seine Pubertät nicht mehr erinnern zu können, in der Art seiner Antwort – viele Sätze werden abgebrochen – drückt sich jedoch seine Verwirrung beim Nachdenken über diese Zeit aus. Dann »fällt« ihm aber doch etwas Wichtiges »wieder ein«. Er war früher »schüchtern«, »viele Freundinnen hab' ich früher auch nicht gehabt«, »ich war eher zurückhaltend«. Daß das damals – und vielleicht im Rückblick auch heute noch – ein Problem für ihn war, deutet sich an in der Formulierung »muß ich also ehrlich sagen«. Herr Abel scheint nicht dem Wunschbild eines bei Mädchen und Frauen erfolgreichen jungen Mannes, eines glänzenden Eroberers entsprochen zu haben. Die Erinnerung an die damit verbundene Beschämung wird möglicherweise mit der zweifachen Betonung »weiß ich nicht mehr«, »weiß ich echt nicht mehr« zu unterdrükken versucht. In seinen Strategien des Umgehens mit dem Körper der Tochter und der Ehefrau – bei beiden wird der »Hintern« als »dick« und »flach« kommentiert – nimmt Herr Abel eine Position ein, wie er sie sich früher vielleicht zur Bewältigung eigener Ängste gewünscht – und eventuell auch unter Freunden ausgelebt – hat: überlegen und spöttisch mit der Körperlichkeit von Frauen umzugehen, taxierende Blicke auf ihren »Busen« und »Hintern« zu werfen, um deren Attraktivität zu bewerten und sich so zum Herrn der sexuellen Situation zu machen.

In der Beziehung zu Katrin werden die Beschämung, die Unsicherheit und Hilflosigkeit gegenüber Frauen, die Herr Abel sich nicht zugesteht, der Tochter zugewiesen. Sie ist es jetzt, die sich schämt – für ihren Körper –, die unsicher ist und sich hilflos – den ironischen Kommentierungen gegenüber – fühlt, nicht mehr der angesichts der Frauen, auch der herangewachsenen Tochter verwirrte, hilflose und möglicherweise sexuell erregte Mann und Vater.

Im Interview mit Katrin wird deutlich, daß sie die Kommentare über ihr Aussehen im »Kreis der Familie« verletzt haben.

»Verarschung manchmal, so: Pickel, haben sie dir wieder in den Kopf geschossen? So was. Ich mein',... da muß man dann eben nicht drauf reagieren. Das ist eben Verarschung... Ich habe es eigentlich ganz gut weggesteckt, obwohl, wenn man in dieser Zeit ist,... dann fühlt man sich ja immer gleich persönlich angegriffen, und das tat mir dann schon irgendwie –, schwer, das auszuhalten.«

Katrin spricht nicht über konkrete Personen, sondern die Atmosphäre in der Familie generell, in der »Verarschung« – zum Beispiel bezogen auf ihre »Pickel« – eine Rolle gespielt hat. Sie habe entsprechende Kommentare »ganz gut weggesteckt«, relativiert diese Einschätzung jedoch durch den Bezug zu »dieser Zeit« – eine für sie in der Vergangenheit liegende Phase, möglicherweise die der beginnenden körperlichen Veränderungen –, in der »man sich ja immer gleich persönlich angegriffen« fühle. »Und das tat mir dann schon irgendwie –», hier bricht Katrin ab, ergänzen ließe sich ›weh‹. Sie beschließt ihre Schilderung mit der zusammenfassenden Einschätzung »schwer, das auszuhalten«, die ihre Verletzung deutlich werden läßt.[17]

In den Schilderungen von Herrn Esch finden sich ähnliche Tendenzen einer Sexualisierung und zugleich Entwertung der körperlichen Weiblichkeit der Tochter. So berichtet Herr Esch von »üblichen Späßchen« über den Körper der Tochter, über ihre Brüste und Behaarung.

»Das sind die üblichen Späßchen, daß man, wenn man älter wird, sagen wir mal so, Brüste bekommt, und was weiß ich, und behaart wird in einigen Sachen. Aber das erzählt man dann manchmal, wenn man dann so am Tisch zusammensitzt, wenn man sich so allgemein unterhält, manchmal auch so 'n Spaß drüber macht.«

Als Beispiel für einen solchen »Spaß» »so am Tisch«, »wenn man sich so allgemein unterhält« – in der alltäglichen Familienkommunikation also – nennt Herr Esch eine Bemerkung gegenüber der Tochter Birgit über ihre Brüste. »Daß ich mal geflachst hab', also jetzt hast du 'nen Kamelhaarpullover... Ja, Kamel, Kamel mit den Höckern.« Eine solche ironisch kommentierende Haltung gegenüber den körperlichen Veränderungen von Birgit wurde offenbar auch von Frau Esch mitgetragen (vgl. S. 172ff).

So scheint für Väter eine mögliche Strategie, mit den durch die Pubertät der Tochter ausgelösten Verunsicherungen umzugehen, darin zu bestehen, den weiblichen Körper zum Objekt zu machen: zum Objekt der eigenen sexualisierenden Blicke und entwertender Kommentare. Auf die Tochter bezogene erotische Phantasien finden sich darin ebenso wie das Bemühen, sie zu bannen durch Herabsetzung des weiblichen Körpers. Solche Strategien entsprechen einer Facette gesellschaftlicher Weiblichkeitsbilder, in denen das Bedrohliche aktiver weiblicher Sexualität beherrschbar zu machen versucht wird durch eine »entwertende... Enttabuisierung des weiblichen Körpers« (Brückner 1999, S. 59). Eine andere Facette kollektiver Phantasien über weibliche Sexualität bezieht sich auf das Bild der Frau als Verführerin und des Mannes als Opfer (Rohde-Dachser 1991, S. 108ff.; Brückner 1999). Die Tochter wird dann zur Verführerin des Vaters, der Vater zum Opfer ohne eigenes Begehren, das sich vor der Tochter in Sicherheit bringen muß. Möglicherweise wird dem Körper der Tochter damit auch die Schuld zugewiesen für die Zerstörung der bisherigen, als harmonisch empfundenen Gemeinsamkeit zwischen Vater und Tochter, dem »uns beiden« und »wir«, das Herr Abel – ähnlich wie Herr Berger – für die Zeit bis zur Pubertät beschreibt. Der weibliche Körper der Tochter wäre dann verantwortlich für die als schmerzlich empfundene Trennung zwischen Vater und Tochter; unsichtbar gemacht werden damit die erotischen Wünsche und Phantasien des Vaters, aber auch die zeitliche Dimension der

Lebensgeschichte: die Tatsache, daß Vater und Tochter unabwendbar älter werden und Veränderungen unvermeidbar sind.

Spöttische Kommentierungen des Körpers der Tochter, die kränken und verletzen, haben nicht nur Auswirkungen auf das Selbstbewußtsein der jungen Frauen, sondern auch auf ihr Begehren, auf die Möglichkeiten eines aktiven Wünschens und Wollens. Der Spott betrifft nicht nur das Verhältnis zum Körper, sondern auch die auf den Vater bezogenen erotischen Wünsche und Phantasien. Mit den spöttischen Bemerkungen des Vaters wird auch der Wunsch lächerlich gemacht, von ihm als attraktive, begehrenswerte junge Frau gesehen zu werden.[18] Damit fehlt in der Familie der Raum, in dem Töchter ohne Gefahr von Übergriffen und Kränkungen ihre Wirkung und Ausstrahlung als Frau erproben können. Ein aktives Wünschen und Wollen wird beschämt und möglicherweise auch in späteren Liebesbeziehungen mit Angst vor Verletzungen verbunden. So wird in Katrin Abels Schilderungen deutlich, wie problematisch für sie Wünsche sind. Wie ein Leitmotiv durchzieht ihre Darstellungen eine Vorwegnahme von Enttäuschungen und das Bemühen, keine positiven Vorstellungen und Hoffnungen zu haben, zum Beispiel bezogen auf spätere Liebesbeziehungen. Möglicherweise schützt Katrin sich so vor der Wiederholung einer beim Vater erlebten Verletzung ihres Wunsches nach Anerkennung und Bestätigung.

In einer Schilderung, die eigentlich auf die Beziehung zwischen Psychoanalytiker und Patientin bezogen ist, sich jedoch übertragen läßt auf die zwischen Vater und Tochter, werden Elemente einer zugleich erotisch-bestätigenden und abgegrenzten Beziehung zur Tochter deutlich. »Es geht darum, die... (Tochter) als erwachsene Frau in ihrer sexuellen Identität anzuerkennen, indem er sich selbst zu erkennen gibt. Anerkennen heißt für den... (Vater), sich darin erkennen zu geben, daß die... (Tochter) ihn berührt, er für sie verführbar ist, sie sein Begehren wecken kann. Und er muß zeigen können, daß er sich vor seinem eigenen Begehren nicht fürchtet, er der Versuchung nicht nachgibt und beide sich deshalb sicher sein können, daß es keine Verletzung des Inzest-Tabus geben wird« (Krutzenbichler/Essers 1991, S. 172f).

Die ersten Liebesbeziehungen junger Frauen – Einbindung in Vater-Tochter-Dynamiken und ihre Bedeutung für Ablösungsprozesse

Die ersten Liebesbeziehungen der jungen Frauen sind sowohl von seiten der Väter als auch der jungen Frauen selbst häufig noch eingebunden in die Dynamik ihrer Beziehung zueinander. Zugleich haben sie eine große Bedeutung im Prozeß der Neugestaltung der Vater-Tochter-Beziehung und der Lösung des sexuellen Begehrens aus den familiären Bindungen. Sowohl für Väter als auch für Töchter ist die Beziehung der jungen Frauen zu einem Partner außerhalb der Familie oft Auslöser für innere Abgrenzungs- und Trennungsprozesse.

Für Väter ist es zunächst verwirrend und verunsichernd, wenn sie mit dem ersten Freund und den damit verbundenen sexuellen Wünschen der Tochter konfrontiert werden. Zwischen Herrn Busch und der 15jährigen Lisa scheint der Freund so etwas wie ein Köder zu sein, den Lisa auswirft, um den Vater eifersüchtig zu machen, und der vom Vater auch entsprechend aufgenommen wird. Herr Busch mißbilligt die Beziehung Lisas zu dem jungen Mann – von ihm unpersönlich und distanzierend als »der Mensch« bezeichnet –, weil er Lisa noch für zu jung hält – »es ist noch 'n bißchen früh« – und der Freund fünf Jahre älter ist als sie. Lisa selbst hat sich schon dreimal von ihrem Freund getrennt, die Beziehung aber immer wieder aufgenommen, das letzte Mal, als die Mutter nicht da war. Herr Busch berichtet, »ziemlich sauer reagiert« zu haben, als der junge Mann »im vierten Anlauf hier wieder mal vor der Tür stand«. »Er war eben dagegen«, kommentiert Lisa das Verhalten des Vaters ohne erkennbare Wut auf ihn, möglicherweise weil es ihr gelungen ist, den Vater in Abwesenheit der Mutter eifersüchtig zu machen und sich so ihrer Bedeutung für ihn zu versichern.

Zwischen Simone Markus und ihrem Vater hat die Eifersucht des Vaters auf die Freunde der Tochter ebenfalls eine große Bedeutung. Simone kokettiert über die Freunde mit dem Vater und scheint seine Eifersucht zu genießen. Auf diese Weise wird eine sexualisierte Vater-Tochter-Beziehung aufrechterhalten.

In den Schilderungen von Herrn Abel wird weniger Eifersucht auf mögliche Freunde der Tochter deutlich als der Versuch, den Verliebtheiten der Tochter mit Spott zu begegnen, möglicherweise um sie auf diese Weise abzutöten und die Bindung der Tochter an den Vater aufrechtzuhalten. »Sie schwärmt sicherlich für irgendwelche Jungs... Haben wir drüber gelacht, wenn sie damit rausrückte und was war. Irgendwann kommt man da ja hinter.« Herr Abel kann der Tochter keinen Raum für ihre ersten Verliebtheiten zugestehen – er »kommt... da ... hinter« – und macht sich über ihre Gefühle lustig: »Haben wir drüber gelacht.« »Gelacht« wird damit auch über Katrins Wünsche und Sehnsucht. Deren Zerstörung scheint von Herrn Abel positiv gesehen zu werden. »Sie weiß genau, das gibt's eigentlich nicht, das kann nicht funktionieren, wenn ich mich jetzt unsterblich in jemand verknalle.« Möglicherweise gibt Herr Abel eigene Enttäuschungen und Kränkungen an die Tochter weiter, der es dann auch nicht besser gehen soll – er spricht in der Ich-Form davon, sich »unsterblich in jemand« zu verlieben –, vielleicht hofft er auch, daß das bei der Tochter »nicht funktionieren« kann, weil sie dann innerlich an ihn gebunden bliebe.

Die Vorstellung, daß die Tochter mit dem Freund eine sexuelle Beziehung hat, ist besonders dann für Väter verunsichernd, wenn sich diese Beziehung in unmittelbarer Nähe – in der elterlichen Wohnung –, abspielt. In Herrn Dudens Schilderungen zeigt sich die Mischung aus Faszination und Angst, die die Nähe zum Paar Tochter-Freund bei ihm auslöst. Vorstellungen über die sexuellen Aktivitäten der Tochter können inzestuöse Phantasien und entsprechende Erregungen so bedrohlich werden lassen, daß um die Wirksamkeit innerer Kontrollen gefürchtet wird (vgl. S. 201 f).

Das Bedrohliche der Vorstellung, daß die Tochter eine sexuelle Beziehung hat, wird besonders deutlich von Herrn Cramer formuliert. In seinen Phantasien scheint seine Person mit der des Freundes zu verschwimmen. Herr Cramer ist als Stiefvater Annas in einer besonderen Situation. Der mit 15 Jahren relativ geringe Altersunterschied zur Stieftochter macht für ihn das Verhältnis zu ihr besonders brisant. Mehrfach betont er, daß er als Stiefvater in einer anderen Situation sei als ein »leiblicher Vater«, von dem er anzunehmen scheint, daß dieser keine auf die Tochter bezogenen sexuellen Wünsche und Phantasien hat. In seinen mit großer Angst verbundenen Vorstellungen verschwimmen die Generationengrenzen. So befürchtet Herr Cramer, daß Anna sich mit »älteren Jungen einläßt, die 22 oder so sind«. Er beschreibt den Verlust von Möglichkeiten, Annas Aktivitäten zu kontrollieren: »Der Einfluß ist nicht mehr so da«, »es passiert schon sehr viel, wo man nicht mehr genau weiß, wo was passiert und bei wem sie ist«, »der Einfluß schwindet«, »die Kontrolle schwindet«, »die Risiken steigen«. Er schildert dann seine »absolute Horrorvorstellung«: die »panische Angst«, mit »Anfang 30 Opa zu werden«, indem Anna »schwanger wird«. Herr Cramer selbst war 22 Jahre alt, als er die Mutter von Anna kennenlernte. Möglicherweise drückt sich in seinen

Befürchtungen bezogen auf Anna – die er stichwortartig und unpersönlich formuliert – seine eigene Angst vor Kontrollverlust aus: Der »Einfluß» auf seine eigenen Wünsche und deren »Kontrolle« durch ihn »schwindet« dann, und die Risiken einer sexuellen Annäherung an Anna steigen, so daß die »absolute Horrorvorstellung« eintreten könnte, daß Anna »schwanger wird« und er zugleich Vater und »Opa« ist. Zwischen Herrn Cramer und Anna gibt es von beiden Seiten getragene aggressiv-kämpferische Spiele um Sexualität, die in Auseinandersetzungen um das Ausgehen eingebunden sind. Herr Cramer verlangt genaue Informationen darüber, mit wem Anna wie lange ausgeht, und besteht auf rigider Einhaltung der von ihm gesetzten Bedingungen. Anna verweigert ihm entsprechende Informationen und übertritt regelmäßig seine Verbote. Frau Cramer steht außerhalb dieser Auseinandersetzungen, sie hat ein sehr viel gelasseneres und toleranteres Verhältnis zu Annas außerhäuslichen Aktivitäten. In den Kämpfen zwischen Stiefvater und Stieftochter scheint von beiden mit verteilten Rollen ein Spiel um das Zulassen und Kontrollieren sexueller Bedürfnisse inszeniert zu werden, das die beiden über aggressive Verwicklungen aneinanderbindet. Anna verkörpert die Seite der sexuellen Wünsche, die sich jeder Kontrolle entziehen, Herr Cramer die der Kontrolle, die nur unzulänglich funktioniert.

Für Väter besteht die innerpsychische Arbeit darin, sich der Generationengrenzen zur Tochter zu versichern und das eigene Begehren in die Beziehung zu einer erwachsenen Partnerin einzubringen. Dabei kann die Beziehung der Tochter zu einem jungen Mann hilfreich sein. Sie macht die Generationendifferenz zwischen dem Vater und einem der Tochter angemessenen Partner deutlich. So beschreibt Herr Jürgens seine Gefühle, wenn er die Stieftochter Conny mit ihrem Freund erlebt: »Dann merk' ich sehr deutlich, daß das ein ganz anderes Entwicklungsniveau ist. Also eine Beziehung zu Conny in irgendeiner Art, sexueller Art, oder so überhaupt zu Mädchen in dem Alter kann ich mir einfach nicht vorstellen, weil sie nicht gleichberechtigt sein kann.« Herr Jürgens bemerkt das andere »Entwicklungsniveau« – die Altersdifferenz zwischen Conny und sich – und die Unmöglichkeit einer gleichberechtigten Beziehung, die ihm beim Anblick von Conny und ihrem Freund besonders ins Auge fällt. Herrn Duden ist es möglich, Frankas Freund – trotz Trauer, Verunsicherung und Verwirrung – als Partner der Tochter anzuerkennen und zu akzeptieren und damit einen Schritt zu tun in Richtung innerer Ablösung von der Tochter. Zugleich wird sich Herr Duden damit seines Alters bewußt, eine Erkenntnis, die erschreckend und schmerzlich für ihn ist. So bedeutet die innerpsychische Trennung von der Tochter für Väter zugleich, sich auseinanderzusetzen mit dem eigenen Älterwerden und dem Vergehen der Lebenszeit. »Nährt doch die phantasmatische Paarbildung mit der eine Generation jüngeren Tochter die Illusion, die Schmerzen des Alterns und des in der Lebensmitte sich aufdrängenden ›Bewußtseins von der Flüchtigkeit des Menschenlebens‹ fernzuhalten, die näherrückenden Bilder der Vergänglichkeit und Begrenztheit verleugnen und sich gleichsam inzestuös verjüngen zu können« (King 2001a, S. 18).

Die Einbindung der ersten Liebesbeziehung junger Frauen in Phantasien und Wünsche, die dem Vater gelten, und die entlastende Funktion, die das Erleben der Eltern als Paar hat, werden besonders deutlich in einer Szene, die Birgit Esch beschreibt. Sie berichtet von einer Situation, in der die Eltern ihres Freundes verreist waren und sie nicht, wie sonst üblich, mit ihm in seinem Zimmer übernachtet hat, sondern im »Ehebett« der Eltern. »Dann haben wir uns einfach in deren Ehebett eingenistet, und wir haben nicht gefragt, ob wir es durften..., auf jeden Fall haben wir es einfach gemacht.« »Dann lagen da ja auch die Kondome«, berichtet sie und weist damit auf den sexuellen Charakter ihrer Beziehung hin. Die Mutter ihres Freundes kommt dann früher als erwartet aus dem Urlaub zurück. Birgit trifft sie im »Schlafzimmer«, als sie vor ihrem Freund in dessen Wohnung ankommt. »Ich war früher da als er und hab' die Tür aufgemacht und kam dann ins Schlafzimmer. Dann war seine Mutter da... Hallo Birgit und so, ich hab' deine Sachen in Ingos Zimmer gepackt... Und dann erst mal mein erster Gedanke, die Kondome, die hat sie jetzt da gesehen.« Birgit gerät in große Panik und Verzweiflung – »da war voll die Panik bei mir«, »ich war total am Heulen« –, denn sie geht davon aus, daß sie den Freund nicht wiedersieht: »Der kommt bestimmt nicht mehr.« Beruhigung erfährt sie über die Reaktion ihrer Eltern:

»Da hab' ich meinen Eltern das so erzählt, und aber, also den Part mit den Kondomen hab' ich weggelassen, das mocht' ich denen nicht erzählen, und ich war total am Heulen, und dann meinten die: Ja ruf' ihn an. Das fand ich echt toll von ihnen. Ruf' ihn einfach an und so, und dann hab ich ihn angerufen, und dann war nachher alles okay... Das fand ich dann ganz toll.«

Frau Esch berichtet ebenfalls von dieser Situation und ihrem Bemühen, Birgit zu beruhigen: »Daß ich so mit Engelszungen geredet hab', daß sie sich da nicht gleich verrückt macht.« Für Birgit scheint das Schlafen im Ehebett der Eltern des Freundes die psychische Bedeutung einer ödipalen Szene gehabt zu haben. Sie hat sich im »Ehebett« der Eltern »eingenistet«, dort symbolisch den Platz der Mutter eingenommen, den Freund innerpsychisch zum Vater gemacht, mit ihm geschlafen – eindeutig feststellbar durch die »Kondome« – und ist von der rechtmäßigen Partnerin des Vaters dabei erwischt worden: Beide treffen im »Schlafzimmer« aufeinander. Die rechtmäßige Ehefrau verweist Birgit wieder auf den ihr zustehenden Platz – den im Zimmer des Freundes, einer Person ihrer Generation –, und Birgit befürchtet, daß sie den Freund nicht wiedersieht, möglicherweise weil die rechtmäßige Partnerin ihren Mann – symbolisch vertreten durch den Freund – wieder für sich beansprucht. In Birgits Phantasien scheint der Freund mit der Person des Vaters zu verschwimmen und ihre Mutter mit der Mutter des Freundes. Wünsche, die mit dem Vater verbunden sind, sind offenbar noch mit denen an den Freund vermischt, und diese erste Liebesbeziehung ist noch stark eingebunden in die um den Vater kreisenden sexuellen Phantasien.

Birgits Wunsch, für den Vater erotisch anziehend zu sein, zeigt sich, als sie berichtet, mit »extra kurzen Sachen« herumgelaufen zu sein, weil sie das »so toll fand«. Der Vater habe es »nicht so toll«, aber immerhin doch »aufreizend« gefunden. Dieses auf den Vater bezogene Begehren verschwindet auf der manifesten Ebene mit Birgits erster Liebesbeziehung aus den Interaktionen mit ihm – Birgit berichtet, sich nicht mehr so »aufreizend« anzuziehen, seit sie mit ihrem Freund zusammen ist –, in unbewußten Inszenierungen kommt es jedoch weiterhin zum Ausdruck: Birgit »nistet« sich im »Ehebett« ein und wird dort von der rechtmäßigen Ehefrau vertrieben. In Birgits Schilderungen tauchen ihre Eltern als Paar auf, als sie ihnen von dem Ereignis berichtet – allerdings ohne die sexuelle Dimension, die »Kondome«, deutlich anzusprechen. Die gelassene Reaktion der Eltern – »ruf' ihn einfach an« – entlastet Birgit: Sie fand das »echt toll«, »ganz toll«. Das Erleben der Eltern als Paar und ihre Ermutigung, selbst die Initiative zu ergreifen, um den Kontakt zum Freund wieder herzustellen, vermitteln möglicherweise die Botschaft, daß Birgits phantasierte Aktivitäten die Eltern als Paar nicht zerstört haben, daß Phantasie und Realität voneinander getrennt sind und ihr die Beziehung zum Freund erlaubt ist. Die Realität erweist sich verglichen mit den Phantasien als »einfach«, es war »alles okay«. Es zeigt sich, daß der Freund nicht der Vater ist, sondern eine Person, zu der eine sexuelle Beziehung erlaubt ist. Da die Mutter den Platz an der Seite des Vaters eingenommen hat, können ödipale Phantasien korrigiert werden. Auch daß Frau Esch mit Birgit mit »Engelszungen »geredet« hat, kann zu dieser Beruhigung beigetragen haben.

Frau Esch vermittelt damit, daß das auf den Vater gerichtete Begehren der Tochter sie nicht zerstört hat, sie die Tochter nicht dafür bestraft, sondern weiterhin als Mutter für sie da ist und die Beziehung zum Freund ihre Unterstützung hat. So kann das Erleben der Eltern als Paar und die von ihnen vermittelte Botschaft, daß sie einer Liebesbeziehung der Tochter zu einem jungen Mann wohlwollend gegenüberstehen, Impulse geben für eine innerpsychische Trennung von den Eltern und der Lösung des Begehrens aus der Beziehung zum Vater.

Die Notwendigkeit einer Neuorientierung der Eltern als Paar

Mit der Ablösung der Tochter von den Eltern und der Eltern von der Tochter ist zugleich eine Veränderung in der elterlichen Paarbeziehung verbunden. Die Seite dieser Beziehung, die auf die elterlichen Funktionen gegenüber der Tochter gerichtet ist, verliert – wenn nicht noch andere Kinder zu versorgen sind – an Bedeutung, die Seite der Eltern als Paar, das eine eigene emotionale und sexuelle Beziehung verbindet, tritt in den Vordergrund. Probleme und Verbindendes zeigen sich deutlicher als zuvor, Neugestaltungen und Neuorientierungen werden notwendig.

Besonders prägnant kommt die Notwendigkeit einer Neuorientierung in Frau Dudens Formulierung zum Ausdruck, mit der sie ihre Gefühle beschreibt, als Franka zum ersten Mal nicht mit den Eltern in die Ferien gefahren ist: »Da war dann auch so der dritte Teil von uns weg.« Die Gemeinsamkeit, das »uns« war bisher stark über die Tochter bestimmt, dieser »Teil« fällt nun »weg«. Es muß sich ein neues »uns« entwickeln, in dessen Zentrum die Beziehung zwischen Herrn und Frau Duden steht. Beide verbringen die Sommerferien »zum ersten Mal... allein«, eine Formulierung, die weniger auf die Zweierbeziehung verweist denn auf das Fehlen einer Person, auf das »allein«, und die zugleich deutlich macht, wie fern Frau Duden die Zeit ist, in der sie sich mit ihrem Mann als Paar gefühlt hat: Es kommt ihr vor, als seien sie »zum ersten Mal« zu zweit verreist. »Nur mein Mann und ich«, fährt sie fort und betont wieder den Mangel, das »nur«. Es scheint sich im Urlaub jedoch etwas Neues entwickelt zu haben. »Wir fanden das sehr spannend, wir hatten gedacht so, mal sehen, entweder klappt das gut, oder wir kriegen uns total in die Haare, weil wir ganz alleine auf uns gestellt sind. Und das ist doch 'ne ganz andere Qualität. Und das klappte ganz gut.« Franka scheint für die Eltern bindende Funktionen gehabt zu haben, ohne sie sind sie »ganz alleine« auf sich »gestellt«. Die Qualität der Paarbeziehung steht dadurch auf dem Prüfstand: »Entweder klappt das gut, oder wir kriegen uns total in die Haare.« Die Erfahrungen miteinander scheinen positiv gewesen zu sein: »Und das klappte ganz gut.« Frau Duden beschreibt dann auch Vorteile eines Urlaubs ohne die Tochter. »Wir konnten das so machen, wie wir das wollten, und konnten uns zu zweit absprechen. Das klappte besser.« Es scheint sich ein neues »wir« entwikkelt zu haben, eine Gemeinsamkeit »zu zweit«. Auch bezogen auf die Gestaltung des Silvesterabends müssen sich Herr und Frau Duden neu orientieren. Franka feiert nicht mehr mit den Eltern, die sich jetzt selbst »überlegen« müssen, »was wir denn Silvester machen«.

»Bald sind die Alten alleine, 'n paar Jährchen noch, dann sitzen wir alleine hier«, schildert Herr Esch seine Gefühle angesichts des Heranwachsens der beiden Töchter. Auch Frau Esch verbindet die zunehmende Ablösung der Töchter mit Alleinesein, ein Thema, das sich wie ein Leitmotiv durch ihre Schilderungen zieht. »Ansonsten sitzen wir hier zu Hause, in letzter Zeit immer mehr alleine... Wir beide sitzen ganz alleine.« Es scheint noch keine Neudefinition des »wir beide« erfolgt zu sein, die nicht als Mangel, sondern Chance erlebt werden kann. Das ›Alleinesein‹ der beiden wird noch gefüllt über die Töchter: »Daß wir eben jetzt viel abends alleine sind... Ich glaub' sogar, der größte Teil unseres Gespräches, wenn wir alleine am Abendbrottisch sitzen oder alleine sind, gilt unseren Töchtern.«

So werden durch die Ablösung der Tochter oft produktive Prozesse der Neugestaltung der elterlichen Beziehung in Gang gesetzt, aber auch Probleme und das Fehlen von Verbindendem deutlich. »Viele Ehepaare geraten in Krisen, nachdem ihre heranwachsenden Kinder das Haus verlassen haben. Die allein zurückbleibenden Eltern stellen überrascht fest, daß sie sich schon seit Jahren, ohne es recht gemerkt zu haben, auseinandergelebt haben und nur noch über die Kinder miteinander in Verbindung standen. Ansonsten ist jeder schon längst seiner eigenen Wege gegangen. Jetzt haben sie sich plötzlich nichts mehr zu sagen. Hingegen gibt es auch Eltern, die sich mit der Abnabelung ihrer Kinder bewußt auseinandersetzen und Konsequenzen für ihre eheliche Partnerschaft ziehen. Sie sehen in der Verselbständigung ihrer Kinder die Chance, für den Partner und für sich selbst mehr Zeit und mehr emotionale Kraft zu haben ... Die Verselbständigung der Kinder kann also bewirken, daß sich die Eltern ihrerseits – mehr oder weniger notgedrungen – ebenfalls verselbständigen und ganz neuartige Lebensperspektiven gewinnen« (Wirth 1985, S. 105f).

Das Bemühen um die Entwicklung neuer Perspektiven für die Beziehung zum Partner wird in den Schilderungen von Frau Fischer deutlich. Ihr ist wichtig, der

Tochter ein Bild von Beziehung zu vermitteln, zu dem auch Konflikte und Auseinandersetzungen gehören. »Daß Partnerschaft nun wirklich 'n Auf und Ab ist und daß man sich trotzdem gern haben kann, auch wenn man sich mal streitet.« Sie berichtet von Überlegungen, mit ihrem Mann einen Tanzkurs zu besuchen, ein Plan, der im Zusammenhang gesehen werden kann mit Brittas Verselbständigungstendenzen und vielleicht auch den durch die Pubertät der Tochter ausgelösten erotischen Wünschen und Phantasien, die Frau Fischer möglicherweise durch den Besuch eines Tanzkurses wieder stärker in die Beziehung zu ihrem Mann einbringen möchte.

Körper, Sexualität und Geschlecht – Psychische Dynamiken, Beziehungsmuster und gesellschaftliche Einbindungen

Soziale Ausgestaltungen des Körpererlebens

Die mit Körperlichkeit und Sexualität verbundenen Umgestaltungen in der Adoleszenz – das Wachsen der Brüste und die übrigen Veränderungen der Figur und des Aussehens, die Veränderungen der Genitalien, die erste Menstruation, die neue Qualität und Intensität sexueller Wünsche und Erregungen – sind eingebunden in eine Vielfalt sozialer Bedeutungszuschreibungen und Weiblichkeitsbilder, die den Prozeß der psychischen Verarbeitung und Aneignung dieser Veränderungen und damit auch das Körpererleben und die Körperwahrnehmung junger Frauen prägen. Innere Bedürfnisse und Wünsche – die oft unbewußten Phantasien und Konflikte, die geknüpft sind an die körperlichen Veränderungen und das auf neue Weise sich Ausdruck verschaffende sexuelle Begehren – sind unlösbar verbunden mit sozialen Definitionen und Bewertungen dieser Veränderungen.

Prozesse der sozialen Ausgestaltung des Körpererlebens und der Körperwahrnehmung finden in allen lebensgeschichtlichen Phasen statt. Von Anbeginn an sind Körperempfindungen eng verbunden mit der Qualität der Beziehungen zu den nahen Bezugspersonen, in die immer auch soziale Normen und Bewertungen einfließen. Unter gesellschaftlichen Verhältnissen, in denen eine Arbeitsteilung zwischen den Geschlechtern die frühe Betreuung und Versorgung der Kinder den Frauen zuweist, haben Väter eine andere Bedeutung für die Ausgestaltung von Körpererfahrungen ihrer Töchter als Mütter. An den engen frühen Körperkontakt geknüpfte Botschaften, die besondere Bedeutung haben im Prozeß der Herausbildung eines Körperbildes und Gefühls für den eigenen Körper, werden dann wesentlich in der Mutter-Tochter-Beziehung vermittelt. »Die körperlich-sinnliche Bindung des Mädchens an die Mutter ist eine unmittelbare Bindung von Körper zu Körper und unterscheidet sich von der Beziehung zum Vater dahingehend, daß diese aufgrund eines... begrenzteren... körperlichen Bezugs eine distanziertere

Qualität aufweist« (Schäfer 2000, S.28). Schon die ersten sinnlich-körperlichen Interaktionen sind immer auch geprägt von Vorstellungen der Mütter über das eigene Geschlecht, über Erotik und Sexualität, über entsprechende Tabuisierungen und Möglichkeiten. In den frühen, stark leibbezogenen Austausch zwischen Mutter und kleiner Tochter – beim Stillen, bei der Körperpflege, den zärtlichen Berührungen des kindlichen Körpers – fließen Botschaften über Erlaubtes und Tabuisiertes ein, über die Bedeutung einzelner Körperregionen, über nicht zu Berührendes und lustvoll Erlebbares. Die sinnlich-erotischen Gefühle der Mutter beim Stillen der kleinen Tochter können als lustvoll empfunden und zugelassen werden, aber auch als tabuisiert erlebt, unterdrückt und das Stillen entsprechend gestaltet werden. Die Genitalien der kleinen Tochter können bei der Körperpflege und den liebevollen Berührungen des Körpers ebenso einbezogen werden wie andere Bereiche, sie können aber auch ausgespart bleiben, weil sie als anstößig und ihre Berührungen als verboten erlebt werden (vgl. zusammenfassend Bell 1991; Flaake 1992; Heigl-Evers/Weidenhammer 1988, S.100ff.; Moré 1997; Schäfer 1999, S.31ff.; Stein-Hilbers 2000, S.63f).

Auch in den weiteren Entwicklungen haben Körperlichkeit, Erotik und Sinnlichkeit zwischen Mutter und Tochter große Bedeutung: bei den lustvollen genitalen Selbstberührungen des kleinen Mädchens, die zunächst auf die Mutter gerichtet sind und ihre Bedeutungszuschreibung und ihre Qualität im Erleben wesentlich durch deren Reaktion und Antwort erhalten, im erotischen Werben des kleinen Mädchens um die Mutter, das zugleich eine Anfrage enthält bezogen auf die Verführungskraft seines weiblichen Körpers (vgl. Bell 1996; Poluda-Korte 1993; Schäfer 1999). In entsprechenden Interaktionen sind individuell unterschiedlich ausgeformt und variierend gemäß den inneren Möglichkeiten und Grenzen von Müttern – immer auch Elemente gesellschaftlicher Bilder weiblicher Körperlichkeit und Sexualität enthalten: zum Beispiel Weiblichkeitsentwürfe, in denen eine eigene Genitalität und damit ein eigenes sexuelles Begehren wenig Raum haben und in denen homosexuelle Gefühle tabuisiert sind. Besonders deutlich wird die soziale Ausgestaltung der Körperwahrnehmung, wenn die zunächst präverbal erworbenen Körpererfahrungen sprachlich eingebunden werden: Die Bezeichnungen für die weiblichen Genitalien sind oft pauschal und begrifflich unklar, so daß für Mädchen in ihrem inneren Bild des eigenen Körpers ein nicht oder nur ungenau bezeichneter Bereich bleibt (Lerner 1980; Milhoffer 1998, S.16f.; Schuhrke 1997, S.115).

Auch in der Beziehung zwischen Vätern und kleinen Töchtern werden wichtige Botschaften über Körperlichkeit und Sexualität weitergegeben: Wie Väter mit der erotisch-sinnlichen Ausstrahlung und dem erotischen Werben ihrer kleinen Töchter umgehen, wie sie die körperlich nahen Kontakte ausgestalten, ist immer auch beeinflußt von den mit Frauen als Geschlecht und weiblicher Sexualität verbundenen Wünschen und Ängsten. Auch darin finden sich Elemente gesellschaftlicher Weiblichkeitsbilder (vgl. zusammenfassend Mertens 1992). So sind Körperwahrnehmungen, Körperempfindungen und das Körpererleben schon früh unlösbar verbunden mit sozialen Bedeutungszuschreibungen. »Scham, Ekel, Lust, Angst – dies sind die genuin sozialen Anker, die die Gesellschaft *in* den Individuen produziert und die (am)... Körper... spürbar werden« (Villa 2000b, S. 30).[1]

Adoleszenz und die eindeutige Zugehörigkeit zum Geschlecht der Mutter

In der Adoleszenz werden gesellschaftliche Geschlechterbilder und Weiblichkeitsentwürfe auf eine neue Weise bedeutsam. Die körperlichen Veränderungen, insbesondere die erste Menstruation und das Wachsen der Brüste – die sich vollziehen, gleichgültig ob Mädchen sie sich wünschen oder nicht – signalisieren die endgültige Zugehörigkeit zu einem und nur einem Geschlecht, dem weiblichen und zugleich dem der Mutter. Dabei ist die »Tatsache des Geschlechts« (Rendtorff 2000, S. 45), das heißt die Erfahrung von »Nichtvollständigkeit« (ebd., S. 41), wenn es um Körperlichkeit und damit auch die Möglichkeit geht, gebären oder zeugen zu können, eine »unhintergehbare Kränkung, der jedes Kind sich stellen und die es bewältigen muß, und an der sein Größenwahn zerschellt« (ebd., S. 45). Denn die »Tatsache des Geborenseins schließt immer ein, daß es eine Mutter und einen Vater gegeben hat... Das jeweils eigene Genitale ist also immer der Ort, an dem das Vorhandensein des jeweils anderen unausweichlich in den Körper eingetragen ist« (ebd., S. 42). Diese unvermeidbare, in der Adoleszenz mit besonderer Schärfe wirksam werdende Kränkung, nicht beide Geschlechter sein und nur einen weiblichen oder einen männlichen Körper haben zu können, ist jedoch immer eingebunden in eine historisch-gesellschaftliche Interpretation der körperlichen Unterschiede und in Beziehungsmuster, in denen Körperlichkeit mit Bedeutungen versehen wird.

Wie junge Frauen die mit den körperlichen Veränderungen der Pubertät eindeutige Geschlechtszuordnung erleben, hängt wesentlich auch ab von den bisherigen Beziehungen zu Mutter und Vater und ihrer Einbettung in gesellschaftlich nahegelegte Bewertungen. Für Mädchen, die sich bis zur Pubertät stark am Vater orientiert haben, kann die Nähe zu ihm mit der Phantasie verbunden gewesen sein, geschlechtlich keine Festlegung erfahren oder aber das Geschlecht des Vaters zu haben und damit eher sein Sohn denn seine Tochter zu sein – Phantasien, in denen eine Zuordnung zum Geschlecht der Mutter vermieden wird. Solche inneren Bilder haben immer auch eine Entsprechung in den Beziehungsangeboten der nahen Bezugspersonen. Diese Beziehungsangebote haben unterschiedliche Facetten, sie erhalten ihre Bedeutung jedoch auch vor dem Hintergrund der gesellschaftlichen Organisation und symbolischen Repräsentation der Geschlechter. Unter Bedingungen polar entgegengesetzter Geschlechterdefinitionen bei Höherbewertung des Männlichen und Geringerbewertung des Weiblichen – wie sie in unterschiedlichen Ausformungen kennzeichnend sind für die Mehrzahl westlich-industrieller Gesellschaften – verbinden sich Erfahrungen mit Mutter und Vater mit den sozialen Bewertungen der Geschlechter. Enttäuschungen an der Mutter als erster wichtiger Bezugsperson – eine Zuweisung an Frauen qua geschlechtsspezifischer Arbeitsteilung – kommen dann nicht selten in der gesellschaftlich nahegelegten Entwertung des Weiblichen und Hinwendung zum Vater als Vertreter des besseren Geschlechts zum Ausdruck (vgl. z.B. Chasseguet-Smirgel 1974). Wenn Mütter diese Bewertungen teilen, können sie der Tochter kaum attraktive Identifikationsmöglichkeiten bieten. Das Bedürfnis von Vätern, die Tochter zum Sohn zu machen, kann gesehen werden als Versuch, mit einer als bedrohlich erlebten Weiblichkeit zurechtzukommen, häufig wird zugleich die Weiblichkeit der Partnerin entwertet (vgl. z.B. Hirsch 1999, S. 201 f.; Rohde-Dachser 1990).

In solchen Konstellationen können die körperlichen Veränderungen der Pubertät von den jungen Frauen als Verortung auf der Seite des weniger angesehenen, des entwerteten Pols der Geschlechterordnung erlebt werden. Die erste Regelblutung hat dann den Charakter einer narzißtischen Wunde, ebenso wie das Wachsen der Brüste ist sie Ausdruck der Kränkung, ›nur‹ dem weiblichen Geschlecht, dem Geschlecht der Mutter anzugehören. Solche Konstellationen finden sich bei einigen der in die Untersuchung einbezogenen Mädchen und jungen Frauen. Für sie sind die körperlichen Veränderungen der Pubertät zugleich mit tiefgreifenden Erschütterungen im Verhältnis zu Vater und Mutter verbunden gewesen. Die innere Nähe zum Vater wird brüchig, denn der eigene Körper zeigt deutlich die Zugehörigkeit zum anderen als dem väterlichen Geschlecht, zugleich wird über den

Körper eine zuvor vermiedene Nähe zur Mutter geschaffen, die zu einer Neugestaltung der Beziehung zu ihr zwingt.

Einige scheinen die Verunsicherungen durch den Verlust der väterlichen Welt und das Zurückgeworfensein auf die mütterliche nur mildern zu können durch eine starke Identifikation mit den Positionen der Mutter. In diesen Konstellationen kommen die Väter mit den körperlichen Veränderungen ihrer Tochter so wenig zurecht, daß sie sich von ihr abwenden oder ihren weiblichen Körper ebenso entwerten wie den der Partnerin. Der Tochter bleibt dann nur der Bezug auf die Mutter, auf den sie so stark angewiesen ist, daß Konflikte und Auseinandersetzungen vermieden werden müssen. Idealisierungen des Männlichen und Entwertungen des Weiblichen tauchen dann häufig in den ersten heterosexuellen Liebesbeziehungen wieder auf: als Selbstentwertung und Selbstverkleinerung gegenüber dem Freund, dessen Fähigkeiten und Kompetenzen überhöht werden. Bei anderen jungen Frauen findet sich ein Nebeneinander von Angewiesensein auf die Mutter und Herabsetzung, insbesondere wenn es um intellektuelle Fähigkeiten geht. Möglicherweise bleibt eine starke Identifikation mit dem Vater bestehen, die mit dem Preis einer Entwertung des eigenen weiblichen Körpers verbunden ist. Solche Konstellationen erinnern an die Beschreibung von ›Vater-Töchtern‹, d.h. Frauen, deren Selbstbewußtsein und aktive Handlungsfähigkeit wesentlich auf väterlichen Identifizierungen beruhen. Insbesondere bei Frauen, die sich stark über intellektuelle Kompetenzen definieren, ist auch nach der Adoleszenz eine Orientierung am Vater um den Preis einer Entwertung der eigenen körperlichen Weiblichkeit nicht selten. Margarete Berger (1996) spricht von einer »Vater-Tochter-Komplizenschaft, die ihre Basis hat in der Identifizierung der Tochter mit der noch immer im Vergleich zur Mutter gegebenen symbolischen und gesellschaftlich-realen Potenz des Vaters und mit seiner – aus der töchterlichen Perspektive – vorhandenen Grandiosität wie dadurch, daß der Vater sie zu seiner erwählten Komplizin macht« (ebd., S. 122f.; vgl. dazu auch Diem-Wille 1996; Eckart 1992; Flaake 1991, 1998; Gidion 1999; King 2001a; Musfeld 1997, S. 278ff.; Ritter 1994, 1996a, 1996b; Rohde-Dachser 1990; Uhlmann 2001).

Für junge Frauen, die die körperlichen Veränderungen der Pubertät als Einbruch in das bisherige geschlechtliche Selbstbild und die innere Nähe zum Vater erlebt haben, werden adoleszente Wege und auch die weiteren Entwicklungen bestimmt durch die Spannung zwischen den eigenen, mit dem männlichen Geschlecht verbundenen Orientierungen und Kompetenzen einerseits und der mit dem Geschlecht der Mutter geteilten weiblichen Körperlichkeit andererseits. Um Idealisierungen des Männlichen und Entwertungen des Weiblichen, die auch den eigenen Körper betreffen, aufzulösen, muß die Möglichkeit bestehen, die »Weiblichkeit der Mutter und die zur Identifikation anregenden Aspekte des Vaters zusammenzuführen, um einen eigenen Entwurf als Frau zu finden« (Musfeld 1997, S.280f). Hilfreich für solche Entwicklungen ist eine Haltung von Müttern und Vätern, die sie in die Lage versetzt, die Adoleszenz der Tochter für eigene Veränderungen zu nutzen: Mütter, indem sie sich ihrer aktiven, nach außen gewandten Strebungen vergewissern und gegenüber der Tochter als »Frau mit eigenem Recht« (ebd., S.276) sichtbar werden, Väter, indem sie die Verantwortung für ihre bedürftigen Seiten selbst übernehmen und die Tochter entlassen aus der ihr angesonnenen »töchterlichen Existenz« (Rohde-Dachser 1990, S.312), beide als Paar, indem sie ihre Beziehung zu zweit neu reflektieren und auf bindende Funktionen der Tochter verzichten.

Adoleszente Aneignungsprozesse und Familiendynamiken

Die mit Körperlichkeit und Sexualität verbundenen Veränderungen der Adoleszenz, insbesondere die Möglichkeit zu genitaler Sexualität und dazu, schwanger werden und Kinder gebären zu können, müssen von den jungen Frauen – unabhängig davon, ob sie sich bis zur Pubertät stark auch an der Mutter orientiert oder sich primär über die Nähe zum Vater definiert haben – psychisch erst verarbeitet und angeeignet werden. »Die gewohnte Selbstverständlichkeit des leiblich-körperlichen Seins (wird) in fundamentale Erschütterung und Unruhe versetzt...: psychisches Selbst-Verständnis und körperliches Sein treten... auf befremdende Weise auseinander« (King 2000b, S.400). Die damit verbundene Verunsicherung macht junge Frauen in besonderer Weise empfänglich für die Reaktionen der sozialen Umgebung auf die körperlichen Veränderungen.

In der Adoleszenz sind psychische Dynamiken, die als Ausdruck aktiver Beziehungsgestaltungen gemäß inneren Bedürfnissen und damit als Elemente selbsttätiger Gestaltungs- und Aneignungsprozesse zu verstehen sind, ebenso bedeutsam wie das Aufgreifen von Angeboten, die die soziale Umgebung zur Verarbeitung der mit Körperlichkeit und Sexualität verbundenen Veränderungen bietet. So kann die bei Mädchen und jungen Frauen in der Adoleszenz nicht seltene Delegation eines sexuellen Begehrens an das andere Geschlecht Ausdruck einer innerpsychischen

Problemlösung und damit einer Zwischenstufe auf dem Wege der Aneignung der adoleszenten Veränderungen sein: Der Angst, von den eigenen sexuellen Gefühlen überwältigt zu werden, wird begegnet durch die Übernahme der kontrollierenden Position und der Verlagerung der Wünsche nach außen. Zugleich können solche Muster aber auch Ergebnis einer Auseinandersetzung mit den Botschaften der sozialen Umgebung sein, in denen gesellschaftliche Geschlechterbilder zum Ausdruck kommen, die ein aktives sexuelles Wünschen und Wollen eher für Männer denn für Frauen vorsehen. Im Verlaufe der adoleszenten Aneignungsprozesse wird sich herausstellen, ob es sich lediglich um »symbolische Verdichtungen psychischer Realitäten... (handelt), die sich vorübergehend konstellieren, dabei eben phasenweise wirksam (und) hilfreich... sind, jedoch im günstigen Fall durchgearbeitet und auch wieder aufgelöst werden« (King 2001a, S. 1), oder ob solche Muster »fixierte psychosoziale Wirklichkeiten repräsentieren, (die) Ausdruck und Resultat eines konventionellen Geschlechterverhältnisses« (ebd.) sind.[2] Die entsprechenden Möglichkeiten und Spielräume für junge Frauen sind dabei wesentlich beeinflußt von der Qualität der sozialen Beziehungen und Angebote in ihrem Umfeld.

Eines der zentralen Felder adoleszenter Auseinandersetzungen ist die Familie, die Beziehung zwischen Mutter und Tochter und Vater – und entsprechend auch Stiefvater – und Tochter. Die adoleszenten Wandlungsprozesse lösen nicht nur bei Mädchen und jungen Frauen Verunsicherungen und Erschütterungen bisheriger psychischer Balancen aus, sie sind auch für Erwachsene mit Irritationen, Verwirrungen und Konflikten verbunden. Sich ankündigende Trennungsprozesse, die Konfrontation mit dem eigenen Älterwerden, sexuelle Wünsche und Phantasien und die Wiederbelebung eigener früherer Gefühle und Konflikte spielen dabei gleichermaßen eine Rolle und führen dazu, daß nicht nur die jungen Frauen in einen Strudel von Gefühlen geraten, sondern ebenso die erwachsenen Personen in ihrer Umgebung.

Besonders brisant sind in familialen Formen des Zusammenlebens die sexuellen Wünsche und Phantasien, die mit der Adoleszenz der Tochter von beiden Seiten – der der jungen Frauen und der ihrer Mütter und Väter – in die Beziehungen einfließen. Das mit der Adoleszenz neu und heftiger sich Ausdruck verschaffende sexuelle Begehren junger Frauen richtet sich zunächst auch auf die nahen Bezugspersonen der Kindheit, auf Mutter und Vater, zugleich berührt das körperliche Zur-Frau-Werden der Tochter auch in Müttern und Vätern sexuelle Wünsche und Phantasien.

Die sexuelle Dimension in der Vater-Tochter-Beziehung ist immer auch eingebunden in die Mutter-Tochter- und die Paarbeziehung. Das Thema Rivalität kommt auf neue Weise in die Mutter-Tochter-Beziehung: Zwei erwachsene Frauen werben um den Mann in der Familie. Zugleich hängt es von der Qualität der Mutter-Tochter-Beziehung ab, die ihre Basis wesentlich hat in Erfahrungen vor der Adoleszenz, ob diese Rivalität gefahrlos gelebt werden kann oder Phantasien von wechselseitiger Zerstörung dominieren. Die Qualität der Paarbeziehung ist entscheidend für den begrenzenden Rahmen, der notwendig ist, damit sexuelle Wünsche und Phantasien zwischen Tochter und Vater sich gefahrlos entfalten können. Nur wenn alle Beteiligten sicher sein können, daß der Ort für sexuelle Beziehungen die Paarbeziehung der Erwachsenen ist, können inzestuöse Phantasien aufgelöst werden: auf seiten des Vaters durch die deutliche Etablierung der Generationengrenzen und Bearbeitung der auf die Tochter bezogenen Wünsche und Phantasien in klarer Abgrenzung von ihr als eigene innerpsychische Gegebenheiten, auf seiten der Tochter, indem die Eltern als das Paar akzeptiert und sexuelle Wünsche und Phantasien gelöst werden aus der Beziehung zum Vater und außerhalb der Familie ihren Ort finden. Die Qualität der Paarbeziehung beeinflußt auch die Verhaltensmöglichkeiten von Müttern: Sie schafft die Basis für eine Sicherheit, die der Rivalität der Tochter Brisanz und Schärfe nimmt. Zugleich gerät aber auch die Paarbeziehung der Eltern in den durch die Adoleszenz der Tochter ausgelösten Strudel der Gefühle: Sexuelle Wünsche zeigen sich deutlicher als zuvor und damit auch die Möglichkeiten und Grenzen ihrer Erfüllung in der Beziehung zum Partner oder zur Partnerin. Im günstigen Falle können diese Impulse genutzt werden für eine Neugestaltung der Beziehung: für die »eigene Befreiung und Überwindung unbewußt übernommener oder in jahrelangem Zusammenleben verfestigter Muster, (für eine) ›Verjüngung‹ im Sinne einer lockereren, lebens- und sinnenfreudigeren Auffassung,... (für eine) Belebung und Erneuerung der sexuellen Beziehung« (Schmidt-Sibeth 1989, S. 122).

Wenn die bei Vätern durch die zur Frau werdende Tochter ausgelösten Gefühle nicht in entlastenden Erwachsenenbeziehungen und durch von der Tochter abgegrenzte Bewältigungsstrategien aufgefangen werden, liegen Verhaltensmuster nahe, durch die in der Tochter das eigene als bedrohlich Erlebte bekämpft und abgewehrt wird. Sexuelle Wünsche und Phantasien werden dann in den Körper der

Tochter verlegt und dort in Schach zu halten versucht. Solche Stabilisierungsversuche knüpfen an gesellschaftliche Bilder weiblicher Körperlichkeit und Sexualität an. So findet sich auch in den Schilderungen befragter Väter das Bild der Frau als Verführerin und des Mannes als Opfer: Der Tochter und ihrem Körper wird die Schuld zugewiesen für die als beängstigend und verwirrend erlebten sexuellen Wünsche und Phantasien. Zugleich wird die Attraktivität und verführerische Kraft des töchterlichen Körpers zu bannen versucht, indem er zum Objekt – zum Objekt taxierender Blicke und Kommentierungen – gemacht und herabgesetzt wird, etwa durch Spott oder die Definition der Regelblutung als psychischen Ausnahmezustand, Pathologie und etwas Schmutziges, zu Verbergendes. Väter wenden damit ihre Hilflosigkeit und Unsicherheit – möglicherweise ähnlich wie in der eigenen Adoleszenz, in der die auf das andere Geschlecht gerichteten Wünsche als verwirrend und bedrohlich erlebt wurden – in eine Situation von Überlegenheit, die anknüpft an Angebote in traditionellen Geschlechterarrangements und auf Kosten der Wertschätzung der körperlichen Weiblichkeit der Tochter geht. Auf seiten der jungen Frauen kann dadurch nicht nur der Stolz auf den Körper, sondern auch das Begehren, die Möglichkeit eines aktiven erotischen Wünschens und Wollens gebremst werden: Die Scham des Vaters für seine Gefühle ist dann zur Scham der Tochter für ihren Körper und die auch auf den Vater gerichteten Wünsche und Phantasien geworden.

Homosexuelle Tabus lassen die Dimension des Sexuellen zwischen Vater und Tochter sehr viel deutlicher werden als zwischen Mutter und Tochter. Möglicherweise sind homoerotische Gefühle zwischen Mutter und Tochter zudem angstbesetzter, weil die Beziehung zwischen ihnen meist intensiver, näher und damit auch stärker durch Verschmelzungstendenzen gekennzeichnet ist. So versuchen junge Frauen nicht selten, den auf die Mutter gerichteten sexuellen Wünschen und Phantasien durch Fluchtbewegungen und Entwertungen der Mutter zu entkommen. Entsprechende Dynamiken beschreibt Katherine Dalsimer (1993) auf der Basis des Tagebuchs von Anne Frank.

»Warum muß Anne ihre Rolle als zornige Kritikerin der Mutter so rasch wieder aufnehmen?... Es geht um das Erwachen sexueller Gefühle... Was uns vor allem auffällt, ist die Tatsache, daß die sexuellen Sehnsüchte, die Anne Kitty (ihrem Tagebuch, K.F.) ›gesteht‹, sich auf das Muttersymbol schlechthin – die Brüste – konzentrieren. Sie sind das Objekt sowohl ihrer masturbatorischen als auch ihrer homosexuellen Impulse. Unmittelbar anschließend wenden ihre Gedanken sich

der Venus zu, deren nackte Gestalt so schön ist, daß es Anne schwerfällt, nicht zu weinen. Angesichts der ungeheuren Wirkung, die dieses zeitlose weibliche Idealbild auf Anne ausübt, fühlen wir uns an ihre unaufhörlich wiederholten Beteuerungen erinnert, wie weit ihre eigene Mutter diesem Ideal entfernt sei... Annes Zorn auf die Mutter... dient der Abwehr. Er stellt einen Versuch dar, sich aus einer Bindung zu lösen, die von Anne nun, mit dem Aufwallen erwachsener Impulse, als eine homosexuell getönte Beziehung erlebt wird... Das Wiedererwachen ihrer Wut auf die Mutter ist ein Versuch, abzuwehren, was nichtsdestoweniger zutage tritt – die homosexuelle Sehnsucht« (ebd., S. 56f).

Trotz dieser Fluchtbewegungen gibt es bei Mädchen und jungen Frauen auch den Wunsch, von der Mutter in der sinnlich-erotischen Ausstrahlung ihres Körpers bestätigt zu werden, auf einen »erotischen Glanz im Auge der Mutter« (Bell 1991, S. 120) zu treffen. Diese erotisch-sinnliche Dimension zwischen Mutter und Tochter hat eine andere Qualität als die zwischen Vater und Tochter. Der Vater verhält sich als Anderer, als Vertreter des männlichen Geschlechts zum Körper der Tochter, die Mutter dagegen als Vertreterin des gleichen Geschlechts und für die meisten als die Person, die für frühe Körpererfahrungen und Identifikationsprozesse wichtig war. Damit spielen zwischen Mutter und Tochter immer auch Prozesse der Spiegelung, der Interpretation des Eigenen über den Blick der Anderen eine Rolle. So ist in dieser Beziehung – anders als in der zwischen Vater und Tochter – die Spannung zwischen ›Gleichsein‹ und ›Unterschiedensein‹ zentral.

Mit der Adoleszenz steht für beide Seiten – der der Töchter und der der Mütter – die Frage an, wie stark sich ihrer beider Leben und damit auch das Verhältnis zu Körperlichkeit und Sexualität unterscheiden darf: Muß die Tochter die Beschränkungen des mütterlichen Lebens weiterführen, oder darf sie es besser haben als ihre Mutter, kann die Mutter ihrer Tochter innerlich die Erlaubnis geben für ein lustvolleres Verhältnis zu Körperlichkeit und Sexualität, als sie selbst es bisher erleben konnte? Die Verhaltensmöglichkeiten von Müttern sind dabei eingebunden in die Komplexität des innerpsychischen Geschehens, das mit der Adoleszenz der Tochter verbunden ist. In der Tochter treten Frauen noch einmal die eigenen adoleszenten Wünsche und Ängste entgegen und damit auch die Gefühle, meist Enttäuschungen, die das Verhalten der eigenen Mutter hervorgerufen hat. Ob der Tochter ein Mehr an Bestätigung und Lust signalisiert werden kann, als es selbst früher erlebt wurde, hängt entscheidend ab von der Verarbeitung der gegenwärtigen Lebenssituation: insbesondere davon, wie Frauen mit der Erkenntnis umgehen, daß die Tochter ihr Erwachsenenleben jetzt vor sich hat und sie selbst mit den durch das Älterwerden gesetzten Grenzen konfrontiert sind.

Diese Konfrontation mit der eigenen Lebenssituation, die auch die anstehende Trennung der Tochter umfaßt, wird auf unterschiedliche Weise verarbeitet: Sie kann genutzt werden zur Reflexion des bisherigen Lebens, der unerfüllten Wünsche und des jetzt Möglichen und zu einer Neugestaltung führen, durch die die Tochter aus mütterlichen Bindungen entlassen wird. Der Neid auf die Tochter und die Rivalität auch bezogen auf den Partner können jedoch so dominierend sein, daß Lustmöglichkeiten beschränkende Botschaften überwiegen. Der Körper der Tochter trifft dann eher auf einen kritischen denn bestätigenden Blick der Mutter, ein aktives sexuelles Wünschen und Wollen der Tochter wird dann eher begrenzt denn ermutigt, und die körperliche Verbundenheit zwischen Mutter und Tochter findet ihren Ausdruck zum Beispiel im gemeinsamen negativen Erleben und Leiden an der Regelblutung, in dem aktive, nach außen gewandte Energien, aber auch wechselseitige Rivalität und Aggressivität stillgestellt scheinen. Gesellschaftliche Schönheitsvorstellungen und Definitionen der Menstruation finden sich in solchen Mustern ebenso wie Bilder weiblicher Sexualität, sie erhalten ihre Bedeutung jedoch durch die spezifischen Dynamiken in der Mutter-Tochter-Beziehung. Dabei ist es kaum möglich, der Tochter ein positiveres Verhältnis zum Körper und zur Sexualität zu vermitteln, als es selbst bisher erlebt wurde, möglich ist jedoch eine innere Erlaubnis für die Tochter, daß sie es besser haben darf als die Mutter, eine Erlaubnis zum Unterschiedensein im Besseren. Solche inneren Prozesse sind für diejenigen leichter zu vollziehen, die die Adoleszenz der Tochter als Chance für einen eigenen Neubeginn erleben können. Die Schriftstellerin Kim Chernim hat aus Anlaß des Auszugs ihrer Tochter aus der gemeinsamen Wohnung eine Stimmung beschrieben, die der eines adoleszenten Aufbruchs ähnelt und die auch die Tochter entläßt aus Bindungen an die Mutter: »Ein Bruch mit der Vergangenheit, die Antizipation einer neuen Freiheit... Ein Neuanfang für die Mutter, als ob auch sie und nicht nur die Tochter in ein erwachsenes Leben hinausginge. Alles ist möglich« (Chernim, zit. nach Lerner 2000, S. 390f).[3]

Für den Beginn des Weges junger Frauen in ein eigenes Leben sind – trotz der wachsenden Bedeutung außerfamilialer Beziehungen – die Botschaften, mit denen Mütter und Väter diesen Beginn begleiten, wichtig: Sie können eine Rückversicherung sein bei der mit Aufbruchsstimmung und Freude, aber auch Verunsicherung und Angst verbundenen Aneignung der neuen Möglichkeiten. Das betrifft besonders die ersten sexuellen Erfahrungen. Auch wenn auf der manifesten Ebene Abgrenzungen von den Eltern vorherrschen, ist doch bei den meisten auch der Wunsch deutlich, insbesondere von der Mutter symbolisch beim Schritt in ein eigenes sexuelles Leben begleitet zu werden, eine schützende Geste von ihr zu spüren, die die Spannung zwischen Verlockung und Angst mildert.

Wege in ein eigenes Leben

In der Adoleszenz werden Beziehungen außerhalb der Familie – zu Gleichaltrigen, Freundinnen und den Personen, mit denen die ersten sexuellen Erfahrungen gemacht werden – zunehmend bedeutsam. Sie erleichtern die Ablösung von den wichtigen Personen der Kindheit und bieten Räume, in denen eine gemeinsame Auseinandersetzung mit den Anforderungen des Zur-Frau-Werdens möglich ist.

In Beziehungen unter Gleichaltrigen entwickeln sich oft eigene Formen für den Übergang in die Erwachsenenwelt: eine Kultur der Abgrenzung von der Familie und den übrigen Erwachsenen, die gemeinsame Ausgestaltung von Aufbruchsphantasien und Wünschen nach einem neuen, anderen Leben als bisher, die Entwicklung eigener kreativer Stile der Selbstdarstellung und die gemeinsame Aneignung neuer Bereiche des Lebens, zum Beispiel der Sexualität (Breitenbach 2000; Schön 1999). Beziehungen unter Gleichaltrigen bilden dabei häufig Netzwerke mit unterschiedlichen Bezügen zueinander und Verflechtungen miteinander. Mädchencliquen, Cliquen mit Jungen und Mädchen, Gruppen in Schulklassen, Beziehungen zu Freundinnen und Liebesbeziehungen sind vielfältig miteinander verwoben und schaffen für die einzelnen die Möglichkeit eines Experimentierens mit den unterschiedlichen Facetten adoleszenter Bedürfnisse, die stark auch mit dem Alter variieren. Beziehungen zu Gleichaltrigen haben jedoch nicht nur produktive Funktionen, sondern können auch Gefährdungen und Verunsicherungen verstärken. »Freundschaften und Cliquen sind nicht nur von unterstützender und förderlicher Qualität, sondern können auch als belastend und ausgrenzend erlebt werden (und)... sogenanntes ›deviantes Verhalten‹ unterstützen und initiieren« (Breitenbach 2000, S. 15). Ebensowenig eindeutig ist die Bedeutung von Gleichaltrigengruppen bei der Auseinandersetzung mit den körperlichen Veränderungen und den sexuellen Wünschen und Phantasien: Entlastende und lustbetonende Qualitäten sind ebenso möglich wie kränkende und Konflikte verschärfende Dynamiken. Dabei hängt es stark auch von Zufälligkeiten der Zusammensetzung von Gleichaltrigengruppen ab, ob Mädchen und junge Frauen in diesen Beziehungen eine Unterstützung finden für eigene Entwicklungen oder aber mit ihren Bedürfnissen, Wünschen und Ängsten allein bleiben. Um die Potentiale von Gleichaltrigengruppen nutzen zu können, müssen zudem schon entsprechende Ressourcen vorhanden sein. »Für Mädchen, die sich in einer persönlich, familiär und/oder sozial bedrängten Lage befinden, ist es sehr viel schwieriger, freundschaftliche Beziehungen mit anderen Mädchen aufzubauen, zu pflegen und in ihr Selbstbild zu integrieren« (ebd., S. 304).

Eine große Bedeutung für die Aneignung der mit Körperlichkeit und Sexualität verbundenen Veränderungen hat die Gruppe der gleichaltrigen Mädchen in der Schulklasse. Sie bietet »das zentrale Feld, in dem soziale Definitionen des ›Normalen‹, des ›Richtigen‹ und des ›Attraktiven‹ vermittelt werden« (Faulstich-Wieland 1999, S. 99). So schaffen zeitliche Gemeinsamkeiten bei den Veränderungen des Körpers – der ersten Menstruation und dem Wachsen der Brüste – einen Maßstab für normgerechte Entwicklungen, vor dessen Hintergrund Abweichungen als problematisch empfunden werden können: ›Zu frühe‹ Entwicklungen sind bei Mädchen oft schambesetzt, weil sie mit Sexualität und Sexualisierung verknüpft sind, ›zu späte‹ Entwicklungen kränkend, weil sie als Zeichen eines Zurückbleibens erlebt werden. Für die meisten ist es mit Freude und Erleichterung verbunden, wenn die Gemeinsamkeit mit den anderen und damit die Zugehörigkeit zu ihnen wieder hergestellt ist.

Ähnlich normierend wirkt die Gruppe der Gleichaltrigen, wenn es um den ersten Freund und die ersten sexuellen Erfahrungen geht. Besonders Abweichungen in Richtung eines ›noch nicht‹, wenn einige schon mit einem Jungen geschlafen haben, werden oft als problematisch empfunden: Ein wichtiger Schritt in Richtung Erwachsenwerden ist im Erleben der jungen Frauen noch nicht vollzogen. Dabei werden die ersten sexuellen Erfahrungen oft als wenig lustvoll und befriedigend beschrieben. Ebenso wie für die körperlichen Veränderungen sind auch für die sexuellen Wünsche und Erregungen psychische Aneignungsprozesse erforderlich, durch die die Spannung zwischen Lust und Angst, von den Gefühlen überschwemmt zu werden, verringert wird. Für entsprechende Aneignungsprozesse kann die Einbindung in die Gruppe der Gleichaltrigen unterstützend und entlastend sein. Die Gemeinsamkeit von körperlichen Veränderungen und Schritten hin zu sexuellen Erfahrungen schafft einen Rahmen von ›Normalität‹, durch den eigene Ängste und Verunsicherungen an Brisanz verlieren. Diese hilfreiche Funktion der Gleichaltrigengruppe ist jedoch nur für diejenigen gegeben, deren Wünsche und Entwicklungen denen der Gruppennormen entsprechen. Für diejenigen, die vom normativ in der Gruppe Geforderten abweichen – durch andere zeitliche Abläufe der körperlichen Veränderungen oder andere mit Sexualität verbundene Bedürfnisse – kann diese Situation Isolation und zusätzliche Verunsicherung bedeuten. Davon sind besonders diejenigen betroffen, die sich sexuell nicht zu Jungen und Männern, sondern zu Mädchen und Frauen hingezogen fühlen.

In Gruppen gleichaltriger Mädchen und junger Frauen wird die Wirksamkeit gesellschaftlicher Schönheitsvorstellungen besonders deutlich. So gibt es eine Kultur der Unzufriedenheit mit dem Körper, der Kritik an ihm, kaum jedoch eine Kultur des Stolzes, des körperlichen Wohlbefindens und der wechselseitigen positiven Bestätigung. Vor diesem Hintergrund können bewertende Blicke und Kommentare des anderen Geschlechts besonders kränkend und verletzend sein. In der Adoleszenz scheinen Strukturen des Geschlechterverhältnisses wirksam zu werden, die es Jungen ermöglichen, die besonders mit dem Beginn dieser Zeit verbundenen Verunsicherungen in ein aggressiv-sexualisierendes Verhalten gegenüber Mädchen und jungen Frauen zu wenden und sich über eine Entwertung des zugleich als verführerisch und bedrohlich erlebten Weiblichen zu stabilisieren. Damit werden Asymmetrien zwischen den Geschlechtern körperlich verankert: in der den Jungen und Männern zugestandenen Macht, körperliche Grenzen zu überschreiten und körperlich zu verletzen, und der Anfälligkeit von Mädchen und Frauen für solche Verletzungen. Insbesondere in der Adoleszenz wird die »Erfahrung potentieller männlicher Verletzungsmacht... in die leiblich-affektive Konstruktion der Geschlechterdifferenz eingebaut... In die leiblich-affektive Konstruktion des weiblichen Geschlechts ist eine Verletzungsoffenheit gegenüber dem anderen Geschlecht eingelassen« (Wobbe 1994, S. 192 ff).

Eine besondere emotionale Bedeutung haben für Mädchen und junge Frauen Beziehungen zu Freundinnen, insbesondere einer ›besten Freundin‹, mit der die Wünsche, Ängste, Hoffnungen und Enttäuschungen dieser Zeit geteilt werden. Freundinnen können sich auf dem Wege der Aneignung der körperlichen Veränderungen und sexuellen Wünsche gegenseitig ermutigen und unterstützen und Erfahrungen von ›Verletzungsoffenheit‹ mit gemeinsamen Strategien begegnen, sie können auch entlastende Funktionen in bezug auf die Normen der Gleichaltrigengruppe haben, indem sie ihnen die eigenen Wünsche und Interessen entgegensetzen. Bei einigen entwickelt sich eine erotisch-sinnliche Nähe, die ein wechselseitiges Erkunden des Körpers und eine wechselseitige Bestätigung möglich macht. Dabei hängt es auch von den jeweiligen Dynamiken in Gleichaltrigengruppen und Schulklassen ab, ob Mädchen und junge Frauen Freundinnen finden, mit denen sie Entwicklungen gemeinsam vollziehen und sich wechselseitig ermutigen können, ober ob sie keine solche Unterstützung haben und mit dem von ihnen Gewünschten allein bleiben.

In Freundinnenbeziehungen sind alle gleichermaßen betroffen von den Verunsicherungen und der emotionalen Dynamik dieser Zeit. Das kann die unterstützenden und stärkenden Funktionen von Freundschaften unter Mädchen und jungen Frauen begrenzen. Psychische Probleme, Leid und Trauer haben oft in diesen Beziehungen wenig Raum, auch weil Mädchen entsprechende Befindlichkeiten selbst nicht ausdrücken können. Äußeres Verhalten und inneres Erleben treten dann auseinander. »Es ist eine Zeit, in der eine... zweite Wirklichkeit entwickelt wird: ... (Die) Jugendliche zeigt sich zum Beispiel cool... und verbirgt dahinter... andere Gefühle« (Streeck-Fischer 1997, S. 52). Vor diesem Hintergrund können erwachsene Frauen, die nicht zur engeren Familie gehören und dementsprechend nicht in Mutter-Tochter-Dynamiken eingebunden sind – wie entferntere Verwandte, Mütter von Freundinnen und Frauen in pädagogischen Institutionen –, eine wichtige Funktion als Ansprechpartnerinnen und Bezugspersonen für Mädchen und junge Frauen haben.

Eine große Bedeutung auf dem Weg in ein eigenes Leben haben die ersten Liebesbeziehungen junger Frauen. Diese – für die überwiegende Mehrheit heterosexuellen – Beziehungen sind zunächst innerpsychisch noch eingebunden in die Beziehung zu den Eltern: in die um den Vater kreisenden erotischen Phantasien und die insbesondere mit der Mutter verknüpften Wünsche nach Bestätigung, Zuwendung und Wärme. Der Abschied von der Vorstellung, solche aus der Bindung an die Eltern stammenden Phantasien und Wünsche in der Beziehung zu einem Partner verwirklichen zu können, ist zugleich auch ein weiterer Schritt der inneren Lösung von den Eltern, der zunächst mit der Erfahrung von Alleinsein verbunden ist. Diese Erfahrung auszuhalten kann Impulse geben für die Entwicklung eines Gefühls für das eigene Selbst und eines eigenen Lebensentwurfs. Erst auf der Basis einer so gewonnenen Unabhängigkeit – die auch den Abschied von der fürsorglichen Nähe der Eltern erfordert (Köhncke 2001) – ist es möglich, den Schritt in ein eigenes Leben zu gehen und die Offenheit der Zukunft zu genießen.

Anmerkungen

Zur Studie und Danksagung

1 Der Begriff der »Adoleszenz« wird in der Mehrzahl der Studien zur Kennzeichnung jener psychischen und sozialen Prozesse benutzt, die die körperlichen Veränderungen dieser Zeit – auf die sich der Begriff der »Pubertät« bezieht – begleiten. Die körperlichen Reifungsprozesse der Pubertät – insbesondere die Möglichkeit zu erwachsener genitaler Sexualität und dazu, Kinder zeugen und gebären zu können – werden gesehen als Auslöser für psychische und soziale Entwicklungen: Für die Ausgestaltung der geschlechtlichen Identität, die Modifizierung des Verhältnisses zu den Eltern und die von ihnen abgegrenzte Gestaltung eigener Liebes- und Arbeitsbeziehungen (vgl. Flaake/King 1992, S. 7 ff).

2 Zur Bedeutung einer Geschlechterperspektive in der Psychoanalyse vgl. Flaake 2000.

3 Trotz der zunehmenden Verbreitung anderer als der traditionellen familialen Lebensformen lebt doch die überwiegende Mehrzahl der Jugendlichen mit Mutter und Vater zusammen. »87 Prozent der Kinder wachsen heutzutage bis zum 18. Lebensjahr mit beiden leiblichen Eltern auf« (Nave-Herz 1999, S. 35). Die Bedeutung von Geschwistern wurde nur in Einzelfällen berücksichtigt. Zur Vernachlässigung von Geschwisterbeziehungen in der Psychoanalyse vgl. Schäfer 1999, S. 117.

4 Insgesamt wurden Interviews aus zehn Tochter-Mutter-Vater- bzw. Stiefvater-Konstellationen in die Untersuchung einbezogen, zudem Interviews mit vier jungen Frauen und ihren Müttern, einer jungen Frau und ihrem Vater sowie ergänzend fünf Interviews mit jungen Frauen. Die meisten der jungen Frauen besuchten das Gymnasium oder integrierte Gesamtschulen. Alle Befragten wurden einzeln interviewt. Die meisten Interviews sind über private Kontakte zu unterschiedlichen Gruppen von Schülerinnen in Osnabrück und Umgebung durchgeführt worden, einige Interviews in Berlin. Die Interviews wurden strukturiert durch einen Leitfaden, der Anregungen zum Erzählen der mit Körperlichkeit und Sexualität verbundenen Veränderungen, Erfahrungen, Gefühle, Wünsche und Ängste gibt.

5 Die Interpretationen orientierten sich an der für die Auswertung von Interviews modifizierten Methode der tiefenhermeneutischen Textinterpretation, die insbesondere für literarische Texte in einer Gruppe um Alfred Lorenzer entwickelt wurde (zum Beispiel Belgrad 1996; König 1997; Lorenzer 1986; Würker 1999). Eine differenzierte Darstellung des Vorgehens bei der Interpretation von Interviews findet sich in Klein 2000. Wesentliches Mittel zum Verstehen der latenten Gehalte von Texten ist bei dieser Methode die Reflexion der eigenen Reaktionen auf den Text – bei Interpretationen in Gruppen auch die der Dynamik in der Gruppe –, die als ›Gegenübertragungen‹, d. h. auch mit den unbewußten Gehalten des Textes zusammenhängende Gefühle gesehen und bearbeitet werden. Ebenso einbezogen werden die Interaktionen zwischen Interviewenden und Befragten. Zudem bieten an Besonderheiten des Textes sich festmachende Irritationen Zugangsmöglichkeiten zu latenten Gehalten: auffällige Formulierungen, Versprecher, Widersprüchliches, Auslassungen, eine bestimmte Verknüpfung von Themen, Brüche in den Darstellungen.
Die Interviews wurden über mehrere Semester in Lehrveranstaltungen gemeinsam mit Studierenden interpretiert. Dabei erwies sich folgendes Vorgehen als sinnvoll:
– gemeinsames Anhören des Interviews, Sammeln und Reflexion der ersten Eindrücke, Assoziationen und Gefühle;
– genaue Analyse einzelner Textpassagen, insbesondere der Eingangssequenz;
– Zusammenfügen der Interpretationen, Herausarbeiten von Entsprechungen und Widersprüch-

lichem, Versuch, ein ›Gesamtbild‹ zu formulieren.
Interpretationen müssen dabei immer am Text belegbar sein. Der Prozeß der Auswertung beruht auf einer immer wieder erneuten Lektüre des Textes, auf einer sich wiederholenden Rückkehr zum Interview und entsprechenden Reflexionen.
Die Interviews wurden zudem interpretiert im Frankfurter Arbeitskreis »Tiefenhermeneutik und Sozialisationstheorie« und einer privat organisierten Arbeitsgruppe.

6 Sowohl an der Freien Universität Berlin als auch der Universität Oldenburg sind in diesem Kontext eine Reihe von Zwischenprüfungs- und Examensarbeiten entstanden. Zu den an der Freien Universität Berlin verfaßten Arbeiten vgl. Gülle 1995; Hudewentz 1998; Lieberknecht 1993, zu den an der Universität Oldenburg entstandenen Arbeiten vgl. Brüggemann 1999; Kleyda/Kuhlmann 1999; Scholz/Schilling 1998; Siemers 1998.

Die erste Menstruation

1 Aus der dritten Antwortvorgabe, die von 31 Prozent gewählt wurde – »Ich fand es normal und natürlich« –, kann nicht auf das zugrundeliegende Erleben geschlossen werden, positive wie auch negative Empfindungen können gleichermaßen darin enthalten sein. Sowohl diese Studie als auch die von Erica Mahr arbeiten mit Antwortvorgaben, die quantitative Auswertungen ermöglichen, dementsprechend aber Ambivalenzen und Widersprüchlichkeiten kaum zu erfassen in der Lage sind. Insofern bilden die genannten Tendenzen Oberflächenphänomene ab, die sich bei einer differenzierteren Analyse möglicherweise als weniger eindeutig erweisen würden.

2 Zur Bedeutung des »frühen« oder »späten« Eintretens der ersten Menstruation vgl. auch Lee/ Sasser-Coen 1996, S.126ff. und Hauswald/Zenz 1992, S.53f. So sind viele Mädchen »darauf bedacht, die körperliche Entwicklung im gleichen Tempo wie die Peers zu durchlaufen, um nicht als ›unterentwickelt‹ zu erscheinen und um nicht isoliert dazustehen – als einzige, die bereits menstruiert oder als einzige, die noch nicht menstruiert haben« (Hauswald/Zenz 1992, S.53).

3 Brigitte Reimann (2000) hat in ihrem Roman »Franziska Linkerhand« auf eindrückliche Weise die Bindung des Erlebens der ersten Regelblutung an das wenig attraktive Leben der Mutter beschrieben. »Sie haben mich, dachte Franziska, von panischer Angst erfaßt« (S.39). Ihre Phantasie, »frei, wild« wie »ein Pferd« zu sein, wird zerstört durch die Vorahnung vom »stupiden Weiberalltag«. Diese Gefühle verbinden sich mit der Trauer um das Ende der Kindheit – »Sie beweinte einen Verlust ohne Namen« (S.41) – und der Angst vor Sexualität, dem »keuchenden weißen Tier« (ebd.) und finden ihren Ausdruck in dem verzweifelt vorgetragenen Wunsch: »Ich will keine Frau sein« (ebd.).

4 Vgl. dazu auch Breitenbach 2000, S.299.

5 Vgl. dazu auch die Darstellung der Phantasien einer jungen Frau in Berger 1989, S.246.

6 In Simone de Beauvoirs autobiographischen Schilderungen deutet sich eine Verbindung an zwischen auf den Vater bezogenen sexuellen Wünschen und Erregungen und der ersten Regelblutung als Strafe dafür. In den Darstellungen findet sich folgende Abfolge von Szenen: Die räumliche Nähe zum elterlichen Schlafzimmer – »nur eine dünne Wand trennte jetzt mein Bett von dem meiner Eltern« –, die Geräusche des Vaters – »in dem ich meinen Vater schnarchen hörte« –, Alpträume, in denen »ein Mann... auf mein Bett (sprang)..., mir war, als müßte ich ersticken«, das »Grauen« vor der Stimme der Mutter am Morgen, die erste Regelblutung als »schmähliche Krankheit«, die mit »Schuldgefühl«, mit »Schuld« verbunden wird (Beauvoir 1968, S.95ff).

7 Emily Martin (1989) stellt in ihrer Studie über Körperbilder und Körpererleben erwachsener Frauen bezogen auf die Menstruation ebenfalls ein »Getrenntsein von Selbst und Körper« (S. 112) fest, das in Formulierungen zum Ausdruck kommt, »in denen die Menstruation als etwas von außen kommendes« (S. 111) erscheint. »Selten benutzen Frauen Ausdrucksweisen, die eine Einheit zwischen ihnen selbst und der Menstruation bezeichnen« (S. 111). »Ich blute« wäre eine Formulierung, die eine solche Einheit ausdrückt, »ich habe die Menstruation« drückt dagegen eine Spaltung zwischen »Ich« und »Menstruation« aus. Emily Martin sieht die Trennung von Körper und Geist als Resultat einer Medizinalisierung des weiblichen Körpers, die auf Kontrolle und Beherrschbarkeit durch eine von Männern geprägte Wissenschaft ausgerichtet ist.

8 Janet Lee und Jennifer Sasser-Coen (1996) berichten in ihrer Studie über das Erleben der ersten Menstruation bei 104 in den USA lebenden Frauen aller Altersgruppen und aus unterschiedlichen sozialen Schichten und ethnischen Gruppen über ähnliche Tendenzen.
»For most of the women... their experience was described as something that was happening ›to‹ them, as something outside of themselves, rather than something that was a part ›of‹ them. They talk about their periods as something they ›have‹, ›get‹, or are ›on‹.... Their descriptions of menarche exude a sense of fragmentation between self and body, a sense of menarche as something a women has to cope with, adjust to, and manage. Menarche is something that seems to appear from the outside, invading the self« (S. 94f). Das passive, indirekte und fragmentierte Reden über Menarche wird gesehen als Aspekt einer generelleren Entfremdung vom Körper, die Resultat von Diskursen über weibliche Sexualität in westlichen Gesellschaften ist, in denen »sexual objectification and alienation« (S. 95) zentral sind: »Women are encouraged to feel pleasure through their own bodily objectification, to identify as objects of male desire and to accept the sexualization of their bodies« (S. 96).

9 Brigitta Hug (1982) weist in ihrer Studie zur Menstruation hin auf die nur begrenzte Reichweite einer medizinisch orientierten Aufklärung. Sie kann unterstützend sein, »genügt aber nicht und kann sich sogar konträr auswirken, wenn das Mädchen seine eigenen, zunächst labilen und diffusen Körperwahrnehmungen konfrontiert sieht mit medizinischen Tabellen und Normen über den menstruellen Zyklus. Die medizinischen Statistiken und Beschreibungen decken sich nicht unbedingt mit seinen Wahrnehmungen. Es fällt übrigens auf, wie Frauen trotz mehrmaliger Aufklärung durch Mütter, Lehrer und Ärzte nur spärliche und z.T. auch falsche Kenntnisse vom menstruellen Zyklus haben. Diese Denkhemmung... läßt sich m.E. als Widerstand gegen die Besetzung und die Erforschung der eigenen Sexualität deuten, oder auch als Widerstand gegen die Zersetzung der eigenen Erfahrung durch den medizinischen Apparat« (S. 121). Dennoch bietet eine Vorbereitung auf die erste Regelblutung durch die Eltern, meist die Mutter, bessere Möglichkeiten zu einem positiven Erleben (Hauswald/Zenz 1992, S. 51; Mahr 1985, S. 144; Schmid-Tannwald/Kluge 1998, S. 62f.; Schwarz 1997, S. 231). Dabei sind die Töchter sehr viel besser auf ihre erste Regelblutung vorbereitet gewesen als ihre Mütter (Schmid-Tannwald/Kluge 1998, S. 77). Das Wissen über die mit der Regelblutung verbundenen körperlichen Vorgänge scheint bei vielen jedoch wenig präzise zu sein (vgl. Gille 1995; Hauswald/Zenz 1992; Milhoffer 1999).

10 Vgl. dazu auch Schröter 1985.

Mütter, Töchter und Menstruation

1 Ruth Waldeck (1992) beschreibt in Anlehnung an Wilhelm Reichs Formulierung des »toten Beckens« die körperliche Entsprechung einer Unterdrückung und Kontrolle sexueller Regungen: »Da die Quelle sexueller Wünsche... im Bauch sitzt..., lassen sich die bedrohlich erscheinenden Gefühle durch flache Atmung, körperliche Verkrampfungen und Fehlhaltungen regelrecht abklemmen« (S. 191). Da die Menstruation erregende und lustvolle Empfindungen auslöst – das Blut fließt »durch die Vagina bis zu den sensiblen äußeren Regionen der Genitalien (und) Becken und Genitalien (sind) stärker durchblutet als in allen anderen Zyklusphasen« (S. 193) –, können sich auf sexuelle Erregung und Lust richtende Verbote in Verkrampfungen während der Menstruation äußern, die zum Beispiel die von Katrin beschriebenen starken Rückenschmerzen zur Folge haben.

2 Bei der »Identifikation mit dem Aggressor« handelt es sich um einen psychischen Abwehrmechanismus, in dem die Position des ohnmächtigen Erleidens so verarbeitet wird, daß innerlich ein Seitenwechsel stattfindet und aus der Position der Macht genau jene Verhaltensmuster wiederholt werden, die selbst erlitten wurden. Anna Freud war die erste, die diesen Abwehrmechanismus beschrieben und als normale Entwicklungsstufe auf dem Wege der Über-Ich-Bildung dargestellt hat: »Mit der Darstellung des Angreifers, der Übernahme seiner Attribute oder seiner Aggression verwandelt das Kind sich... aus dem Bedrohten in den Bedroher« und vollzieht damit eine »Wendung von der Passivität zur Aktivität« (Freud 1984, S. 88). Dieser Abwehrmechanismus hat jedoch nicht nur Bedeutung als Zwischenstufe in einer Entwicklung, sondern ist ein wesentlicher innerer Verarbeitungsmechanismus von als kränkend erlebten Erfahrungen, der in vielen Verhaltensweisen von Erwachsenen gegenüber Kindern und Jugendlichen eine Rolle spielt.

3 So hat Donald W. Winnicott die Notwendigkeit von aggressiven Impulsen für die Ablösung von den Eltern betont: »Erwachsen zu werden bedeutet für die Jugendlichen, den Platz der Eltern einzunehmen... In der unbewußten Phantasie ist Erwachsenwerden notwendig ein aggressiver Akt« (zit. nach Musfeld 1997, S. 188). Den Platz der Eltern einzunehmen bedeutet, sie in ihrer inneren Bedeutsamkeit zu ›ermorden‹, d.h. daß der Schritt ins Erwachsenwerden symbolisch »über die Leiche eines Erwachsenen« (ebd.) vollzogen wird. In diesem Rahmen haben Enttäuschungsaggressionen eine große Bedeutung.

4 Zur Bedeutung der Sublimierung in der adoleszenten Entwicklung von Mädchen vgl. King 1999, zur Bedeutung der Intellektualisierung vgl. Blos 1978, S. 131 f.; Dalsimer 1993, S. 69.

5 Der von Winnicott (1958) geprägte Begriff des ›Übergangsobjekts‹ entstand im Zusammenhang mit frühen kindlichen Entwicklungsphasen und bezeichnet eine Aktivität des kleinen Kindes, in der auf dem Wege zur Ablösung von der Mutter mit ihr innerlich verbundene, aber doch getrennte ›Objekte‹ genutzt werden. Er läßt sich übertragen auf alle Prozesse, in denen es – wie in der Adoleszenz – um neue Balancen von Nähe und Distanz im Verhältnis zwischen Mutter und Kind geht.

6 Ulrike Prokop (1994) beschreibt – sich beziehend auf Interviews mit anorektischen jungen Frauen, die von Beate Szypkowski durchgeführt und ausgewertet wurden – eine ähnliche Konstellation. »Ich hab' meine Tage gekriegt, ich glaube mit 13... Ich war auf dem Klo und stellte fest: Ich hab' meine Tage. Na ja, jetzt ist man ein bißchen verunsichert... und lief dann auch zu meiner Mutter, und die gab mir eine Binde und ich hab' die Binde angezogen und bin da raus, und da steht die da vor versammelter Mannschaft, hebt eine Flasche Sekt hoch und sagt: So, jetzt stoßen wir alle darauf an, daß Claudia ihre Tage gekriegt hat. Und ich stand da und hab' gedacht, ich versink' im Erdboden. Wo ich wieder das Gefühl hatte, sie okkupiert alles, was zu mir gehört. Sie nimmt das so als Anlaß zum Feiern. Es war mir total peinlich« (S. 84). Ulrike Prokop interpretiert diese Szene –

ebenso wie andere ähnliche – als Zeichen dafür, »wie sich hinter der Fassade fortschrittlicher Gleichheit von Müttern und Töchtern ein Übergriff, eine narzißtische Erweiterung auf seiten der Mütter, eine rasende verzweifelte Wut auf seiten der Töchter, abspielt. Es geht um ein Unsichtbarmachen der Differenz zwischen heranwachsenden Töchtern und ihren Müttern« (S.85).

7 Hendrika Halberstadt-Freud (2000) weist auf die große Bedeutung eines solchen von der Mutter abgegrenzten Bereichs hin: »Für Mädchen... ist es wichtig, Geheimnisse zu haben, insbesondere sexuelle, um sich der Autonomie des eigenen Körpers zu vergewissern« (S.89; vgl. auch Laufer/ Laufer 1989; Waal 1996).

8 Die von uns befragten Mütter sind zwischen 1954 und 1958 geboren. Sie waren jeweils zwischen 1967 und 1971 13 Jahre alt, zu einer Zeit also, in der sexuelle Liberalisierungstendenzen erst begannen sich durchzusetzen.

9 Dabei ist der normative Druck zur Offenheit bezüglich Körperlichkeit und Sexualität stark an Entwicklungstendenzen in westlich-industriellen Gesellschaften gebunden. Das folgende Zitat aus einem 1997 durchgeführten Interview mit einer 41jährigen russischen Arbeiterin im Rahmen einer Studie von Martina Ritter (1999a) über Veränderungen im Geschlechterverhältnis in Rußland zeigt auf eindrückliche Weise, wie schambesetzt das Reden mit der Tochter über die erste Menstruation in kulturellen Zusammenhängen sein kann, die nicht von westlichen sexuellen Liberalisierungstendenzen geprägt sind. Zugleich ist es dieser Mutter möglich, eine Scham auszusprechen, die in westlichen Gesellschaften kaum mehr öffentlich geäußert werden kann, da der normative Druck zu Offenheit und Liberalität zu stark ist. »Ich schäme mich, darüber (über die erste Menstruation, K.F.) zu sprechen. Ich muß es meiner Tochter bald sagen, sie ist schon elf..., ich muß es ihr sagen. Ich weiß nicht wie. Ich warte noch ein wenig. Sie zeigen (im Fernsehen, K.F.) all diese Pampers, Binden und sie fragt, was ist das. Ich sage: Warte, bis du ein bißchen größer bist und dann... Ich muß sie warnen, daß sie nicht mit 15 schwanger wird.«

10 Die Studie von Erica Mahr (1985) zeigt, daß sich die Unterschiede zwischen jungen und älteren Frauen im Erleben der ersten Menstruation – mehr junge als ältere äußern sich positiv – beim Erleben der folgenden Regelblutungen relativieren: In allen Altersgruppen überwiegt eine starke negative Einstellung zur Menstruation – 60 Prozent der Frauen äußern sich entsprechend –, 9 Prozent haben eine positive Haltung und 31 Prozent zeigen sich indifferent (S.148f). Stark verbreitet sind auch Gefühle von Unwohlsein. 573 von 596 befragten Frauen bejahen die Frage nach dem Vorhandensein von Beschwerden vor oder während der Menstruation: 32,1% geben geringe Beschwerden an, 34,7% leiden unter mäßigen und 33,2% unter starken Symptomen (S.131). Bei den 12- bis 16jährigen berichten 40% von Menstruationsbeschwerden, die den Status von Krankheitssymptomen haben (Kolip 1994, S.41). Eine für die alten Bundesländer repräsentative Studie über das Verhältnis von Mädchen zu ihrem Körper zeigt die große Verbreitung einer negativen Bewertung der Menstruation bei jungen Frauen: So verbinden knapp ein Drittel der 13- bis 15jährigen Mädchen mit der Menstruation keinerlei positive Vorstellungen, fast alle nennen jedoch als unangenehm Empfundenes (Gille 1995).

11 Von ähnlichen Tendenzen berichtet Lilian Rotter am Beispiel einer Frau, die durch die Menarche der Tochter in eine Depression verfiel, der die latente Aussage zugrunde lag: »Ich selber war nie jung und fröhlich – jetzt ist die Reihe schon an meiner Tochter – und ich muß endgültig entsagen« (Rotter, zit. nach King 1992, S.120).

12 Die Phantasien, die Mädchen vor ihrer ersten Regelblutung bezogen auf die Beziehung zur Mutter haben, werden in der Studie von Mechthild Hauswald und Helmuth Zenz (1992) deutlich: »Die prämenarchischen Mädchen wußten schon genau, wie sie sich verhalten wollten: zuerst wollten

sie das Ereignis ihren Müttern erzählen, die dann stolz darauf reagieren würden« (S. 51). Hauswald und Zenz vermuten, daß viele Mädchen nach der ersten Regelblutung enttäuscht sind, weil sich ihr Leben – entgegen der Phantasie, mit der ersten Menstruation erwachsen zu werden – kaum verändert hat, sie zum Beispiel kaum weniger als Kind behandelt werden. Hauswald und Zenz sehen darin eine mögliche Erklärung für die rückblickend überwiegend negative Darstellung der ersten Regelblutung durch Mädchen und junge Frauen.

13 Für den Hinweis auf dieses faszinierende Buch danke ich Johanna Schäfer.

14 Es wurde nur die Mutter befragt, so daß die Erinnerungen und Empfindungen der Tochter nicht einbezogen werden können.

15 Für diese Hinweise danke ich Petra Christian-Widmaier.

16 Audre Lordes Eltern sind 1924 von der Karibikinsel Grenada nach New York gegangen. Die erste Regelblutung bekommt Audre Lorde mit 15 Jahren, im Sommer 1949.

17 Ähnliche Tendenzen hat Anne Schwarz (1997) in ihrer Studie über Mädchen und Sexualität festgestellt (S. 230 ff).

18 Für US-amerikanische Verhältnisse weist Joan Jacobs Brumberg (1997) hin auf die große Bedeutung der Binden- und Tamponindustrie für die Definition der Menstruation als Hygieneproblem, die sie mit der Formulierung »sanitizing puberty« kennzeichnet. »Unfortunately, many American girls grow up equating the experience of menarche and menstruation with a hygiene product... The sanitary products industry dominates the experience of sexual maturation in America... The surrender of a life event such as menarche to the sanitary products industry probably contributes in some measure to the difficulties we face today with female adolescent sexuality... When contemporary American girls begin to menstruate, they think of hygiene, not fertility« (S. 53 ff). Am Beispiel italienischer Einwanderinnen wird die kulturelle Variabilität des Umgehens mit der Menstruation deutlich: »Italian immigrants... resisted middle-class efforts to sanitize the menstrual experience. In fact, they worried about any intervention that would divert or interfere with menstrual blood. To the chagrin of physicians and health educators of the Progressive era, Italian mothers did not encourage their daughters to change their menstrual rags often. In their minds, a heavily stained napkin was a good sign, it signified fertility and stimulated the blood flow« (S. 44). Eine Analyse der deutschsprachigen Tampon- und Bindenwerbung findet sich in Hohage 1998, S. 151 ff.

19 Johanna Schäfer (1999) weist darauf hin, daß bei aggressiv aufgeladenen Interaktionen in der Adoleszenz Konflikte von Töchtern und Müttern gleichermaßen eine Rolle spielen. Von der Mutter können »unbewußt abgewehrte, unverträgliche Impulse und Phantasien auf die Tochter projiziert werden, mit denen sie sich über die Verbundenheit mit der Tochter wieder identifizieren kann. Andererseits projizieren Töchter besonders im adoleszenten Alter unangenehme und verpönte aggressive und sexuell unakzeptable Vorstellungen und Phantasien auf die Mutter und können die Konfrontation mit diesen Phantasien damit vermeiden« (S. 121 f).

20 Tamara Musfeld (1997) weist hin auf das Zusammengehören von Liebe zur Mutter und heftiger Aggression ihr gegenüber. Gerade weil die mit der Mutter verbundenen Wünsche und Sehnsüchte so groß sind, muß auch der aggressive Aufwand zur Ablösung groß sein: »Aufgeben, das bedeutet Verlust, und ein Ersatz ist nicht sofort zur Hand. Da es nicht freiwillig, sondern auf Basis eines heftigen, inneren Konflikts geschieht, in dem die Wünsche mit dem Verbot ringen, bietet die Aggression ein wichtiges Instrument, um sich zunächst abzugrenzen und zu entfernen. Sie ist einerseits Schutz vor überwältigenden Sehnsüchten, doch lieber dort zu bleiben, wo man ›zu Hause‹ ist, und scheint deshalb zunächst die Mutter besonders stark zu treffen, denn sie ist es – in

unserer und vielen anderen Gesellschaften –, mit der die erste Liebesbindung erlebt wurde. Darüber hinaus repräsentiert sie das Gefühl von zu Hause, von mütterlichem Schutz und Geborgenheit, das gerade in einer Zeit der Verwirrung und Ohnmacht gesucht und benötigt würde. Um so mehr muß eine Abwehr erfolgen, um sich gegen diesen eigenen inneren Wunsch nach Regression abzusichern« (S. 183f.; vgl. auch Kanter 1996).

21 In feministischen Diskussionen im Anschluß an die insbesondere mit den Namen von Carol Gilligan (zum Beispiel Gilligan/Rogers 1996), Terri Apter (1990), Judith Jordan (1996) und Jean Baker Miller (1979) verbundenen Debatten um ein ›Selbst in Beziehung‹ wird die Verbundenheit zwischen Mutter und Tochter betont. Im Zentrum steht die Annahme, daß die Adoleszenz nicht eine Loslösung der Tochter von der Mutter bedeuten muß, sondern eine Differenzierung der Tochter innerhalb dieser Beziehung und damit eine Reorganisation der Mutter-Tochter-Beziehung auf einer neuen Stufe, die Wiederherstellung von Vertrautheit und Nähe auf neuem Niveau möglich ist. In diesem Modell fehlt jedoch die Dimension innerer Ablösungsprozesse, die immer auch mit Aggression verbunden ist und auf deren Basis erst eine Neuorganisation der Mutter-Tochter-Beziehung möglich ist.

22 Carola Leyh (2000) betont in diesem Zusammenhang, daß Mütter sich auch gegen die Ansprüche ihrer Töchter abgrenzen müssen: »So wie die Mutter die Tochter in ihrer Eigenständigkeit anerkennen muß, muß dies auch die Tochter ihrerseits tun, weshalb sich auch Mütter gegen die Vereinnahmungstendenzen und Ansprüche ihrer Töchter massiv zur Wehr setzen müssen, um den eigenen inneren Raum zu verteidigen. Auch die Töchter müssen die Subjekthaftigkeit der mütterlichen Bezugsperson anerkennen« (S. 104f).

Väter, Töchter und die erste Menstruation

1 Das Bedürfnis des Vaters, die Tochter zum Sohn zu machen und einen kindlich-knabenhaften Körper an ihr wertzuschätzen, kann auch verstanden werden als Versuch, mit einer als bedrohlich erlebten Weiblichkeit zurechtzukommen, als »Bollwerk gegen die Ängste des Vaters vor Weiblichkeit« (Hirsch 1999, S. 201; vgl. dazu auch Willenberg 1989). Besonders prägnant kommen Probleme einer Vater-Tochter-Konstellation, in der der Vater die Tochter zum Sohnersatz macht, in der Beziehung zwischen Karl Marx und seiner Tochter Eleanor zum Ausdruck. Der Vater bindet die Tochter – nach dem Tod seines geliebten achtjährigen Sohnes – eng an sich, das vorherige Desinteresse des Vaters an der Tochter als Mädchen verwandelt sich in besondere Zuneigung, die stark von der Phantasie des Vaters geprägt ist, daß Eleanor Aussehen und »Charakter eines Knaben« (Marx, zit. nach Goch 1988, S. 281) habe. Er betrachtet die Tochter Zeit seines Lebens als seinen Besitz, als zu sich gehörig, als Teil seiner Selbst und verbietet ihr eine Eheschließung und die Entwicklung einer eigenständigen beruflichen Perspektive. Eleanor kann sich aus der Abhängigkeit zum Vater nicht lösen und bleibt gehorsame Tochter, die sich – als das idealisierte Bild des Vaters nach seinem Tod zerbricht – das Leben nimmt. Es gelingt »der heranwachsenden Tochter nicht, ›zu sich‹ zu finden und eine eigene Identität zu entwickeln. Der Ablösungsprozeß wird blockiert; alle eigenständigen ›Schritte ins Leben‹, alle Versuche der Selbstdefinition und Selbstfindung erscheinen als Verrat am Vater – das Formulieren (und Ausleben) eigener Bedürfnisse ist ›Schuld‹ gegenüber der väterlichen autoritären Instanz« (Goch 1988, S. 332).

2 Freud berichtet aus Anlaß der ersten Menstruation seiner ältesten Tochter Mathilde von einer eigenen Reaktion, in der Phantasien über eine Defloration der Tochter zum Ausdruck kommen. In einem Brief vom 27.6.1899 berichtet Freud seinem Freund Fließ, daß er auf die erste Menstrua-

tion seiner Tochter mit einer heftigen Migräne reagiert habe, einem Symptom, das einige Monate vorher von ihm – ebenfalls in einem Brief an Fließ (vom 16.1.1899) – als Zeichen verdrängter sexueller Regungen, als Darstellung einer »gewaltsamen Defloration« (Freud 1986, S. 372) interpretiert wurde. »Mathilde hat am 25.6. ihren Eintritt in die Weiblichkeit besiegelt, etwas frühzeitig. Gleichzeitig kam ein Gedicht von Martin (dem ältesten Sohn, K.F.), über die Reise, wenigstens gleichzeitig hier an, aber sicher gleichzeitig war bei mir eine Migräne, an der ich zu sterben vermeinte. Es ist die dritte dieser Art und sehr ekelhaft« (Freud 1986, S. 391). Den Formulierungen – dem dazwischengeschobenen Bericht über das Gedicht des Sohnes und die irritierend häufige Verwendung von »gleichzeitig« – ist die Verwirrung Freuds und sein Bemühen um Distanz zur Tochter anzumerken.

3 Über eine solche Reaktion von Vätern berichtet auch Hans Willenberg (1989) in einer Studie über eßgestörte Patientinnen: »Einige meiner Patientinnen konnten den Umschwung ihres Verhältnisses zum Vater auf den Tag genau mit der Menarche in Zusammenhang bringen. Eine damals 26jährige... erinnerte sich, daß ihr Vater sie an diesem Tage ›wie eine heiße Kartoffel‹ fallen gelassen habe« (S. 185).

4 Zur Bedrohlichkeit der Menstruation für Männer vgl. auch Winterer 1992. Menstruierende Frauen werden in dieser auf Einstellungsskalen basierenden Studie als »bedrohlicher Zerrspiegel« des Mannes gesehen: Die Männer projizieren die eigene Schwäche auf die menstruierenden Frauen (S. 208). Zu Phantasien von Männern im interkulturellen Vergleich vgl. Schlehe 1987. Eine zusammenfassende Darstellung findet sich in Hohage 1998.

5 Wie kränkend Bemerkungen des Vaters über die erste Regelblutung der Tochter sein können, wird in Simone de Beauvoirs autobiographischen Schilderungen (1968) deutlich. »Als... am Abend des Tages... mein Vater... eine scherzhafte Anspielung auf meinen Zustand wagte, kam ich fast um vor Scham. Ich hatte mir vorgestellt, daß die gesamte Weiblichkeit solidarisch den Männern diesen geheimen Makel verschwieg. Meinem Vater gegenüber hatte ich mich immer als reines Geistwesen gefühlt; es graute mir davor, daß er mich nun plötzlich als organisches Geschöpf betrachtete. Ich kam mir gesunken vor« (S. 97). Die Menstruation ist ein »Makel«, der die Beziehung zum Vater verändert: Simone ist jetzt kein »reines Geistwesen« mehr für ihn, sondern »gesunken«, herabgesunken in den Zustand eines »organischen« Geschöpfs mit einem beschämenden weiblichen Körper.

Erste Menstruation – Beginn des Weges in ein eigenes Leben

1 Ebenso können die durch sexuellen Mißbrauch in der Kindheit durch den Vater oder vaterähnliche Personen entstandenen feindlichen verfolgenden Introjekte (Hirsch 1999, S. 96ff) als den genitalen Innenraum erfüllend phantasiert werden und auf diese Weise eine destruktive Dynamik entfalten.

2 Dabei gibt es eine relativ große Variationsbreite bezogen auf das Alter bei der ersten Menstruation: Sie tritt zwischen 9 und 15 Jahren ein (Wehner/Zenz 1992). In den letzten 150 Jahren hat sich die erste Regelblutung in westlich-industriellen Gesellschaften kontinuierlich altersmäßig vorverlagert. Für Europa in der Mitte des 19. Jahrhunderts ergab sich ein durchschnittliches Menarchealter von 17 Jahren, derzeit liegt es zwischen 12 und 13 Jahren. Diese Veränderungen sind unabhängig von klimatischen Einflußfaktoren und Stadt-Land-Unterschieden. Sie scheinen zusammenzuhängen mit einem verbesserten Gesundheitszustand, einer verbesserten Ernährung, möglicherweise auch der Einschränkung der Kinderarbeit (Kluge/Jansen 1996, S. 67ff).

3 Ein positives Erleben der Menstruation scheint auch mit dem Verhältnis zu Schwangerschaft und Mutterschaft zusammenzuhängen: Nichtleiden während der Menstruation korreliert mit einer positiven Einstellung zur Mutterschaft (Hug 1982, S. 117), Frauen, die Kinder geboren haben, erleben die Regelblutung etwas häufiger positiv als Frauen ohne Kind (Mahr 1985, S. 150). Möglicherweise spiegelt sich in einem negativen Erleben der Menstruation auch die Konflikthaftigkeit weiblicher Lebensentwürfe zwischen dem Interesse an beruflicher Arbeit und dem Wunsch nach einem Kind wider.

4 Georg Groddeck (1923) hat in den 20er Jahren hingewiesen auf die in seinen Augen falsche Verknüpfung von Menstruation und Fortpflanzung: »Die Mütter erzählen ihren Töchtern, die Periode sei des Kinderkriegens wegen da. Das ist ein seltsamer Irrtum, eine verhängnisvolle Täuschung« (S. 110). Für Groddeck ist das Menstruationsblut unbewußt mit Lust verknüpft und die Menstruation in diesem Zusammenhang als Zeichen einer nicht erfolgten Schwangerschaft bedeutsam.

5 Für die enge Verknüpfung zwischen dem Erleben der Menstruation und sexueller Lust spricht der empirisch festgestellte Zusammenhang zwischen positivem Erleben der Menstruation und positiver Haltung zur Selbstbefriedigung. »Von den befragten Mädchen mit Selbstbefriedigungserfahrung und ohne schlechtes Gewissen dabei gaben 70 Prozent an, ihre Regelblutung positiv zu erleben. Von den Mädchen, die ein schlechtes Gewissen dabei haben, sind dies lediglich 30 Prozent« (Schmid-Tannwald/Kluge 1998, S. 278). Erica Mahr (1985) stellte in ihrer Studie fest, daß Frauen, die ihre erste Menstruation negativ erlebt haben, auch eher eine negative Haltung zur Sexualität haben (S. 144).

6 ›Unwohlsein‹ war noch in den 60er Jahren eine zumindest in Westdeutschland verbreitete Bezeichnung für die Regelblutung (vgl. Hohage 1998).

7 Louise Kaplan (1988) weist darauf hin, daß der Vater, anders als die Mutter, »gewöhnlich nicht zur Zielscheibe der provokanten Herabsetzungen seiner jugendlichen Tochter« (S. 206) wird. Da die Beziehung zur Mutter emotional und körperlich intensiver war, sind regressive Wünsche größer und Trennungsprozesse ambivalenter und widersprüchlicher.

8 Vgl. dazu Poluda-Korte 1992, S. 153. Auf den Zusammenhang zwischen Menstruationsbeschwerden und sexueller Lust hat Georg Groddeck (1923) hingewiesen: »Die Kreuzschmerzen bei der Periode erleichtern der Frau den Widerstand gegen die Begierde... Zuweilen genügt der Kreuzschmerz nicht, dann tritt warnend der Krampf und wehenartige Schmerz im Unterleib hinzu, und reicht das nicht aus, so greift das Es zum Kopfschmerz« (S. 112).

9 Der Begriff der ›guten Mutter‹ meint in Anlehnung an objektbeziehungstheoretische psychoanalytische Ansätze alle jenen Vorstellungen und inneren Bilder, die an positive Erlebensweisen mit der Mutter anknüpfen.

10 Zu den produktiven Potentialen des »mittleren Alters« vgl. Halberstadt-Freud 2000, S. 193 ff.

11 Zur Definition der Menstruation als Krankheit vgl. Hohage 1998, S. 222 ff., zur Verknüpfung der Regelblutung mit psychischer Labilität und Auffälligkeiten vgl. S. 237 f. Entsprechende Darstellungen finden sich auch in Hering 1991; Fischer-Homberger 1979.

Die Schwierigkeiten einer Aneignung des weiblichen Körpers

1 Ähnliche Botschaften enthalten die Antworten auf den Körper betreffende Fragen von Mädchen und jungen Frauen in der »Bravo« (Kuhlmann 2000). Zur Enteignung des Frauenleibes durch eine naturwissenschaftlich orientierte Medizin vgl. auch Duden 1991.

Weibliche Körperlichkeit und Schönheitsvorstellungen

1 Sehr anschaulich hat Frigga Haug (1988) die Bedeutung der Brüste als Symbol für weibliche Sexualität beschrieben: »Die weiblichen Brüste sind nie unschuldig, ihre Sexualisierung fällt zusammen mit ihrem Auftreten« (S. 90). Sobald die Brüste bei Mädchen sichtbar werden, signalisieren sie Sexualität. Für Frigga Haug findet die »Sexualisierung ›unschuldiger‹ Körperteile... hauptsächlich statt durch Bedeutungsstiftungen, Bündelung von Zeichen zu einem Verweisungssystem« (ebd.; vgl. auch Thorne 1993, S. 138 ff). Brüste sind jedoch nie ›unschuldig‹, da sie an den frühen erotisch-sinnlichen Kontakt mit der Mutter beim Stillen erinnern. Gesellschaftliche Bedeutungszuweisungen enthalten immer auch Deutungen oder Umdeutungen dieser intensiven körperlichen Nähe zur Mutter, in ihnen sind Spuren damit verbundener unbewußter Phantasien, Wünsche und Ängste enthalten. Zu bewußten und unbewußten Bildern und Phantasien über die Brust vgl. Burkhard-Eggli/Hennig 2000.

2 Eine offene Frage ist bisher, inwieweit auch die Veränderungen der äußeren Genitalien – das Wachsen der Schamlippen und der Klitoris, die Veränderungen der Vagina und des Scheideneingangs, die verstärkte Produktion von Schleim bei sexueller Erregung – der Verdrängung und damit einer Amnesie anheimfallen. Noch weniger als das Wachsen der Brüste sind diese Veränderungen erinnerbar. Da sie direkt mit sexueller Erregung zusammenhängen, ist denkbar, daß sie als besonders anstößig empfunden werden, insbesondere da die sexuellen Phantasien in der Pubertät oft auch auf Vater und Mutter gerichtet sind. (Für diesen Hinweis danke ich Beate Schnabel.)

3 Zum Bedürfnis von Mädchen nach ›Normalität‹, wenn es um Körperlichkeit und Sexualität geht vgl. Kuhlmann 2000; zur Bedeutung der frühen oder späten Entwicklung des Busens in diesem Zusammenhang vgl. Thorne 1993, S. 138 ff. Barry Thorne weist zudem hin auf die bei Mädchen und Jungen unterschiedliche Bedeutung einer frühen körperlichen Entwicklung. Während sie für Mädchen häufig schambesetzt ist, weil sie mit einer als problematisch empfundenen Sexualisierung verknüpft wird, sind viele Jungen stolz auf den Vorsprung an erwachsener Männlichkeit, den sie gegenüber Gleichaltrigen haben.

4 Simone de Beauvoir (1989) hat in ihrer 1949 erschienenen Studie »Das andere Geschlecht« anschaulich die Sexualisierung junger Frauen durch die Blicke der Männer und die damit verbundene Verletzbarkeit dargestellt. Auch wenn sich die Lebenssituation junger Frauen entscheidend verändert hat, so haben sich Elemente der von Simone de Beauvoir beschriebenen Verunsicherungen junger Frauen bezogen auf ihren Körper doch erhalten. Mit den ersten körperlichen Veränderungen, insbesondere dem Wachsen der Brüste – so Simone de Beauvoir – fühlt das Mädchen »einen verwundbaren Punkt in sich« (S. 297). Das Mädchen spürt, »daß sein Körper ihm entgleitet... Und im gleichen Augenblick wird sie von dem Andern als ein Ding erfaßt. Auf der Straße folgt man ihr mit den Augen, es fallen Bemerkungen über ihren Körperbau« (S. 298). In einer nächsten Phase kann das Mädchen diesen Blicken durchaus Positives abgewinnen: »Sie fühlt sich als Lokkung, als ein Gegenstand des Begehrens« (S. 309). Die Freude darüber ist aber nicht ungetrübt: »In ihrem Stolz, das männliche Interesse einzufangen, Bewunderung zu erregen, empört sie sich darüber, daß sie ihrerseits eingefangen wird... Die Blicke der Männer schmeicheln ihr und verletzen sie zugleich...: Die Augen dringen immer zu tief« (S. 334). Um dieser Verletzbarkeit, dieser Scham zu entgehen, schützen Mädchen sich in einer nächsten Phase mit einer Fassade künstlicher Schönheit: »Selbst das Gesicht wird zur Maske« (S. 340). Und der Effekt: »Der Blick durchdringt nicht mehr, er spiegelt wider. Der Körper lebt nicht mehr, er wartet« (ebd.). Aber auch dieser Schutz ist nicht vollkommen. »Mag das junge Mädchen auch an Schönheit einer Phryne gleichen, sie weiß es nie ganz bestimmt. Sie kann nicht selbstsicher auf ihren Körper stolz sein, solange das Urteil der Männer ihre junge Eitelkeit nicht bestätigt hat« (S. 360).

5 Hendrika Halberstadt-Freud (2000) hat hingewiesen auf eine innerpsychische Dimension der Probleme vieler Mädchen und junger Frauen mit ihrem Aussehen. Eine entsprechende Unzufriedenheit kann auch Ausdruck des schlechten Gewissens über als anstößig empfundene Phantasien sein. Die unbewußte Verknüpfung lautet dann: »Häßliche Gedanken« zeigen sich in »häßlichem« Aussehen (S. 156). Zudem können Gefühle eigener körperlicher Unzulänglichkeit zusammenhängen mit der Rivalität der Tochter mit der Mutter: Der »Platz der Schönheit« ist im Erleben dann »bereits von der Mutter besetzt« (ebd.).

6 Die Bedeutung des »heterosexuellen Imperativs« und damit der heterosexuellen Bezogenheit der Körper aufeinander wird insbesondere in den diskurstheoretisch orientierten Analysen von Judith Butler (1995) betont. Danach erhalten Körperteile erst durch diesen »heterosexuellen Imperativ« ihre Bedeutung: Im Kontext der durch die Hegemonie des Männlichen gekennzeichneten »heterosexuellen Matrix« werden Vagina und Penis zu geschlechtlich relevanten Körperteilen, die unter dem Primat des Penis als aufeinander bezogen gedacht werden. Zur leibphilosophischen Analyse von als geschlechtlich erlebten Empfindungen vgl. Lindemann 1993.

7 Zur Veränderung gesellschaftlicher Schönheitsideale in den vergangenen Jahren vgl. Rose 1997; zu Veränderungsprozessen über mehrere Jahrhunderte vgl. Lehnert 1998.

8 Das wird besonders deutlich am Körpergewicht. So stellen Jürgen Baur und Wolf-Dietrich Miethling (1991) in ihrer Studie über Körperkonzepte von Jugendlichen fest, daß »das Körper-Idealbild der Mädchen... das einer untergewichtigen Figur (ist), während Jungen (für sich, K.F.) normalgewichtige Figuren bevorzugen. Da der größte Teil der weiblichen Jugendlichen (cirka 80%) diesem Idealbild nicht entspricht, wird diese Diskrepanz für sie... zum Problem« (S. 179). Zur Bedeutung von Schönheitsidealen für Mädchen und Frauen vgl. Posch 1999. In einer 2000 von der Bundeszentrale für gesundheitliche Aufklärung veröffentlichten Studie zeigten sich 1/3 der 13- bis 14jährigen Mädchen unzufrieden mit ihrem Körper. Fast 2/3 würden gerne besser aussehen, über die Hälfte von ihnen hält sich für zu dick (nach Frankfurter Rundschau vom 14.6.2000).

9 Beschrieben werden zum Beispiel die Ergebnisse einer Umfrage untereinander: »Unsere Mitschreiberinnen notierten auf einem Zettel, wie ein ihrer Ansicht nach ›schönes Frauenbein‹ aussieht. Zunächst waren wir verblüfft, wie detaillierte Vorstellungen jede von uns hatte... Fast alle hatten das Bein noch mal in Unterabschnitte gegliedert (Fuß, Fessel, Wade, Knie, Oberschenkel), welche zueinander und zum Gesamtkörper bestimmte Proportionen wahren, sowie als Einzelstücke bestimmten Anforderungen entsprechen sollten. Es gab nichts, was nicht beschrieben wurde: die Form (geschwungen, schmal, rundlich, oben nicht auseinandergehend etc.), die Oberflächenbeschaffenheit (samtartig, ohne Haare, leicht beflaumt, nicht wellig, wie gemeißelt, ohne Hornhaut), die Konsistenz (fest, leicht muskulös u.a.), die Farbe (braungebrannt)« (Haug 1988, S. 106). In einem zweiten Schritt untersuchten die Frauen, ob sie den geschilderten Anforderungen überhaupt entsprechen können. Ihnen fiel auf, daß das Problem nicht nur darin lag, den verschiedenen, zum Teil sich widersprechenden Maßstäben für Schönheit nachzukommen, sondern auch in dem, was sie die »nicht-zu-viel- und nicht-zu-wenig-Struktur« nannten. »Fast jede von uns beschrieb ihre Schönheitsvorstellungen in dieser Weise: Die Füße sollten zart und möglichst klein, aber nicht zu winzig sein, die Waden rundlich, aber doch schlank; leicht gewölbt, aber nicht zu muskulös; lang, schlank, fest, aber nicht zu muskulös... Nicht nur, daß keine von uns solche Beine hatte, wie beschrieben, wir verstrickten uns auch in endlose Aktivitäten, wenn wir sie herzustellen versuchten... Auf diese Weise sind wir ständig beschäftigt mit Korrigieren, Herstellen, Zurücknehmen, wieder Aufbauen etc.« (S. 107). So kommen die Frauen zu dem Ergebnis: »Die Unerreichbarkeit der Maßstäbe macht ihre Wirksamkeit aus. Sie ist die Grundlage für die lebenslange Sorge der Frauen um ihren Körper« (S. 50).

10 Es scheinen weniger konkrete Jungen und Männer zu sein, für die Mädchen und junge Frauen schön und attraktiv sein wollen. So kommt eine Studie von Annette Boeger (2000) zu dem Ergebnis, daß junge Frauen vermuten, daß die jungen Männer in ihrer sozialen Umgebung die Normen von Schlankheit, an denen sie sich selbst orientieren, nicht teilen. Das Bestreben, einen schönen, insbesondere schlanken Körper zu haben, scheint narzißtische Bedürfnisse zu befriedigen, die jedoch eine spezifische Qualität haben: Es geht weniger um das eigene Selbstgefühl als Person, die sich als »vollständig und im Besitz ihrer körperlichen und geistigen Entfaltungsmöglichkeiten« (Grunberger, zit. nach Waldeck 1998, S. 42) empfindet und sich deshalb wertschätzen kann, als um einen »sekundären Narzißmus..., der sich an den Körper als Ganzes bindet... als einem Objekt, das betrachtet und bewundert werden soll« (Blos 1978, S. 190). Imaginärer Bezugspunkt dieser Blicke ist das andere Geschlecht, der Blick auf das eigene Geschlecht ist dabei häufig von Konkurrenz geprägt. Möglicherweise gibt es in einigen jugendlichen Subkulturen dem zuwiderlaufende Tendenzen. So vermutet Sonja Düring (1996) für die »Techno-Szene«, die »Raver«, daß »sinnliche Erlebniswelten der ›Geschlechterverwirrung‹« entstehen, in denen es »um das Erleben und die Inszenierung des eigenen Körpers und der eigenen Sinnlichkeit (geht),... ein gegenseitiges Bespiegeln, das auf der Anerkennung der Anderen als Subjekte beruht« (S. 10; vgl. dazu auch Schwarz 2000). Eine offene Frage ist, inwieweit solche Erfahrungen beitragen zu einem Sich-im-eigenen-weiblichen-Körper-wohl-und-vollständig-Fühlen. Sonja Düring spricht von einer »Wiederbelebung der präödipalen Sinnlichkeit, in der das Geschlecht noch keine dominante Kategorie darstellt« (S. 10). Zu fragen wäre, welche Bedeutung diese Erfahrungen haben, wenn das Geschlecht als subjektiv bedeutsam erlebt wird, zum Beispiel in sexuellen Wünschen, Phantasien und Erregungen oder bei der Menstruation.

11 Historisch ist diese Konstellation in Deutschland an die Herausbildung des bürgerlichen Liebesideals in der zweiten Hälfte des 18. Jahrhunderts gebunden. Ulrike Prokop (1983) hat am Beispiel der Lebensgeschichte von Cornelia Goethe eindrücklich die damit verbundene Bedeutung von weiblicher Körperlichkeit und Schönheit dargestellt. »Für die Frau verschiebt sich das ganze Thema der Autonomie auf ihre Körperlichkeit. Sie muß sich selbst ins Spiel bringen, und das heißt, ihren Körper, ihre Anziehungskraft, ihre Sexualität, damit sich der richtige in sie verliebt und zur Heirat bereit erklärt« (S. 59).

12 Cornelia Helfferich (1994) stellt in ihrer Studie über Körperkonzepte Jugendlicher fest, daß ein auf der Attraktivität für Männer beruhendes Bild von Weiblichkeit besondere Bedeutung hat für die Identität von Mädchen mit sehr eingeschränkten beruflichen Perspektiven, zum Beispiel junge Frauen ohne Schul- oder mit Hauptschulabschluß. Bei diesen Mädchen ist die »Herrichtung und Zurschaustellung des Körpers« (S. 125) von besonderer Relevanz. »Angesichts der wahrgenommenen Chancenstrukturen scheint die Investition in den Körper vielversprechender als die in eine Ausbildung; Attraktivität ist identitätsstiftender als die Arbeitsplätze, die angeboten werden. Der Körper ist Kapital... als Köder, und seine Herrichtung über Diät, Mode, Make-Up ist eine Chance. Der Sinn für's Ästhetische... hat einen direkten Bezug zu dem anderweit verstellten Zugang zu gesellschaftlicher Macht« (S. 129). Der Körper, seine »Schönheit«, wird zur »Chiffre für persönliche Macht: Männer werden von Schönheit geblendet, sind ihr verfallen – ein Motiv, das um so bedeutsamer ist, als Mädchen andere Strategien, Macht auszuüben, wie zum Beispiel über Kraft oder Erfolg, verstellt sind« (S. 129). Zugleich ist diese Macht aber sehr fragil. »Die imaginäre Lösung der ›Schönheit‹ ist fiktiv: Sie entsteht aus einem Mangel und einer Angst, die per se auch durch noch so große Schönheit nicht behoben werden können. Das macht den Wunsch nach Schönheit so unersättlich: daß die abverlangten Strategien der Körperpräsentation und -inszenierung ihr Ziel niemals erreichen können« (S. 129). Mädchen mit einer besseren schulischen Aus-

bildung sind demgegenüber in einer anderen Situation. Sachbezogene Leistungen und Kompetenzen sowie berufliche Planungen und Perspektiven nehmen einen größeren Raum in ihrem Selbstbild ein. Aber auch für sie bleibt ein Problem bestehen: Berufliche Kompetenzen und Erfolge sind nicht Elemente der gesellschaftlichen Definition einer positiv bewerteten Weiblichkeit, im besten Falle widersprechen sie ihr nicht. Damit sind auch für sie Bedingungen gegeben, durch die das Selbstbewußtsein fragil werden kann: Ein Kern ihrer Identität – ihre Weiblichkeit – ist stark gebunden an gesellschaftlich vorgegebene Ideale von Schönheit und Attraktivität, eigene sachbezogene Leistungen und Erfolge können nicht beitragen zur Stärkung dieser Seite der Persönlichkeit.

13 Petra Milhoffer (1999) kommt in ihrer Studie zur Sexualerziehung von Mädchen und Jungen der dritten bis sechsten Klassen zu dem Ergebnis, daß ein »attraktives Aussehen« für Kinder beiderlei Geschlechts schon vor der Pubertät von Bedeutung ist. Dennoch zeigen sich deutliche alters- und geschlechtsspezifische Unterschiede: 13- bis 14jährige sind häufiger als die Jüngeren mit ihrem Aussehen nicht zufrieden und Mädchen deutlich häufiger als Jungen (S. 26). Eine Langzeitstudie von Inge Seiffge-Krenke mit Jugendlichen im Alter von 12 bis 16 Jahren zeigt, daß Mädchen deutlich unzufriedener mit ihrem Aussehen sind als Jungen und sich im Vergleich mit anderen Mädchen oft als weniger attraktiv erleben. Männliche Jugendliche haben häufiger ein positives Körperbild und bewerten sich im Vergleich mit anderen Jungen oftmals als attraktiver (nach Psychologie Heute 12, 1994, S. 8/9). Zu ähnlichen Ergebnissen kommt die Studie von Fend (1990). Dabei scheinen Schönheitsideale auch für Jungen und Männer zunehmend an Bedeutung zu gewinnen. Es gibt jedoch weiterhin einen entscheidenden Unterschied: In gesellschaftlichen Definitionen von Weiblichkeit ist gutes Aussehen zentral, während für gesellschaftliche Bilder von Männlichkeit noch anderes wesentlich, zum Teil auch wesentlicher ist, zum Beispiel Fähigkeiten und Leistungen im schulischen und später beruflichen Bereich (Flaake 1990). Cornelia Helfferich (1996) weist darauf hin, daß sich in dem Wunsch von Mädchen nach »Schönheit, in der Herrichtung des Körpers... nicht nur die Spuren patriarchaler Unterdrückung (finden lassen), sondern auch Kreativität, Produktivität, Selbstbewußtsein und eine Ahnung für die notwendigen Schutz- und Verarbeitungsmöglichkeiten« (S. 16).

14 Ein von Freude und Wohlgefallen bestimmtes Verhältnis zu den Veränderungen des Körpers, zum Beispiel dem Wachsen der Brüste, findet sich auch im Tagebuch von Anne Frank (vgl. Dalsimer 1993, S. 56).

15 In anderen kulturellen Kontexten gibt es eine Kultur des Stolzes auf den eigenen weiblichen Körper, der auch Mädchen ein größeres Selbstbewußtsein ermöglicht, zum Beispiel in afroamerikanischen Zusammenhängen. So kommt Ruth M. Striegel-Moore (1998; 2000) in einer in den USA durchgeführten umfassenden Langzeitstudie zu dem Ergebnis, daß afroamerikanische junge Frauen ein deutlich positiveres Körperbild haben als weiße junge Frauen, bei denen – anders als bei den afroamerikanischen – im Alter zwischen 10 und 16 Jahren eine zunehmende Unzufriedenheit mit dem Körper feststellbar ist. Dabei scheinen die Normen der weißen Dominanzkultur mit zunehmendem sozialen Status der afroamerikanischen Familien an Bedeutung zu gewinnen: Weiße und afroamerikanische Mädchen und junge Frauen in sozioökonomisch privilegierten Gruppen äußerten sich ähnlich unzufrieden mit ihrem Körper.

16 Die Rolle von Brüdern in diesem Zusammenhang ist bisher kaum untersucht worden. Einige der Mädchen und jungen Frauen schildern, daß Brüder ihre körperlichen Veränderungen spöttisch oder auch aggressiv-sexualisierend kommentiert haben. Möglicherweise dienen solche Strategien auch der Abwehr einer sexuellen Anziehung.

17 Ingrid Olbricht (1989) schildert den Kauf des ersten BHs als eine Art Initiationsritus, der positive Qualitäten hat, wenn der Wunsch nach einer schönen Präsentation des Busens bei Mutter und Tochter im Vordergrund steht, der aber negative Auswirkungen haben kann, wenn das Bemühen um Verstecken und Einengung bestimmend ist (S. 17–33).

18 Zur ausführlichen Interpretation dieser Mutter-Tochter-Konstellation vgl. Kleyda/Kuhlmann 1999.

19 Ingrid Olbricht (1989) schildert eine Reihe von Mutter-Tochter-Konstellationen, in denen Neid und Rivalität der Mutter sich auf den Busen der Tochter konzentrieren und entwertende oder einschränkende Tendenzen die Botschaften der Mütter bestimmen. Eine Rolle spielen dabei Probleme der Mütter mit ihrem eigenen Aussehen und die Unzufriedenheit mit dem bisherigen Leben, die gegen die Tochter gerichtet werden, zum Beispiel, indem »durch den Kauf viel zu großer Kleider (bewirkt wird), daß die Brust der Tochter nicht gesehen werden kann. Mehr noch..., die Tochter wird äußerlich unattraktiv gemacht« (S. 22). In einer anderen Mutter-Tochter-Konstellation spielt offene Rivalität eine Rolle. »Die Mutter triumphiert mit ihrem großen Busen über den kleinen der Tochter, indem sie ihr den kleinen Busen der kinderlosen Patin, deren alten BH sie jetzt tragen soll, als Negativmodell hinstellt. Damit wird die Tochter wie die unverheiratete Schwester zur minderwertigen, weil kleinbrüstigen Frau degradiert, und die Mutter bleibt einzigartig in ihrer Rolle« (S. 25).

20 Es scheint in Familien nicht selten zu sein, daß die Tochter als zu »dick« charakterisiert wird. Anja Wilser und Dagmar Preiß (2000) sprechen in diesem Zusammenhang von der ersten Diät als Initiation für Mädchen.

21 Ingrid Olbricht (1989) weist darauf hin, daß Brusterkrankungen von Frauen Ausdruck einer unbewußten Bindung an eine als neidisch erlebte Mutter sein können. »Die Tochter drückt dem Chirurgen das Messer der (bösen, neidischen, rivalisierenden) Mutter in die Hand« (S. 82). Die Brust wird dann zum »leiblichen Austragungsort tief liegender Beziehungskonflikte« (S. 83), zum Beispiel einer inneren Bindung an die Mutter aus Schuldgefühlen.

22 Lebensgeschichtlich tritt eine solche Struktur zuerst in der ›ödipalen Phase‹, also der Zeit zwischen drei und fünf Jahren auf, in der sich sexuelle Wünsche und Phantasien des kleinen Mädchens auf ein Elternteil – zunächst die Mutter, dann den Vater – richten und der oder die andere als Rivale oder Rivalin um die begehrte Person empfunden wird. In der Adoleszenz wiederholen sich solche Strukturen: Sexuelle Wünsche und Phantasien beziehen sich zunächst auch auf Mutter und Vater und sind mit entsprechender Rivalität verbunden (vgl. Schäfer 1999).

23 Es wäre interessant zu untersuchen, ob diese Qualität von Rivalität zwischen Mutter und Tochter entfällt in Konstellationen, in denen Mutter und Tochter ohne den männlichen Partner der Mutter zusammenleben. Möglicherweise ist in solchen Konstellationen des Zusammenlebens die Rivalität zwischen Mutter und Tochter geringer. Ich danke Beate Alix und Angelika Löfflat für entsprechende Anregungen und Diskussionen.

24 Vgl. dazu auch Prokop 1994, S. 83 ff. Ein ähnliches Leugnen der Generationendifferenz kann vorhanden sein, wenn Mütter sich als Freundin der Tochter sehen (vgl. Leyh 2000).

25 Zusammenhänge zwischen einer Entwertung des Körpers der Tochter, der Unzufriedenheit der Mutter mit ihrem eigenen Leben und der Schwierigkeit, der Tochter ein besseres zu wünschen, werden deutlich in Doris Lessings (1994) autobiographischer Schilderung der Reaktion der Mutter auf ihren ersten BH: »Ich kehrte gesund nach Hause zurück, voller Energie. Und ich brachte einen BH mit, den ich mir selbst genäht hatte. Als meine Mutter sich mit dieser feindseligen jungen Frau, die plötzlich einen Busen bekam, konfrontiert sah, schaltete sie auf Kampf und rief:

›Michael, Michael‹, und schrie so lange, bis er (der Vater, K.F.) kam, woraufhin sie mir das Kleid hochzog, um ihm zu zeigen, was ich darunter trug... Blinder Haß und unbändiger Zorn ergriffen von mir Besitz, genau wie damals, als ich meine erste Regel bekam und sie durch das Haus rannte, um meinem Vater und meinem Bruder brühwarm davon zu erzählen... Aber (sie) sagte damit eigentlich nur: ›Du entgleitest mir, du gehst fort, und ich sitze hier fest in diesem schrecklichen, armseligen Leben und werde nie von hier wegkommen‹« (S. 213 ff).

26 Doris Lessing (1994) schildert in ihrer Autobiographie die enge Bindung an die Mutter über den Körper und die für sie in der Pubertät notwendige körperliche Abgrenzung, um ein besseres Leben haben zu können: »Meine Mutter... behandelte... meinen Leib, als wäre er ihr eigener oder zumindest ihr rechtmäßiges Eigentum... Als ich mich von ihr zurückzog und meinen Körper schützte, indem ich mich weigerte, mich von ihr anfassen zu lassen, wußte ich, daß ich damit sagte: ›Ich lasse mich nicht von euren Krankheiten anstecken... Ich will nicht‹« (S. 215).

27 Eva Breitenbach und Sabine Kausträter (1998) stellen in ihrer Studie zu freundschaftlichen Beziehungen von Mädchen in der Adoleszenz fest, daß »der Stellenwert von Mädchenfreundschaften ... außerordentlich groß« (S. 392) ist. Wichtige Dimensionen der Mädchenfreundschaften sind Vertrauen und Offenheit, ein gemeinsamer Humor und die Möglichkeit, sich zu streiten. Dabei spielen »negative Mädchenfiguren«, gegen die man sich abgrenzt, eine große Rolle. »Verborgen in diesen Figuren sind Standards positiver Weiblichkeit, weiblicher Würde und Solidarität. Sie haben aber auch eine andere Seite, die die Einschränkungen und Zumutungen gelebter Weiblichkeit zeigen« (S. 396 f).

28 Helene Deutsch (1925) ist eine der wenigen Psychoanalytikerinnen, die schon in den 20er Jahren auf die sinnlich-erotische Bedeutung von Mädchenfreundschaften hingewiesen hat: »Die große, bewußt erlebte Liebe wendet sich einem anderen Mädchen zu« (S. 17). Ausführlich werden die unterschiedlichen Phasen und Funktionen von Mädchenfreundschaften auf dem Wege der Aneignung der körperlichen Veränderungen der Pubertät beschrieben, allerdings unter der Perspektive einer nicht in Frage gestellten Norm der Heterosexualität (Flaake/John 1992). Sichtbar wird jedoch der potentiell »auch leidenschaftliche Charakter« solcher Beziehungen: »Die Liebe wird außerordentlich leidenschaftlich, ja, sie pflegt sogar stärkere Intensität zu haben als die heterosexuelle Sehnsucht je erreicht« (S. 106).

29 Nicht berücksichtigt wird dabei die Bedeutung von Schwestern. Ihre Funktionen sind bisher nicht nur für adoleszente Prozesse kaum untersucht worden. Eine der wenigen Studien zur Bedeutung von Schwestern ist die von Kraus/Kraus 1991. Zur Bedeutung von Geschwistern allgemein vgl. Petri 1999. Eine zusammenfassende Darstellung der Literatur zum Thema »Geschwisterbeziehungen« findet sich in Kienast-Scheiner 1999.

Adoleszentes Begehren zwischen homo- und heterosexueller Leidenschaft

1 Eine entsprechende Dynamik zeigt Katherine Dalsimer (1993) am Beispiel des Tagebuchs von Anne Frank (S. 53 ff).

2 Solche die Geschlechtergrenzen überschreitenden Identifizierungen beschreibt Audre Lorde (1993) in ihrer Autobiographie »Zami«. »Ich würde gerne in eine Frau eindringen, wie jeder Mann es kann, und in mich eindringen lassen – zurückziehen und zurückgelassen werden –, heiß und hart und weich, alles gleichzeitig sein, zum Wohl unseres Liebens« (S. 13).

Sexualität und sexuelle Beziehungen

1 In psychoanalytischen Adoleszenztheorien hat die von Freud formulierte ›Zweizeitigkeit‹ der sexuellen Entwicklung eine große Bedeutung. Zentrale Annahme ist, daß in der Pubertät – nach der »Frühblüte« der Sexualität in der Kindheit – ein zweiter »Triebschub« erfolgt (Flaake/King 1992, S. 20f). Für Mario Erdheim ist der »Triebdurchbruch in der Pubertät ein anthropologisches Faktum« (Erdheim 1982, S. 284). Genauer zu untersuchen wären jedoch die kulturelle und gesellschaftliche Ausformung und Ausgestaltung solcher auf körperlichen Prozessen beruhenden Erlebnisqualitäten. Wie stark Theoriebildungsprozesse geprägt sind durch Einbindungen in unhinterfragte kulturelle und gesellschaftliche Verhältnisse zeigt schon die Wahl der Begriffe, mit denen in vielen psychoanalytischen Studien zur Adoleszenz die affektiven Veränderungen gefaßt werden. Katherine Dalsimer (199[illegible]) hat zu Recht darauf hingewiesen, daß Metaphern wie »Triebschub«, »Triebdurchbruch«, »Anfluten der Impulse«, mit denen die Erlebnisqualitäten der Pubertät für beide Geschlechter beschrieben werden, dem sexuellen Erleben des Mannes entsprechen. »Es ist klar, daß die Mädchen die ersten Regungen sexuellen Verlangens in sich wahrnehmen, doch sie können diese Gefühle noch nicht identifizieren... Die Macht, die das Leben der Mädchen beherrscht, übt eine magische Anziehungskraft aus und läßt sich zugleich kaum fassen. Worin besteht ›die Begierde‹? Wie lange hält sie an? Einem Jungen käme es gar nicht in den Sinn, solche Fragen zu stellen, die den Mädchen in dieser Phase unlösbar erscheinen. Für die Jungen ist es überhaupt kein Geheimnis, in welcher Form ›die Begierde‹ sich äußert. Ihr ganzes Leben lang haben sie Erektionen gehabt, sie gesehen und gefühlt; mit Beginn der Pubertät kommt nun noch das Ejakulationserlebnis hinzu. Welche Konflikte die sexuellen Impulse dem Jungen auch immer bereiten mögen: Die Impulse selbst sind unverkennbar. Die ›Begierde‹ der Jungen äußert sich auf völlig eindeutige und unmißverständliche Art und Weise... Die neuen Gefühle, die sich in Mädchen regen, (sind) schwer zu lokalisieren... und ihre Herkunft (läßt) sich nicht genau feststellen« (S. 36f).

2 In den letzten Jahrzehnten hat sich das Alter, in dem Mädchen die ersten sexuellen Erfahrungen machen, deutlich vorverlagert. Die Studie von Schmidt u.a. (1992), in der Veränderungen der Jugendsexualität zwischen 1970 und 1990 untersucht wurden, spricht dabei dafür, daß die wesentlichen Veränderungen in den 60er Jahren stattfanden. 1990 haben zwei Drittel der 16- und 17jährigen Mädchen schon einmal Petting und ein Drittel schon einmal Geschlechtsverkehr gehabt. Nach der 1994 durchgeführten, für die Altersgruppe der 14- bis 17jährigen Jugendlichen in der BRD repräsentativen Untersuchung von Schmid-Tannwald/ Kluge (1998) sind 17 Prozent der Mädchen beim ersten Geschlechtsverkehr 14 Jahre alt, 28 Prozent 15 und 40 Prozent 16 Jahre alt (S. 250). Mit 17 Jahren haben 65 Prozent der Mädchen Erfahrungen mit Geschlechtsverkehr (S. 280).

3 Homosexuelle Erfahrungen werden in den Studien von Schmidt u.a. (1992) 1970 und 1990 von 6 Prozent der Mädchen berichtet (S. 197). In der Untersuchung von Schmid-Tannwald/Kluge (1998) geben ebenfalls 6 Prozent der befragten Mädchen an, gleichgeschlechtliche Kontakte gehabt zu haben (S. 279). Möglicherweise ist gerade in der sehr verunsichernden lebensgeschichtlichen Phase der Adoleszenz der Druck zu einer normenkonformen und damit heterosexuellen Orientierung besonders groß. In der für die USA repräsentativen Studie von Shere Hite (1987) zeigt sich, daß relativ viele Frauen erst in der zweiten Lebenshälfte, im Alter von um die 40 – häufig nach einer Ehe oder langjährigen heterosexuellen Beziehungen – zum ersten Mal eine Liebesbeziehung zu einer Frau eingehen. Ein Viertel der sich als lesbisch bezeichnenden Frauen gehören zu dieser Gruppe (S. 932).

4 In der Studie von Schmidt u.a. (1992) gaben Mädchen 1990 als Grund für den ersten Geschlechtsverkehr selten (zu 28 Prozent), 1970 aber noch sehr häufig (zu 85 Prozent) an: »Der Junge wollte es« (S. 202f). In der Untersuchung von Schmid-Tannwald/Kluge (1998) gaben nur 11 Prozent der Mädchen an, daß der erste Geschlechtsverkehr in erster Linie vom Freund gewollt wurde. 48 Prozent berichten, daß beide den Wunsch danach hatten, für 28 Prozent hat es sich in der Situation »einfach so ergeben« (S. 86).

5 So berichten drei Fünftel der Mädchen in der Studie von Schmidt u.a. (1992), daß ein fester Freund schon einmal in ihrem Zimmer übernachtet hat oder daß die Eltern dies erlauben würden (S. 206). In der Untersuchung von Schmid-Tannwald/Kluge (1998) äußert die überwiegende Mehrheit der befragten Mütter (67 Prozent) eine tolerante Grundhaltung bezüglich des Geschlechtsverkehrs der Tochter im eigenen Haus. Dabei gibt es kaum Unterschiede zwischen der Haltung gegenüber Töchtern und Söhnen.

6 In der Studie von Schmid-Tannwald/Kluge (1998) berichten ein Fünftel der »koituserfahrenen Mädchen«, daß in ihrem Freundeskreis »ein sexueller Leistungsdruck besteht, einen Freund zu haben und mit ihm zu schlafen«. Von einem solchen »Leistungsdruck« berichten jedoch nur 13 Prozent der »Mädchen ohne Koituserfahrung« (S. 83). Eine in Österreich durchgeführte qualitative Studie mit erwachsenen jungen Frauen macht den Druck deutlich, unter dem diese Frauen sich in der Adoleszenz gefühlt haben. »Die Anforderungen an die adoleszenten Mädchen von außen, heterosexuell aktiv zu sein, wird von allen Frauen geschildert. Die meisten Frauen erlebten dies als enormen Druck, vor allem wenn sie die herrschenden Schönheitsmaßstäbe nicht ausreichend erfüllen konnten« (Kneissl 2000, S. 84). Dabei veränderten sich die Körperentwürfe im Laufe der Lebensgeschichte.

7 Die Ergebnisse repräsentativer Studien zum Erleben des ersten Geschlechtsverkehrs sind wenig einheitlich, deutlich ist jedoch, daß eine relativ große Gruppe von Mädchen – in der Studie von Schmid-Tannwald/Kluge (1998) 39 Prozent – den ersten Geschlechtsverkehr in unangenehmer Erinnerung hat (S. 90). Für 59 Prozent der Mädchen in dieser Studie war der erste Geschlechtsverkehr »etwas Schönes« (ebd.). In einer 1998 durchgeführten Befragung gaben 55 Prozent der Mädchen an, daß der erste Geschlechtsverkehr »etwas Schönes« war (Bundeszentrale für gesundheitliche Aufklärung 1998). In der Untersuchung von Schmidt u.a. (1992) berichteten 1990 nur 34 Prozent der Mädchen, daß der erste Geschlechtsverkehr »Spaß» gemacht habe, für nur 27 Prozent war er »sexuell befriedigend«. In der Studie von Neubauer (1990) gaben nur 16 Prozent der befragten Mädchen, die zwischen 14 und 18 Jahren alt waren, an, daß der erste Geschlechtsverkehr befriedigend war. In allen Studien berichten Jungen sehr viel häufiger als Mädchen, daß der erste Geschlechtsverkehr für sie befriedigend war. In der qualitativen Studie von Stich u.a. (1999) wird von vielen jungen Frauen ein Nebeneinander von körperlich als wenig angenehm und lustvoll Empfundenem und als schön Erlebtem bezogen auf die Stimmung mit dem Freund beschrieben. Ein solches positives Erleben mit dem Freund ist dann möglich, wenn die emotionalen und situationalen Rahmenbedingungen als stimmig empfunden werden.

8 In der Studie von Schmid-Tannwald/Kluge (1998) verwenden 81 Prozent der Mädchen beim ersten Geschlechtsverkehr ein sicheres Verhütungsmittel wie Pille und/oder Kondom (S. 91). 9 Prozent der Mädchen haben beim ersten Geschlechtsverkehr nicht verhütet (S. 92). In der Folgebefragung 1998 waren es 11 Prozent (Bundeszentrale für gesundheitliche Aufklärung 1998).

9 Trotz der weiten Verbreitung empfängnisverhütender Mittel scheint bei einem Teil der Mädchen die Angst vor einer ungewollten Schwangerschaft weiterhin eine Rolle zu spielen. Befragt nach ihren mit Sexualität verbundenen Ängsten antworten in einer repräsentativen Studie 33 Prozent der

Mädchen, »ungewollt schwanger zu werden«. Erst an zweiter Stelle der geschilderten Ängste steht »Aids«, genannt von 21 Prozent der Mädchen (Starke 1999, S. 33ff).

10 Die Studie von Schmidt u.a. (1992) spricht dafür, daß heterosexuelle Kontakte von vielen Mädchen nicht als befriedigend erlebt werden. Mit der Vergrößerung von Spielräumen zum Experimentieren mit sexuellen Kontakten scheinen sich die Möglichkeiten, sie zu genießen, nicht erweitert zu haben – im Gegenteil: »Noch deutlicher als 1970 ist heute die Kluft zwischen Jungen und Mädchen im Hinblick auf sexuelle Lust und Befriedigung... Bei den Mädchen sticht besonders hervor, daß sie 1990 ihre Sexualität weniger lustvoll und befriedigend erleben als 1970« (S. 208ff). So beschreiben 1990 48 Prozent der Mädchen – im Vergleich zu 73 Prozent 1970 – ihren letzten heterosexuellen Kontakt als »befriedigend« (S. 201). Die 1990 weniger positive Selbsteinschätzung des sexuellen Erlebens bei Mädchen ist wesentlich Resultat veränderter Ansprüche an Sexualität. Deutlich wird jedoch auch, daß eine lustvolle Sexualität nicht etwas ist, das selbstverständlich da ist, wenn äußere Verbote entfallen, sondern Aneignungsprozesse und innere Entwicklungen erfordert.

11 In psychoanalytisch orientierten Studien wird die narzißtische, auf wechselseitiger Spiegelung beruhende Qualität der ersten adoleszenten Liebesbeziehungen beschrieben. Solange die geliebte Person »ihr bewunderndes Antlitz in genau der richtigen Weise, im genau richtigen Moment, mit genau dem richtigen Blick erhebt, wird sie idealisiert und angebetet. Solange er als alles Gebender, jederzeit umarmender Partner benutzt werden kann, wird er hochgeschätzt. Doch unvermeidlich stellt sich heraus, daß... (diese Person) in vielen Beziehungen ein gewöhnlicher Mensch ist, der das Verlangen frustriert, magische Wünsche nicht befriedigt, Bewunderung und Verherrlichung nicht zu erkennen gibt; ein Mensch mit Fehlern, Unvollkommenheiten, eigenen Meinungen und Ideen, ein getrenntes Selbst, dessen Kommen und Gehen nicht omnipotent beherrscht werden kann« (Kaplan 1988, S. 262f). In den ersten Liebesbeziehungen wird oft die Zuwendung gesucht, die in der Beziehung zu Mutter und Vater vermißt wurde. »Die Beziehungen der meisten Adoleszenten zu ihren ersten Liebespartnern sind Reparationsversuche. Der Liebespartner soll für all das entschädigen, was man nicht bekam, wozu Mutter/Vater nicht in der Lage waren. Sie sollen idealer Vater und ideale Mutter sein, immer verfügbar« (Konrad 1999, S. 198).

12 Dinora Pines (1997) beschreibt die sexuellen Wünsche adoleszenter Mädchen auf der Basis ihrer therapeutischen Erfahrungen: »Meiner Erfahrung nach machen heranwachsende Mädchen, die sich vorzeitig auf heterosexuelle Beziehungen einlassen, von ihrem Körper Gebrauch, um den ganz frühen Kontakt zwischen Mutter und Kind erneut zu erleben. Das Vorspiel ist für sie noch befriedigend, doch sobald eine Penetration stattfindet, sind sie meist frigide« (S. 105; vgl. auch Schäfer 1999, S. 127f).

13 Jutta Stich und Clemens Dannenbeck (1999) betonen die Bedeutung der Gleichaltrigengruppe für die sexuelle Sozialisation Jugendlicher: »Ihre Erzählungen verweisen immer wieder darauf, wie wichtig ihnen die Peers sind, um die beschriebene Orientierungsarbeit zu leisten, sexuelle Erfahrungen zu wagen und Krisen zu bearbeiten. ›Beste Freunde‹ haben, gut in einer Clique eingebunden sein und eine feste Freundin, einen festen Freund haben: Jugendliche betonen die eigenständige Qualität von jeder dieser sozialen Einbindungen. Es besteht offensichtlich ein enger Zusammenhang zwischen der Fähigkeit, solche komplexen Beziehungsgeflechte zu pflegen und miteinander auszubalancieren, und einer gelingenden sexuellen Sozialisation. So zeigt sich, daß Mädchen und Jungen, die ihre sexuellen Erfahrungen insgesamt als ›nicht gut gelaufen‹ oder traumatisierend charakterisieren, fast immer auch kaum Freunde haben oder mit wenig Erfolg um Anerkennung bei Peers kämpfen« (S. 3).

14 Auch die Themen »Sehnsucht« und »Leidenschaft« scheinen nur schwer unter Freundinnen besprochen werden zu können (Breitenbach 2000, S.314).

15 Dabei scheinen ältere Jugendliche in einer festen Partnerschaft sexuelle Erlebnisse und Probleme miteinander besprechen zu können (Ravesloot/du Bois-Reymond 1999, S.29).

16 Zur Bedeutung des ersten »richtigen« Kusses als »ritueller Anfang« vgl. Breitenbach 2000, S.314.

17 Bei den Jungen berichten nur 19 Prozent, sich noch nicht selbst befriedigt zu haben, 76 Prozent haben eine solche Erfahrung. 79 Prozent dieser Jungen geben an, sich in den letzten 12 Monaten selbst befriedigt zu haben. In anderen Studien zeigen sich ähnliche Ergebnisse. In der Untersuchung von Gunter Schmidt u.a. (1992) berichten 1990 41 Prozent der 16- bis 17jährigen Mädchen – und damit weniger als 1970 – von Erfahrungen mit Selbstbefriedigung, für die Mehrzahl dieser Mädchen waren solche Erfahrungen nicht lustvoll und befriedigend. Nur 43 Prozent der Mädchen beschrieben 1990 ihre Onanieerfahrungen als sexuell befriedigend (S.201). Diese Tendenzen gelten für Gymnasiastinnen, Realschülerinnen und Hauptschülerinnen gleichermaßen. Zu ähnlichen Ergebnissen kommt die Studie von Georg Neubauer zur Jugendsexualität: 42 Prozent der 14- bis 18jährigen Mädchen geben an, keine Erfahrungen mit Onanie zu haben. Erst mit heterosexuellen Kontakten wächst die Bereitschaft der Mädchen, ihren Körper selbst zu erforschen (Neubauer 1990). Zur wenig positiven Bedeutung der Selbstbefriedigung für Mädchen vgl. auch Roßbach 1993. In dieser Studie berichtet die Mehrzahl der Mädchen, daß sie »kein Bedürfnis« haben, sich selbst zu befriedigen, einige betonen, daß Sexualität für sie nur mit einem Freund denkbar ist. Ähnliche Ergebnisse zeigen sich auch bei Schwarz 1998, S.251ff.

18 Bei den 17jährigen Jungen haben 93 Prozent Erfahrungen mit Selbstbefriedigung und 61 Prozent mit Geschlechtsverkehr (Schmid-Tannwald/Kluge 1998, S.277).

19 Maria Torok (1974) und Moses und M. Eglé Laufer (1989) haben an Fallbeispielen aus ihrer therapeutischen Praxis gezeigt, daß die Hemmung vieler Frauen, ihren eigenen Körper lustvoll zu berühren, zusammenhängt mit Phantasien, die den Körper der Tochter und den Körper der Mutter nicht als getrennt erscheinen lassen. Laufer/Laufer (S.75ff) beschreiben dabei zwei Aspekte: Wird die eigene Hand, die sich selbst lustvoll berührt, als die Hand der Mutter erlebt, so fürchtet die Tochter, sich passiv der Befriedigung durch die Mutter zu überlassen und sich ihr auf diese Weise auszuliefern. Wird das eigene Genital unbewußt mit dem Genital der Mutter gleichgesetzt, fürchtet die Tochter, die Aggressionen, die der Mutter gelten, gegen sich selbst zu richten.

20 Maria Torok (1974) beschreibt solche über die eigene sexuelle Lust sich vollziehenden Abgrenzungsprozesse von der Mutter wesentlich für die anale Phase, in der auf Sauberkeitserziehung ausgerichtete mütterliche Verhaltensweisen durch die Nähe analer und genitaler Empfindungen auch ohne ausdrückliche entsprechende Aussagen der Mutter die Bedeutung eines »Masturbationsverbotes« enthalten können. Die Wirkung dieses Verbotes besteht darin, »das Kind an den Körper der Mutter zu ketten und seinen eigenen vitalen Plänen Fesseln anzulegen« (S.205). In der Adoleszenz werden innere Ablösungsprozesse von der Mutter durch Selbstbefriedigung auf eine neue Weise bedeutsam. Entsprechende Aneignungs- und Trennungsprozesse können auch die weiteren lebensgeschichtlichen Entwicklungen begleiten. So sieht Maria Torok in der lustvollen Aneignung des eigenen Körpers durch die Aufarbeitung und Überwindung mütterlicher Lust- und Autonomieverbote ein wesentliches Ziel psychoanalytischer Therapien. »Es ist, als hätten Sie mir eine Macht übertragen« (S.207), zitiert sie eine Patientin, die sich zum ersten Mal lustvoll selbst berühren konnte, eine Macht, die zugleich verbunden ist mit »Vertrauen in die eigenen Fähigkeiten und die eigene Zukunft« (ebd.).

21 Zu den unterschiedlichen Facetten der mit Aggression zwischen Mutter und Tochter verbundenen Phantasien vgl. Christian-Widmaier 2000; Christlieb 1995.

22 Katherine Dalsimer (1993) weist darauf hin, daß es – anders als für Jungen – für Mädchen und Frauen keine umgangssprachlichen Begriffe für Selbstbefriedigung gibt. »Der pubertäre Junge, der zu masturbieren beginnt, begreift allein aufgrund der Tatsache, daß ihm eine Terminologie zur Verfügung steht, um darüber zu sprechen..., daß er nicht der einzige ist, der masturbiert. Dem pubertierenden Mädchen wird eine solche Beruhigung nicht zuteil. Das Nichtvorhandensein eines umgangssprachlichen Vokabulars bedeutet, daß es für das Mädchen keine Möglichkeit gibt, auf zwanglose, scherzhafte Art und Weise zu erfahren, daß andere Mädchen auch masturbieren« (S. 37). Für die Umgangssprache trifft Dalsimers Analyse auch gegenwärtig noch zu, die Leerstelle des Nichtsprechens ist jedoch gefüllt durch Jugendmagazine wie »Bravo«, in denen Selbstbefriedigung von Mädchen oft thematisiert wird. Dabei dominiert eine zustimmende Darstellung, allerdings mit deutlichem Bezug zu einer heterosexuellen Praxis (vgl. Kuhlmann 2000). In einer Studie von Petra Milhoffer (1998), in der 8- bis 15jährige Mädchen und Jungen befragt wurden, zeigte sich, daß Begriffe wie »Klitoris« oder »Kitzler« vielen Mädchen (und Jungen) nicht bekannt sind, so daß die »Verleugnung der Existenz des weiblichen Lustorgans« (S. 16) noch immer verbreitet ist.

Mutter-Tochter-Beziehung und die Sexualität der Tochter

1 Zu »verkehrten Spiegelungen«, Prozessen, bei denen die Mutter die Tochter in ihrer Weiblichkeit nicht spiegeln kann, vgl. King 1992. Mutter und Tochter »einigen« sich darauf, die Erregungen und Beunruhigungen, die die junge Frau in ihrem »Bauch« verspürt, als Krankheit zu deuten, bei der ein Mann, der Arzt, Hilfe durch die Entfernung des Blinddarms als »Ausweichorgan« zu bringen scheint (S. 113ff).

2 Die räumliche Enge, in der Familie Imroth lebt – die Eltern schlafen im Wohnzimmer, die beiden Töchter im Schlafzimmer – ist nicht durch ökonomische Verhältnisse erzwungen. Frau Imroth berichtet von Überlegungen, eine andere Wohnung zu suchen, diese Überlegungen wurden bisher jedoch nicht in konkrete Bemühungen umgesetzt.

3 Am Beispiel des Tagebuchs von Anne Frank hat Katherine Dalsimer (1993) die entlastende Funktion elterlicher Verbote anschaulich beschrieben. Anne hat sich in den ebenfalls im Versteck lebenden jungen Mann Peter verliebt. »Sie erschrickt vor der Möglichkeit, ihren sexuellen Impulsen freien Lauf zu lassen... Als die Küsse leidenschaftlicher werden, intensiviert sich ihr Konflikt... Nun ergreift sie die erste Gelegenheit, um ihren Vater in Kenntnis zu setzen: ›Vater, du verstehst sicher, daß Peter und ich, wenn wir zusammen sind, nicht mit einem Meter Abstand sitzen. Findest Du das schlimm?‹ Wie es für Jugendliche in der Adoleszenz charakteristisch ist, hat Anne eine Möglichkeit gefunden, den Konflikt, der sich bislang in ihrem Innern abspielte, zu externalisieren. Und wie vorauszusehen war, meint ihr Vater, sie solle mit Peter nicht soviel Zeit alleine verbringen. Das ermöglicht es Anne, nun bedingungslos die andere Seite ihrer Ambivalenz zu vertreten. Ihr Vater hatte sie gebeten, Peter nicht in seinem Zimmer zu besuchen; diesem Wunsch zum Trotz erklärt sie Kitty (ihrem Tagebuch, K.F.) gegenüber emphatisch: ›Nein, ich gehe hinauf!!‹ Der ›Kriegszustand‹ ist kein innerlicher Kampf mehr: Er spielt sich nun zwischen Anne und ihrem Vater ab, jeder der beiden bringt darin einen Aspekt von Annes eigenem Konflikt zum Ausdruck. Indem sie ihren Vater informierte, hat sie die Fronten eröffnet... Während sie scheinbar ihre Selbständigkeit behauptet, fleht Anne ihren Vater in Wahrheit an, seinem Verbot größeren Nachdruck

zu verleihen. Indem sie Aspekte ihres eigenen Über-Ichs an ihn delegiert, versucht sie, sich aus ihrem inneren Konflikt zu befreien. Wenn ihr Vater die Seite des Verbots repräsentiert, kann sie sich auf der Seite ihrer Impulse sicher wähnen« (S. 66ff).

4 Die 17jährige Schwester wurde nicht befragt. Sie sagte das Interview mit der Begründung ab, für die Schule arbeiten zu müssen.

5 Nicht rekonstruierbar ist, ob Frau Imroth mit ihrer ersten Tochter früh und ungewollt schwanger war.

6 Janine Chasseguet-Smirgel (1974) beschreibt die psychische Dynamik, die entsteht, wenn Frauen sich aus Enttäuschung an der Mutter einem Mann zuwenden: Alles Negative wird der Mutter angelastet, alles Positive dem Mann zugerechnet. Eine solche Spaltung kann in einer Idealisierung des Männlichen und Entwertung des Weiblichen ihren Ausdruck finden.

7 Zur Bedeutung des Auszugs aus dem Elternhaus für adoleszente Entwicklungsprozesse vgl. Papastefanou 2000. In dieser Studie wird der »Gewinn an persönlicher Freiheit und Eigenständigkeit« (S. 55) deutlich, den der Auszug aus dem Elternhaus sowohl für Kinder als auch Eltern bedeutet. Beiden »hilft die räumliche Trennung, sich aus der Eltern-Kind-Struktur zu lösen« (ebd.).

8 Für die Schule und außerschulische Mädchenarbeit wurden in den letzten Jahren eine Reihe von Ansätzen entwickelt, die Mädchen und junge Frauen begleiten können auf dem Wege der Aneignung der körperlichen Veränderungen der Pubertät und der Annäherung an sexuelle Beziehungen (vgl. zum Beispiel Biermann/Schütte 1995; Hackmann 1999; Holleck 1996; Preiß u.a. 1996). Zur zusammenfassenden Darstellung von Mädchenprojekten vgl. Fleßner 1996; 2000.

Körperlichkeit und Sexualität in der Vater-Tochter-Beziehung

1 In neueren psychoanalytischen Ansätzen wird die Notwendigkeit einer triadischen Sicht auf Sozialisationsprozesse betont, die alle Seiten des Beziehungsdreiecks Vater-Mutter-Kind – die Mutter-Kind-, Vater-Kind- und Paarbeziehung – einbezieht. (Zur zusammenfassenden Darstellung vgl. Schon 1995 und Metzger 2000.) Die triadische Perspektive ist unabhängig von konkreten Formen des Zusammenlebens, d.h. davon, ob real Vater, Mutter und Kind miteinander leben oder ob eine Zweierbeziehung – Mutter-Kind oder Vater-Kind – das Heranwachsen bestimmt. Angenommen wird für das Kind eine von Anbeginn an triadische Konstellation, denn an seiner Entstehung sind zwei Personen, eine Frau und ein Mann, beteiligt gewesen. Das Kind repräsentiert die Vereinigung von Mutter und Vater, damit hat der Vater auch in Konstellationen eine symbolische Bedeutung, in denen er real im Prozeß des Heranwachsens des Kindes nicht anwesend ist. So ist er beispielsweise in den Phantasien des Kindes präsent. Mögliche Veränderungen im Zusammenhang mit den neuen Reproduktionstechnologien, in denen die väterliche Funktion auf eine Samenspende reduziert ist, wären dabei interessant zu untersuchen. Vera King (2001a) spricht von einer »Triade im Innern« – von inneren Beziehungsfiguren, die bei einer strukturtheoretischen Betrachtung unabhängig von den in der Realität anwesenden Personen gegeben sind. Die Bedeutung einer triadischen Perspektive zeigt sich besonders prägnant in der weiblichen Adoleszenz. »Denn die in der Adoleszenz sich wandelnden Bilder des eigenen Körpers, im Besonderen des eigenen Innenraums, sind untrennbar verknüpft mit den Phantasien über die Beziehungen zwischen Vater und Mutter, Mann und Frau, verdichtet im Bild der Urszene und des eignen Ursprungs. Im Bild der Urszene, das in der Adoleszenz neue Bedeutung bekommt, verdichten sich in der psychischen Realität die Phantasien über den Ursprung des Subjekts, über die Bedeutung des Kindes für die Eltern und ihre Beziehung, und die Phantasien über die zerstörerischen und schöpferischen Aspekte der Beziehung von Mutter und Vater, Frau und Mann« (S. 9; vgl. dazu auch King 1995, insbesondere S. 120ff. und

King 1999). Für eine triadische Sicht auf Sozialisationsprozesse ist es wichtig, die real gegebene Konstellation Mutter-Vater-Kind nicht zur wünschenswerten Norm zu erheben, vor deren Hintergrund dann andere Konstellationen als defizitär erscheinen. So vermutet Udo Rauchfleisch (1997) auf der Basis der Aufarbeitung von Studien zu Eineltern-Familien und gleichgeschlechtlichen Paaren, daß »Formen des Zusammenlebens, in denen in der Regel der Vater fehlt, keineswegs ein die Entwicklung der Kinder beeinträchtigendes Milieu« (S. 108) darstellen und die Funktion des »dritten Objekts« auch von Personen außerhalb des Familiensystems übernommen werden kann. Wesentlich für den »Strukturwandel vom dyadischen zum triadischen Objektbezug« (S. 119) scheint eine gute dyadische Primärbeziehung zu sein, die »indes nicht vom Geschlecht der primär versorgenden Person abhängt« (ebd.), sowie die Bereitschaft dieser Person, die Öffnung der Beziehung hin zu einem »dritten Objekt« – sei es weiblichen oder männlichen Geschlechts – zu ermöglichen.

2 W. Steffens (1986) spricht von einer »Verläßlichkeit der Paarbeziehung der Eltern«, die nicht »das Bild einer idyllischen Harmonie der Eltern« meint, sondern darin besteht, daß die »Koalition der Eltern bestehen bleibt« (S. 219f). »Töchter müssen... in der Adoleszenz wahrnehmen dürfen, wie Eltern mit Konflikten umgehen, ohne dabei selbst in deren Konflikte verstrickt zu werden« (S. 220).

3 Facetten einer sowohl von väterlicher als auch töchterlicher Seite sexualisierten Beziehung werden in Sibylle Lacans (1999) autobiographischen Schilderungen »Ein Vater« deutlich. Der Vater, Jacques Lacan, verhält sich einerseits gleichgültig gegenüber der Tochter, bindet sie andererseits aber an sich wie eine Geliebte. Er ist eifersüchtig auf die Liebhaber der Tochter (S. 39f) und inszeniert eine Verknüpfung seiner sexuellen Beziehungen mit der Person der Tochter. Eine von ihm der Tochter empfohlene Analytikerin ist seine Geliebte (S. 32ff), und statt zu einer Verabredung mit der Tochter zu gehen, besucht er, für die Tochter sichtbar, mit einer Frau ein »Stundenhotel... wenige Meter... entfernt« (S. 27). Die Tochter ist zwar gekränkt über das Verhalten des Vaters – »wie konnte er mir diese Qual zufügen« (ebd.) –, die Treffen mit ihm, die meist in vornehmen Restaurants stattfanden, schildert jedoch auch sie wie die eines heimlichen Liebespaares: Sie »erblühte vor Glück« (S. 20) und war erst da »voll und ganz ein Mensch« (S. 19). Zehn Tage nach dem Tod des Vaters träumt die Tochter von ihnen beiden als Liebespaar, von »einer Liebe voller Leidenschaft« (S. 73). Dabei wird in den Schilderungen von Sibylle Lacan deutlich, daß sie über eine sexualisierte Beziehung zum Vater eine Anerkennung zu bekommen hofft, die sie schon als Kind bei ihm vermißt hat.

4 Zu Schuldgefühlen gegenüber der Mutter, wenn Töchter mit dem Vater erotisch verstrickt sind, vgl. Hudewentz 1998, S. 57ff.

5 Helen Meier (2000) hat in ihrer Erzählung »Liebe Stimme« auf beeindruckende Weise diesen Wandel in der Sicht auf die Tochter aus der Perspektive eines alten Mannes dargestellt. Geschildert werden die Sorgen des Vaters um die sich in den Ferien befindende Tochter, Sorgen darum, daß ihr etwas passiert ist und sie nicht zu ihm zurückkommt, ein Gedanke, bei dem er sich hilflos und ausgeliefert wie ein kleines Kind fühlt. Deutlich wird dann, daß die Tochter die ganze Zeit bei ihrem Vater war, daß er in einer Phantasiewelt gelebt hat, in der die Tochter – wenn auch für ihn nicht anwesender – Teil seines Lebens und seines Selbst war. Die Tochter als getrennte Person wahrzunehmen bedeutet zugleich, sie als aktiv begehrende autonome Frau zu sehen und die damit verbundene Verführungskraft wie einen »Schlag« zu spüren. »Mit einem Schlag wurde sie Verführerin und Verführer, rücksichtslos, obszön, hinreißend schön, berstend vor Kraft« (S. 14).

6 So beschreibt Mathias Hirsch (1999) ein Spektrum im Verhalten von Vätern »zwischen absolut rigider Abwehr des Bewußtseins sexueller Bestrebungen der Tochter gegenüber über das ständige

Sexualisieren bis hin zu realen Übergriffen« (S. 202). Zur rigiden Abwehr des Bewußtseins sexueller Strebungen dient zum Beispiel die abrupte Distanzierung von der Tochter (S. 198).

7 Eine entsprechende Interpretation des väterlichen Verhaltens in dem von Freud berichteten Fall »Dora« findet sich bei Annette Streeck-Fischer 1997. Die »Hinwendung des Vaters zu Frau K. zu einer Zeit, als Dora sich in der frühen Adoleszenz befand«, wird auch gesehen als »Flucht vor oder Bewältigung der inzestuösen Verführung..., die durch Doras pubertäre Entwicklung beim Vater induziert wurde« (S. 298).

8 Mathias Hirsch (1999) bezeichnet das Muster der abrupten Distanzierung des Vaters von der Tochter als »latenten Inzest«, denn es handelt sich um den Fall »einer nicht konkret ausagierten, jedoch gleichwohl vorhandenen pathogenen übermäßigen Sexualisierung der Beziehung zum Kind von seiten eines Elternteils aufgrund dessen inzestuöser Phantasie« (S. 195).

9 Die spätere Beziehung der sexuell mißbrauchten Tochter zum Vater scheint weniger geprägt durch »Ambivalenz im Sinne von gleichzeitigen gegensätzlichen Gefühlen..., als vielmehr... eine Spaltung: Der Vater wird zwar geliebt, die Tochter steht ihm näher als der Mutter, im Zusammenhang mit dem Inzest aber kommt der abgespaltene negative Teil zum Ausdruck« (Hirsch 1999, S. 113). Eine solche Spaltung scheint auch Simones Haltung zum Vater zu kennzeichnen.

10 Das verführerische Verhalten sexuell mißbrauchter Mädchen kann verstanden werden als »Folge der internalisierten Erfahrung, mit Hilfe der Sexualität Zuwendung und – kaum je ausreichende – Kompensation frühen Mangels zu erlangen« (Hirsch 1999, S. 112).

11 Ein in der Adoleszenz sexuell mißbrauchter Mädchen nicht seltenes Muster scheint gekennzeichnet durch den »Triumph über den zunehmend von ihr und der Sexualität mit ihr abhängigen Vater. Häufig erhält die Tochter die Gelegenheit zu einer solch späten Rache, wenn der paranoide, kontaktarme Vater voll blinder Eifersucht, hilfloser Wut und Angst die Lösungsversuche der Tochter beobachtet, besonders, wenn sie Kontakt zu gleichaltrigen Jungen aufnimmt« (Hirsch 1999, S. 102f).

12 Die sexuellen Übergriffe des Vaters sind für die Tochter oft Ersatz für die fehlende liebevolle Zuwendung der Mutter. Das trägt zu der Schwierigkeit bei, sich später aus entsprechenden Beziehungsmustern zu lösen. »An sich ist es legitim, wenn die Beziehung des Kleinkindes zum Vater nach der Lösung aus einer wenig glücklichen Symbiose mit der Mutter auf einer anderen Ebene den Mangel kompensatorisch ausgleicht. Es mutet jedoch zynisch an, wenn der Vater das Defizit des Kindes für seine (sexuellen) Zwecke benutzt. Wegen der inzestuösen Qualität der Beziehung zum Vater fällt es dem Opfer so schwer, sich einzugestehen, daß es die Zuwendung des Vaters mit einem Teil von sich auch wollte, denn es blieb ihm keine Wahl, weil eine ersehnte nicht sexualisierte Beziehung zum Vater nicht zu erreichen war« (Hirsch 1999, S. 29).

13 Mathias Hirsch (1999) spricht von der »Rache an der präödipalen Mutter«, die in den Phantasien der Tochter enthalten sein kann. »Der Inzest mit dem Vater wird von seiten der Tochter als Rache für die defizitäre mütterliche Zuwendung agiert, etwa entsprechend der Formel: ›Siehst du, der Vater ist eine viel bessere Mutter!‹« (S. 90). Der Inzest wird dann phantasiert »als Bündnis mit dem Vater gegen die Mutter« (ebd.). Trotz des »Gewaltcharakters des Inzest-Agierens ist doch auch immer ein Bündnis mit dem Vater gegen die Mutter in ihm enthalten« (S. 102). Zu den unterschiedlichen Facetten von Schuldgefühlen sexuell mißbrauchter Mädchen und Frauen vgl. S. 91ff.

14 In der Psychodynamik sexuell übergriffiger und mißbrauchender Väter sind all jene Elemente enthalten, die die Töchter übernehmen, weil sie vom Vater als dem in dieser Konstellation Mäch-

tigen – denn Töchter sind als Kind existentiell abhängig von der Zuwendung naher Bezugspersonen – in eine entsprechende Beziehung verstrickt worden sind. So ist für diese Väter kennzeichnend, daß die »genital erscheinende Sexualität des Inzests als Versuch zu verstehen (ist), frühkindliche Bedürfnisse zu kompensieren... Wenn die Wünsche des Vaters, mit Hilfe der inzestuösen Sexualität frühkindliche Bedürfnisse erfüllt zu bekommen, den Kern der Psychodynamik des Inzests beim Vater sind, liegt es nahe, daß die Tochter für ihn zu einem Muttersatz wird« (Hirsch 1999, S. 122). Damit befindet sich die Tochter in einer fast »ausweglosen Situation« (S. 101): Da sie für den Vater »da sein muß, hat (sie) keine Chance, eigene Bedürfnisse durchzusetzen. Entwicklungsschritte und Autonomiewünsche werden behindert, sind folglich mit Schuldgefühlen verbunden... Der Inzest macht schuldig... und ebenso die Rebellion gegen ihn« (S. 101). Dieser Konflikt verschärft sich in der Adoleszenz, da Abgrenzungswünsche deutlicher werden.

15 Mathias Hirsch (1999) beschreibt als wünschenswerte Haltung von Eltern in der Adoleszenz: »Auch an dieser Entwicklungsschwelle sollten die gerade im Zuge der Trennungsprobleme der Erwachsenen auftauchenden aggressiven und... auch besonders inzestuösen Bestrebungen nicht auf Kosten der Jugendlichen ausagiert werden. Genügend gute Eltern sollten eine taktvolle Distanz einhalten, indem sie die eigenen Bedürfnisse zurückstellen, erotische Gefühle... sollten m.E. zwar anerkannt, auch vor dem Kind nicht verborgen werden..., aber nicht ausagiert, vielmehr ›zielgehemmt‹ sein,... nicht einmal atmosphärisch-bedrohlich dem Kind entgegengebracht werden« (S. 196 f).

16 Zu solchen Vorstellungen vgl. Rohde-Dachser 1991, S. 108 ff. Zur christlich-abendländischen Tradition einer Verknüpfung von Menstruation mit Strafe oder Sühne für eine mit Sexualität verbundene Schuld vgl. Hering/Maierhof 1991, Hug 1982.

17 Simone de Beauvoir (1968) schildert anschaulich, wie die Kommentare ihres Vaters über ihr Aussehen und ihr ungeschicktes Verhalten sie in der Pubertät verletzt haben. »Ohne Schonung machte er über meinen Teint, meine Akne, meine Tollpatschigkeit Bemerkungen, durch die mein Unbehagen und meine Manien auf die Spitze getrieben wurden« (S. 97). Zugleich erfährt sie, daß die gute Beziehung zum Vater problematisch wird, weil jetzt für ihn anderes als vor der Pubertät wichtig ist: Eleganz und Schönheit, die nicht sie, sondern die Schwester repräsentiert. »Jahrelang hatte er mir nur Lob erteilt. Als ich in das ›undankbare Alter‹ kam, enttäuschte ich ihn jedoch; an Frauen schätzte er Eleganz und Schönheit. Nicht nur machte er kein Hehl aus seiner Enttäuschung, sondern er zeigte auch mehr Interesse als früher für meine Schwester, die ein hübsches Kind geblieben war. Er strahlte vor Stolz, als sie im Kostüm der ›Königin der Nacht‹ paradierte« (S. 102). Möglicherweise spielte für die Haltung des Vaters auch eine Rolle, daß die Schwester »Kind geblieben war« und damit keine für ihn bedrohliche Weiblichkeit repräsentierte.

18 Für diesen Hinweis danke ich Martina Ritter.

Körper, Sexualität und Geschlecht – Psychische Dynamiken

1 Eine Zusammenfassung und kritische Aufarbeitung der Debatten zum Thema ›Körper und Geschlecht‹ in feministischen theoretischen Ansätzen findet sich in Villa 2000a.

2 In triebtheoretisch orientierten psychoanalytischen Ansätzen steht die Bedeutung innerpsychischer Dynamiken in der Adoleszenz im Vordergrund, etwa bei Dalsimer 1993, z. B. S. 53 ff., und Kaplan 1988, z. B. S. 205 ff. Eine solche Sichtweise blendet die in realen Beziehungen erlebten Bestätigungen und Kränkungen aus und legt die Vorstellung von einem autonomen, von Beziehungen zu anderen unabhängigen Subjekt nahe. Inzwischen werden zunehmend objektbeziehungstheoretisch und soziologisch orientierte Perspektiven einbezogen, z. B. King 2000a, 2000b.

3 Zur Verknüpfung von Individuation, Generativität und Geschlecht in der Adoleszenz vgl. King 2001b.

Literatur

Baur, Jürgen & Miethling, Wolf-Dietrich (1991): Die Körperkarriere im Lebenslauf. In: Zeitschrift für Sozialisationsforschung und Erziehungssoziologie 2, S. 165–188

Beauvoir, Simone de (1968): Memoiren einer Tochter aus gutem Hause. Reinbek b. Hamburg

Beauvoir, Simone de (1989): Das andere Geschlecht. Sitte und Sexus der Frau. Reinbek b. Hamburg

Belgrad, Jürgen (1996): Detektivische Spurensuche und archäologische Sinnrekonstruktion – Die tiefenhermeneutische Textinterpretation als literaturdidaktisches Verfahren. In: Belgrad, Jürgen & Melenk, Hartmut: Literarisches Verstehen, literarisches Schreiben. Positionen und Modelle zur Literaturdidaktik. Hohengehren, S. 133–148

Bell, Karin (1991): Aspekte weiblicher Entwicklung. In: Forum der Psychoanalyse 7, S. 111–126

Bell, Karin (1996): Mütter und Töchter – die schwierige Balance. In: Forum der Psychoanalyse 12, S. 128–141

Bell, Karin (1997): Ich hätte nicht gedacht, daß ich einen Beruf finden würde, der so zufriedenstellend ist. In: Mertens, Wolfgang (Hg.): Der Beruf des Psychoanalytikers. Stuttgart, S. 51–70

Benjamin, Jessica (1990): Die Fesseln der Liebe. Psychoanalyse, Feminismus und das Problem der Macht. Basel, Frankfurt/M.

Berger, Margarete (1989): Zur Bedeutung des ›Anna-selbdritt‹-Motivs für die Beziehung der Frau zum eigenen Körper und zu ihrem Kind. In: Hirsch, Mathias (Hg.): Der eigene Körper als Objekt: Zur Psychodynamik selbstdestruktiven Körperagierens. Berlin, Heidelberg, S. 241–277

Berger, Margarete (1996): »Durch diese schöne Anstrengung mit sich selbst bekannt gemacht …« Über Texte zu Töchtern und Vätern. In: Berger, Margarete & Wiesse, Jörg (Hg.): Geschlecht und Gewalt, Psychoanalytische Blätter, Bd. 4, Göttingen u. Zürich, S. 120–160

Berger, Margarete (1988): Das verstörte Kind mit seiner Puppe. Zur Schwangerschaft in der frühen Adoleszenz. In: Bürgin, Dieter (Hg.): Beziehungskrisen in der Adoleszenz. Bern, Stuttgart, Toronto, S. 23–39

Biermann, Christine & Schütte, Marlene (1995): Liebe, Freundschaft, Sexualität. Ein fächerübergreifendes Unterrichtsprojekt für die Jahrgänge 5/6, Bielefeld

Blanke, Mechthild (1996): Prinzessinnen in den Schulklassen? In: Kaiser, Astrid (Hg.): FrauenStärken ändern Schule. 10. Bundeskongreß Frauen und Schule, Bielefeld, S. 128–131

Blos, Peter (1978): Adoleszenz. Eine psychoanalytische Interpretation. Stuttgart

Boeger, Annette (2000): Das Körperbild im Jugendalter. Eine geschlechtsspezifische Betrachtung unter entwicklungspsychologischer und klinischer Perspektive. Referat gehalten auf der Fachtagung zur sexualpädagogischen Mädchenarbeit der BZgA in Hohenroda: »meine Sache« – Mädchen gehen ihren Weg, 19.–21. Juni 2000

Bois-Reymond, Manuela du & Poel, Yolanda te (1998): Jugend- und Mädchenkindheiten in den Niederlanden – Gender und Sozialisation in Theorie und Empirie. In: Horstkemper, Marianne & Zimmermann, Peter (Hg.): Zwischen Dramatisierung und Individualisierung. Geschlechtstypische Sozialisation im Kindesalter. Opladen, S. 253–273

Breidenstein, Georg & Kelle, Helga (1998): Geschlechteralltag in der Schulklasse. Ethnographische Studien zur Gleichaltrigenkultur. Weinheim u. München

Breitenbach, Eva (2000): Mädchenfreundschaften in der Adoleszenz. Eine fallrekonstruktive Untersuchung von Gleichaltrigengruppen. Opladen

Breitenbach, Eva & Kausträter, Sabine (1998): »Ich finde, man braucht irgendwie eine Freundin« – Beziehungen zu Gleichaltrigen in der weiblichen Adoleszenz. In: Zeitschrift für Sozialisationsforschung und Erziehungssoziologie 4, S. 389–402

Brown, Lyn M. & Gilligan, Carol (1994): Die verlorene Stimme. Wendepunkte in der Entwicklung von Mädchen und Frauen. Frankfurt/M., New York

Brückner, Margrit (1990): Zwischen Kühnheit und Selbstbeschränkung. Von der Schwierigkeit weiblichen Begehrens. In: Zeitschrift für Sexualforschung 3, S. 195–217

Brückner, Margrit (1999): Von der Vagina dentata zur friedfertigen Frau. In: gruppenanalyse, Vol. 9, Heft 1, S. 55–68

Brüggemann, Maria (1999): Körperliche Veränderungen von Mädchen in der Pubertät und Familienbeziehungen. Psychoanalytisch orientierte Interviewinterpretationen zur Bedeutung der Menstruation. Unveröff. Diplomarbeit im Studiengang Diplompädagogik/Sozialpädagogik an der Universität Oldenburg

Brumberg, Joan Jacobs (1997): The Body Project. An Intimate History of American Girls. New York

Bundeszentrale für Gesundheitliche Aufklärung (Hg.) (1998): Jugendsexualität 1998. Ergebnisse der aktuellen Repräsentativbefragung. Köln

Burek, Ursel (1998): Ein bewegter transkultureller Lebensweg einer Frau. Tanz und Rituale – Eine vergessene Sprache? In: Bohnacker, Anke, u. a. (Hg.): Körperpolitik mit dem Frauenleib. Kassel, S. 229–240

Burkhard-Eggli, Dorothea & Hennig, Angela (2000): Die Brust, aus der Milch und Honig fließt... und der vergiftete Apfel. In: Arbeitskreis Frauengesundheit in Medizin, Psychotherapie und Gesellschaft e.V. (AKF) (Hg.): Brust 2000. Gesundheitspolitische Ein- und Aussichten. Dokumentation der 6. Jahrestagung des Arbeitskreises Frauengesundheit in Medizin, Psychotherapie und Gesellschaft e.V. (AKF) am 6.+7. November 1999 in Bad Pyrmont, Bünde, S. 152–154

Butler, Judith (1995): Körper von Gewicht. Frankfurt/M.

Chasseguet-Smirgel, Janine (1974): Die weiblichen Schuldgefühle. In: dies.: Psychoanalyse der weiblichen Sexualität. Frankfurt/M., S. 134–191

Christian-Widmaier, Petra (2000): Aggression in Frau-Frau-Analysen. In: Forum der Psychoanalyse 16, S. 231–246

Christlieb, Martina (1995): Damenringkämpfe im Behandlungszimmer. Zur Beziehungsdynamik zwischen der aggressiven Patientin und ihrer Analytikerin. In: Hamburger Arbeitskreis für Psychoanalyse und Feminismus (Hg.): Evas Biß. Weibliche Aggressivität und ihre Wirklichkeiten. Freiburg, S. 129–172

Connell, Robert W. (1999): Der gemachte Mann, Opladen

Dalsimer, Katherine (1993): Vom Mädchen zur Frau. Literarische Darstellungen – psychoanalytisch betrachtet. Berlin, Heidelberg

Dannenbeck, Clemens & Mayr, Martina & Stich, Jutta (1999): Sexualität lernen: Zeit brauchen, Zeit lassen, Zeit haben. In: Diskurs 1, S. 36–43

Deutsch, Helene (1925): Psychoanalyse der weiblichen Sexualfunktionen. Leipzig, Wien, Zürich

Diem-Wille, Gertraud (1996): Karrierefrauen und Karrieremänner. Eine psychoanalytisch orientierte Untersuchung ihrer Lebensgeschichte und Familiendynamik. Opladen

Drakulić, Slavenka (1998): Marmorhaut. Berlin

Duden, Barbara (1991): Der Frauenleib als öffentlicher Ort. Vom Mißbrauch des Begriffs Leben. Hamburg, Zürich

Düring, Sonja (1993): Wilde und andere Mädchen. Die Pubertät. Freiburg

Düring, Sonja (1996): »Manchmal wär' ich gern ein bißchen geiler«. Sexuell befreit und doch nicht glücklich? In: Pro Familia Magazin 5, S. 8–10

Eckart, Christel (1985): Töchter in einer »vaterlosen Gesellschaft«. Das Vorbild des Vaters als Sackgasse zur Autonomie. In: Hagemann-White, Carol & Rerrich, Maria S. (Hg.): FrauenMännerBilder. Männer und Männlichkeit in der feministischen Diskussion. Bielefeld, S. 170–193

Eckart, Christel (1992): Suchbild Vater. Interpretationen des Tochter-Vater-Verhältnisses aus der Sicht der Töchter. In: Suchbilder – Trugbilder, Materialienband 11 der Frankfurter Frauenschule, S. 63–86

Erdheim, Mario (1982): Die gesellschaftliche Produktion von Unbewußtheit. Eine Einführung in den ethnopsychoanalytischen Prozeß. Frankfurt a.M.

Faulstich-Wieland, Hannelore (1999): Soziale Konstruktion von Geschlecht in schulischen Interaktionen in der Sekundarstufe I. In: Sozialpädagogisches Institut Berlin (Hg.): Geschlechtersequenzen. Dokumentation des Diskussionsforums zur geschlechtsspezifischen Jugendforschung. Berlin, S. 97–109

Fend, Helmut (1990): Vom Kind zum Jugendlichen. Der Übergang und seine Risiken. Entwicklungspsychologie der Adoleszenz in der Moderne, Bd. I, Bern, Stuttgart, Toronto

Fischer-Homberger, Esther (1979): »Krankheit Frau« und andere Arbeiten zur Medizingeschichte der Frau. Bern

Flaake, Karin (1990): Geschlechterverhältnisse, geschlechtsspezifische Identität und Adoleszenz. In: Zeitschrift für Sozialisationsforschung und Erziehungssoziologie 1, S. 2–13

Flaake, Karin (1991): Frauen und öffentlich sichtbare Einflußnahme – Selbstbeschränkungen und innere Barrieren. In: Feministische Studien 1, S. 136–142

Flaake, Karin (1992): Ein Körper für sich allein. Sexuelle Entwicklungen und körperliche Weiblichkeit in der Mutter-Tochter-Beziehung. In: Psyche 7, S. 642–652

Flaake, Karin (1994): Ein eigenes Begehren? Weibliche Adoleszenz und Veränderungen im Verhältnis zu Körperlichkeit und Sexualität, in: Brückner, Margrit & Meyer, Birgit (Hg.): Die sichtbare Frau. Die Aneignung der gesellschaftlichen Räume. Freiburg, S. 89–117

Flaake, Karin (1995): Zwischen Idealisierung und Entwertung – Probleme und Perspektiven theoretischer Analysen zu weiblicher Homo- und Heterosexualität. In: Psyche 9/10, S. 867–885

Flaake, Karin (1998): Weibliche Adoleszenz – Neue Möglichkeiten, alte Fallen? Widersprüche und Ambivalenzen in der Lebenssituation und den Orientierungen junger Frauen. In: Oechsle, Mechtild & Geissler, Birgit (Hg.): Die ungleiche Gleichheit. Junge Frauen und der Wandel im Geschlechterverhältnis. Opladen, S. 43–66

Flaake, Karin (2000): Genderforschung in der Psychoanalyse. In: Braun, Christina von & Stephan, Inge (Hg.): Gender Studien. Eine Einführung. Stuttgart, Weimar, S. 169–179

Flaake, Karin & John, Claudia (1992): Räume zur Aneignung des Körpers. Zur Bedeutung von Mädchenfreundschaften in der Adoleszenz. In: Flaake, Karin & King, Vera (Hg.), a.a.O., S. 199–211

Flaake, Karin & King, Vera (1992): Psychosexuelle Entwicklung, Lebenssituation und Lebensentwürfe junger Frauen. Zur weiblichen Adoleszenz in soziologischen und psychoanalytischen Theorien. In: Flaake, Karin/King, Vera (Hg.), a.a.O., S. 13–39

Flaake, Karin & King, Vera (Hg.) (1992): Weibliche Adoleszenz. Zur Sozialisation junger Frauen. Frankfurt/M., New York

Flax, Jane (1996): Mütter und Töchter im Diskurs. In: Mens-Verhulst, Janneke van, u.a. (Hg.): Töchter und Mütter: Weibliche Identität, Sexualität und Individualität. Stuttgart, Berlin, Köln, S. 203–220

Fleßner, Heike (1996): Mädchenprojekte – Bilanz und Ausblicke. In: Pro Familia Magazin 5, S. 17–19

Fleßner, Heike (2000): Frech, frei und fordernd, oder? Mädchenbilder von Pädagoginnen und ihre Bedeutung für die Mädchenarbeit. In: King, Vera & Müller, Burkhard K. (Hg.): Adoleszenz und pädagogische Praxis. Bedeutungen von Geschlecht, Generation und Herkunft in der Jugendarbeit. Freiburg, S. 75–92

Freud, Anna (1984): Das Ich und die Abwehrmechanismen. Frankfurt/M.

Freud, Sigmund (1986): Briefe an Wilhelm Fließ 1887–1904. Hrsg. von James M. Masson. Frankfurt/M.

Friebertshäuser, Barbara (1995): Initiationsriten und ihre Bedeutung für weibliche und männliche Statuspassagen. In: Feministische Studien 1, S. 56–69

Gambaroff, Marina (1984): Utopie der Treue. Reinbek

Gambaroff, Marina (1999): Der Einfluß der frühen Mutter-Tochter-Beziehung auf die Entwicklung der weiblichen Sexualität. In: psychosozial Nr. 76, Heft II, S. 59–68

Gast, Lilly (1998): Reflexe des Zeitgeistes und Metamorphosen der Magersucht: Psychoanalytische Überlegungen zur Relation von Subjekt und Körper. In: psychosozial Nr. 72, Heft II, S. 89–98

Geissler, Birgit (1998): Hierarchie und Differenz. Die (Un-)Vereinbarkeit von Familie und Beruf und die soziale Konstruktion der Geschlechterhierarchie im Beruf. In: Oechsle, Mechtild & Geissler, Birgit (Hg.): Die ungleiche Gleichheit. Junge Frauen und der Wandel im Geschlechterverhältnis. Opladen, S. 109–130

Geissler, Birgit & Oechsle, Mechtild (1996): Lebensplanung junger Frauen. Zur widersprüchlichen Modernisierung weiblicher Lebensläufe. Weinheim

Gidion, Heidi (1999): Töchter und ihre Väter. Literarische Entdeckungsreisen. Frankfurt/M.

Gille, Gisela (1995): Mädchengesundheit unter Pubertätseinflüssen. In: Das Gesundheitswesen 10, S. 652–660

Gilligan, Carol & Rogers, Annie (1996): Mütter und Töchter. Paradigmenwechsel in der Psychologie. In: Mens-Verhulst, Janneke van, u.a. (Hg.): Töchter und Mütter: Weibliche Identität, Sexualität und Individualität. Stuttgart, Berlin, Köln, S. 175–188

Gläser, Gudrun (1994): Zur Auswirkung präödipaler Vaterdeprivation auf weibliches Wünschen, Wollen und Begehren. In: Forum der Psychoanalyse 10, S. 245–259

Goch, Klaus (1988): Eleanor Marx. In: Pusch, Luise F. (Hg.): Töchter berühmter Männer. Neun biographische Portraits. Frankfurt/M., S. 275–348

Godfrind, Jacqueline (2000): Die weibliche Homosexualität in der analytischen Kur. In: Heenen-Wolff, Susann (Hg.): Neues vom Weib. Französische Beiträge. Psychoanalytische Blätter, Bd. 16, Göttingen, S. 53–82

Groddeck, Georg (1923): Das Buch vom Es. Psychoanalytische Briefe an eine Freundin. Leipzig, Wien, Zürich

Guignard, Florence (2000): Mütterlich oder weiblich? Der »gewachsene Fels« als Wächter über das Inzesttabu mit der Mutter. In: Heenen-Wolff, Susann (Hg.): Neues vom Weib. Französische Beiträge. Psychoanalytische Blätter, Bd. 16, Göttingen, S. 9–28

Gülle, Dagmar (1995): Die Tochter-Vater-Beziehung in der Adoleszenz oder Wenn die Tochter eine Frau wird. Eine empirische Untersuchung. Unveröff. Diplomarbeit am Psychologischen Institut der FU Berlin

Haase, Helga (1992): Die Preisgabe. Überlegungen zur Bedeutung der Menstruation in der Mutter-Tochter-Beziehung. In: Flaake, Karin & King, Vera (Hg.), a.a.O., S. 166–185

Hackmann, Kristina (1999): Produktive Medienarbeit mit Mädchen am Beispiel des Mediums Videofilm. In: unterrichten/erziehen, Die Zeitschrift für kreative Lehrerinnen und Lehrer, Heft 5, S. 250–253

Hackmann, Kristina (2000): Reflexive Mädchenarbeit in Schulen am Beispiel des Mediums Videofilm. Überlegungen zur Rolle der Lehrerin in der schulischen Mädchenarbeit. In: Grohn-Menard, Christin & Groneberg, Caren (Hg.): Frauen und Schule im offenen Raum. Raum für Verwandlung, 12. Bundeskongreß Frauen und Schule. Bielefeld, S. 110–128

Hagemann-White, Carol (1997): Adoleszenz und Identitätszwang in der weiblichen und männlichen Sozialisation. In: Krebs, Heinz & Eggert-Schmid Noerr, Annelinde (Hg.): Lebensphase Adoleszenz. Junge Frauen und Männer verstehen. Mainz, S. 67–79

Halberstadt-Freud, Hendrika (1987): Die symbiotische Illusion in der Mutter-Tochter-Beziehung. In: Psychoanalytisches Seminar Zürich (Hg.): Bei Licht betrachtet wird es finster: Frauensichten. Frankfurt/M., S. 139–166

Halberstadt-Freud, Hendrika C. (2000): Elektra versus Ödipus. Das Drama der Mutter-Tochter-Beziehung. Stuttgart

Happel, Frieka (1996): Der Einfluß des Vaters auf die Tochter. Zur Psychoanalyse weiblicher Identitätsbildung. Eschborn

Haug, Frigga (Hg.) (1988): Sexualisierung der Körper. Berlin/Hamburg

Hauswald, Mechthild & Zenz, Helmuth (1992): Die Menarche im Erleben pubertierender Mädchen. In: Zenz, Helmuth & Hrabel, Vladimir & Marschall, Peter (Hg.): Entwicklungsdruck und Erziehungslast. Psychische, soziale und biologische Quellen des beeinträchtigten Wohlgefühls bei Schülerinnen und Schülern in der Pubertät. Göttingen, Bern, Toronto, Seattle, S. 48–60

Heigl-Evers, Annelise & Weidenhammer, Brigitte (1988): Der Körper als Bedeutungslandschaft. Die unbewußte Organisation der weiblichen Geschlechtsidentität. Bern, Stuttgart, Toronto

Helfferich, Cornelia (1994): Jugend, Körper und Geschlecht. Die Suche nach sexueller Identität. Opladen

Helfferich, Cornelia (1996): Kann denn Schönheit Sünde sein? Zur Verteidigung des Schönheitsfimmels von Mädchen. In: Pro Familia Magazin 5, S. 14–16

Hering, Sabine & Maierhof, Gudrun (1991): Die unpäßliche Frau: Sozialgeschichte der Menstruation und Hygiene von 1860 bis 1985. Pfaffenweiler

Hirsch, Mathias (1999): Realer Inzest. Psychodynamik des sexuellen Mißbrauchs in der Familie. Gießen

Hite, Shere (1987): Frauen und Liebe. Der neue Hite-Report. München

Hohage, Kristina (1998): Menstruation: Eine explorative Studie zur Geschichte und Bedeutung eines Tabus. Hamburg

Holleck, Dorothea (1996): Neue Formen des Sexualkundeunterrichts Offene Schule Waldau. Kassel

Hudewentz, Renate (1998): Gespräche mit Antigone. Zur Beziehung von Tochter und Vater. Pfaffenweiler

Hug, Brigitta (1982): Das kulturelle Deutungsmuster Menstruation in der Ethnologie. Lizenziatsarbeit am Ethnologischen Seminar der Universität Zürich

Jansen, Mechtild & Jockenhövel-Poth, Annemarie (1992): Trennung und Bindung bei adoleszenten Mädchen aus psychoanalytischer Sicht. In: Flaake, Karin & King, Vera (Hg.), a.a.O., Frankfurt/M., New York, S. 266–278

Jordan, Judith (1996): Das Beziehungsselbst. Ein Modell weiblicher Entwicklung. In: Mens-Verhulst, Janneke van, u.a. (Hg.): Töchter und Mütter: Weibliche Identität, Sexualität und Individualität. Stuttgart, Berlin, Köln, S. 189–202

Kanter, Ruth de (1996): Töchterliche Lebensentwürfe. In: Mens-Verhulst, Janneke van, u.a. (Hg.): Töchter und Mütter: Weibliche Identität, Sexualität und Individualität. Stuttgart, Berlin, Köln, S. 47–58

Kaplan, Louise J. (1988): Abschied von der Kindheit. Eine Studie über die Adoleszenz. Stuttgart

Kastendieck, Mura (1996): Mädchen in der gynäkologischen Praxis. »Teenie-Sprechstunde«. In: Pro Familia Magazin 5, S. 2–5

Keddi, Barbara & Wittmann, Svendy (1996): »Weil ich ein Mädchen bin!« – Die Mädchengeneration der 90er. In: Pro Familia Magazin 5, S. 21–23

Kernberg, Otto (1988): Innere Welt und äußere Realität. Anwendungen der Objektbeziehungstheorie. München

Kestenberg, Judith (1988): Entwicklungsphasen weiblicher Identität. In: Psyche 42, S. 349–364

Kestenberg, Judith (1961): Menarche. In: Lorand, S. & Schneer, H. (Hg.): Adolescence: Psychoanalytic approach to Problems and Therapy. New York, S. 19–50

Kienast-Scheiner, Ulrike (1999): Geschwisterbeziehungen: Ein Bericht über tiefenpsychologische und psychoanalytisch-pädagogische Veröffentlichungen. In: Jahrbuch für Psychoanalytische Pädagogik 10, Themenschwerpunkt: Die frühe Kindheit. Gießen, S. 146–171

King, Vera (1992): Geburtswehen der Weiblichkeit – Verkehrte Entbindungen. Zur Konflikthaftigkeit der psychischen Aneignung der Innergenitalität in der Adoleszenz. In: Flaake, Karin & King, Vera (Hg.), a.a.O., S. 103–125

King, Vera (1995): Die Urszene der Psychoanalyse. Adoleszenz und Geschlechterspannung im Fall Dora. Stuttgart

King, Vera (1997): Weibliche Adoleszenz im Wandel. Innere und äußere Räume im jugendlichen Schöpfungsprozeß. In: Krebs, Heinz & Eggert-Schmid Noerr, Annelinde (Hg.): Lebensphase Adoleszenz. Junge Frauen und Männer verstehen. Mainz, S. 32–49

King, Vera (1999): Der Ursprung im Innern – Weibliche Genitalität und Sublimierung. In: Brech, Elke & Bell, Karin & Marahrens-Schürg, Christa (Hg.): Weiblicher und männlicher Ödipuskomplex. Göttingen, S. 204–229

King, Vera (2000a): Identitätsbildungsprozesse in der weiblichen Adoleszenz. In: Wiesse, Jörg (Hg.): Identität und Einsamkeit: Zur Psychoanalyse von Narzißmus und Beziehung. Göttingen, S. 53–70

King, Vera (2000b): Narzißmus und Objektbindung in der weiblichen Adoleszenz: Wandlungen der Autonomie. In: Zeitschrift für psychoanalytische Theorie und Praxis 4, S. 386–409

King, Vera (2001a): Tochterväter. Dynamik und Veränderungen einer Beziehungsfigur. Erscheint in: Walter, Heinz (Hg.): Männer als Väter. Sozialwissenschaftliche Theorie und Empirie. Gießen

King, Vera (2001b): Die Entstehung des Neuen in der Adoleszenz. Individuation, Generativität und Geschlecht in modernisierten Gesellschaften. Habilitationsschrift, Fachbereich Gesellschaftswissenschaften der J.W. Goethe-Universität Frankfurt/M.

Klein, Regina (2000): Am Anfang steht das letzte Wort. Eine Annäherung an die »Wahrheit« der tiefenhermeneutischen Erkenntnis. In: BIOS Heft 1, S. 79–97

Kleyda, Anke & Kuhlmann, Doris (1999): »Ich lass' einfach auf mich zukommen …« Qualitative Interviewstudie zur Bedeutung der Pubertät von Mädchen innerhalb der Familie. Hausarbeit im Rahmen des Diplomstudiengangs Pädagogik an der Universität Oldenburg

Kluge, Norbert & Jansen, Gisela (1996): Körperentwicklung in der Pubertät: Einführung in den Gegenstandsbereich und Bilddokumentation. Frankfurt/M., Berlin, Bern, New York, Paris, Wien

Kneissl, Claudia (2000): Geschichten von Mädchen und jungen Frauen. Bausteine zu einer Theorie des geschlechtlichen Körpererlebens während der weiblichen Adoleszenz. In: Höfner, Claudia, u.a. (Hg.): Ihr-Land. Feministische Beiträge zur Sozialpsychologie, Wien, S. 79–90

Koellreuter, Anna (2000): Das Tabu des Begehrens. Zur Verflüchtigung des Sexuellen in Theorie und Praxis der feministischen Psychoanalyse. Gießen

Köhncke, Dietlind (2001): Schrecken und Zauber des offenen Raumes – das kreative Potential der Gruppe. In: gruppenanalyse 1, S. 195–212

Kolip, Petra (1994): Ein denkwürdiger Wandel – Zur gesundheitlichen Lage im Jugendalter. In: Zeitschrift für Frauenforschung 4, S. 39–46

König, Hans-Dieter (1997): Tiefenhermeneutik als Methode kultursoziologischer Forschung. In: Hitzler, Ronald & Honer, Anne (Hg.): Sozialwissenschaftliche Hermeneutik. Opladen, S. 213–241

Konrad, Regina (1999): Der Umgang mit den schmerzlichen Gefühlen des Abgetrenntseins in der Adoleszenz. In: Schlösser, Anne-Marie & Höhfeld, Kurt (Hg.): Trennungen. Gießen, S. 187–201

Kraus, Helga & Kraus, Karin (1991): Schwestern über Schwestern. Die Kunst der Balance. Frankfurt/M.

Krebs, Barbara (1992): Eßstörungen oder die Sehnsucht nach Frau: Skizzen zum weiblichen Binnenraum. In: Vogt, Irmgard & Bormann, Monika (Hg.): Frauen-Körper. Lust und Last. Tübingen

Krutzenbichler, Sebastian H. & Essers, Hans (1991): Muß denn Liebe Sünde sein? Über das Begehren des Analytikers. Freiburg

Kuhlmann, Doris (2000): »Was viele nicht zu fragen wagen«. Mädchenbildern in den Aufklärungsseiten der Jugendzeitschrift BRAVO auf der Spur. Unv. Diplomarbeit im Studiengang Diplom-Pädagogik an der Carl von Ossietzky Universität Oldenburg

Lacan, Sibylle (1999): Ein Vater. Puzzle. Wien, München

Laufer, Moses & Laufer, M. Eglé (1989): Adoleszenz und Entwicklungskrise. Stuttgart

Lee, Janet & Sasser-Coen, Jeniffer (1996): Blood Stories. Menarche and the Politics of the Female Body in Contemporary U.S.-Society. New York

Lehnert, Gertrud (1998): Mode, Weiblichkeit, Modernität. In: dies. (Hg.): Mode, Weiblichkeit, Modernität. Dortmund, S. 7–19

Lerner, Harriet E. (1980): Elterliche Fehlbenennung der weiblichen Genitalien als Faktor bei der Erzeugung von Penisneid und Lernhemmungen. In: Psyche 34, S. 1092–1104

Lerner, Harriet E. (2000): Der Tanz ums Kind. Wie Muttersein unser Leben verändert. Fankfurt/M.

Lessing, Doris (1994): Unter der Haut. Autobiographie. Hamburg

Leyh, Carola (2000): »Bloß nicht wie meine Mutter!« Mütter und Töchter – Schwierigkeiten und Chancen einer Beziehung. In: Schulz, Ursula (Hg.): Kindsein heute. Alptraum oder Traum. Waiblingen, S. 85–110

Lieberknecht, Jutta (1993): Körperlichkeit und Sexualität in der weiblichen Adoleszenz. Unv. Diplomarbeit am Psychologischen Institut der Freien Universität Berlin

Lindemann, Gesa (1993): Das paradoxe Geschlecht. Transsexualität im Spannungsfeld von Körper, Leib und Gefühl. Frankfurt/M.

Lorde, Audre (1993): Zami. Ein Leben unter Frauen. Frankfurt/M.

Lorenzer, Alfred (1986): Tiefenhermeneutische Kulturanalyse. In: König, Hans-Dieter & Lorenzer, Alfred u.a. (Hg.): Kultur-Analysen. Frankfurt a.M., S. 11–98

Mahr, Erica (1985): Menstruationserleben. Eine medizin-psychologische Untersuchung. Weinheim/Basel

Martin, Emily (1989): Die Frau im Körper: Weibliches Bewußtsein, Gynäkologie und die Reproduktion des Lebens. Frankfurt/M., New York

Matthias-Bleck, Heike (1997): Warum noch Ehe? Erklärungsversuche der kindorientierten Eheschließung. Bielefeld

Meier, Helen (2000): Liebe Stimme. In: dies.: Liebe Stimme. Zürich, S. 5–14

Mertens, Wolfgang (1992): Entwicklung der Psychosexualität und der Geschlechtsidentität. Bd. 1: Geburt bis viertes Lebensjahr. Stuttgart, Berlin, Köln

Mertens, Wolfgang (1994): Entwicklung der Psychosexualität und der Geschlechtsidentität, Bd. 2: Kindheit und Adoleszenz. Stuttgart, Berlin, Köln

Metzger, Hans Geert (2000): Zwischen Dyade und Triade. Psychoanalytische Familienbeobachtungen zur Bedeutung des Vaters im Triangulierungsprozeß. Tübingen

Milhoffer, Petra (1998): Selbstwahrnehmung, Sexualwissen und Körpergefühl 8- bis 14jähriger Mädchen und Jungen. In: BZgA Forum 2, S. 14–18

Milhoffer, Petra (1999): Sexualerziehung, die ankommt …: Ein Leitfaden für Schule und außerschulische Jugendarbeit zur Sexualerziehung von Mädchen und Jungen der 3. bis 6. Klasse. Köln

Milhoffer, Petra (2000): Wie sie sich fühlen, was sie sich wünschen. Eine empirische Studie über Mädchen und Jungen auf dem Weg in die Pubertät. Weinheim, München

Moré, Angela (1997): Die Bedeutung der Genitalien in der Entwicklung von (Körper)Selbstbild und Wirklichkeitssinn. In: Forum der Psychoanalyse 4, S. 312–337

Musfeld, Tamara (1997): Im Schatten der Weiblichkeit. Über die Fesselung weiblicher Kraft und Potenz durch das Tabu der Aggression. Tübingen

Nave-Herz, Rosemarie (1999): Diskontinuitäten zwischen Familie und Moderne. In: Friedrichs, Jürgen & Nave-Herz, Rosemarie: Familiensoziologie. 20 Jahre Forschungsgruppe Familiensoziologie an der Carl von Ossietzky Universität Oldenburg. Oldenburg

Neubauer, Georg (1990): Jugendphase und Sexualität. Eine empirische Überprüfung eines sozialisationstheoretischen Modells. Stuttgart

Olbricht, Ingrid (1989): Die Brust. Organ und Symbol weiblicher Identität. Reinbek b. Hamburg

Orenstein, Peggy (1996): Starke Mädchen – Brave Mädchen. Was sie in der Schule wirklich lernen. Frankfurt/M., New York

Papastefanou, Christiane (2000): Der Auszug aus dem Elternhaus – Ein vernachlässigter Gegenstand der Entwicklungspsychologie. In: Zeitschrift für Sozialisationsforschung und Erziehungssoziologie 1, S. 55–69

Petri, Horst (1999): Die Geschwisterbeziehung – Die längste Beziehung unseres Lebens. In: psychosozial, Heft 11, S. 69–80

Pines, Dinora (1997): Der weibliche Körper. Eine psychoanalytische Perspektive. Stuttgart

Poluda, Eva S. (2000): Weibliche Adoleszenz gestern und heute. In: Kinderanalyse 1, S. 41–60

Poluda-Korte, Eva S. (1988): Brief an eine Freundin. In: Gehrke, Claudia (Hg.): Mein heimliches Auge III. Berlin, S. 112–122

Poluda-Korte, Eva S. (1992): Identität im Fluß. Zur Psychoanalyse weiblicher Adoleszenz im Spiegel des Menstruationserlebens. In: Flaake, Karin & King, Vera (Hg.), a.a.O., S.147–165

Poluda-Korte, Eva S. (1993): Der ›lesbische Komplex‹. Das homosexuelle Tabu und die Weiblichkeit. In: Alves, Eva Maria: Stumme Liebe. Der ›lesbische Komplex‹ in der Psychoanalyse. Freiburg, S. 73–132

Posch, Waltraud (1999): Körper machen Leute. Der Kult um die Schönheit. Frankfurt/M., New York

Preiß, Dagmar & Schwarz, Anne & Wilser, Anja (1996): Mädchen – Lust und Last der Pubertät. Ein sexual- und gesundheitspädagogisches Modellprojekt zur Beratung junger Mädchen. Frankfurt/M.

Prokop, Ulrike (1983): Die Melancholie der Cornelia Goethe. In: Feministische Studien 2, S. 46–77

Prokop, Ulrike (1994): Einige Überlegungen zum Thema Entwicklungstendenzen weiblicher Identität. In: Brückner, Margrit & Meyer, Birgit (Hg.): Die sichtbare Frau. Die Aneignung der gesellschaftlichen Räume. Freiburg, S. 76–88

Prokop, Ulrike (1994): Relativierung der »Normalfamilie« – Konsequenzen für die weibliche und männliche Identitätsbildung. In: Eggert-Schmid Noerr, Annelinde & Hirmke-Wessels, Volker & Krebs, Heinz (Hg.): Das Ende der Beziehung? Frauen, Männer, Kinder in der Trennungskrise. Mainz, S. 26–45

Rauchfleisch, Udo (1997): Alternative Familienformen. Eineltern, gleichgeschlechtliche Paare, Hausmänner. Göttingen

Ravesloot, Janita & Bois-Reymond, Manuela du (1999): Von der Verbots- zur Verhandlungsmoral. Befunde niederländischer Sexualforschung, Diskurs 1, S. 18–29

Reimann, Brigitte (2000): Franziska Linkerhand. Berlin

Rendtorff, Barbara (2000): Sinn und Unsinn kollektiver Identitäten. In: Plebuch-Tiefenbacher, Lore u.a. (Hg.): Geschlechterfragen in der Schule. Wie wird (Zwei-)Geschlechtlichkeit gelebt? Weinheim, S.35–48

Ritter, Martina (1994): Computer oder Stöckelschuh? Eine empirische Untersuchung über Mädchen am Computer. Frankfurt/M., New York

Ritter, Martina (1996a): »Aber ich bin keine Emanze!« Die Bedeutung des Computers für die Identitätsbildungsprozesse bei adoleszenten Mädchen. In: Feministische Studien 1, S. 66–75

Ritter, Martina (1996a): Die Freiheit der Frau, zu sein wie der Mann. In: Barkhaus, Annette, u.a. (Hg.): Identität, Leiblichkeit, Normativität: Neue Horizonte anthropologischen Denkens. Frankfurt/M., S. 404–422

Ritter, Martina (1999a): Kulturelle Modernisierung und Identitätskonzeptionen im sowjetischen und postsowjetischen Rußland. In: Feministische Studien 1, S. 8–22

Ritter, Martina (1999b): Das Gesetz des Vaters. Zum Strukurierungseffekt der Computerbeschäftigung – Ergebnisse einer Untersuchung über adoleszente Mädchen am Computer und eine Follow-Up-Studie nach sieben Jahren. In: Ritter, Martina (Hg.): Bits und Bytes vom Apfel der Erkenntnis: Frauen – Technik – Männer. Münster, S. 121–136

Rohde-Dachser, Christa (1990): Über töchterliche Existenz. Offene Fragen zum weiblichen Ödipuskomplex. In: Zeitschrift für Psychosomatische Medizin und Psychoanalyse 4, S. 303–315

Rohde-Dachser, Christa (1991): Expedition in den dunklen Kontinent. Weiblichkeit im Diskurs der Psychoanalyse. Berlin, Heidelberg, New York

Rose, Lotte (1997): Körperästhetik im Wandel. Versportung und Entmütterlichung des Körpers in den Weiblichkeitsidealen der Risikogesellschaft. In: Dölling, Irene & Krais, Beate (Hg.): Ein alltägliches Spiel. Geschlechterkonstruktionen in der sozialen Praxis. Frankfurt/M., S. 125–152

Rossbach, Manuela (1993): Zur Bedeutung der Onanie für Mädchen. Unv. Manuskript, Berlin

Schäfer, Johanna (1999): Vergessene Sehnsucht. Der negative weibliche Ödipuskomplex in der Psychoanalyse. Göttingen

Schäfer, Johanna (2000): » … So ein angenehmer, vertrauter Schweißgeruch«. Negative Ödipalität und weibliche Körperlichkeit in der psychoanalytischen Behandlung. In: Werkblatt 1, Nr. 44, S. 24–49

Schindele, Eva (1995): Moderne Rituale. Der medizinische Blick auf Pubertät und Wechseljahre. In: Mabuse, S. 26–29

Schlehe, Judith (1987): Das Blut der fremden Frauen. Menstruation in der anderen und in der eigenen Kultur. Frankfurt/M., New York

Schmauch, Ulrike (1987): Anatomie und Schicksal. Zur Psychoanalyse der frühen Geschlechtersozialisation. Frankfurt/M.

Schmidt, Gunter (1986): Das große Der Die Das. Über das Sexuelle. Herbstein

Schmidt, Gunter & Klusmann, Dietrich & Zeitschel, Uta (1992): Veränderungen der Jugendsexualität zwischen 1970 und 1990. In: Zeitschrift für Sexualforschung 5, S. 191–218

Schmid-Tannwald, Ingolf & Kluge, Norbert (1998): Sexualität und Kontrazeption aus der Sicht der Jugendlichen und ihrer Eltern. Eine repräsentative Studie im Auftrag der Bundeszentrale für Gesundheitliche Aufklärung. Köln

Schmidt-Sibeth, Frauke (1989): Warum kriselt es im Sexualleben der Eltern? In: Sexualmedizin 3, S. 120–124

Scholz, Ilana & Schilling, Jutta (1998): Bericht über die Auswertung der Interviews von Familie Abel. Hausarbeit im Rahmen des Diplomstudiengangs Pädagogik an der Carl von Ossietzky Universität Oldenburg

Schön, Elke (1999): » … da nehm' ich meine Rollschuh' und fahr' hin … «. Mädchen als Expertinnen ihrer sozialräumlichen Lebenswelt. Bielefeld

Schon, Lothar (1995): Entwicklung des Beziehungsdreiecks Vater-Mutter-Kind. Stuttgart, Berlin, Köln

Schrobsdorff, Angelika (1994): »Du bist nicht so wie andere Mütter«. Die Geschichte einer leidenschaftlichen Frau. München

Schröter, Marion (1985): Das diskrete Tabu: Vom Umgang mit der Menstruation. Ravensburg

Schuhrke, Bettina (1991): Körperentdecken und psychosexuelle Entwicklung: Theoretische Überlegungen und eine Längsschnittuntersuchung an Kindern im zweiten Lebensjahr. Regensburg

Schuhrke, Bettina (1997): Genitalentdecken im zweiten Lebensjahr. In: Zeitschrift für Sexualforschung 10, S. 106–126

Schwarz, Anne (1998): Mädchen auf ihrem Weg zu einer selbstbestimmten Sexualität: Theoretische und empirische Betrachtungen zur sexuellen Entwicklung pubertierender Mädchen vor dem Hintergrund einer Analyse des wissenschaftlichen Diskurses zum Phänomen der Sexualität. Frankfurt/M., Berlin, Bern, New York, Paris, Wien

Schwarz, Anne (2000): Mädchen auf ihrem Weg zu einer selbstbestimmten Sexualität. Referat gehalten auf der Fachtagung zur sexualpädagogischen Mädchenarbeit der BZgA in Hohenroda: »meine Sache« – Mädchen gehen ihren Weg, 19.–21. Juni 2000

Seidenspinner, Gerlinde & Keddi, Barbara & Wittmann, Svendy & Gross, Michaela & Hildebrandt, Karin & Strehmel, Petra (1996): Junge Frauen heute – Wie sie leben, was sie anders machen. Opladen

Siemers, Ursula (1998): Psychoanalytisch-hermeneutische Auswertungsmethoden am Beispiel der Interpretation von Interviews zu Problemen der weiblichen Adoleszenz – Interviewauswertungen von Familie Cramer. Unveröff. Hausarbeit im Diplomstudiengang Pädagogik der Carl von Ossietzky Universität Oldenburg

Starke, Kurt (1999): Sexualität und »wahre Liebe«. Fragen an 14- bis 17jährige Jugendliche. In: Diskurs 1, S. 30–35

Steffens, W. (1986): Zur Psychodynamik der Vater-Tochter-Beziehung in der Adoleszenz. In: Psychotherapie, Psychosomatik, Medizinische Psychologie 36, S. 215–220

Steiner-Adair, Catherine (1992): Körperstrategien. Weibliche Adoleszenz und die Entwicklung von Eßstörungen. In: Flaake, Karin & King, Vera (Hg.), a.a.O., S. 240–253

Stein-Hilbers, Marlene (2000): Sexuell werden. Sexuelle Sozialisation und Geschlechterverhältnisse. Opladen

Stern, Lori (1992): Vorstellungen von Trennung und Bindung bei adoleszenten Mädchen. In: Flaake, Karin & King, Vera (Hg.), a.a.O., S. 254–265

Stich, Jutta & Dannenbeck, Clemens (1999): Peers und sexuelle Lernprozesse. In: DJI Bulletin, Heft 49, S. 3

Streeck-Fischer, Annette (1997): Dora, weibliche Adoleszenz und die »anstößige« Beziehung. In: Forum der Psychoanalyse 13 (4), S. 294–311

Streeck-Fischer, Annette (1997): Männliche Adoleszenz – Krisen und destruktive Verlaufsformen. In: Krebs, Heinz & Eggert-Schmid Noerr, Annelinde (Hg.): Lebensphase Adoleszenz. Junge Frauen und Männer verstehen. Mainz, S. 50–66

Striegel-Moore, Ruth H. u.a. (1998): Changes in self-esteem in black and white girls between the ages of 9 and 14 years – The NHLBI growth and health study. In: Journal of Adolescent Health 23: (1), S. 7–19

Striegel-Moore, Ruth H. u.a. (2000): Eating disorder symptoms in a cohort of 11 to 16-year-old black and white girls: The NHLBI growth and health study. In: International Journal of Eating Disorders 27: (1), S. 49–66

Thorne, Barrie (1993): Gender Play: Girls and boys in school. New Brunswick/New York

Tolman, Deborah, L. (1994): Doing desire. Adolescent Girls struggles for/with Sexuality. In: Gender and Society, Vol. 8, No.3, Sept. 1994, S. 324–342

Torok, Maria (1974): Die Bedeutung des »Penisneides« bei der Frau. In: Chasseguet-Smirgel, Janine (Hg.): Psychoanalyse der weiblichen Sexualität. Frankfurt/M., S. 192–232

Uhlmann, Edda (2001): Väterliche Phantasmen im weiblichen Selbst. Unv. Man. Hamburg.

Utzmann-Krombholz, Hilde (1994): Rechtsextremismus und Gewalt: Affinitäten und Resistenzen von Mädchen und jungen Frauen. Ergebnisse einer empirischen Studie. In: Zeitschrift für Frauenforschung 1/2, S. 6–31

Villa, Paula-Irene (2000a): Sexy bodies. Eine soziologische Reise durch den Geschlechtskörper. Opladen

Villa, Paula-Irene (2000b): Das Subjekt Frau als Geschlecht mit Körper und Sexualität – Zum Stand der Frauenforschung in der Soziologie. In: Soziologie 3, S. 20–35

Waal, Mieke de (1996): Adoleszente Töchter und ihre Mütter. In: Mens-Verhulst, Janneke van, u.a. (Hg.): Töchter und Mütter: Weibliche Identität, Sexualität und Individualität. Stuttgart, Berlin, Köln, S. 59–70

Waldeck, Ruth (1988): Der rote Fleck im dunklen Kontinent. In: Zeitschrift für Sexualforschung 1 und 2, S. 189–205; S. 337–350

Waldeck, Ruth (1992): Die Frau ohne Hände. Über Sexualität und Selbständigkeit. In: Flaake, Karin & King, Vera (Hg.), a.a.O., S. 186–198

Waldeck, Ruth (1995): Bloß rotes Blut? Zur Bedeutung der Menstruation für die weibliche Identität. In: Akashe-Böhme, Farideh: Von der Auffälligkeit des Leibes. Frankfurt/M., S. 145–165

Waldeck, Ruth (1998): Die Fesseln der Frau. Zur Psychoanalyse der weiblichen Adoleszenz. In: Zeitschrift für Sexualforschung 11, S. 30–43

Walser, Alissa (1994): Geschenkt. In: dies.: Dies ist nicht meine ganze Geschichte. Reinbek b. Hamburg, S. 7–20

Wehner, Christiane & Zenz, Helmuth (1992): Die körperliche Entwicklung in der Pubertät. In: Zenz, Helmuth & Hrabel, Vladimir & Marschall, Peter (Hg.): Entwicklungsdruck und Erziehungslast. Psychische, soziale und biologische Quellen des beeinträchtigten Wohlgefühls bei Schülerinnen und Schülern in der Pubertät. Göttingen, Bern, Toronto, Seattle, S. 27–37

Willenberg, Hans (1989): ›Mit Leib und Seel‹ und ›Mund und Händen‹. Der Umgang mit der Nahrung, dem Körper und seinen Funktionen bei Patienten mit Anorexia nervosa und Bulimia nervosa. In: Hirsch, Mathias: Der eigene Körper als Objekt: Zur Psychodynamik selbstdestruktiven Körperagierens. Berlin, New York, S. 170–220

Wilser, Anja & Preiß, Dagmar (2000): Schönheitsideale zwischen Standards und Individualitätsansprüchen. Referat gehalten auf der Fachtagung zur sexualpädagogischen Mädchenarbeit der BZgA in Hohenroda: »meine Sache« – Mädchen gehen ihren Weg, 19.–21. Juni 2000

Winnicott, Donald W. (1958): Übergangsobjekte und Übergangsphänomene. In: ders. (Hg.): Von der Kinderheilkunde zur Psychoanalyse. Frankfurt/M., S. 300–319

Winterer, Georg (1992): Menstruation als Tabu. Eine theoretisch-empirische Untersuchung über das Verhältnis des Mannes zur menstruierenden Frau. Heidelberg

Wirth, Hans-Jürgen (1985): Die Adoleszenz als Chance für Individuum, Familie und Kultur. In: psychosozial 24/25, S. 96–113

Wobbe, Theresa (1994): Die Grenzen der Gemeinschaft und die Grenzen des Geschlechts. In: Wobbe, Theresa & Lindemann, Gesa (Hg.): Denkachsen. Zur theoretischen und institutionellen Rede vom Geschlecht. Frankfurt/M., S. 177–207

Würker, Achim (1999): Worüber uns die psychoanalytisch-tiefenhermeneutische Literaturinterpretation die Augen öffnet oder: Das unsagbare Sagen. In: Würker, Achim & Scheifele, Sigrid & Karlson, Martin: Grenzgänge – Literatur und Unbewußtes: Zu H. von Kleist, E.T.A. Hoffmann, A. Andersch, I. Bachmann und M. Frisch. Würzburg, S. 9–32

Zitzelsberger-Schlez, Angelika (2000): Abschied von der Kindheit. Trauerprozeß und Trennungsproblematik eines Mädchens in der Präadoleszenz. In: Zeitschrift für psychoanalytische Theorie und Praxis 4, S. 410–437

Irene Berkel (Hg.)

Postsexualität

Zur Transformation des Begehrens

2009 · 195 Seiten · Broschur
ISBN 978-3-8379-2009-3

Die Entbindung der Sexualität aus der Fortpflanzung verändert das Verhältnis der Geschlechter und der Generationen zueinander, die Praktiken des (sexuellen) Genießens und der Fortpflanzung. Der Wandel begegnet uns einerseits in der Sexualisierung des öffentlichen Raums und der sozialen Kommunikation, andererseits in Phänomenen der Entsexualisierung.

Der Band versammelt Beiträge aus Philosophie, Kultur-, Sexual- und Filmwissenschaft, aus Psychoanalyse und Kunst, die das Auftauchen postsexueller Erscheinungen vor dem Hintergrund der religiösen, historischen, sozioökonomischen und psychosexuellen Entwicklungen beleuchten.

Wolf-Detlef Rost

Eliza im Netz

Aus der Werkstatt eines Psychotherapeuten

2009 · 202 Seiten · Gebunden
ISBN 978-3-8379-2031-4

»Eliza im Netz« erzählt den bizarren Fall des Rainer Somberg im Stil einer literarischen Therapiegeschichte. Somberg ist ein scheinbar gefestigter Familienvater, der seine Traumfrau erst im mittleren Alter kennengelernt hat. Als er sie auf einer pornografischen Laienwebsite entdeckt, bricht sein Weltbild wie ein Kartenhaus zusammen. Erstmals lässt er sich auf die Hilfe eines Psychoanalytikers ein. In der Auseinandersetzung mit diesem verdeutlicht Somberg sich sukzessive seine Projektionen, Idealisierungen und narzisstischen Züge, um über die Aufarbeitung bisheriger Beziehungen schließlich ein gereifteres Verhältnis zu seiner Frau zu entwickeln.

Wolfgang Berner

Perversion

2011 · 139 Seiten · Broschur
ISBN 978-3-8379-2067-3

Das Studium der Perversionen eröffnete Freud tiefe Einsichten in die Funktionsweise von Sexualität und Erotik, die für seine Theoriebildung über die menschliche Psyche von entscheidender Bedeutung waren. Viele dieser Einsichten haben bis heute ihre Gültigkeit, viele wurden inzwischen ergänzt und differenziert. In dem Band wird gezeigt, dass und wie die klassische Psychoanalyse – etwa bei Fetischismus, Exhibitionismus oder Sadismus – hilfreich sein kann. Es werden die für eine Perversionstherapie notwendigen Parameter betrachtet und auch weitere Therapieformen vorgestellt.

Hans Sohni

Geschwisterdynamik

Erscheint im Oktober 2011 · ca. 140 Seiten
Broschur · ISBN 978-3-8379-2117-5

Mit Geschwistern verbindet man die Vorstellung von tiefer Verbundenheit, aber auch von Rivalität. Sie sind in Mythologie und Märchen, in Romanen und Filmen allgegenwärtig. Bis in die 1980er Jahre wurden Geschwisterbeziehungen beinahe vollständig aus dem psychoanalytischen Diskurs ausgeblendet. Dem setzt Hans Sohni eine psychoanalytische Entwicklungspsychologie lebendiger Geschwisterbeziehungen entgegen. Er beleuchtet den Einfluss des Geschwisterstatus auf die Persönlichkeitsentwicklung und untersucht die Dynamik von Abgrenzung und Bezogenheit.

Die kompakten Bände der Reihe »Analyse der Psyche und Psychotherapie« widmen sich jeweils einem zentralen Begriff der Psychoanalyse, zeichnen dessen historische Entwicklung nach und erläutern den neuesten Stand der wissenschaftlichen Diskussion.

www.ingramcontent.com/pod-product-compliance
Ingram Content Group UK Ltd.
Pitfield, Milton Keynes, MK11 3LW, UK
UKHW040023200726
13854UKWH00001B/323

9 783837 921748